U0916190

北京信息化年鉴

BEIJING XINXIHUA NIANJIAN

(2019)

北京市经济和信息化局　编

图书在版编目（CIP）数据

北京信息化年鉴．2019 / 北京市经济和信息化局编．— 北京 ：北京出版社，2019.12
ISBN 978-7-200-15137-4

Ⅰ．①北… Ⅱ．①北… Ⅲ．①信息工作—北京—2019—年鉴 Ⅳ．①G203-54

中国版本图书馆CIP数据核字（2019）第201497号

策　　划　白　珍
责任编辑　白　珍
特约编辑　杨秀珍
责任印制　陈冬梅
装帧设计　盛天果

北京信息化年鉴 2019
BEIJING XINXIHUA NIANJIAN 2019
北京市经济和信息化局　编
*
北　京　出　版　集　团
北　京　出　版　社　出版
（北京北三环中路 6 号）
邮政编码：100120
网　址：www.bph.com.cn
北京出版集团总发行
新　华　书　店　经　销
北京华联印刷有限公司印刷
*
889毫米×1194毫米　16开本　26印张　插页8　624千字
2019年12月第1版　2019年12月第1次印刷

ISBN 978-7-200-15137-4
定价：280.00元

质量监督电话：010-58572393

本书附同版本 CD-ROM 一张，光盘内容以书面文字为准

2018年，在北京市委、市政府的领导下，北京市经信系统坚持以习近平新时代中国特色社会主义思想为指导，深入贯彻中共十九大，十九届二中、三中全会精神，贯彻新发展理念，落实高质量发展要求。迎难而上，奋发作为，努力推动高精尖产业大发展、信息化建设大提升，完成全年各项任务目标。

北京市制订出台5G、智能网联汽车、医药健康等产业发展行动计划和方案。围绕推动科技创新与产业发展双向互促，落实北京加强全国科技创新中心建设重点任务分工。推动互联网、大数据、人工智能与实体经济深度融合，加快培育新兴产业。实施北京大数据行动计划，形成“四梁八柱深地基”的大数据平台体系总体架构。

▲ 11 月 8 日，北京市经济和信息化局在北京市朝阳区惠新东街 6 号办公区正式挂牌

◀ 5 月 4 日，北京市召开《北京市公共信用信息管理办法》新闻发布会

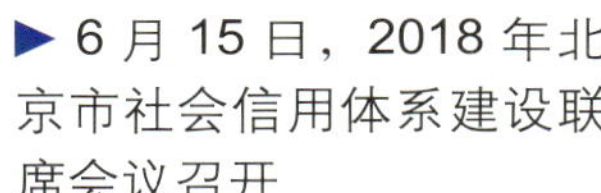
▶ 6 月 15 日，2018 年北京市社会信用体系建设联席会议召开

◀ 12 月 12 日，2018 信用北京诚信建设万里行暨第四届信用中关村高峰论坛举办

▲2 月 8 日，北京市举行网格化 E 通车上线运行启动仪式

▲6 月 29 日，第二十二届中国国际软件博览会“2018 软件名人论坛”召开

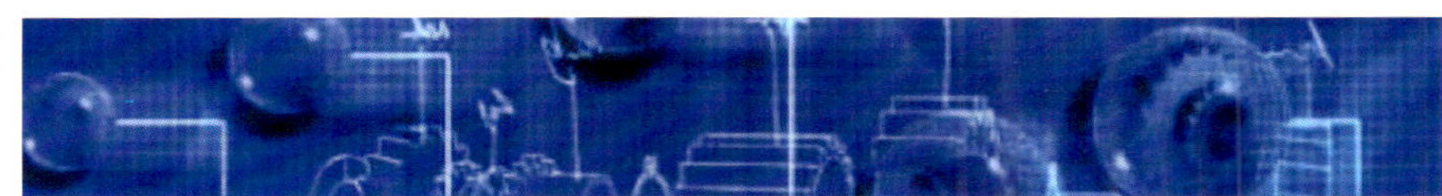

正式印发

《北京工业互联网发展行动计划（2018-2020年）》

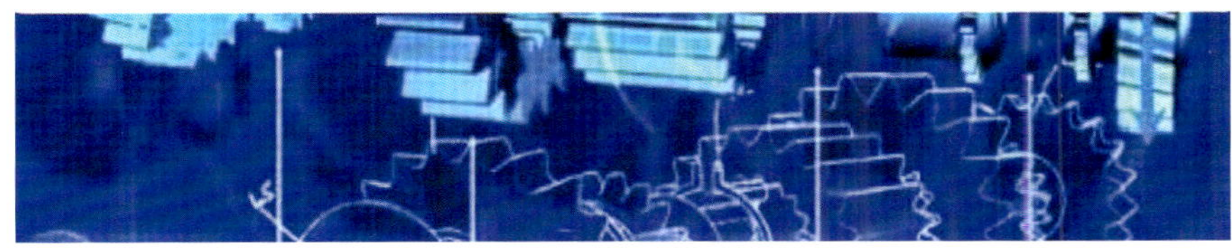

◀ 11 月 29 日，《北京工业互联网发展行动计划（2018—2020 年）》正式发布

▶ 12 月 11 日，中国卫星导航系统重大专项北京市北斗卫星导航应用示范项目任务通过验收

◀ 12 月 12 日，北京市信息化专家咨询委员会 2018 年高峰论坛召开

▲3 月 13 日，北京市经济和信息化委员会领导赴北京城市副中心行政办公区施工现场调研

▲9 月 17 日至 23 日，北京市经济和信息化委员会组织网络安全宣传周活动

▲2018 年，北京市经济和信息化局组织开展“北京机动局 2018 防冰雪灾害应急通信专项演练”

▲ 12 月 10 日，《北京志 · 信息化志》复审稿评议会召开

第二轮地方志书

北京志 · 信息化志

1978—2010

（复审稿）

北京市经济和信息化委员会

2018年11月

◀▼ 12 月 26 日，《北京志 · 信息化志》通过复审

▲ 1995 年 5 月，北京瀛海威科技有限责任公司在白石桥路口竖起中国第一块互联网路牌广告

▲ 1996 年，北京电信开通公用互联网业务。图为中学生在电报大楼营业厅体验上网

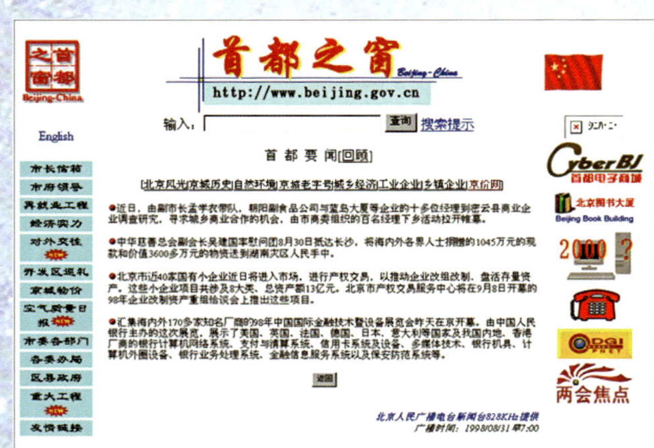

▲ 1998 年 7 月 1 日，“首都之窗” 网站上线运行。图为 1998 年 8 月 31 日 “首都之窗” 网站首页

▲ 2002 年 1 月 20 日，北京开通全国统一的电力服务 95598 热线电话，形成覆盖全市的电力服务网络

▲ 2010 年，北京市启动数字电视推广工作。图为发放机顶盒现场

《北京信息化年鉴》编纂委员会

《北京信息化年鉴》编辑部

主　　编　任世强

副 主 编　孔德龙　郭钧岐

执行主编　杨秀珍

特约编审　（按姓氏笔画排序）

王　佐	王新南	尤　静	仝海威
刘　旭	刘　霞	刘国伟	刘维亮
杨靖国	李　辉	何宝森	张　晶
张　彪	张占峰	张宇航	周　斌
赵　达	顾瑾栩	唐建国	常德志
彭其贵	彭雪海	焦文冬	

编　　审　（按姓氏笔画排序）

王玉婵	石　雨	刘一鸣	刘乃清
杨秀珍	吴　琼	潘会楼	

《北京信息化年鉴》组稿人员

（以姓氏笔画为序）

于喜鹏	马颖超	王　雨	王　昊	王　铀
王　颖	王继广	王斯奇	孔德琛	田杰鹏
付莎莎	邢　璐	曲向风	吕　州	吕　旺
朱紫辰	任向群	刘　力	刘　佳	刘　莉
刘文杰	刘陟宸	刘宸羽	安慧娟	孙志勇
孙晨曦	苏　红	杨　扬	杨　帆	杨　薇
杨晓艳	李士杰	李雪飞	李慧燕	吴金凤
言　芳	沈学雷	宋慧宇	张星刚	张舒洋
陈　龙	陈　昊	陈　晔	陈　萌	陈秋怡
范迪佳	昂登华	周　梅	庞　峥	郑　鑫
郑立勇	孟煜騉	赵　霆	赵丽君	柳胜杰
哈铁柱	钟　华	姚景涛	袁焕磊	聂孟琪
高　洁	唐文洪	唐勇龙	黄　杰	黄杉彬
曹中强	曹新华	康　蕊	梁雪霞	隋春英
葛启彬	韩　笑	程　仲	靳守业	綦新亮
蔡亚男	蔡洋琰	蔡新伟	翟佳龙	颜爱连
魏　梓				

编 辑 说 明

一、《北京信息化年鉴 (2019)》由北京市经济和信息化局主办，北京市产业经济研究中心承办。

二、本年鉴编纂坚持以马克思列宁主义、毛泽东思想、邓小平理论、“三个代表”重要思想、科学发展观、习近平新时代中国特色社会主义思想为指导，全面贯彻落实中共十九大精神，遵循实事求是的原则，科学、客观地反映实际情况。

三、本年鉴是一部反映北京市信息化全面情况的大型工具书和资料性年刊。通过大量文字、数据、图片，真实地记录了北京市 2018 年度信息化领域发展变化的基本情况和发生的大事、要事、新事及有影响力的新建设、新成就、新进展、新经验。对于全面、系统地了解和掌握北京市信息化发展所取得的成就，研究北京市信息化的发展变化及规律，指导下一年度的信息化工作具有重要的参考价值。

四、本年鉴采用文章和条目两种体裁，以条目体为主。辟有综述、特载、大事记、信息基础设施、信息产业、政务信息化、经济信息化、社会信息化、区信息化、社会信用、信息安全、协会与联盟、信息化环境、政策法规文件及附录 15 个一级栏目。为方便读者阅览，卷首设有中英文目录，卷尾设有主题词索引。

五、本年鉴选用资料的时限为 2018 年 1 月 1 日至 12 月 31 日 (个别内容根据实际情况略做调整)。所载内容由相关部门和企业单位提供，经主管负责人审核。

六、本年鉴彩色插页除署名外，均由市经济和信息化局提供。随文图除需要说明外，不再附图注。凡 2018 年事项，除概况外，均直书月、日，不再另写年份。

七、因北京市机构改革，11 月 8 日市经济和信息化局挂牌。本年鉴刊载内容涉及 11 月 8 日前的，统一记载市经济信息化委；刊载内容涉及 11 月 8 日（含当日）后的，统一记载市经济和信息化局。各栏目涉及机构名称，第一次出现用全称，再次出现用规范简称或习惯俗称。

八、本年鉴行文规范严格按国家、地方标准，如遇特殊事项，形式服从内容，局部统一。

九、《北京信息化年鉴》自 2010 年起规范编辑并出版，本年鉴为第 10 卷。年鉴得到全市各委办局及相关单位领导和供稿人员的大力支持，我们深表感谢。

十、欢迎各界读者关注年鉴、收藏年鉴、使用年鉴，并对年鉴的不足之处给予指正，帮助我们进一步改进年鉴的编纂工作，更好地为读者服务。

目 录

综 述

特 载

大事记

信息基础设施

信息产业

政务信息化

经济信息化

社会信息化

区信息化

社会信用

信息安全

协会与联盟

信息化环境

政策法规文件

附 录

索 引

Contents

Overview

Special Issues

Chronicle Events

Information Infrastructure

Information industry

Government informationization

Economy informatization

Society informatization

District informatization

Social credit

Information security

综　述

本栏目刊载高精尖产业发展、创新驱动发展、产业发展新动能、产业协同发展、智慧城市建设以及“放管服”改革等内容。

2018年北京经济和信息化发展基本情况

2018年，在市委、市政府的领导下，全市经信系统深入贯彻新发展理念，认真落实高质量发展要求，扎实做好稳增长、促改革、调结构等各项工作，着力推动全市工业和软件信息服务业稳中向好发展。

高精尖产业发展态势良好。落实高精尖产业发展系列指导意见，市经济和信息化局会同市科委等部门，制订出台北京市5G、智能网联汽车、医药健康等产业发展行动计划和方案。编制创新型产业集群建设规划及制造业高质量发展规划，修订出台新增产业禁限目录，制定发布十大高精尖产业登记指导目录，进一步完善了高精尖产业发展政策体系。统筹利用高精尖资金和基金支持产业发展，安排高精尖资金支持项目84个，新设立高精尖子基金4支。建立项目分级分类推进机制，八亿时空液晶材料等24个项目竣工。

创新驱动发展基础夯实。围绕推动科技创新与产业发展双向互促，落实北京加强全国科技创新中心建设重点任务分工。加强产业协同创新载体建设，新设8家市级产业创新中心，创建10家高精尖产业设计中心，推动5家企业认定为国家技术创新示范企业。推动成立北京光学系统公司，支撑国家科技重大专项建设。开展创新型企业“管家式”服务，坚持“一企一策”，为重点企业量身定制综合“服务包”。支持中小企业创新发展，发挥中小基金创新引领作用，合作创业投资机构对中小企业进行了101项股权投资。推进质量提升工作，小米等5家企业获评全国质量标杆企业。深化对外开放，高水平举办2018世界机器人大会。截至年底，北京市的企业技术中心共计756家，其中，国家级企业技术中心84家、市级企业技术中心672家。

产业发展新动能成长壮大。推动互联网、大数据、人工智能与实体经济深度融合，加快培育新兴产业。推动成立北京前沿国际人工智能研究院。印发北京工业互联网发展3年行动计划，启动工业互联网标识解析国家顶级节点（北京）建设。支持企业智能化升级，组建智能制造产业联盟，12个项目获工业和信息化部智能制造综合标准化和新模式应用项目立项，标准化立项数量居全国首位。统筹推进军民融合和央企服务，推动顺义航天产业园、房山石墨烯种子园等重点项目落地发展。

产业协同持续深化。立足“一核两翼”联动发展，组织20余家优秀企业赴雄安新区对接，研究推动城市副中心与“北三县”产业联动发展。北京·滦南大健康产业园6家企业开工建设，入园企业获得首张保健品异地监管许可证。北京·张北云计算产业园阿里数据中心二期2个项目竣工。组织“京津冀产业转移‘1+N’系列对接活动”，签约项目20余个。

智慧城市建设体系逐步完善。实施北京大数据行动计划，形成“四梁八柱深地基”的大数据平台体系总体架构。完成40个市级部门714类政务数据汇聚工作，涉及数据9.4亿条。朝阳、东城等区编制了区级大数据发展行动计划。推进大数据立法，探索社会数据“统采共用”机制落地，开展城市规划建设运行管理等重点领域大数据试点应用。

深化“放管服”改革。推进“互联网＋政务服务”，市经济和信息化局政务服务事项网上可办率达到100%，压减工业和信息化领域核准事项超过90%，精简服务事项约50%。全面推进依法行政，积极落实民爆、军工领域相关安全监管职责，加强工业和软件信息服务业领域安全生产指导，全系统安全管理水平显著提升。

2018年，市经济和信息化局共承担25项市折子工程任务，涉及一般制造业企业退出、推进京津冀协同发展、推进全国科技创新中心建设、实施北京大数据行动计划、完善社会信用体系、推进智慧城市建设、全面加强政府自身建设等方面。

（市经济和信息化局）

特　载

本栏目刊载2019年北京市经济和信息化工作会报告以及市经济信息化委领导在2018年全国信息化和软件服务业工作座谈会上的讲话、在2018软博会高峰论坛上的演讲、在第一届无线电大会上的讲话等。

保持战略定力　聚焦高质量发展
奋力开创全市经济和信息化工作新局面

——2019年北京市经济和信息化工作会报告

（2019年1月24日）

今天会议的主要任务是总结2018年全市经济和信息化发展情况，分析把握新形势新要求，部署2019年重点工作，动员全系统干部凝心聚力、真抓实干，奋力开创全市经济和信息化工作新局面。一会儿，殷勇副市长还要做重要讲话，请大家认真领会落实。下面，我代表市经济和信息化局报告工作。

一、2018年工作回顾

2018年以来，在市委、市政府的坚强领导下，全市经信系统坚持以习近平新时代中国特色社会主义思想为指导，深入贯彻党的十九大，十九届二中、三中全会精神，深入贯彻习近平总书记对北京重要讲话精神，贯彻新发展理念，落实高质量发展要求，努力推动高精尖产业大发展、信息化建设大提升，圆满完成全年各项任务目标。全市工业实现增加值4464.6亿元，同比增长4.5%，软件和信息服务业实现增加值3859亿元，同比增长19%。工业和软件信息服务业增加值合计占全市GDP比重27.4%，同比提高0.8个百分点。全市规模以上工业高技术制造业、战略性新兴产业增加值分别增长13.9%和7.8%。万元增加值能耗同比下降2.5%。截至11月底，规模以上工业全员劳动生产率同比提升12.5%，从业人员同比减少6.2%。

（一）高精尖产业发展态势良好

深入落实高精尖产业发展系列指导意见，围绕促进政策管用、好用，会同市科委等部门，制定出台5G、智能网联汽车、医药健康等产业发展行动计划和方案。编制创新型产业集群建设规划及制造业高质量发展规划，修订出台新增产业禁限目录，制定发布十大高精尖产业登记指导目录，进一步完善了高精尖产业发展政策体系。深入全市各区160家企业（单位）集中调研，明确了各区主导产业和重点培育产业方向。配合落实配套支持政策，组织第18届工业和信息化职业技能竞赛，市人力社保局为2300多名人才办理引进落户手续，房山区、顺义区和北京经济技术开发区制定了高精尖产业发展实施办法等细化政策，实现16宗工业用地弹性出让供地。统筹利用高精尖资金和基金支持产业发展，安排高精尖资金支持项目84个，新设立高精尖子基金4支。国家网络安全产业园建设取得阶段性进展。建立项目分级分类推进机制，推动康弘国际医药等42个项目实现落地，八亿时空液晶材料等24个项目竣工。百度全球首款L4级自动驾驶巴士“阿波龙”量产下线，寒武纪等9家企业成为年度全球新进独角兽创业公司，全球首条智能网联汽车潮汐试验道路加快建设。

（二）创新驱动发展基础进一步夯实

围绕推动科技创新与产业发展双向互促，深入落实北京加强全国科技创新中心建设重点任务分工。加强产业协同创新载体建设，推动机科国创轻量化材料成形技术及装备创新中心升级为国家级制造业创新中心，新设8家市级产业创新中心，创建10家高精尖产业设计中心，推动5家企业认定为国家技术创新示范企业。推动成立北京光学系统公司，支撑国家科技重大专项建设。开展创新型企业“管家式”服务，坚持“一企一策”为重点企业量身定制综合“服务包”。支持中小企业创新发展，积极发挥中小基金创新引领作用，合作创业投资机构对中小企业进行了101项股权投资。大力推进质量提升工作，小米等5家企业获评全国质量标杆企业。着力深化对外开放，高水平举办2018世界机器人大会、第二十二届中国国际软件博览会，首次举办世界智能网联汽车大会，加强前沿技术和产业国际交流合作，营造以会引才、以会促产的良好氛围。

（三）产业发展新动能加速成长壮大

大力推动互联网、大数据、人工智能与实体经济深度融合，加快培育新兴产业。推动成立北京前沿国际人工智能研究院。印发北京工业互联网发展3年行动计划，启动工业互联网标识解析国家顶级节点（北京）建设。支持企业智能化升级，组建智能制造产业联盟，12个项目获工业和信息化部智能制造综合标准化和新模式应用项目立项，标准化立项数量居全国首位。推进企业绿色化改造，10家企业入选国家绿色工厂，45种产品入选国家绿色设计产品。大力开展“三品”创建工作，引导三元等都市企业开发新产品和高端产品。统筹推进军民融合和央企服务，积极推动顺义航天产业园、房山石墨烯种子园等重点项目落地发展。稳步推进大兴国家军民融合产业基地、海淀军民融合“一体三园”、顺义哈工大军民融合创新产业园建设。推动国家重点型号军用轮式装甲车生产线在京建设，协调我市民营企业取得全国第一张商业航天发射许可，商用航天产业加快发展。

（四）产业疏解与产业协同持续深化

深入落实疏解整治促提升专项行动，疏解退出656家一般制造业企业。立足“一核两翼”联动发展，组织20余家优秀企业赴雄安新区对接，研究推动城市副中心与“北三县”产业联动发展。加强京津冀产业园区共建，北京（曹妃甸）现代产业发展试验区中冶瑞木新材料项目建成投产。北京·滦南大健康产业园6家企业开工建设，入园企业获得首张保健品异地监管许可证。北京·深州家具产业园累计入驻企业30余家。北京·张北云计算产业园阿里数据中心二期2个项目竣工。组织“京津冀产业转移‘1+N’系列对接活动”，签约项目20余个。以产业扶贫协作为重点，推动对口支援合作，制订印发推动产业扶贫协作3年行动计划，累计签约合作项目30余个，全方位助力受援地打赢脱贫攻坚战。

（五）智慧城市建设统筹推进体系逐步完善

把智慧城市建设作为推动政府决策科学化、城市管理精细化、公共服务便利化的重要手段。大力实施北京大数据行动计划，形成“四梁八柱深地基”的大数据平台体系总体架构。完成40个市级部门714类政务数据汇聚工作，涉及数据9.4亿条。朝阳、东城等区编制了区级大数据发展行动计划。大力推进大数据立法，探索社会数据“统采共用”机制落地，开展城市规划建设运行管理等重点领域大数据试点应用。编制城市副中心数字生态城市建设方案，协调推动基站选址和无线信号覆盖，积极推进有线政务专网升级改造，为市级机关搬迁提供网络支撑。加快5G试点，积极推动5G基站规划建设。继续推动“提速降费”，北京固定宽带平均可用下载速率达到27兆，同比提高37%。

不断深化“北京通”服务体系建设，新增发卡634.9万张。圆满完成中非合作论坛北京峰会等重要会议、重大活动网络通信和无线电安全保障工作。

（六）信用北京建设实现新突破

积极发挥社会信用体系建设对提高城市管理水平、优化营商环境的重要作用，出台实施北京市公共信用信息管理办法，启动信用立法工作，落实国家联合奖惩备忘录46个，联合出台环境保护等10个重点方向的政策文件。完善全市统一的公共信用信息服务平台，为60个市级部门及16区开通使用。联合出台限制失信被执行人参与小客车摇号的工作意见，自4月执行以来，共限制3.1万人次参与小客车摇号。在联合惩戒机制的威慑下，2.9万人次“老赖”自动履行义务。支持信用服务机构开展中小企业、金融等24个惠民便企信用应用试点。怀柔、密云等区制定了区级社会信用体系建设行动方案，市区协同工作体系进一步完善。

（七）全面从严治党和自身建设向纵深推进

严格落实全面从严治党主体责任，实现党的十九大精神学习全覆盖。严肃执纪问责，努力营造风清气正的政治生态。按照市机构改革实施方案，组建市经济和信息化局，加挂市无线电管理局、市大数据管理局、市国防科学技术工业办公室牌子。深化“放管服”改革，推进“互联网＋政务服务”，我局政务服务事项网上可办率达到100%，压减工业和信息化领域核准事项超过90%，精简服务事项约50%。帮助516家软件企业享受税收优惠政策。全面推进依法行政，积极落实民爆、军工领域相关安全监管职责，加强工业和软件信息服务业领域安全生产指导，全系统安全管理水平显著提升。

一年来，面对错综复杂的国内外形势和转型升级的艰巨任务，取得这样的成绩实属不易。

我们也要看到，工作中还存在不少困难和挑战。主要有：一是高质量发展基础有待进一步巩固，高精尖产业发展的整体生态环境竞争优势还需要提高，“缺大少新”局面还未得到根本扭转，重大活动、重点工程对产业的拉动作用还不够，存量产业技改升级力度亟须加大，高精尖产业发展后劲仍需增强；二是产业创新水平有待提升，支持重点企业突破关键核心技术并实现产业化的力度还不够，各类产业创新载体对产业发展的支撑引领作用还不足，以企业为主体的创新体系还不健全；三是智慧城市和信用北京建设仍需增强，建设新型智慧城市的顶层设计还不完善、统筹力度还需要加强。运用大数据和社会信用等方式支撑超大城市治理、促进公共服务流程再造、提升市民获得感等方面仍需下更大功夫。针对这些发展中的问题，全系统要认真研究，采取有效措施，切实加以解决。

二、2019年重点工作安排

2019年是新中国成立70周年，是全面建成小康社会关键之年，大事多、喜事多，做好首都经济和信息化工作意义重大。当前，我国发展仍处于并将长期处于重要战略机遇期，北京正处在城市更新、高质量发展的关键阶段，全市经济和信息化工作正步入转型发展的快车道。我们要积极应对新形势新挑战，坚定不移地抓住机遇、用好机遇、创造机遇，支撑市委、市政府抓好“三件大事”，打好三大攻坚战，推动形成高质量发展的新优势。

今年工作的总要求是：坚持以习近平新时代中国特色社会主义思想为指导，深入贯彻党的十九大和十九届二中、三中全会精神，深入贯彻习近平总书记对北京重要讲话精神，坚持稳中求进工作总基调，坚持新发展理念，坚持推动高质量发展，贯彻落实好推动高精尖产业发展系列指导意见、创新型产业集群建设与制造业高质量发展两个规划，继续推进高精尖产业大发展、信息化建设大提升，奋力开创全市经济和信息化工作新局面，以优异成绩庆祝中华人民共和国成立70周年。

主要预期目标是：保持经济平稳运行，力争规模以上工业增加值增长3%左右，软件和信息服务业营业收入增长12%左右。大数据共享开放取得实质性成效，市级政务网络系统实现安全平稳运行。中小企业公共服务平台网络的综合能力持续提升，信用体系建设等实现新突破。

（一）坚定不移发展高精尖产业，促进经济高质量发展

进一步抓好高精尖产业发展系列政策的落地实施，不断稳固高质量发展的基础。

加强重点产业前瞻布局和项目建设。抢抓机遇，推动新一代信息技术产业发展，组织编制5G关键产品发展路线图，推动第三代半导体芯片关键工艺和平台等一批重大项目建设。加快推进国家网络安全产业园区建设，推进国家级重大基础设施项目立项入园。加紧布局智能网联汽车产业，推动北京奔驰新能源汽车项目竣工投产。超前布局下一代动力电池，谋划燃料电池产业发展。推动经开区、顺义区自动驾驶封闭测试厂建设。强化医药健康创新成果的本地转化和产业化能力，完善医药外包生产（CMO）项目产业布局。加快发展新一代人工智能产业，推进北京前沿人工智能研究院建设，打造人工智能产业创新基地。加快推动京东方柔性屏、阿里北京中心、孚能科技新能源动力电池等一批重点高精尖产业项目落地建设。

持续打造产业发展优良环境。统筹用好产业资金和基金政策，引导各类社会资本参与支持我市高精尖产业发展。加快设立先进制造业与信息产业发展基金、体育产业基金，推动落地一批子基金支持项目。制定高精尖产业专项人才支持政策，继续举办推动高端产业发展专题研讨班，开展职业技能竞赛获奖选手提升培训，为高质量发展提供人才支撑。实施好十大高精尖产业登记指导目录，为符合高精尖方向的企业快速登记注册提供便利。引导各类创新要素围绕创新型企业发展需求优化配置，培育一批全球性科技领军企业和行业隐形冠军企业。

推进政策创新和对外开放。完善高精尖产业发展统筹推进机制，探索建立以“揭榜制”为核心的重大项目信息公开与要素匹配协调推进机制，推动建立跨区利益评估共享机制、重大产业项目全市土地保障机制。发布实施扩大和升级信息消费持续释放内需潜力的实施意见，激发新一轮消费升级潜力。鼓励引导我市企业积极参与“一带一路”建设，加快推动“数字丝绸之路”等领域产业合作。突出展会聚才促产实效，办好2019世界机器人大会、2019世界智能网联汽车大会、第23届中国国际软件博览会、第10届中国卫星导航年会等产业盛会。

（二）坚定不移推动产业创新，支撑科技创新中心建设

坚持把创新作为发展的第一动力和唯一出路，着力推动产业链和创新链双向贯通，努力打造国际一流的产业创新环境。

完善产业创新体系建设。构建开放、协同、高效的共性技术研发平台，强化以产业创新中心为重点的创新载体建设，争取再创建1～2个国家级制造业创新中心，布局3～5个市级产业创新中心，创建20家企业技术中心，建设

一批高精尖产业设计中心和产业技术基础公共服务平台。支持集成电路工程技术创新中心建设，推动5G中高频射频器件产业创新中心建设，弥补我国制造工艺短板。继续推动轻量化材料成型技术装备、机器人等领域创新中心建设，增强智能制造装备供应能力。

推动科技成果转化落地。深入落实创新型产业集群建设规划和制造业高质量发展规划，聚焦增量发展，以北京经济技术开发区、顺义区、大兴区为重点，打造承接科技成果转化平台。聚焦转型提升，着力打造“三城一区多点三轴”的空间格局。建立新产品创制基金，支持高精尖产品顺利进入样品试制、小试、中试及产业化阶段。发挥城市副中心、冬奥会、世园会、新机场建设等提供的应用场景优势，加快5G、人工智能、节能环保、纯电动汽车等领域科技成果示范应用，促进5G示范应用向工业互联网、智能网联汽车、健康医疗等典型场景延伸，积极推动我市新产品和新技术推广应用。

支持中小企业创新创业。发挥好全市中小企业发展工作领导小组协调服务作用，继续做好中小企业促进法宣贯工作。强化对金融服务机构及中小企业公共服务体系的支持力度，不断创新面向小微企业的金融产品和服务。全面推动中小基金高效运转，引导社会资本共同助力中小企业创新发展。持续完善中小企业服务体系建设，积极创建国家级中小企业公共服务示范平台和小型微型示范基地。

（三）坚定不移加快产业升级，培育新产业、新模式、新业态

以深入推进两化融合和军民融合发展为主线，推动新产业、新模式、新业态成为产业升级的重要力量和经济增长的新引擎。

推动新技术与制造业融合发展。大力推进工业技术软件化，推动国家数字化设计与制造创新中心（北京中心）落地。加快工业互联网标识解析国家顶级节点（北京）部署和行业二级节点建设。建成国家顶级节点运营指挥中心。持续推动工业互联网平台建设应用，扶持企业上云上平台，组建北京工业互联网技术创新和产业发展联盟，建立市区协同工作机制，合力推动制造业与互联网深度融合，打造工业互联网生态体系。

加快存量优势企业转型升级。探索建立市级技术改造专项资金，积极争取国家技术改造资金。深入实施“智造100工程”，推进实施10个左右智能制造应用示范项目，评选15个左右智能制造标杆企业，推动制造业智能化转型升级。实施中医药与新一代信息技术协同创新发展工程。推动节能环保制造业和服务业融合发展，推动建设10家绿色工厂、1～2家绿色园区、1～2家绿色供应链示范企业。紧抓保障民生和城市运行的食品企业转型升级与技术改造，支持龙头都市企业及老字号品牌传承和创新发展。统筹推进标准创制和质量品牌建设，不断优化知识产权创制运营。

统筹推进军民融合和央地合作。加快推动我市高精尖产业领域军民融合发展工作计划落地实施。制定军民融合特色园区认定管理办法，开展军民融合专业机构目录管理。遵循市场配置资源下的军民融合路径与流程，以太空、网络空间、人工智能等六大新兴领域为突破，研究支持政策措施，对接军民双向需求信息，建立军民融合项目发布渠道，为高精尖产业发展注入新动能。

（四）坚定不移推动疏解整治促提升，加快京津冀协同发展

落实习近平总书记考察北京城市副中心和在京津冀协同发展座谈会上的重要讲话精神，更加注重疏解整治与优化提升同步推进，推动

京津冀地区成为引领高质量发展的重要动力源。

稳步推进疏解整治促提升工作。贯彻实施新版新增产业禁限目录，指导各区严格执行淘汰退出目录。稳步推进300家以上一般制造业企业疏解退出。会同市生态环境局指导各区加强涉及“散乱污”企业清理整治工作,发现一家、整治一家，实现“动态清零”；细化完善工业领域空气重污染预警期间强制性应急减排措施，对工业企业实施“一厂一策”清单化管理 。在巩固产业疏解成果的同时，推动疏解腾退空间的管理和使用，积极盘活存量空间资源发展高精尖产业。

推动京津冀产业协同发展。支持龙头企业在京津冀范围内优化布局，加快形成良好的产业生态体系。支持雄安新区与北京错位发展、协同发展，促进城市副中心与北三县在智能制造、电子信息等领域联动发展。推进京津冀数字生态园建设，助力大数据企业在城市副中心聚集发展。支持北京（曹妃甸）现代产业发展试验区、北京·张北云计算产业园等园区建设，推动阿里中都草原数据中心等项目投产运营。加快京津冀大数据综合试验区建设，推动京津冀北斗卫星导航区域示范应用，打造区域工业互联网协同发展示范区。

强化产业帮扶和对口支援合作。创新北京产业扶贫协作的路径机制，搭建京津冀产业协同及区域扶贫协作平台，引导北京企业到扶贫协作与支援合作地区投资兴业，支持对口地区来京对接洽谈和招商推介。深化智力扶贫，积极开展受援地干部人才来京培训，为受援地提供多方位人才保障。

（五）坚定不移推进智慧北京和信用北京建设，支撑超大城市治理

充分发挥新一代信息技术和社会信用服务城市发展功能，提高城市科学化、智能化、精细化管理水平。

继续实施好北京大数据行动计划。加强大数据基础研究和关键技术研发，推动大数据技术产品、应用模式、商业模式创新发展，培育一批大数据产业的龙头企业。持续开展政务数据汇聚共享，着力推动底层基础数据互联互通，支撑重点领域数据应用。深入推进社会数据“统采共用”，推动政务数据和社会数据融合共享。不断完善大数据平台技术体系和业务应用体系建设，开展“筑基工程”建设和大数据重点应用试点示范。加快研究制定政务云技术规范，加快市级机关信息化系统入云。

加强信息基础设施建设和信息惠民服务。持续推动5G基站规划建设工作，加快5G商用步伐。继续实施电子政务网络升级改造，确保网络安全稳定运行。进一步支持好城市副中心信息化建设，加快建设通州政务云，推进城市大数据平台、领导驾驶舱等行政办公区智慧应用二程建设。探索推动副中心数字生态城市建设。优化“北京通”服务体系建设，加强基础能力向各区、各行业输出。做好新中国成立70周年庆祝活动、“一带一路”国际合作高峰论坛等重大活动的应急通信、政务信息和无线电安全保障工作。

完善社会信用体系建设。推进信用数据融合，制定全市统一的信用信息采集和分类管理标准。完善公共信用信息服务平台功能，实现与市级单位的“嵌入式”无缝对接。推进信用监管协同，探索利用信用承诺、公示、评价等方式，提升政务服务效能。推动信用应用创新，出台促进信用服务业创新发展政策。鼓励企业运用人工智能、区块链等新技术，强化信用产品开发与创新应用。推进信用惠民便企，开展“个人诚信分”建设。持续推进京津冀联合守信激励一体化建设。

（六）坚定不移加强党的建设，深化“放管服”改革

坚持以全面从严治党为统领，深入推进重点领域改革，提升精准服务能力水平，不断推动自身建设取得新成就。

将全面从严治党向纵深推进。坚持以政治建设为统领，深入学习贯彻习近平新时代中国特色社会主义思想和党的十九大精神，积极主动抓好意识形态工作，坚决做到在思想上、行动上同党中央和市委、市政府保持高度一致。紧抓党务工作与中心工作融合推进，持续推动基层党组织规范化建设，为全局中心工作提供坚强的思想和组织保证。着力加强党风廉政建设，持续改进工作作风。

深化“放管服”改革。深化“互联网 + 政务服务”，推动服务事项全程网上可办。完成责任清单编制，推进政务服务事项告知承诺制。当好工业和软件信息服务业领域重点企业的“服务管家”，为企业量身定制综合“服务包”，提供支持企业发展的普惠性政策集成和个性化服务措施。加大减轻企业负担和清理拖欠民营企业中小企业账款工作力度，为民营企业发展营造良好发展环境。

不断加强自身建设。落实新的局“三定”方案，有序推动机构改革方案平稳落地。进一步完善选人用人机制，加强干部教育培训。大兴调查研究之风，加强宣传引导，深入解读重要政策。加快信用和大数据立法，加强执法规范化建设。依法依规推动工业和软件信息服务业安全生产指导，加强军工与民爆领域的安全生产监管，督促企业落实主体责任，保障安全稳定。

同志们，新时代是奋斗者的时代、更是追梦人的舞台。我们要在市委、市政府的坚强领导下，紧抓机遇、开拓创新、勇于担当、真抓实干，为北京率先全面建成小康社会、建设国际一流的和谐宜居之都，贡献更大力量，以优异成绩迎接新中国成立 70 周年。

加快创新融合，打造产业发展新高地

——在2018年全国信息化和软件服务业工作座谈会上的讲话

北京市经济和信息化委员会副主任　李瑞涛

（2018年4月24日）

各位领导、各兄弟省市同仁、各位参会代表：

大家好！非常高兴来到广西参加2018年全国信息化和软件服务业工作座谈会，和大家进行工作经验交流。

随着中国经济社会发展进入新常态、京津冀协同发展进入新阶段、首都城市发展进入新时期，在工信部指导和市委、市政府领导下，2017年北京软件和信息服务业围绕“提质增效、统筹融合、协同联动”的总基调，促进软件产业转型升级，提高两化融合发展水平，巩固并提升软件和信息服务业在全市经济发展中的支柱地位，基本形成与科技创新中心功能定位相适应的创新型产业发展格局。现将主要情况汇报如下：

一、产业发展情况

2017年北京市软件和信息服务业发展再上新台阶，形成创新强、效益高、增速快、企业优的发展格局。

1月至11月，大中型重点企业研发支出190.1亿元，同比增长20.7%。全年全行业实现增加值为3169亿元，同比增长12.6%；占全市GDP比重达11.3%，创历史新高，对全市构建高精尖经济结构发挥重要支撑作用。实现营业收入8752.1亿元，同比增长13.9%，超额完成年初目标，增速为近5年最高值；实现利润总额3053.5亿元，同比增长60.8%，产业转型显现成效。北京市35家企业入选工信部“2017中国软件业务收入前百强企业”，入选企业数量为历年最高。32家企业入选“2017年中国互联网企业100强”，数量居全国首位。滴滴出行、小米等27家企业入选CB Insights公布的214家“全球独角兽公司榜单”，入选数量全国第一。

二、2017年主要工作和成效

（一）出台产业政策，优化发展环境

持续推进落实《北京市“十三五”时期软件和信息服务业发展规划》，加快形成软件、网络与数据协同驱动创新发展新格局。发布《北京市加快科技创新发展软件和信息服务业的指导意见》《北京市加快科技创新发展新一代信息技术产业的指导意见》，为软件产业发展谋划新布局，促进产业转型升级迈向新阶段。发布实施《北京市推进两化深度融合推动制造业与互联网融合发展行动计划》，加快形成全社会推动两化深度融合的合力。落实国家产业政策，组织编写《北京市人民政府关于进一步扩大和升级信息消费持续释放内需潜力的实施意见》。

（二）推动项目落地，培育新动能

依托龙头企业，在云计算、大数据、自主可控、信息安全等领域，形成以百度开放云、金山云、用友大型企业互联网开放平台（iUAP）、北京可信开放高端计算系统产业化、基于滴滴大脑的新一代智能交通服务平台等为代表的重点项目库，并加速产业化应用落地。持续推进高精尖基金项目投资及新设基金工作，TOP、国科嘉和、盛世泰诺以及智慧云城等基金累计完成 17 个项目的投资，总金额约 10.4 亿元。积极推动北京大数据产业基金设立。

（三）加大创新中心建设，构筑创新高地

与工信部建立联合工作机制，合作共建国家网络安全产业园区，并成功举办首届中国网络安全产业高峰论坛，共商安全产业发展问题。推动产业创新中心的创建工作，已完成北京市人工智能专利创新中心、北京市智能社会创新中心、北京市人工智能基础创新中心、工业技术软件化（北京）创新中心的工商注册；设立北京前沿国际人工智能研究院，形成国际知名的人工智能科研和创新高地。

（四）促进京津冀联动，加大产业协同

推进京津冀大数据综合试验区建设正式启动，一批重大建设项目和重点工程进展顺利。京津冀大数据综合试验区应用感知体验中心、京津冀大数据协同处理中心建成启用，推动我市数据中心向张北、廊坊、承德等地集中，环京大数据基础设施支撑带初具规模。京津冀北斗一体化协同发展，发布《京津冀协同推进北斗导航与位置服务产业发展行动方案（2017—2020 年）》；签署《北斗 ofo 小黄车战略合作协议》，率先在通州优化电子围栏定位技术，并逐步在京津冀地区配备北斗智能锁。统一采购“京津冀工业云”服务，推动 629 家企业上云，节约成本达 1.4 亿元。

（五）优化产业服务，增强落地效果

落实软件企业所得税优惠政策，完成 2 批共 541 家企业所得税备案材料的初审，为软件企业减免所得税总计 40.79 亿元。开展软件和信息服务业“走基层、下企业、强服务”调研活动，共计完成 130 家重点软件企业调研。成功举办第 21 届中国国际软件博览会，以“软件定义世界，智能引领未来”为主题，在形式、内容、参与度等多方面进行创新，创下多个“首次”，极大地提高了北京市产业在国内外的影响力。

（六）推进两化融合，拓展新空间

持续做好两化融合管理体系贯标工作，2017 年新增国家级贯标试点企业 30 家、市级贯标试点企业 130 家，20 家企业通过贯标评审获得证书。2017 年成功推荐服务型制造试点示范企业 4 家、制造业与互联网融合试点示范项目 11 个、制造业双创平台试点示范项目 14 个、两化融合管理体系贯标示范企业 3 家、智能制造试点示范项目 3 个。2017 年有效推进北京市 2000 家规上企业开展企业信息化及电子商务发展状况调查工作。20 家贯标试点企业获得奖励性补助，总计 600 万元。

三、2018 年工作总体思路

下一步，北京市将全面贯彻党的十九大会议精神，牢牢把握首都城市战略定位，根据北京市加快发展高精尖产业的要求，以加强软件技术创新能力、推进融合创新、加快国际化进程为主要任务，突出“创新”“融合”“提升”，加快发展软件和信息服务业。我们将继续加大工作措施和力度，努力做好以下 5 个方面工作：

（一）深入落实各项政策规划。推进实施《北京市“十三五”时期软件和信息服务业发展规划》《北京市加快创新发展软件和信息服务业的指导意见》《北京市加快科技创新发展新一代信息技术产业的指导意见》《北京推进两化深度融合推动制造业与互联网融合发展行动计划》。发布《关于进一步扩大和升级信息消费持续释放内需潜力的实施意见》。继续做好高精尖基金投资和新建工作。

（二）加快京津冀协同发展。加快推进京津冀大数据综合试验区建设。推动京津冀北斗卫星导航区域应用示范项目工作，促进北斗导航与位置服务产业联动发展。继续推进京津冀工业云服务采购。

（三）加速创新型产业集群建设。推动重大项目落地，打造自主可控、云计算、大数据、人工智能等重点创新型产业集群。组织实施祥云工程3.0。积极推进国家网络安全产业园区、北京国际人工智能研究院建设。利用好国家和我市资源，做好创新中心建设，推进软件企业技术中心建设。

（四）切实做好服务工作。进一步落实好软件企业所得税优惠政策。积极推进北斗、信息消费、ITSS等国家试点工作。做好软件正版化工作。积极落实人才政策，做好人才服务工作，开展高端人才培训工作。做好2018年软博会组织策划实施工作。

（五）推进两化深度融合。制订贯标100、双创100、协同100、新供给100等行动内容方案并推动其全面落地。大力推进工业互联网平台建设和工业技术软件化。推动1000家以上工业企业开展两化融合评估诊断和对标引导工作，继续开展企业两化融合水平调查。建立并形成市、区两级协同工作机制；建立健全两化融合支撑体系。

各位领导、各位同仁，北京市将积极贯彻国家和市委、市政府的战略部署，高水平建设中国软件名城，进一步巩固产业竞争优势，促进融合创新应用，将北京打造成为具有世界影响力的软件创新名城。

做好无线电管理工作，为首都发展保驾护航

——在第一届中国无线电大会上的讲话

北京市无线电管理局局长　陆恭超

（2018 年 9 月 19 日）

在中国 5G 技术快速发展、无线电行业迎来新机遇的大形势下，中国无线电协会组织召开本次大会，为国内外无线电领域企业和机构提供一个产品展示和技术研讨的平台，有助于无线电行业进一步加强交流和沟通，积极推动我国无线电事业更快地发展。

北京市无线电管理局是隶属北京市经济和信息化委员会的副局级机构，下设 5 个正处级内设机构和 1 个北京市无线电监测站。全市目前已建成无线电管理监测控制指挥中心 1 个、固定监测站 27 座、移动监测车 5 辆、搬移式监测站 4 套、便携式监测设备 10 台（套），初步实现对全市行政区域、无线电保护重要区域的无线电监测覆盖。

作为在北京地区实施无线电管理的职能部门，北京市无线电管理局的主要职责包括：①贯彻执行国家无线电管理的方针、政策、法规和规章；②拟制北京市无线电管理的方针、政策和行政规章；③对北京市无线电频率资源进行统一规划和管理，维护和改善电磁环境；④对北京市无线电台（网）进行统一规划和管理，保障运行秩序；⑤负责北京市无线电监测、设备检测和空中纠察，维护空中电波秩序，依法查处无线电干扰；⑥协调处理北京市无线电管理方面的事宜等。

由于地处我们伟大祖国的首都北京，北京市无线电管理局任务重、难度大。北京作为全国政治中心、文化中心、国际交往中心、科技创新中心，具有城市规模大（面积达到 16410.54 平方千米）、人口数量多（截至 2017 年底常住人口达到 2172.9 万人）、无线电新技术发展迅速（在全国首批获批开展 5G 研发试验及车联网试验等）、无线电台（站）密集（达 16 万台以上，不包括移动电话）等特点，因此我们需要面对更为迫切的频率需求、更为复杂的电磁环境和更为繁重的无线电安全保障任务。

虽然困难重重，难点多多，但是，近年来，北京市无线电管理局牢记无线电管理者的使命，紧密围绕北京“四个中心”战略定位，忠实履行“管好频率、管好台站、管好秩序、维护安全”的职责，不断加强频率和台站管理，创新无线电管理工作的思路，取得了一些成绩，为首都无线电事业持续健康发展营造了良好的电磁环境，为首都各行业、各部门、各领域和各项重大活动提供了强有力的无线电频谱资源和安全保障，为推动首都经济社会发展和维护社会稳定做出了积极贡献。

一、加强电磁环境监测，维护公用频谱有序使用

北京市无线电管理局依照国家规定和国际标准，依法为公用频谱使用单位办理设台手续，并利用无线电监测技术设施（固定监测站、移动监测车、手持监测设备等），对无线电台（站）

发射的无线电波进行监测，对信号使用情况进行分析，对重点频率进行保护，及时查处无线电干扰，维护首都地区公用频谱的正常使用。

一是不断加强电磁环境监测，严密监控北京地区电磁环境。近年来，北京市无线电管理局以频谱监测统计报告制度为抓手，不断加强电磁环境监测力度，分析全市范围的频谱变化态势，严密监控并全面掌握了北京地区的电磁环境状况，全面保障无线电使用安全。

二是加强对铁路、民航等重点频率的保护性监测，确保安全运行。为确保铁路、民航等行业和部门无线电专用频率的安全，北京市无线电管理局不断巩固与铁路、民航等部门之间建立的无线电安全保障长效机制，加强对相关重点频率进行保护性监测，加大对不明信号和干扰的监测、查处力度，确保了民航和铁路的安全运行。

三是积极执行有关专项监测任务，为首都社会和谐稳定发展服务。重点加强对广播电视、党政专网以及与城市运行密切相关的交通运输、电力负控、燃气和供水等专用频率的监测，及时处置各类无线电干扰，近3年共查处“黑广播”“伪基站”数百起。同时，北京市无线电管理局每年都认真执行国家下达的对有关频段的专项监测任务，并及时上报专项监测报告。

二、科学合理指配属地频率，保障首都地区用频需求

作为政府职能部门，对无线电频率资源进行科学规划和合理配置，满足经济社会发展对频谱资源的需求，这是国家赋予无线电管理机构的重要职责，也是无线电管理工作的核心任务。根据《中华人民共和国无线电频率划分规定》和国家相关文件，北京市无线电管理局在推进属地频谱资源的科学规划和有效利用方面做了大量的工作。

一是综合考虑北京地区社会经济发展和对频谱资源的需求情况，相继制订了《北京市无线电频率指配规划》《北京市无线电频率规划(150MHz 和 400MHz)》等多个涉及不同层面、不同频段的频率规划，在保障重点用户的同时依照公平公正的原则对频谱资源进行分配，使得宝贵的频谱资源得到合理有效利用。

二是不断加强与市政管理等相关部门和单位的协调和沟通，及时了解并满足公安、交通、防汛、防火、水电气热等涉及社会稳定、民生保障方面的无线电频率需求。

三是预留出足够的频谱资源，及时满足北京市重点工程和项目的用频需求，2008年至2009年陆续将160对800MHz数字集群频率指配给北京正通网络通信有限公司组建北京市政务数字集群通信网，2016年将1447MHz~1467MHz指配给北京市政务网络管理中心组建1.4GHz宽带数字集群专网，2017年将1.8GHz指配给北京市轨道交通开展视频监控相关业务，为首都经济和社会发展做出了极大的贡献。

四是为北京市举办的“一带一路”、九三阅兵、上合峰会、中非合作论坛等重大活动指配必要的频率，确保各项重大活动的成功举办。

五是根据日常外事活动的需要，为外国政要访华在京期间建议临时使用频率。

三、加强频谱资源全过程监管，推动频率使用效益不断提升

结合近两年频谱使用评估工作，通过购买专用频谱评估分析软件，对北京市频率的实际使用情况进行全过程监管，掌握重点频段无线电频率使用率情况，及时发现非法用频和闲置频率。后续将重点对800MHz、1.4GHz、1.8GHz

同时兼顾 150MHz 和 400MHz 等频段频谱使用情况进行评估评价，对评估评价过程中发现的非法用频行为依法开展行政执法查处，对闲置频率或使用率达不到要求的频率依法责令整改或收回，维护首都电波秩序，推动频率使用效率不断提升，为首都经济发展和社会进步营造良好的电磁环境。

各位领导、各位来宾，新的时代孕育新的机遇，新的机遇孕育新的挑战。随着 5G 技术不断成熟、5G 试验不断开展并取得成功，5G 大规模应用即将上演，未来城市区域电磁环境将变得更加复杂，微基站和微微基站密集发射，多径反射、同频干扰等问题将变得愈加严重，5G 系统台站管理、5G 系统电磁兼容、5G 干扰查处将成为无线电管理工作面临的重要问题。同时目前的无线电监测能力多集中在 3GHz 频段以下，考虑到 5G 应用频段，尽快将监测设备升级至 6GHz 甚至更高频段也是无线电管理工作亟待解决的问题。此外，我们即将迎来 2019 年中华人民共和国成立 70 周年和 2022 年冬奥会及测试赛，一系列重大活动保障任务复杂而艰巨，对频谱的需求也多样而迫切。面对新的形势、新的任务和新的要求，北京市无线电管理局将更加深入学习贯彻党的十九大精神和习近平新时代中国特色社会主义思想，攻坚克难，砥砺前行，努力打造一支技术先进、设备精良、人才素质过硬的无线电管理队伍，为首都经济社会发展提供强有力的无线电通信保障，为将北京建设成为国际一流的和谐宜居之都保驾护航。

大事记

本栏目以月为序，主要记载2018年北京信息化领域发生的大事、要事。

1 月

4 日 北京翎客航天科技有限公司可回收火箭验证机 RLV–T3 在山东龙口的试验基地完成首次火箭回收试验。

8 日 2017 年度国家科学技术奖励大会在京召开，北京 8 家软件领域企业参与的项目获国家科学技术奖。

9 日 市园林绿化局印发了《北京市园林绿化局大数据工作方案》，提出要建立健全园林绿化大数据管理机制，建设大数据管理平台，构建大数据资源体系，推进“让数据说话、靠数据管理、用数据决策”的管理新模式。

同月 市人民防空办公室将警报领域“警报防误鸣”“蓄电池更新周期”“后备电源优化”3 个研究课题成果进行优化整合，研制出具备防误鸣和远程监控功能的智能型警报器，并在全市 714 处警报点应用。

2 月

9 日 北京市首个自动驾驶车辆封闭测试场——国家智能汽车与智慧交通（京冀）示范区海淀基地正式启用。

21 日 美国杂志《麻省理工科技评论》揭晓 2018 年“全球十大突破性技术”，百度被列为实时语音翻译领域“关键玩家”，成为唯一入选的中国公司，也是史上首个连续 3 年入选该榜单的中国公司。

3 月

2 日 北京歌华有线电视网络股份有限公司与人民网、腾讯公司在人民日报社签署战略合作协议，三方宣布将成立视频合资公司，共同发力直播和短视频领域。

15 日 北大医疗与腾讯公司举行合作签约仪式。北大医疗与腾讯公司将不断创新合作内容、拓展更丰富的应用，逐步探索系统化、成熟化的“智慧医疗整体解决方案”，同时加强市场品牌合作，共同将北大医疗打造成医疗集团智慧医疗标杆范例。

16 日 市经济信息化委组织召开信用联合奖惩系统“嵌入式服务”工作专题会。市发展改革委、市科委、市教委等 26 家市属机构 50 余人出席会议。与会人员就如何落实国家、北京市组织签署的联合奖惩备忘录，有效利用市公共信用信息平台开展跨部门联合奖惩，形成事中监管、事后联动的工作模式，切实做到“当奖则奖，该惩必惩”等问题提出了建议。

20 日 工信部与北京市政府联合召开国家网络安全产业园区建设领导小组第一次会议。此次会议由工信部副部长陈肇雄主持，北京市委常委、副市长阴和俊出席会议并讲话。北京市政府、工信部网安局、工信部信软司、市经济信息化委等领导小组成员共 30 余人参加了会议。工信部人教司宣读了中编办关于成立网络安全产业发展中心的批复。

22 日 北京市自动驾驶测试管理联席工作小组向北京百度网讯科技有限公司发放北京市首批自动驾驶测试试验用临时号牌。

23 日 科技部火炬中心联合长城战略咨询发布中国独角兽企业榜单，北京共有独角兽企业 70 家，占全国的 43%。

4 月

3 日 第 22 届中国国际软件博览会新闻发布会在京召开。工业和信息化部、市经济信息化委、国家工信安全中心、海淀区政府、西城区政府、中国软件行业协会的相关领导出席发布会。此届软博会以“新时代、新理念、新软件”为主题，以“软件产业引领支撑经济社会发展”为主线，突出贯彻制造强国、网络强国、数字中国等战略的实践成效，体现软件服务人民、软件为了人民的发展成就，展示国内外软件产业最新创新成果。

5 日 北京星际荣耀空间科技有限公司研制的商用运载火箭——双曲线一号 S 火箭（Hyperbola-1S）在海南发射场发射升空。

11 日 北大英华与华宇软件、华宇投资股权转让及战略合作协议签署仪式在北京大学法学院举行。

24 日 北京北大软件工程股份有限公司库博团队凭借“CoBOT:A Smart Software Source Code Bug Detection Tool”获得第 46 届日内瓦国际发明展金奖。

同日 全国信息化和软件服务业工作座谈会在广西南宁召开。来自各省区市及计划单列市、副省级省会城市、新疆生产建设兵团工业和信息化主管部门、部属有关单位、部属各高校、有关行业协会（联盟）以及工信部内相关司局的代表参加了会议。市经济信息化委副主任李瑞涛代表北京市做了《加快创新融合，打造产业发展新高地》的典型经验发言，重点介绍了推进信息化和软件服务业工作的经验。

同月 第 42 届国际大学生程序设计竞赛（ACM-ICPC）全球总决赛在北京大学举办。

5 月

3 日 市经济信息化委组织召开 2018 年信息技术服务标准（ITSS）北京市宣贯培训会，共 200 家 IT 企业参会。会议邀请中国电子技术标准化研究院软件工程与评估中心 IT 服务研究室主任郭鑫伟等嘉宾为企业做 ITSS 标准解读。

同日 市政务信息安全应急处置中心承办的工控系统信息安全工作座谈会召开，市水、电、气、暖、交通、汽车、石油、食药、环卫、自动化等 13 家典型工业企业负责工控系统信息安全工作人员共 25 人参会。会议邀请国家信息安全领域专家讲解工控系统信息安全工作规定要求、基本知识、当前态势及注意事项；组织交流工控系统信息安全工作经验做法；梳理分析工控系统信息安全工作存在的问题和不足。座谈讨论加强和改进工作的措施办法，达到了学习政策规定、了解知识技能、把握态势重点、交流借鉴经验、梳理问题不足、商讨措施办法的目的。

9 日　副市长阴和俊带队，市科委、市财政局、市人力社保局、市环保局、市农委、市发展改革委、市规划国土委、中关村管委会及平谷区相关领导陪同，赴平谷区调研刘家店“生态桥项目”，实地查看了解了项目进展、技术创新和社会效益等情况；并主持召开了座谈会，中国农业大学、中国协和医科大学、国家农业信息化工程技术研究中心、北京农学院相关专家参加会议，听取了平谷区推动高精尖产业发展主要举措及有关情况，了解了北京正大蛋业有限公司、北京味食源食品科技有限责任公司、北京幸福益生高新技术有限公司等企业的高精尖项目进展。

10 日　市经济信息化委赴北京北斗星通导航技术股份有限公司调研高精尖产业项目推进和京津冀产业协同发展情况，实地查看了解企业生产经营、重大项目进展和产品研发创新等情况，并与企业座谈交流。市经济信息化委副主任王学军表示，北京市已出台十大高精尖产业发展指导意见，北斗导航与位置服务产业涉及国家重大战略，是重要的民生工程，符合北京高精尖产业发展方向。鼓励企业在津冀地区布局壮大发展，特别是全力参与雄安新区建设，为促进京津冀协同发展贡献力量。

16 日　市园林绿化局印发《北京市智慧公园建设指导书》，提出运用“互联网 +”思维和新一代信息技术，对服务、管理、养护过程进行智能化控制和管理，实现与游人的互感、互知、互动。指导书明确了智慧公园在基础设施建设、智慧服务、智慧保护、智慧管理、智慧养护等5 个方面的具体要求。

17 日　国家卫生统计信息中心正式公布北京地区共有 3 家医疗机构通过了国家医疗健康信息互联互通标准化成熟度测评，北京大学第三医院通过五级乙等测评评审，首都医科大学附属北京世纪坛医院和中国中医科学院西苑医院通过四级甲等测评评审。

24 日　《北京数字档案馆（室）系统平台管理办法》发布。

25 日　北京市召开网络安全和信息化工作会议。

29 日　市经济信息化委一行赴中国信通院，就推动北京市工业互联网等相关工作进行调研，与中国信通院总工余晓辉及工信部信管局、市通管局相关人员共同参加调研及座谈。在座谈交流会上，中国信通院专家介绍了国家建设工业互联网的整体部署，并重点就工业互联网标识解析国家顶级节点顶层设计和推进思路进行了解读。会后，市经济信息化委就市政协第十三届委员会第一次会议“关于大力发展工业互联网，提升北京科技创新能力”提案办理情况，向中国信通院进行了汇报，提案办理得到了市政协代表的肯定和认同。

30 日　根据《依托企业建设国家重点实验室管理暂行办法》，科技部组织对 99 个企业国家重点实验室进行了评估，依托方正集团建设的数字出版技术国家重点实验室，各实验室顺利通过科技部组织的评估。

同月　市人民防空办公室组织了代号为“京津冀人防—2018”的第 5 次跨区支援通信实兵演练。

6 月

13 日 方正信产与蒙纳公司（Monotype）举行战略合作签约仪式，方正信产旗下的方正电子、方正手迹将在中国市场与蒙纳公司全面合作。

15 日 市经济信息化委与工信部网安局共同组织召开国家网络安全产业园专家咨询委员会成立大会暨第一次会议。

21 日 第 2 届“北斗 +”创新创业大赛启动仪式在北京航空航天大学举办。中国工程院院士陈学庚以及相关政府部门、投资机构、社会组织、企业、媒体等 100 余家单位代表参加了大赛启动仪式。市经济信息化委副主任李瑞涛出席启动仪式并致辞。他指出，第 2 届“北斗 +”创新创业大赛是一个很好的发掘创新创业项目、团队、人才的平台，北京市有着深厚的双创基础，有着丰富的人才资源，有着良好的政策环境支撑，是可以供此次大赛深入挖掘的富矿。

23 日 北京市卫生计生委信息中心联合中国医院协会信息管理专业委员会编制的《医院电子病历数字签名实施指南》一书，由电子工业出版社出版。

28 日 由工业和信息化部、北京市政府主办，北京软件协会承办的 2018 软件名人论坛在京举办。北京软件协会执行会长、用友网络董事长兼 CEO 王文京，国家信息中心信息化和产业发展部主任单志广，NCR 大中华区总裁宋家瑜，原中关村科技软件有限公司总裁朱希铎，东华软件股份有限公司董事长薛向东，麒麟合盛（APUS）董事长 CEO 李涛，百融金服董事长 CEO 张韶峰，百分点董事长 CEO 苏萌等企业家和专家学者、行业媒体以及软件企业代表 300 余人参会。

同日 由工业和信息化部、北京市政府主办，北京信息化协会、北京软件和信息服务业协会、北京通信信息协会与北京软件和信息服务交易所联合承办，天津市计算机信息系统集成行业协会和河北省信息协会协办的“2018 年信息化创新论坛暨创新企业 30 新推介活动”在京举办。

29 日 “定义新标准、筑基新科技——自主核心软件发展”平行论坛在北京新世纪日航饭店隆重召开。工信部等国家部委、省市领导，以中国工程院为代表的专家学者，以 2018 流数据库国际标准为代表的标准专家，清华大学、华中科技大学等高校负责人，以及中国通服、柏睿数据、申威科技等国内拥有自主核心科技的企业代表等 200 余人出席了论坛，并见证了中国首款数据库加速芯片——智能云端全内存数据库加速芯片的诞生。

同日 第 22 届中国国际软件博览会在北京展览馆举办，由工业和信息化部、北京市政府主办，国家工业信息安全发展研究中心、北京市经济和信息化委员会、海淀区政府、西城区政府、中国软件行业协会共同承办。软博会包括“一展、五峰会、三发布、十五论坛、一大赛”系列活动。

30 日 第二十二届中国国际软件博览会“软件之夜”盛典在北京展览馆举行。工信部副部长陈肇雄，北京市副市长阴和俊出席并致辞。中国工程院、中国科学院、工信部相关领导参加盛典。盛典发布了软博会“优秀产品”“优秀案例”，宣布了工业互联网安全精英邀请赛结果，为软博会吉祥物、软博会 Logo 采用者授牌，并颁发了软博会荣誉纪念章。

同日 主题为“智能服务数字中国”的中国 IT 服务创新大会在京召开。大会由工业和信息化部、北京市政府主办，中国电子工业标准化技术协会信息技术服务分会承办，旨在共同探讨新时代信息技术服务业创新发展的方向和途径，交流创新发展的经验，加快云计算、大数据、人工智能等新技术在信息技术服务中的应用，培育新业态、新模式、新产品，进一步促进信息技术服务业的创新发展，推动行业转型升级和数字中国建设。

同月 在法兰克福举行的国际超级计算大会（ISC）上，联想延续其强劲态势，成为 TOP500 榜单上全球最大的超级计算机供应商。

7 月

2 日 2018 第 22 届中国国际软件博览会成果发布会在北京新世纪日航酒店世纪厅举行。内蒙古兴安盟、河北省张家口市、河南省南阳市分别与北京市签署框架协议。

4 日 市经济信息化委带队赴同方威视技术股份有限公司、北京天智航医疗科技股份公司和树根互联技术有限公司 3 家企业调研。市经济信息化委副主任毛东军指出，市委、市政府加快科技创新构建高精尖经济结构的决心坚定、态度鲜明，坚决支持企业在京做大做强，重点支持企业在京布局高端、高附加值的产品和环节；希望企业在发展过程中，加强与国内尤其是北京市产业链上下游企业合作，带动全产业链自主创新和共同发展；希望企业参与世园会、冬奥会等重大活动，利用好平台大力宣传推介创新成果。

11 日 市经济信息化委与市财政局共同赴北斗导航位置服务（北京）有限公司调研北斗导航与位置服务产业公共平台（以下简称北斗平台）建设运营情况。市经济信息化委副主任李瑞涛对北斗平台发展给予充分肯定，表示要加强与大数据平台对接，推动北斗技术在市属国有企业的应用。

18 日 方正科技与中国联通在北京签署战略性合作协议，在高速宽带接入服务业务领域长期合作，方正科技成为中国联通紧密的合作伙伴。

20 日 北京数字档案馆（电子文件中心）的“一种电子档案真实性的验证方法及装置”发明专利获得授权。8 月 14 日，“一种电子档案身份证的生成方法及装置”发明专利获得授权。

22 日 由市经济信息化委组织召开的 2018 年北京市企业信息化及电子商务发展状况调查培训会召开，会期 5 天，全市近 2000 家规模以上工业企业、软件和信息服务业企业、电子商务平台企业、农业企业、科教文卫体等企业参会。

27 日 中国互联网协会、工业和信息化部信息中心在 2018 年中国互联网企业 100 强发布会暨百强企业高峰论坛上，联合发布了 2018 年中国互联网企业 100 强榜单。北京市百度公司、京东集团等 32 家企业入选，数量居全国首位。其中，榜单排名前 10 位的企业中有 6 家是来自北京的企业。

30 日 市经济信息化委组织召开 5G 技术

在工业互联网领域深度融合应用研讨会。中科院、北京邮电大学、国家电网、北汽集团、北京工业大数据创新中心、中关村工业互联网产业联盟等12家单位参与研讨。中国信通院、大唐移动、中国联通、东方国信4家单位在5G工业互联网关键技术、场景应用、运营商探索实践等方面进行了交流。

31日 在工信部信软司支持下，中国信通院和工业互联网产业联盟举办了“《工业互联网平台建设及推广指南》《工业互联网平台评价方法》文件发布及宣贯会议”。来自工信部信软司、中国信通院、各地方经济和信息化主管部门、工业互联网平台企业、媒体的100余名代表参加了此次会议。

同日 “2018年中国电子信息百强企业发布会”在长春举办。会上发布并解读新一届中国电子信息百强企业，方正集团名列第8。

同月 北京歌华有线电视网络股份有限公司为怀柔区委组织部开发的“财务公开电视云服务平台”上线。北京歌华有线电视网络股份有限公司与昌平区文委联合打造的“文化共享电视云服务平台”上线。

8月

2日 市经济信息化委组织市发展改革委、市科委、市财政局、市人力社保局、市规划国土委、中关村管委会、海淀区政府、顺义区政府、大兴区政府、昌平区政府、北京经济技术开发区管委会、北京科技创新投资管理有限公司等12个部门和单位，召开2018世界机器人大会期间产业合作对接工作协调会。此次专项对接会是北京市首次借助大型会议进行招商推介。

2日至3日 由中国电子信息产业发展研究院主办，中国大数据产业生态联盟承办的“2018第三届中国大数据产业生态大会”在北京举行。会上公布了“2018年中国大数据企业50强”榜单，北京市联想、滴滴、小米等21家软件企业入选，占42%，数量居全国首位。

9日 市经济信息化委组织召开工业互联网标识解析国家顶级节点（北京）建设工作推进会。会上，就国家顶级节点建设选址进行了充分的沟通和研讨，并对下一步建设国家顶级节点的工作机制进行了商讨，对北京工业互联网产业创新中心的筹备方案进行了研究。

13日 市经济信息化委带队参加中国联通北京分公司“5G NEXT”计划发布暨首批5G基站启动会并致辞，该发布会标志着5G移动通信网络开始在北京搭建，首都迈进5G时代。

14日 中国电子信息产业集团、中电工业互联网公司一行5人到市经济信息化委开展交流座谈。市经济信息化委副主任李瑞涛表示，将全力支持中电工业互联网公司举办“工业软件大赛”及设立北京分公司的落地工作。

15日 市经济信息化委召开全市中小企业公共服务平台网络工作会议。会议宣布了第一批认定的北京市中小企业公共服务示范平台、小型微型企业创业创新示范基地名单，并对示范平台、示范基地授牌。

15日至17日 由北京歌华有线电视网络股份有限公司发起并承办的“首届全国有线电视网络客户服务高峰论坛”在京举行。参会嘉宾以“新时代、新生态、新服务、新价值”为主题进行了交流分享。来自全国22家广电网络公司的客服负责人，以及航空、金融行业从业者等近 80 人出席会议。

17 日 市经济信息化委带领检查组到首信公司，就有线政务专网运维保障工作进行了安全检查。检查组一行听取了首信公司关于中非论坛保障期间的保障方案、值班安排等工作汇报，并提出以下要求：要严格按照保障方案，切实做好重大活动期间应急值守工作；严抓安全生产工作，日常工作期间也不能放松要求；加强信息报送工作，形成同步报送信息机制。

18 日 由中国科技法学会人工智能法专委会承办的“2018 机器人法律与伦理论坛”在北京亦创国际会展中心举行。

21 日 市长陈吉宁、副市长阴和俊、秘书长靳伟等市领导深入联合信用、金电联行、阳光保险等企业调研，就信用建设模式、经验、做法进行详细的考察、交流和探讨。陈吉宁强调，加强社会信用体系建设，要以企业和个人信用为重点、要加快推动北京大数据行动计划、要有序推进信用数据共享共用、要用好“信用 + 保险”工具、要加大对失信行为的惩戒、要加快社会信用立法、促进金融与信用服务的融合，在全国社会信用体系建设中做出示范。

23 日 市经济信息化委赴歌华公司，就有线政务专网传输链路保障工作进行了安全检查。歌华公司汇报了中非论坛保障方案，并就近期专线割接引起的金盾网中断一事进行了说明。检查组要求歌华公司总结教训，加强网络巡查和维护管理、加强信息报送，以高标准保障应急视频会议系统的线路畅通，确保重大活动保障期间网络的安全稳定运行。

24 日 由市经济信息化委、市科委、市信息化专家咨询委员会指导，北京信息化协会、北京软件和信息服务业协会、台湾物联网产业技术协会、台湾区电机电子同业公会等 8 家单位联合主办的第 21 届“京台科技论坛”重要分论坛——“京台 5G+ 智慧未来城市论坛”在北京举办。市政府相关委办局领导、海峡两岸相关协会代表、企业代表及业内专家参加论坛。

27 日 北京大数据研究院 3 周年创新成果发布会在中关村国家自主创新示范区展示中心会议中心召开。国家部委、各省市相关部门，以及有关企业嘉宾和媒体代表 400 余人出席发布会。会上，北京大数据研究院发布了“基于大数据的宏观经济分析”和“分子动力学模拟平台”等 2 项技术创新成果，发布了“北京至简墨奇科技有限公司新一代指纹识别技术”1 项企业孵化成果；旋极信息、科大讯飞、先进数通 3 家企业分别做了主题成果报告。

同日 “网上北京市公安局”（电脑版、移动版“北京警务”）上线试运行。

同日 市经济信息化委和市国资委共同组织召开北京市北斗卫星导航技术与产业深度融合应用推进会。北京市相关委办局、区经济信息化主管部门、市属国有企业及北斗领域企业、行业专家、新闻媒体代表等 200 余人参会。会议指出，推动北斗卫星导航技术在市属国有企业、各委办局等多部门多领域的深度应用，有利于在众多行业领域加快北斗标配化进程，有利于首都率先形成创新驱动发展格局。

同月 市财政局下发《北京市财政局关于下达中央财政 2018 年工业转型升级资金预算的通知》，向市经济信息化委下达 2018 年工业转型升级资金 131512 万元，其中，44 个工业互联网创新发展工程项目（占全国总项目的 47%）获得资金支持 111795 万元。

同月 北京市公共资源交易平台综合交易系统上线试运行。

9月

12日 互联网域名系统北京市工程研究中心宣布，由中国技术人员牵头起草的互联网安全协议正式被国际社会接纳，成为互联网国际技术标准 RFC8416。

18日至19日 市经济信息化委和石景山区教育信息中心为了给学生树立良好的网络安全观，提高对网络安全认识，联合举办 2018 年国家网络安全宣传周宣讲活动，为石景山区两所中学的高中学生讲授网络安全知识及防范办法。

20日 福布斯首次发布全球数字经济 100 强榜单，京东集团、京东方科技集团股份有限公司 2 家北京企业入选。

26日 北大科技园与闪联信息技术工程中心、清控银杏创投三方现场签署战略合作协议，共建电子信息协同创新发展平台。

同日 第 9 届中国卫星导航学术年会总结会暨第 10 届中国卫星导航年会启动会召开。北斗卫星导航系统总设计师杨长风，中国工程院院士孙家栋，以及北斗领域知名专家、重大专项办等单位代表百余人参会。年会组委会汇报了第 10 届中国卫星导航年会总体策划方案，会议原则同意第 10 届年会落户北京。

同日 国家发展改革委组织召开 2018 年第二季度部分城市信用监测工作座谈会，市经济信息化委介绍了北京市城市信用监测经验和旅游行业公共信用综合评价工作。国家发展改革委财金司司长陈洪宛表示，北京市在全国城市信用监测中一直排在前三名，有很多经验值得各城市去现场学习。

27日至28日 市经济信息化委赴正通公司、首信公司、歌华公司，对政务专网通信保障工作进行节前检查。检查人员听取了各公司政务专网保障方案和应急处置措施，并要求各公司务必严格落实保障方案，加强信息报送，切实做好节日期间政务专网应急值守工作。

28日 歌华有线与百度、爱奇艺战略合作签约并组织召开“歌华小果”新品发布会。

同月 市人民防空办公室在五环路以外区域组织防空警报试鸣，全市除东城区、西城区外，14 个区共 684 台防空警报器参加此次防空警报试鸣。同时，结合试鸣组织了人防指挥和人口疏散演练。

同月 市水务局首先在固定资产投资项目在线审批监管平台互联网门户开通网上申报服务。10 月，配合全市工程建设项目改革，完成工程建设项目互联网专栏，对外提供“一表”网上申报和网上办事指南。12 月，配合完成全市投资审批事项上网率 100%的工作。其中，基于在线平台开通网上申报的事项达到 174 个。

10月

9日 中国电子商务大数据中心在工信部万寿路机关挂牌，标志着首个工信部主管的中国电子商务大数据中心成立。

11日 IDC 和 Gartner 两大研究机构发布的数据显示，联想 PC 超过惠普，重新夺回全球 PC（个人电脑业务）销售第一的位置。

同日　中关村硬科技孵化平台授牌仪式在“2018全国大众创业万众创新活动周”北京会场举办，北大科技园人工智能专业化建设项目“北京大学人工智能产业化孵化平台”成功入选。

13日　中国风景园林学会、北京市园林绿化局、北京林业大学联合举办第3届北京智慧园林高峰论坛，为持续扩大绿色生态空间、提升城市宜居环境和首都生态承载能力、创新驱动园林绿化发展献计献策。

16日　市经济信息化委带队赴北京航空航天大学高精尖研究中心进行调研。北京高精尖管理委员会、大数据科学与脑机智能高精尖中心和相关院系领导、专家参加座谈交流。市经济信息化委副主任潘锋指出，希望北航与市经济信息化委在大数据体制机制创新、副中心大数据建设以及政务大数据管理和应用等方面加强合作，通过政府的数据治理，进一步带动产业发展。

23日　国务院发展研究中心创新发展研究部部长马名杰、副部长田杰棠等一行5人，调研北京市工业互联网发展情况。调研组实地调研了北京工业大数据创新中心及东方国信2家企业，并与用友集团、北汽集团、云道智造等8家企业负责人就工业互联网发展现状及存在问题进行了座谈。

23日至24日　市大数据工作推进小组办公室为进一步优化大数据平台体系顶层设计方案，在数字北京大厦召开了“市大数据平台体系顶层设计和试点示范工作”交流会，全市16个区及经济技术开发区信息化相关负责同志分别参加两天的会议。

25日　市经济信息化委为落实市长陈吉宁对西门子公司有关合作构想的批示精神，组织召开工作协调会。市发展改革委、市教委、市科委、市人力社保局、市交通委、市重大办、京能集团、市基础设施投资有限公司、市轨道交通管理有限公司、北京国际技术合作中心10家单位参会。

11月

1日　由百度在线网络技术（北京）有限公司与海淀公园联手共建的首个AI科技主题公园开园。

同日　市经济信息化委组织人工智能国际专家、北京人工智能企业代表在北京前沿国际人工智能研究院召开人工智能国际专家交流研讨会。英国帝国理工学院数据科学研究所、海淀区经信办、北京前沿国际人工智能研究院及3个创新中心、计算应用服务平台相关负责同志参会。研讨会围绕加强合作、促进创新进行了深入的交流研讨，并达成共识。

同日　智能小程序AI分诊助手亮相百度世界大会，北大医疗集团旗下北京大学国际医院成为率先使用运行AI分诊助手的医疗机构，这也是百度智能小程序的AI能力第一次落地在医疗行业。

5日　怀柔区在全市率先开发区级“一窗式”综合受理系统，42个区级部门的1483件事项全部在平台办理，并同步上线了综合窗口取号、业务流转，实现了“前台统一受理、后台分类审批、统一窗口出件”的审批服务模式。

7日　工信部公布2018年（第17届）中国软件业务收入前百家企业名单，北京34家软件企业入选，数量居全国首位。

同日 第5届世界互联网大会“世界互联网领先科技成果发布活动”在乌镇举行。此次发布活动收到来自中国、美国、英国等20个国家的400余项互联网领域创新成果，其中，15项代表性领先科技成果在现场进行展示。展示成果中的6项来自北京软件企业、科研院所，即破解信息孤岛的接口高效互操作技术与燕云DaaS系统、360安全大脑—分布式智能网络安全防御系统、智能供应链技术服务平台、Apollo自动驾驶开放平台、CPU硬件安全动态监测管控技术、小米面向智能家居的人工智能开放平台。

8日 根据《北京市机构改革实施方案》，北京市经济和信息化局（以下简称市经济和信息化局）正式挂牌。

9日 由市人大财政经济委员会带队，一行50余人赴中关村软件园，专题视察北京市软件和信息服务业发展情况。在软通动力信息技术集团有限公司体验了公司覆盖互联网、金融、文化、智慧城市、大数据等重要行业和领域的先进产品和应用案例，并现场提问互动；在北京千方集团有限公司参观了公司专注于智能交通、智慧安防、车联网及金融服务等领域的行业领先成果和解决方案。

12日 市经济和信息化局赴百度公司调研。局领导指出，希望百度围绕核心技术和业务，发挥产业龙头的带领作用，打造生态产业链，带动产业集群式发展。同时，欢迎百度参与北京市智慧城市领域重大项目建设，市经济和信息化局会持续推动百度参与北京市大数据行动计划，推进重大产业项目与北京市科创中心政策对接，促进北京市经济结构转型，带动产业升级发展。

同日 中国专利保护协会发布的《人工智能技术专利深度分析报告》显示，中国在人工智能领域的专利申请量达76876件，位列全球榜首；百度在线网络技术（北京）有限公司以2368件的申请量在国内申请人中位列第一。

13日 由河北省工信厅、北京市经济和信息化局和天津市工信委共同主办的2018京津冀机器人产业对接会在河北省唐山市召开。来自国家机器人与机器人装备标准化技术委员会和相关院所的行业专家，京津冀地区工业和信息化主管部门、行业协会以及机器人企业、用户企业代表100余人参会。北京遨博智能、珞石科技、中技克美等5家机器人企业代表参加会议并进行了产业对接。

14日 北京浩瀚深度信息技术股份有限公司“低功耗高性能大数据存储系统”入选2018年大数据产业发展试点示范项目，引发业界关注。

20日 德勤2018高科技高成长中国50强在北京揭晓，北京共12家企业入选，11家为软件企业，居全国首位。

同日 由中科院软件所牵头研制的中国首颗软件定义卫星“天智一号”在酒泉卫星发射中心搭载发射成功。

21日 市经济和信息化局联合市通信管理局、顺义区政府和中国信息通信研究院共同举办的工业互联网标识解析国家顶级节点（北京）签约仪式暨启动会在顺义区中国航信产业园召开。工信部信管局、市经济和信息化局、市通信管理局、顺义区委、中国信息通信研究院以及其他相关部门领导、企业、科研机构、高校、媒体代表参加了活动。

同日 工业互联网标识解析国家顶级节点（北京）签约仪式暨启动会在顺义区中国航信产业园召开。会上，市经济和信息化局、市通管局、顺义区政府、中国信通院4方领导共同签署《工业互联网标识解析国家顶级节点（北京）

四方合作协议》，标志着国家级工业互联网基础设施——“标识解析国家顶级节点”在北京市正式启动建设。

28 日 2018（第 4 届）中国互联网法治大会于北京隆重召开。会上，中国互联网协会副秘书长宋茂恩发布 2018 年中国互联网法律服务创新项目，“北大法宝——刑事法宝 xs.pkulaw.cn”荣获该评选。

11 月 经市编办批准，市公安局指挥部视频警务和安技防通信保障处加挂北京市图像信息资源管理中心牌子，承担市图像信息资源管理中心主要职能。

同月 房山区政务服务管理局启动了“一窗式”综合信息服务平台（即“综合窗口”平台）建设。12 月 28 日，“综合窗口”平台建成并投入使用。

同月 市人民防空办公室完成新建 54 套固定电声警报器；更新 334 套电声警报器后备电源和蓄电池；改造 300 套电声警报器主机，由普通型改造为防误鸣型电声警报器。

12 月

5 日 “4K 视界”专区在北京歌华有线电视网络股份有限公司 DVB−IP 平台的点播栏目中上线。

7 日 北京市医政医管电子化注册平台建设完成，通过项目终验。医政医管电子化注册平台应用于医生、护士、医疗机构办理人在电子化注册个人端提交申请材料电子版，经医疗机构端确认后，卫生健康委在审批端先行预览审批，业务办理人携带纸质材料到现场一次即可办理完毕。

同日 北京市医政医管电子化注册平台建设完成，通过项目终验。

9 日 由国家信息中心指导，海南省工业和信息化厅主办的“数字海南 智创未来”首届海南大数据创新应用大赛总决赛收官。北京北大软件工程股份有限公司参赛的“多源数据融合服务平台”获得大赛价格监管组优胜奖。

11 日 市经济和信息化局与中国卫星导航系统管理办公室共同组织召开中国卫星导航系统重大专项北京市北斗卫星导航应用示范项目验收会，该项目由中央军委装备发展部和北京市人民政府联合批复。中国卫星导航系统管理办公室、北京国际工程咨询有限公司、应用示范项目企业等单位代表以及行业专家共 50 余人参加了会议。

12 日 市经济和信息化局联合市信息化专家咨询委在北京会议中心共同举办了主题为“数汇北京 · 智惠城市”的“北京市信息化专家咨询委员会 2018 年高峰论坛”。全市 40 余个委办局、10 余个区的信息化主要负责人、研究机构和企业代表等 250 余人参加。论坛围绕大数据发展新理念、新技术、新方向和新应用等进行了主题演讲；市经济和信息化局和市大数据系统总体组，就北京市大数据工作推进思路、大数据平台体系总体设计等内容进行了专题培训。

15 日 市发展改革委网站群完成市政务云迁移工作。

27 日 北斗三号基本系统建成及提供全球服务情况发布会在国务院新闻办公室新闻发布厅召开。中国卫星导航系统管理办公室正式发布《北斗卫星导航系统应用案例（2018 年 12

月)》，以便国内外用户更好地了解北斗、应用北斗，让中国的北斗服务全球、造福人类。本次案例征集中，市经济和信息化局推荐的10家企业共12个应用案例入选，充分展示了北京市在北斗创新应用方面的成果，为深入推进北斗应用规模化、大众化奠定坚实基础，打造北京科技创新中心建设的新引擎。

27日至28日 由工业和信息化部指导、国家工业信息安全发展研究中心和两化融合服务联盟主办的2018年中国工业电子商务大会在北京国际会议中心举办。此次会议发布了35家国家工业电子商务运行形势监测指数企业称号名单，其中，北京市玻多多电子商务有限公司、德林乾元电子商务有限公司、电务通能源股份有限公司、木联电子商务有限公司等11家电商平台企业入选。会议还发布了《工业电子商务白皮书》、2018年工业电子商务投融资数据地图和工业电子商务平台创新案例名单。

12月 北京市人民防空办公室建成北京市人防图像信息管理平台，为战时调度指挥、突发事件应急处置、工程运营监管、区域治安日常防控提供技术支撑。

同月 北京市文化和旅游局完成38个业务系统政务云迁移。

同月 北京市公共资源交易服务平台在全市范围内基本实现公共资源项目统一管理、统一发布、统一认证。

同月 北京市公共资源交易平台综合交易系统正式实现在各区分平台落地部署，并投入使用。

同年 按照国办〔108〕号函的要求，北京市建设政务服务事项管理系统，通过市级统筹、各级梳理的模式，完成了全市、区、镇街、村、社区的政务服务事项梳理，发布办事指南35万余项，通过规范申请材料、办理流程、办理时限等要素，规范了各级政务服务事项。

同年 工信部围绕双创平台+要素汇聚、双创平台+能力开放、双创平台+模式创新和双创平台+区域合作4个方向9个领域，组织开展了2018年制造业与互联网融合发展试点示范征集。北京市宝沃汽车、东方国信、德威特电气等20家企业的24个项目被评为2018年制造业双创平台试点示范，全国占比16%。

同年 市经济和信息化局推荐的30家企业的34个项目入围“2017大数据优秀产品和应用解决方案案例”，居全国各省区市首位。其中，大数据产品入围11个、大数据应用解决方案入围23个。

同年 市园林绿化局首次利用人工智能和大数据等新一代信息技术，开展北京市城区“绿视率”调查研究。自动识别分析上百万张的街景图片，绘制“绿视率”分布图，推动首都园林绿化精准建绿、管绿。

同年 北京市园林绿化局基于物联网和大数据技术，突破数据共享壁垒，建成物联网数据汇聚共享平台，将林场苗圃、森林公园等林地绿地的传感器数据进行汇聚，动态感知园林绿化环境，物联网开始助力园林环境动态监测。

同年 北京市建成公园风景区多元信息汇聚管理平台，实现了多级任务管理、众包数据采集、用户行为分析等功能，助力全市公园风景区的精细化管理。

同年 北京市4万余株古树名木有了二维码“身份证”，市民通过手机“扫一扫”可获知古树的高度、树围、种植年代等基本信息，了解古树背后的历史故事，并可留言互动。

信息基础设施

本栏目刊载2018年北京市在信息基础设施方面的规划与建设以及互联网、有线电视网和无线电的建设、管理情况。

概　述

2018 年，北京信息基础设施建设取得稳步发展，打造高端产业集群，构筑人工智能产业创新高地，设立北京人工智能基础研究创新中心、北京智慧社会创新中心、北京人工智能专利创新中心 3 个产业创新中心。推进工业互联网建设，工业互联网标识解析国家顶级节点和首批面向行业应用的二级节点启动建设。培育典型工业互联网平台建设，积极推动双跨平台和区域性工业互联网平台建设。稳步推进京津冀大数据综合试验区建设，召开 2018 京津冀大数据综合试验区建设工作座谈会，启动京津冀大数据数字生态产业园建设方案论证。重大项目扎实推进，工业互联网、人工智能、大数据等领域重点项目加速落地。44 个项目成功入选国家工业互联网创新发展工程项目，10 个项目入选工信部工业互联网试点示范项目。市无线电管理局全力做好无线电频率管理、无线电台站管理和空中电波秩序管理，圆满完成了中非合作论坛北京峰会等重大活动的无线电安全保障任务，维护了北京地区良好的空中无线电波秩序。

（市经济和信息化局）

规划与建设

【中关村 AI 科技园落户门头沟】 1 月 2 日，门头沟区政府在“改革优化营商环境、精准支持高精尖”产业发展政策发布会上宣布建设中关村人工智能科技园。中关村人工智能科技园位于门头沟新城的长安街西起点，毗邻轨道交通 S1 号线栗园庄站，规划用地面积 54.87 万平方米，产业建设用地面积 22.22 万平方米，总建筑面积 59.62 万平方米。园区将搭建 3 级产业体系，包括智能基础产业、智能核心技术产业、“智能 +”产业，涵盖超高速大数据、云计算、生物识别、深度学习等方面。园区计划与国内外的著名大学、科研院所和龙头企业，共同搭建人工智能国家级实验室、研究院和技术平台。推行 5G 通信服务，在园区建设专有超算中心和专业云，并推动门头沟区成为智能驾驶先行先试示范区。联合骨干企业建立基础数据资源平台和面向交通、医疗、教育等行业的数据资源共享平台。

（市经济和信息化局）

【北汽“无人驾驶”项目落户北京】 1 月 3 日，北汽集团“无人驾驶”运营项目落户北京，为北京市出台国内首部自动驾驶新规以来，全市首个开展“无人驾驶”试运营的项目。该项目位于顺义区奥林匹克水上公园，全长 7 千米，属于半开放实景道路，能使市民充分体验北汽无人驾驶项目。

（市经济和信息化局）

【联想全球首家智生活店开业】1月28日，联想全球首家新零售店——联想智生活直营店在北京金源燕莎开业。30余年来，联想从创建代理分销制，到建立1＋1特许专卖店体系，再到电商营销，一直引领全球IT零售新变革。全球首家智生活店的运营，标志着联想正式开启了第4次零售模式的变革。

（郑　雪）

【自动驾驶车辆封闭测试场启用】2月9日，北京市首个自动驾驶车辆封闭测试场——国家智能汽车与智慧交通（京冀）示范区海淀基地正式启用。此次启用的自动驾驶封闭测试场，由北京智能车联产业创新中心携手北京海淀驾校共同打造，是全国首个面向自动驾驶车辆研发测试、能力评估而建设的封闭测试场地，占地面积约13.33万平方米，符合T1~T3级自动驾驶车辆研发测试与能力评估场地要求。该自动驾驶封闭测试场的建设，是工信部、北京市与河北省共同建设的“基于移动宽带互联网的智能汽车与智慧交通应用示范”项目的重要组成内容。

（市经济和信息化局）

【全国首个跨境电商智能机器人仓库建成】2月18日，北京亦庄建成全国首个跨境电商智能机器人仓库，北京跨境电商网购保税业务也同时启动。京城消费者通过网易考拉、京东等平台购买的跨境电商商品，快递时间和费用成本有望再降低。智能一号库可以支持园区日处理30万单以上的货物，同时部署1万台以上机器人进入监管区域进行生产作业。与传统库房相比，机器人预计每天工作8小时可处理包裹1万单，是人工处理的4倍。

（市经济和信息化局）

【第1批市级中小企业示范平台和小微企业创新示范基地名单发布】2月28日，市经济信息化委印发《关于公布第一批北京市中小企业公共服务示范平台和第一批北京市小型微型企业创新示范基地名单的通知》，开发区35家企业入选示范平台，35家企业入选示范基地名单。其中，北京云基地企业管理有限公司、北京博大万泰国际投资咨询有限公司、北京明漫克斯科技有限公司、中孵高科产业孵化（北京）有限公司4家企业被授予“北京市中小企业公共服务示范平台”称号；汇龙森国际企业孵化（北京）有限公司、北京经开投资开发股份有限公司、北京亦庄国际生物医药投资管理有限公司、锋创科技发展(北京)有限公司4家企业被授予“北京市小型微型企业创新示范基地”称号。

（张　辰）

【两大自动车辆封闭试验场地建成】2月，智能车联技术创新中心建设完成国家智能汽车与智慧交通（京冀）示范区海淀基地、亦庄基地两大封闭试验场地。两大封闭试验场地分别为全国首个面向《北京市自动驾驶车辆道路测试能力评估内容与方法（试行)》中T1~T3和T1~T5级别提供自动车辆测试服务的测试场地。截至年底，智能车联技术创新中心为30多家厂商提供测试服务，测试基地测试里程超过7万千米，场景测试近百万次。

（张　辰）

【中关村新兴产业前沿技术研究院二期开工】3月22日，中关村新兴产业前沿技术研究院二期项目开工暨企业入园签约仪式在北京高端制造业基地举行。从事无人驾驶汽车设备及智能驾驶系统研发的奥特贝睿科技、从事自动驾驶智能汽车整体解决方案的智行者科技、从事新型非量液体燃料技术研发的碳能科技、从事骨传导助听器产业化的美尔斯通等8家智能制造及智能网联汽车领域企业代表签订了入园意向协议。

（市经济和信息化局）

【中关村人工智能双创基地亮相】 3月，中关村人工智能创新创业基地建成。该基地坐落在知春路上，总面积2万平方米。基地着力打造人工智能领域的创新创业生态系统，形成以“人工智能＋传统产业提升”为主题的人才培养与产业集聚的创新应用示范集群。基地已入驻人工智能项目20余个，拟入驻项目50余个。基地首创了AI矩阵服务，包括“一平台、四体系、五支撑”。“一平台”即中关村人工智能创新创业服务平台，“四体系”为创新孵化、人才培养、成果转化、市场推广体系，“五支撑”涵盖政策支持、空间运营、科研院所、金融服务、创新企业等。同时，中关村人工智能创新创业基地还与北京航空航天大学软件学院、中科院计算机网络信息中心、百度、腾讯、英伟达等共建人工智能领域联合实验室。

（郑　雪）

【香港人工智能实验室成立】 5月21日，香港人工智能实验室成立仪式在香港科学园举行。实验室由北京市商汤科技开发有限公司、阿里巴巴网络技术有限公司及香港科技园公司共建，是香港国际创新科技中心的重要载体，将扶持香港人工智能创业生态发展，与香港分享更多内地人工智能研发成果与应用场景经验。实验室宣布发起“初创公司加速器计划”，旨在为香港培育更多的人工智能初创企业。

（中关村管委会）

【数字出版实验室通过科技部评估】 5月30日，科技部组织对99个企业国家重点实验室进行评估，依托方正集团建设的数字出版技术，国家重点实验室顺利通过评估。

（市经济和信息化局）

【中科晶电设立研发和产业化基地】 6月5日，中科晶电信息材料（北京）股份有限公司与忻州市开发区通汇建设发展有限责任公司共同投资成立忻州中科晶电信息材料有限公司，注册资本1.2亿元。忻州中科晶电信息材料有限公司以研发、生产和销售砷化镓衬底为主，配套生产经营面积约1.7万平方米，建设2～6英寸砷化镓衬底规模化生产线，年产能折合4英寸砷化镓衬底约200万片。

（张　辰）

【Azure Stack系统展示测试中心】 6月6日，国内首个Azure Stack一体化集成系统展示及测试中心落户北京，由北京神州数码云角信息技术有限公司建设及运行。展示及测试中心将主要承载客户场景验证等功能，同时为客户提供测试环境，包括性能、存储、网络链接，以及在第三方安全和合规性方面的验证和测试。

（市经济和信息化局）

【电子城·WeWork全球社区启动】 6月19日，“携手创新引领科技服务新生态”电子城·WeWork全球社区启动发布会在朝阳区召开。中关村管委会、朝阳区政府、朝阳园管委会等单位负责人及朝阳园部分企业、投资机构代表出席。社区由北京电子城投资开发集团股份有限公司与美国WeWork联合办公空间共建，旨在更好地优化升级电子城存量空间，为客户提供全方位的办公服务和社区体验，引领科技服务新生态。电子城·WeWork全球社区将配套电子城集团的“电子城·国际电子总部”项目。

（中关村管委会）

【青海国家级医学检测平台】 6月22日，由北京博奥晶典生物技术有限公司与青海大学附属医院联合建设的青海省首个国家级医学检测平台——国家基因检测技术应用示范中心举行启动仪式。

（市经济和信息化局）

【特斯拉科技创新中心落户北京】 7月12日，特斯拉全球副总裁任宇翔表示，美国本土以外第 1 个科技创新中心——特斯拉（北京）科技创新中心已在北京设立，主要包括电动汽车及零备件、电池、储能设备及信息技术的研究、开发等。特斯拉中国和北京市政府的合作重点将围绕人才、储能和新能源 3 个方面，全力助推北京科技创新中心建设。

（市经济和信息化局）

【联想无人商店开始试运营】7 月 27 日，联想宣布无人商店进入试运营状态，首家店设立在联想园区。无人商店可以提供不排队、无收银、无等待的购物体验，若在注册时开通免密支付的功能则购物时连手机都不用带，直接刷脸即可完成支付。

（郑　雪）

【联想与优客工场打造智能办公空间】8 月 6 日，联想与优客工场联合宣布携手打造国内首个智能办公空间，该空间将落地优客工场凯德晶品社区，搭载联想 thinkplus 智能办公解决方案，在帮助优客工场会员企业提升办公效率的同时，帮助优客工场升级运营效率。

（市经济和信息化局）

【5G 自动驾驶示范区落户房山园】9 月 19 日，由房山区政府、中国移动通信集团有限公司联合主办的首届中国移动 5G 自动驾驶峰会在房山园举行。峰会上，由房山区政府与中国移动公司联手在房山北京高端制造业基地建设的中国首条 5G 全覆盖的自动驾驶车辆测试道路发布，5G 自动驾驶联盟成立。同时，国内首个 5G 自动驾驶示范区落户房山园。首期道路开放长度 10 千米，可同时容纳 10 辆自动驾驶汽车开展研发验证、测试工作。测试道路设有 10 个 5G 基站、4 套智能交通控制系统、32 个车路协同（V2X）信息采集点位、115 个智能感知设备。5G 自动驾驶示范区开放测试道路可满足企业高速边缘计算平台、高精度定位等研发和测试要求，可提供 5G 智能化汽车试验场环境，为自动驾驶汽车研发、生产企业提供近千种场景测试，还可提供智能汽车软件检测及雷达、摄像头等智能传感设备检测和整车检测等服务。

（中关村管委会）

【市医疗机器人产业创新中心挂牌】9 月 21 日，北京市医疗机器人产业创新中心主办的“首届国际医用机器人创新发展论坛”在北京市海淀区中关村东升国际科学园举行。由市经济信息化委指导设立的北京市医疗机器人产业创新中心正式挂牌成立。北京市医疗机器人产业创新中心由北京水木东方医用机器人技术创新中心有限公司联合国内外顶级高校院所、一流科研机构、知名临床医院、行业协会联盟、产业基金和社会资本等创新资源组建，致力于打造医疗机器人产业协同创新平台，旨在深入落实创新驱动发展战略，提升北京市高端医疗装备创新能力和产业化水平。创新中心坐落于中关村东升国际科学园，总面积 5000 余平方米，配套标准化实验室、产品展示中心等区域，提供有利于医疗机器人产业创新发展的服务平台。

（市经济和信息化局）

【AI 科技主题公园开园】11 月 1 日，由百度在线网络技术（北京）有限公司与海淀公园联手共建的首个 AI 科技主题公园开园。AI 科技主题公园经海淀公园改造而成，主要智能设施包括健康跑道、智能灯杆、小度智能语音亭、智能钢琴步道、AR 太极教练、百度阿波龙自动驾驶小巴车等。在公园里，游客可以坐着阿波龙 L4 级量产自动驾驶巴士逛公园，跟着 AR 教练学打太极拳，或在智能步道上跑步；休息时可以与智能亭交流聊天、查询信息等。

（中关村管委会）

【4 家基地成为国家小微企业示范基地】11 月 19 日，工信部公布 2018 年国家小型微型企业

创业创新示范基地名单，北京市推荐的北大医疗产业园科技有限公司、北京云基地云计算科技发展有限公司、北京金丰和科技企业孵化器有限责任公司、北京中关村软件园孵化服务有限公司 4 家基地成为“国家小型微型企业创业创新示范基地”。

（市经济和信息化局）

【5 个平台获国家级示范平台称号】11 月 29 日，工信部公布 2018 年度国家中小企业公共服务示范平台名单，北京市推荐的北京知呱呱科技服务有限公司、北京中科卓信软件测评技术中心、北京市计算中心、北京长风信息技术产业联盟、北京东方嘉诚文化产业发展有限公司 5 个平台被授予“国家中小企业公共服务示范平台”称号。

（市经济和信息化局）

【北化大智慧园区一期系统试运行】11 月，北京北化大科技园有限公司智慧园区一期系统试运行上线。依照规划方案及各个业务部门实际需求搭建的新系统的整体功能与业务模块已于 6 月开始启用。

（宋慧宇）

【推进平台基地认定管理工作】年内，市经济和信息化局认定第 2 批北京市小型微型企业创业创新申报示范基地 20 家、北京市中小企业公共服务示范平台 20 个。

（市经济和信息化局）

【6 中心入选首批国家绿色数据中心】年内，工信部、国家机关事务管理局、国家能源局 3 个部门联合公布第 1 批 49 个国家绿色数据中心名单，北京市世纪互联 M6 数据中心等 6 个数据中心榜上有名。北京市是全国 14 个国家绿色数据中心试点地区之一，公布国家绿色数据中心名单旨在总结推广国家绿色数据中心试点经验和做法，全面提升数据中心节能环保水平。绿色数据中心是指数据机房中的 IT 系统、制冷、照明和电气等能取得最大化的能源效率和最小化的环境影响。

（市经济和信息化局）

【建设智能网联汽车潮汐试验道】年内，北京企业建设全球首条智能网联汽车潮汐试验道路，开发的低速无人环卫车已经服务于雄安新区，累计测试超过 30 万千米。

（市经济和信息化局）

【固定资产投资项目规模持续攀升】年内，北京市落实高精尖产业发展系列指导意见，严格执行新增产业禁限目录，指导服务企业做好项目立项，工业和信息化领域核准、备案项目共 532 项，同比增长 14.4%，总投资额 732 亿元，同比增长 5.3%。其中，区域核准备案数量前 3 位的区依次为大兴区、通州区、昌平区，占全市的 73.9%；投资额前 3 位的产业依次为信息化软件服务业、生物与医药产业和电子信息产业，占全市总投资额的 74.3%。

（市经济和信息化局）

【工程建设项目改革全面启动】年内，市经济和信息化局开展工业和信息化领域工程建设项目改革，会同有关部门研讨制定改革政策，建立协同机制，将社会固定资产投资项目核准、备案 2 类事项纳入工程建设项目全市统一审批流程。着力提高办事效率，开展项目立项及赋码服务，引导企业做好后续审批环节手续办理，推动项目尽快落地。按照工程建设项目审批制度改革试点工作安排，依托市“多规合一”协同平台，参与中交北斗导航技术应用产业基地、阿里巴巴北京总部园区等项目市级会商，结合投资项目立项为建设单位提供预沟通、预协调等综合咨询服务。通过调研、走访、座谈等形式加强政策宣贯，做好日常政策解释引导，同时指导各区经信部门积极参与区级“多规合一”平台会商机制，做好项目落地建设保障工作。

（市经济和信息化局）

【核准、备案模式深入转变】年内，市经济和信息化局将固定资产投资事项纳入全市工程建设项目综合窗口，依法规范梳理办事指南、申报材料的相关标准，通过前台接件、后台审批，实现“一口受理、接办分离”。结合国家及北京市有关产业政策要求，编制了工业和信息化领域市政府核准的投资项目目录，将原有的53项压减至3项，压减比例超过90%。全面推行固定资产投资项目在线备案，取消所有前置审批，打通备案项目互联网端申报瓶颈，实现市区备案事项全程网上可办。启动市级备案权限下放试点工作，选取房山区为试点，探索研究葡萄酒生产线建设项目区级备案，做好咨询服务及指导，开展定期调研跟踪，确保下放职权接得住、运行好。

（市经济和信息化局）

【项目监管力度不断强化】年内，市经济和信息化局落实定期检查、随机抽查机制，完善全市核准、备案台账，建立动态分析机制，结合分析、检查情况，指导各区加强项目监管。加大对重点项目、重点区域、重点行业监管力度，协调有关部门、处室对项目违规问题进行会商，对企业负责人进行约谈，集中对房山区20个葡萄酒生产线建设项目进行复查，及时纠正项目管理存在的问题。针对软件和信息服务业领域企业投资项目召开例行调度会，开展项目跟踪与抽查。会同专业处室共同了解大兴区、昌平区、通州区及北京经济技术开发区4个区域涉及云计算数据中心信息化项目建设内容、投资进度等情况，要求各区做好项目后续跟踪与监管。

（市经济和信息化局）

互联网

【工业互联网标识解析国家顶级节点（北京）启动建设】11月21日，“工业互联网标识解析国家顶级节点（北京）签约仪式暨启动会”在顺义区中国航信产业园召开。未来，北京将以工业互联网标识解析国家顶级节点建设为契机，围绕科技创新中心建设，以《北京工业互联网发展行动计划（2018—2020年）》为导向，加快工业互联网网络、平台、安全等三大体系建设。市经济和信息化局与市通管局、顺义区政府、中国信通院共同签署《工业互联网标识解析国家顶级节点（北京）四方合作协议》，标志着工业互联网标识解析国家顶级节点（北京）启动建设，未来将为北京乃至全国工业互联网提供高效、稳定的标识编码注册和标识解析服务。会上还启动了包括东方国信、北汽福田、航天云网、中车集团、北京江河、国家气象信息中心等首批针对行业应用的北京工业互联网标识解析二级节点（服务节点）。

（市经济和信息化局）

【推进公共场所免费无线上网】年内，市经济和信息化局根据市政府批复的《北京市公共场所免费无线上网服务工作方案（2018—2020年）》，以公开招标方式，确定了新一轮免费无线上网管理信息系统和带宽服务单位，新旧网管系统平滑过渡、顺利交割。新系统于 4 月 26 日正式上线提供服务。年内，服务标识为“MyBeijing”的公共场所免费无线上网工作继续推进，分 6 批验收并陆续开通服务场所 64 个，对 73 个场所进行了补点覆盖；推动有条件的区充分利用市级网管系统，加大区属公共场所覆盖力度并承担带宽费用，其中，东城区新增 24 个场所，并对 71 个场所进行了补点；西城区新增 8 个场所。协调免费无线局域网建设单位，将 AP 终端带宽能力提升至 20 兆，并通过电视、网站、微博、微信等多种途径加大宣传力度，引导公众正确认识和使用公共场所免费无线上网服务，使公众充分享受到了智慧城市建设的成果。截至年底，累计注册人数超过 120 万人，累计上网人次超过 2.5 亿次，累计上网时长约 4895 万小时，取得了较好的社会效益。

（市经济和信息化局）

【启动固网第 7 次提速降费】年内，固定网络主运营商北京联通公司启动第 7 次提速降费，100 兆及以下用户免费提速至 200 兆，200 兆用户免费提至 300 兆，企业宽带用户同步提速，约 320 万用户受益。截至年底，固定宽带家庭用户数累计约 904.19 万户。其中，20 兆及以上宽带用户占比约 95.13%，50 兆及以上宽带用户占比约 83%，100 兆及以上宽带用户占比约 65.31%；年内本市固定宽带平均可用下载速率达到 27 兆，比 2017 年提高 37%。

（市经济和信息化局）

【4G 网络基本实现城乡覆盖】年内，市经济和信息化局协调解决移动基站建设难点，督促北京铁塔公司加快建设基站，满足电信运营商移动网络布局需求，加快推进 4G 网络建设，4G 基站累计达 9.53 万个，基本实现城乡覆盖，移动宽带用户数达到 3548.1 万户，其中，4G 用户数达 3164.5 万户，占比超过 89%。

（市经济和信息化局）

【无线政务专网升级和改造工作】年内，北京市完成北京“两会”、全国“两会”、“纪念全民族抗战爆发 81 周年”、“世界机器人大会”、“中非论坛”、“烈士纪念日向人民英雄敬献花篮仪式”等重大活动通信保障。截至年底，无线政务网在网使用 9 套核心交换机、391 套地面基站、139 套地铁内基站（交维 48 套）、12 套移动基站、304 套室内分布系统。为确保网络稳定运行，组织相关专家对无线政务网 2018 年设备更新项目和 2022 年冬奥会 800 兆数字集群项目可研报告进行论证，开始对现网 5 台交换机、100 个 TB2 基站、1 部应急通信车进行更新，对现网 75 个 TB3 基站进行 IP 化升级。

（市经济和信息化局）

【政务专网升级改造】年内，北京市完成 2019 年世园会、“一带一路”、“亚文会”和“两会”等重大活动期间的政务外网通信保障任务。截至年底，市级政务外网接入用户 4534 家（含医保、金财、应急视频用户）；政务外网上横向业务系统 17 套；政务外网纵向虚拟专网 88 套；与国家政务外网联通的市级单位 38 家；开通移动政务业务的单位 44 家；政务内网横向虚拟专网 2 个、政务内网纵向虚拟专网 1 个；按期完成第 1 批进驻副中心单位的电子政务网络迁移工作。完成市级金财网、应急视频会议系统链路和高可信共享内网整合工作。

（市经济和信息化局）

有线电视网

【城市副中心信息化建设】年内，北京歌华有线电视网络股份有限公司（以下简称歌华有线）完成城市副中心行政办公区7000余个光缆点位的建设和验收，按进度完成机顶盒安装；制订实施专项保障方案，启动行政办公区运维服务保障工作；完成互联网接入、无线网络信号户外及楼内覆盖，以及管理平台搭建工作；完成应急指挥系统专网、金财专网的迁移工作；为市政府及各委办局搬迁提供了坚实的网络保障。

（钟 华）

【有线电视网络改造建设】年内，歌华有线双向网络改造40万户，其中，光纤到户改造完工20万户，HFC双向网络改造完工20万户，累计开通双向网650余万户。DOCSIS3.0系统升级累计覆盖用户570万户。推进机房、网络升级，百兆宽带覆盖用户达到500万户，基本实现北京地区城镇以上区域百兆网络全覆盖。全面推进有线网络传输IP化，推进IPv6的实施，加快推进光纤入户，解决有线传输最后1公里问题。

（钟 华）

【完成酒店有线网络数字化工作】年内，歌华有线新增宾馆酒店有线网络数字化项目85个，共计9646端。

（钟 华）

【推进非平移网模拟信号切换及关停】年内，歌华有线新切换2158个光节点，完成全市80%的模拟信号切换及关停。

（钟 华）

【冬奥会有线电视专网工作】年内，歌华有线与北京冬奥组委就赞助协议的签署及有线电视专网技术方案等问题进行了具体协商并达成共识。完成冬奥会项目规划方案的编制。完成场馆专网设计文件审核。

（钟 华）

【加强反向噪声监控系统建设】年内，歌华有线覆盖用户较上年增加50万户，累计达到540万户，受监控的光节点约1.88万个，为双向网维护起到支撑保障作用。

（钟 华）

【有线无线融合网建设】年内，歌华有线开展了延庆区、大兴区、房山区、通州区与河北省交界位置20个测试点的频率测试工作。

（钟 华）

【提供专网服务】年内，歌华有线为中国人民银行、工商银行、农业银行、中国银行、建设银行、交通银行等30多家国有和商业银行，以及中石油、中石化、国美、苏宁、大中、物美、如家等40余家大型企业提供专网服务。

（钟 华）

【“智慧广电”项目建设】年内，歌华有线实施通州“红绿灯联网工程”、昌平“平安校园”项目、平谷加油站监控项目、怀柔自来水远程抄表项目、密云“一键呼”二期智慧养老项目等。

（钟 华）

【开展“三网融合”试点工作】年内，北京华开有线电视网有限公司在北京经济技术开发区有线电视网络覆盖区域内与北京博大网信科技发展有限公司、北京博大网通科技发展有限公司、北京博大数通科技发展有限公司等单位开展“电视信号经 IP 转换平台转码后，依托 ISP 专网传输承载电视信号直播到户”的商用化播出实验，实现覆盖 500 余个用户。该试验项目获市经济和信息化局资助，是在全市广播电视领域内具有开拓性质的试验项目。

（席志斌　王超）

【发放高清交互机顶盒】年内，北京华开有线电视网有限公司继续为北京经济技术开发区用户免费发放、置换高清数字机顶盒。按照全国广播电视行业一般性标准，通过网络改造，在开发区各居民小区内免费置换发放 DVB 高清机顶盒约 1000 台，通过中国中信集团有限公司引入中国国际广播电台的影视点播内容到 OTT 平台上，为小区居民免费提供影视点播资源。

（席志斌　王超）

【开展光缆切割工作】年内，北京歌华有线电视网络股份有限公司北京经济技术开发区分公司对辖区内大雄城市花园、一栋洋房、金地格林小镇、大雄郁金香舍、上海沙龙等 27 个小区开展光缆切割工作，覆盖户数约 2 万户。切割工作由原来的单向信号转换为双向信号，增加节目数量和回看点播功能，提高辖区用户的收视质量。

（李　倩）

无线电

【无线电频率管理】年内，市无线电管理局充分利用无线电监测结果和频谱评估成果，采用大数据技术科学管理无线电频率，力争把有限的、宝贵的频率资源优先配置于重要领域、重要行业和重要用户。全年共完成频率审批 39 件、延期审批 57 件、配合国家无线电办公室完成外国元首访华临时频率指配 28 件、办理北京地铁 800 兆赫兹数字集群通信系统无线电频率许可 4 件。落实气象雷达、广播电台、民航华北空中交通管理局等部门用频需求的组织协调工作。开展过期频率清理工作，完成过期频率用频单位名录；对北京市气象局第 2 批 4 部 X 波段天气雷达及环球影城对讲系统等高功率、广覆盖的频率申请项目在选址时进行实地调研；对已批复的市气象局海坨山 S 波段雷达邀请 12 个相关单位，召开“冬奥会海坨山赛区气象雷达建设使用情况沟通会”，对该部雷达的建设提出要求；对已批复的燕房线 1.8 吉赫兹视频传输系统建设情况进行实地调研，并通过座谈了解频率使用情况及存在问题。

（市无线电管理局）

【无线电台站管理】年内，市无线电管理局对无线电台站实施分级管理，建立台站联系人制度，及时协调解决重要用户反映的问题。圆满完成北京地区使用航空无线电专用频率和广播电视专用频率无线电台（站）抽查工作，完成原国管卫星地球站的接收工作。开展业余无线电培训和许可，累计发放业余无线电 A 类、B 类操作证 1665 个，发放业余无线电台执照 1953 个。组织了“2018 中国 HAM‘五五节’北京业余无线电交流汇”和业余无线电“2018 应急通信演练”活动。完成 55 件设置无线电台的行政审批，办理台站年审 589 家单位。与市地税局紧密合作，完成收缴频率占用费 660

余万元。

（市无线电管理局）

【无线电监测】年内，市无线电管理局共完成12份监测频谱统计报告，月报累计监测时间8344小时（按分站叠加计算）。完成外国元首访华专项监测工作。按照工信部无线电管理局下达的频谱监测任务要求，对特定频段进行专项频谱监测。按要求完成春节、“两会”、中非合作论坛北京峰会等重大活动的无线电监测工作。

（市无线电管理局）

【电磁环境测试和设备检测】年内，市无线电管理局共完成28个单位、28个通信网、28个测试点电磁环境测试。全年共完成23个单位，23个通信网进行台站技术验收，为全局的频率及台站行政审批工作提供了技术支撑。完成27家单位的设备验收，测试设备123台。共签署5份入关检测协议，涉及进口设备15601台。共检测业余电台4751台。

（市无线电管理局）

【开展《中华人民共和国无线电管理条例》培训】年内，市无线电管理局除组织执法人员培训和学习《中华人民共和国无线电管理条例》（以下简称《条例》）外，还针对各区无线电管理部门、全市打击“黑广播”工作机制成员单位组织开展专项的《条例》宣传活动，对《条例》的修改变化进行了培训。4月11日，召开全市新《条例》宣传贯彻部署工作会议，市相关委办局、区及主要设台单位、驻京部队代表近200人出席了会议。6月13日至14日，召开《条例》培训会，市无线电管理局、各区无线电管理人员和市打击“黑广播”协调机制单位代表70余人参加了培训。

（市无线电管理局）

【宣传《中华人民共和国无线电管理条例》】年内，市无线电管理局通过公交电视、地铁电视、城市电视、公交候车亭灯箱、地铁线路导向屏等公众热门平台拓展宣传工作的覆盖面。结合关键时间节点，对《条例》进行宣传贯彻，并组织召开新《条例》宣贯会。赴中国传媒大学附属小学、首都经济贸易大学密云分校、首都师范大学房山分校开展3次无线电进校园宣传活动，提高无线电宣传的针对性。针对政府部门进行宣传，提升无线电管理行业的影响力。指导并支持区县结合各自特点开展宣传工作，发放宣传资料3.2万份、宣传品2万份。

（市无线电管理局）

【中非合作论坛北京峰会无线电安全保障】年内，市无线电管理局作为中非合作论坛北京峰会安保组成员单位和市领导小组成员单位，认真按照相关要求做好工作。参加了中央安保领导小组无线电管控组执行领导小组。峰会活动期间，协调国家无线电监测中心、预备役电磁频谱管理中心等单位在人民大会堂、钓鱼台国宾馆外围以及首都国际机场开展无线电安全保障工作。局内成立峰会无线电安全保障领导小组，在局机关成立无线电安全指挥中心，在国家会议中心、人民大会堂等重要区域设前线指挥部，及时解决和处理突发问题。经各方共同努力，圆满完成无线电安全保障任务。

（市无线电管理局）

【上合峰会北京备降机场无线电安全保障】年内，国家无线电办公室为做好峰会保障工作，牵头成立“无线电管控小组”。市无线电管理局作为无线电管控小组成员单位，负责北京首都国际机场的无线电监测和干扰定位工作，依据各处室原有职能，成立北京首都国际机场无线电安全保障团队，承担定位查处航空专用频率干扰、保障外国政要访问北京用频、持续打击“黑广播”等3项重点工作。以首都国际机场和航路周边为重点防范区域，对航空导航频率开展保护性监测，及时定位查处发生在机场及航路的无线电干扰事件，加强对机场及航路周边大功率无线电台站及业余无线电台站的管控，持续打击治理“黑广播”，消除无线电干扰隐患，确保上合组织峰会期间北京首都国际机场和航路无线电用频安全。

（市无线电管理局）

【打击“黑广播”“伪基站”】年内，市无线电管理局根据中央和北京市的统一部署，在工信部专项行动领导小组和市委政法委（市维稳办）的领导下，参与打击整治生产销售使用“伪基站”违法犯罪活动专项工作。全局共参与打击“黑广播”行动45起，查获非法设备64套，出具“伪基站”认定书155份，认定设备158套次。共开展无线电行政执法4起、立案4起、结案4起、罚没设备44套，下发责令改正通知书35份。

（市无线电管理局）

【2022年北京冬奥会筹办工作】年内，市无线电管理局赴2022年北京冬奥组委进行工作对接，对相关事宜进行沟通和明确。制订冬奥会前无线电保障规划。两次组织人员对延庆海坨山赛道进行考察，对无线电监测设施建设事宜进行筹划，初步选择了保障地点，并向奥组委、规划院等部门提出无线电保障需求。参加北京冬奥会无线电管理第1次联席会议筹备会，各方就联席会议的参会人员、会议形式、会议议题进行了研究。

（市无线电管理局）

【监测网技术设施建设】年内，市无线电管理局完成监测网升级改造建设项目的招投标及合同签订工作。按照市经济和信息化局的统一部署，将监测系统、信息化系统、安防系统的部分功能，迁移至政务云，初步建立基于政务云的监测大数据云平台处理能力。完成2017年至2018年监测网及其辅助技术设施运维招投标及合同签订工作。配合完成2018年项目申报及相关审计工作。完成无线电台站核查系统购置项目收尾工作、监测车车载灭火系统和便携式场强及电磁辐射测试系统安装工作。

（市无线电管理局）

信息产业

本栏目刊载2018年北京市电子信息制造业和信息服务业发展情况。

概　述

2018 年，北京市信息产业稳定增长，产业结构和产业发展环境持续优化，加大精准服务力度，推进两化深度融合，高质量发展取得新成效，创新领域成效明显，在全市经济中的支柱地位不断巩固。

高精尖产业发展政策体系进一步完善，制订出台 5G、智能网联汽车、医药健康等产业发展行动计划和方案，编制创新型产业集群建设规划及制造业高质量发展规划，制定发布十大高精尖产业登记指导目录。

行业重点支撑企业在夯实存量的基础上，利用总部优势，创新运营模式，进一步扩大产能、拓宽产品线，为产业增长贡献新动能。新兴领域企业潜力不断释放，在全球独角兽榜单、全球“AI100”榜单、中国大数据企业 50 强、福布斯中国上市 / 非上市潜力企业榜等高成长榜单中表现亮眼，产业活力凸显。

2018 年，市经济和信息化局系统梳理全市 5G 产业链资源，按照网络先行、产用协同、高端发力的策略，推动全市 5G 产业发展，打造 5G 国际领先城市。结合世园会科技展示需求，梳理“5G+ 自动驾驶”“5G+ 无人机”“5G+ 机器人”等示范场景，并着手组织实施。会同市通信管理局启动 5G 基站站址规划编制，推进通信基站与社会塔（杆）资源实现双向开放共享，完成 5G 示范项目组网方案编制工作。

推动北斗产业创新发展，大力推进北斗应用落地，组织召开北京市北斗卫星导航技术与产业深度融合应用推进会和京津冀北斗卫星导航示范项目座谈会，加快推进第 10 届中国卫星导航学术年会相关筹备工作。

结合国家战略部署和北京市特点，发展智能网联汽车产业，实施自动驾驶产业创新扶持“星火计划”，提供多种测试与技术评估特惠服务，支持全市自动驾驶产业创新，加速技术研发与人才培养。

推动超高清视频（北京）制作技术协同中心组建，整合全市乃至国内超高清显示产业和创新资源，力争将北京打造成全国超高清显示产业创新中心，带动全国广播电视技术向 8K 超高清迈进。

北京软件和信息服务业围绕“创新突破、协同发展、融合升级”的总基调，优化产业发展环境、打造高端产业集群、加大精准服务力度、推进两化深度融合、推动京津冀产业协同。软件和信息服务业高质量发展取得新成效，在全市经济中的支柱地位不断巩固，对构建高精尖经济结构的支撑作用进一步强化，建设有世界影响力的软件创新名城再上新台阶。

（市经济和信息化局）

电子信息制造业

【制造业双创平台建设现场会召开】 1月2日，中国制造企业双创平台建设现场会在京召开。会上，市经济信息化委对北京制造业双创工作主要进展和成就、工业互联网应用发展情况以及下一步工作思路做了介绍，表示北京将牢牢把握首都城市战略定位，以建设具有全球影响力的科技创新中心为引领，加快发展高精尖产业和制造业双创，推动全市工业互联网的应用和发展。中国工业互联网双创开发者大赛在大会上启动。会议还举行了中国制造企业双创发展联盟工业互联网产业基金签约、东方国信Cloudiip 2.0工业互联网平台发布、制造业与互联网融合发展和制造业双创平台试点示范企业授牌仪式。

（市经济和信息化局）

【翎客航天RLV−T3首次火箭回收试验】 1月4日，北京翎客航天科技有限公司可回收火箭验证机RLV−T3在山东龙口的试验基地完成首次火箭回收试验。该火箭从地面起飞，在经过定点悬停、平移飞行等动作后，完成从A点到B点的试验目标。该次试验全程未触发外界保护措施，飞行弹道精度小于0.15米，着陆点精度小于0.2米，

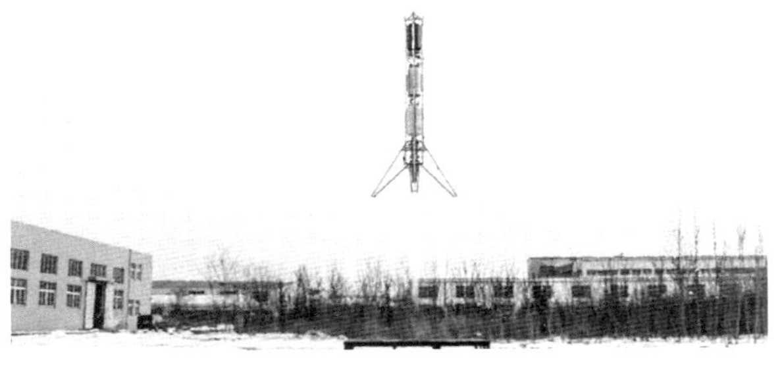

翎客航天可回收火箭验证机RLV−T3　　王瑞璟 摄

标志着公司成为全球第6家掌握火箭回收技术的民营创业公司，是国内通过单台火箭发动机矢量控制实现火箭回收技术的首个案例。

（开发区管委会）

【小米MIUI上线“刷门卡”】 1月19日，小米MIUI官方微博公布，小米手机新增“刷门卡”功能——经本人授权后，可以把门卡模拟到手机中，让出行更方便。在MIUI（米优）系统中，用户只要进入“小米钱包”，根据系统的提示即可快速完成磁卡添加操作。

（郑　雪）

【小米推出新一代AI语音助手】 1月，小米公司发布一款语音助手智能音响。设备搭载两种语音助手，一个是基于小米用人工智能技术为中国家庭设计打造，另一个类似亚马逊Alexa专门针对国外市场打造，双AI人工智能支持功能服务于同时打开中外市场。

（郑　雪）

【世纪金光实现碳化硅全产业链贯通】 2月1日，北京世纪金光半导体有限公司6英寸碳化硅（SiC）器件生产线通线，是中国首次实现碳化硅全产业链贯通，从产业链源头实现自主可控。该项目是国家“核高基”科技重大专项、国家集成电路产业投资基金扶持项目、北京市高精尖项目，也是北京市政府推进实施制造强国战略，重点扶持发展十大高精尖产业取得的重大成果。工业和信息化部电子信息司、市发展改革委、市经济信息化委、北京经济技术开发区、国家集成电路产业投资基金的有关领导，航空航天、新能源汽车等单位，以及科技界、金融

界和行业协会等近百家单位代表出席生产线通线活动。

（开发区管委会）

【10项科研成果获市科学技术奖】 2月5日，在北京市科学技术奖励大会暨2018年全国科技创新中心建设工作会议上，北京经济技术开发区11家企业的10项科研成果获2017年度北京市科学技术奖。其中，京东方科技集团股份有限公司的“高性能内嵌式触控显示一体化技术研发与产业化”项目、北京新能源汽车股份有限公司的“C30平台纯电动乘用车关键技术集成开发与应用”项目和北京同仁堂科技发展股份有限公司的“中药生产过程控制可靠性工程理论与关键技术应用”项目获一等奖。

（开发区管委会）

【举办人工智能论坛】 2月8日，由市经济信息化委和海淀区政府共同主办的“2018北京人工智能产业高峰论坛暨北京前沿国际人工智能研究院成立大会”在中关村国家自主创新示范区展示交易中心举行。论坛以“智行　智远　智未来”为主题。市领导在致辞中表示，作为全国科技创新中心，北京在人才吸引、科技创新元素集聚方面具有显著优势，为人工智能产业的发展奠定了良好基础。下一步，北京市将以自主创新提升竞争能力，坚持高起点、高标准战略引领，不断创新产业培育模式、新产品开发模式、协同创新模式，将北京建设成为人工智能产业发展新高地，切实把人工智能产业打造成驱动北京经济发展的新动能、新手段、新引擎。市经济信息化委领导在主旨演讲中提到，北京市高度重视人工智能产业的发展，将抓住当前人工智能产业发展先机，借助产业自身发展的惯性加以推动，因势利导，整合创新要素，开展产业模式创新，力争北京在全球人工智能产学研领域取得引领地位。会上，中国科学院计算机网络信息中心发布了人工智能计算及数据应用服务平台，开启北京市和中科院在人工智能领域的深入合作。论坛期间，由创新工场、北京集成电路设计园有限公司、旷视科技、商汤科技、臻迪科技、中科院计算机网络信息中心、金山云共同发起的北京前沿国际人工智能研究院正式成立。

（市经济和信息化局）

【百度入榜MIT 2018年“全球十大突破性技术”】 2月21日，美国权威杂志《麻省理工科技评论》揭晓2018年“全球十大突破性技术”，百度被列为实时语音翻译领域“关键玩家”，成为本年度唯一入选的中国公司。百度是从2016年以来首个连续3年入选该榜单的中国公司。

（市经济和信息化局）

【今日头条收购Faceu激萌】 2月21日，今日头条完成对相机拍照工具Faceu激萌的收购，交易总价3亿美元（约合19亿元人民币）。Faceu激萌是一款增强现实（AR）人脸识别自拍应用，支持海量动态贴纸、美颜滤镜、GIF表情包、直播、视频聊天、社交分享等多种玩法的拍照工具，已拥有2.5亿累计下载用户。

（市经济和信息化局）

【小米与微软合作　助推产品市场】 2月23日，小米公司与微软公司签署战略合作备忘录。微软在云计算、人工智能等领域的技术储备将与小米在移动智能设备方面的成果结合，帮助小米产品进入国际市场。在云服务支持方面，小米与微软共同探索，进一步利用微软智能云Azure平台和服务，在国际市场上为小米提供用户数据存储、带宽、计算等服务；在人工智能方面，双方合作将涉及计算机视觉、语音、自然语言处理、文本输入、对话式人工智能、知识库、搜索等微软技术，以及Bing搜索、Edge浏览器、微软小娜、微软小冰、SiftKey、微软翻译 Translator、Pix 相机、认知服务、Skype 等微软产品及服务，并整合小米的 IoT 网络平台以及人工智能产品。

（市经济和信息化局）

【小米与谷歌合作 在国内搭载 ARCore】2月24日，小米与谷歌达成合作，成为国内首批搭载 ARCore 的手机厂商。谷歌面向全球开发者发布 Android 平台的增强现实软件工具开发包 ARCore 1.0，使更多的 Android 设备拥有先进的 AR 相关功能，通过手机即可实现增强现实体验。

（市经济和信息化局）

【商汤科技与 MIT 成立人工智能联盟】3月2日，美国麻省理工学院（MIT）与商汤科技宣布成立人工智能联盟，共同探索人类与机器智能的未来。商汤科技成为全球首家参与 MIT Intelligence Quest 项目的公司，项目覆盖材料设计、金融、早期疾病诊断等多个领域。

（市经济和信息化局）

【百度 Apollo 加入 DeepDrive 联盟】3月8日，百度 Apollo 自动驾驶开放平台加入加州大学伯克利 DeepDrive 深度学习自动驾驶产业联盟(Berkeley DeepDrive)，并发布了 Apollo 数据及前沿技术品牌 Apollo Scape，开放 Apollo Scape 大规模自动驾驶数据集。DeepDrive 是研究应用于汽车领域的计算机视觉和机器学习前沿技术的产业联盟，包括英伟达、高通、通用、福特等20家全球自动驾驶领域的企业，研究项目覆盖感知、规划决策、深度学习等自动驾驶关键领域。

（市经济和信息化局）

【3·15 十大电脑厂商售后暗访打分】“3·15 国际消费者权益日”前夕，中关村在线电脑事业部针对联想、惠普、戴尔、华硕、雷神、机械师、机械革命、神舟、炫龙、宏基十大个人电脑厂商的售后服务情况，开启为期1个月的暗访行动。3月15日，中关村在线发表文章《凭良心说话 十大 PC 厂商售后暗访横评出炉》，对暗访情况进行了综合介绍，同时公布10家厂商售后暗访的综合打分表，联想以98分（总分为100分）位列第1名。

（郑 雪）

【中国长城与百度构建人工智能平台】3月18日，中国长城、百度在北京签订战略合作协议，宣布联手构建自主可控人工智能平台，建设人工智能全球创新网络。双方将利用百度人工智能和大数据技术、长城自主可控智能软硬件平台，形成人工智能产业发展要素全聚合的产业垂直孵化及应用输出体系，携手地方政府打造国内人工智能“软、硬、创”三位一体的产业集群。

（孙志勇）

【神州泰岳携手汉威科技发力工业互联网】3月19日，神州泰岳将携手汉威科技集团，共建“工业互联网联合实验室”，在管廊、工业安全和智慧化、智慧环保、智慧消防、智慧公用等工业互联网应用领域推进前沿技术的研究。双方还推出新型智慧管廊物联传感解决方案——泰威系列传感器。该传感器实现了智慧线与无线传感器的空口对接，超低功耗、高测量精度，具备开机自主定位和无线监控能力，可满足管廊、石油化工等多种工业场景的需求。

（市经济和信息化局）

【国汽（北京）智能网联汽车研究院有限公司成立】3月19日，国汽（北京）智能网联汽车研究院有限公司成立。该公司由中国汽车工程学会、中国汽车工业协会等行业机构牵头，中国第一汽车股份有限公司、东风汽车集团股份有限公司、重庆长安汽车股份有限公司等18家股东单位共同出资设立，注册资本9亿元，定位为国家级智能网联汽车创新中心，聚焦国家战略需求和引领行业发展的问题，为中国智能网联汽车建设新型产业生态创新体系提供基础模块和共性平台。

（张　辰）

【同方威视担当全国“两会”“安全卫士”】3月20日，全国“两会”落下帷幕。同方威视承担人民大会堂、代表委员下榻宾馆、首都国际机场和西郊机场的安保任务，实现了“全方位”布防、“全过程”参与、“全天候”保障。同方威视已连续11年为全国“两会”保驾护航。

（郑　雪）

【百度获北京首批自驾路测牌照】3月22日，北京市自动驾驶测试管理联席工作小组向北京百度网讯科技有限公司发放北京市首批自动驾驶测试试验用临时号牌。临时号牌分为T1～T5共5个级别，百度公司取得5张T3级别牌照，代表自动驾驶汽车具有认知与交通法遵守、路线执行、应急处置等综合能力。按照北京市自动驾驶新规要求，所有申请自动驾驶试验牌照的自动驾驶汽车须通过5000千米以上的封闭测试场日常训练和相应等级能力评估，包括对交通法规的遵守能力、自动驾驶执行能力、紧急情况下人工接管能力等，测试安全驾驶员需通过不少于50小时的培训和训练，能够随时接管自动驾驶车辆，以确保自动驾驶车辆按规定时间、规定路段进行试验，并随时接受监督。取得牌照后，百度公司的自动驾驶汽车开始在北京亦庄周边的开放道路上进行公开测试。

（中关村管委会）

【北京70家企业入选中国独角兽企业榜单】3月23日，科技部火炬中心联合长城战略咨询发布中国独角兽企业榜单，显示2017年中国独角兽企业共164家，北京共有独角兽企业70家，占全国的43%。榜单显示，北京70家独角兽企业总估值达到2764亿美元，占全国独角兽企业估值的44%，成为独角兽企业主要聚集区。其中，北京共有5家估值超过100亿美元的超级独角兽，分别为滴滴出行（560亿美元）、小米（460亿美元）、美团点评（300亿美元）、今日头条（200亿美元）和借贷宝（107.7亿美元），5家估值占北京独角兽总估值的58.9%。榜单表明，北京正成为具有全球影响力的科技创新中心，聚集了一批人工智能、基因组学、精准医学、区块链、新能源等领域的前沿科技型独角兽企业。独角兽企业，是指成立10年以内、估值超过10亿美元、获得过私募投资且尚未上市的企业，企业估值超过100亿美元（含）称为超级独角兽。

（市经济和信息化局）

【第三代半导体工作推进会召开】3月26日，市经济信息化委领导带队赴顺义区就发展第三代半导体产业举行工作推进会，市科委、中关村管委会、中关村发展集团及顺义区政府、中关村顺义园领导参会。加快发展第三代半导体产业关系国家科技发展战略，是落实市委、市政府加快构建高精尖经济结构的重要举措，是推进顺义区产业转型升级、培育战略新兴产业的重要着力点。市、区两级相关部门将共同组建专项工作组，在企业引入、项目支持、申报重大专项及国家和市级研发机构等方面共同发力，以打造千亿级产业集群为目标，全力服务顺义区“第三代半导体创新型产业集聚区”建设。

（市经济和信息化局）

【旷视科技获中国智能建筑行业最具影响力品牌奖】3月，凭借新一代人脸抓拍摄像机MegEye−C3S，旷视科技Face++获得“2018中国智能建筑行业最具影响力品牌”称号。此奖项由国家住建部主管、中国建筑协会主办的国家级权威建筑杂志《智能建筑》组织评选，旨在宣传和推出一批行业内占有率高、品牌知名度强的优秀企业，为用户提供选择依据。新一代人脸抓拍摄像机MegEye-C3S是旷视科技Face++全新的AI系列产品。旷视科技将人脸识别、视频结构化等人工智能技术嵌入MegEye-C3S中，使其具备强大的人像捕捉和智能分析能力，可以在前端完成对视频流中人员的检测、抓拍及数据分析，减少数据回传量，减轻后台服务器的计算压力。该产品主要用于安防人像卡口业务，特别适合人流密集的通道、出入口等场景，实现对人群中人脸的精准捕捉。

（郑　雪）

【星际荣耀首款固体运载火箭发射成功】4月5日，北京星际荣耀空间科技有限公司研制的商用运载火箭——双曲线一号S火箭（Hyperbola-1S）在海南发射场发射升空。它是该公司研制的首款固体运载火箭的先行验证型号，也是美国以外第1枚取得飞行成功的民营火箭。Hyperbola-1S基于航天系统工程研制原则，采用“科技创新+军民融合+产业生态+互联网式快速迭代”的新型研发模式，完成总体方案设计、电气与结构设计生产、火箭发动机研制配套，以及全箭总装与测试。火箭全长8.4米，重4.6吨，是一级固体亚轨道验证火箭，通过飞行实验实现星际荣耀固体火箭发动机的空中试车，验证固体火箭发动机、一体化结构设计、快速测试发射、虚拟试验应用等商业航天关键技术，最大飞行高度突破100千米，最大飞行速度超过1200米/秒。

（张　辰）

【旷视科技全资收购艾瑞思机器人】4月8日，旷视科技宣布全资收购艾瑞思机器人，进军智能机器人业务。艾瑞思机器人致力于智能机器人、人工智能、大数据等核心技术研发，为物流仓储、智能工厂等行业客户提供具有竞争力的产品和解决方案。旷视科技与艾瑞思自2017年起开始技术和产品合作，艾瑞思加入旷视科技业务布局，一方面为物流仓储、智能工厂等行业提供智能产品及解决方案，另一方面探索智能机器人与新零售、行业物联等领域的融合机会。

（市经济和信息化局）

【中科创达与寒武纪开发人工智能】4月9日，中科创达与人工智能芯片独角兽公司寒武纪科技达成战略合作。双方将共同开发人工智能技术以及面向行业的人工智能解决方案，加速推动人工智能场景落地。

（市经济和信息化局）

【紫光首批32层三维NAND闪存芯片量产】4月9日，紫光集团旗下长江存储研发的国内首颗32层三维NAND闪存芯片获“中国电子信息博览会CITE2018”金奖。4月11日，由紫光集团联合国家集成电路产业投资基金等投资建设的国家存储器基地项目芯片生产机台进场安装。中国首批拥有完全自主知识产权的32层三维NAND闪存芯片年内量产。

（宋慧宇）

【联想推出智能物联新品牌Lecoo】4月16日，联想召开智能物联春季新品线上发布会，推出智能物联新品牌Lecoo来酷，并宣布Lecoo来酷商城上线。首批3款新品也同步上市，包括Lecoo“倍爱宝”宝宝成长记录仪A1、Lecoo“看家宝”智能摄像机S1/R1、Lecoo“掘金宝”智能路由器S1。智能物联网设备的推出，标志联想新生态战略正式开启。

（孙志勇）

【Apollo 2.5开放技术发布会举行】4月19日，由百度在线网络技术（北京）有限公司主办的Apollo Meetup——Apollo 2.5开放技术发布会在北京竞园艺术中心举行。百度公司发布无人驾驶开放平台Apollo 2.5版本。Apollo 2.5新增限定区域视觉高速公路场景的自动驾驶，并针对高速公路路况相对简单的特点，使用单目广角摄像头和毫米波雷达两种传感器，同时配合障碍物和车道线的多任务并行检测分类、相对地图、障碍物三维特性等技术，在保障安全系数的前提下，以10%的成本实现限定区域视觉高速自动驾驶。百度公司还宣布成立Apollo汽车信息安全实验室。实验室的重点研究方向包括车端应用、车端网络、CAN、传感器四大类，涵盖数据隐私保护、IVI及T-BOX安全防御、L3/L4车脑信息安全软硬件参考设计、自动驾驶信号伪造对抗等10余个智能驾驶信息安全方向。

（中关村管委会）

【凌云两轮电动汽车发布】4月20日，北京凌云智能科技有限公司在北京达美中心举办百年磨一剑——两轮汽车全球技术发布会。凌云两轮电动车搭载自主研发的智能陀螺仪技术，在不通过任何外力的情况下实现自己平衡；采用全铝底盘和碳纤维材质车身，整车重量400千克，行驶100千米耗电量低于5度，实测速度100千米/小时。

（中关村管委会）

【地平线发布自动驾驶处理器征程2.0架构】4月26日，在2018（第15届）北京国际汽车展览会上，北京地平线机器人技术研发有限公司发布新一代自动驾驶处理器征程2.0架构，以及基于2.0处理器架构的L3级以上自动驾驶计算平台Matrix 1.0。征程2.0架构处理器可以实现L3/L4级别的自动驾驶。Matrix 1.0平台每秒可处理30帧720p视频，并支持4路视频同时输入和实时处理，实现20种不同类型物体的像素级语义分割；实现三维的车辆检测，进行距离的识别和判断；进行人骨骼识别，判断行人朝向，预测行人运动轨迹。开发者和研究人员可以基于Matrix平台部署神经网络模型，实现开发、验证、优化和部署。

（中关村管委会）

【联想发布智能家居套件】4月，联想发布Smart Home Essentials，这套智能家居设备可以和苹果的HomeKit、Google的Assistant以及亚马逊的Alexa配套使用。该套装包含智能灯泡、智能插头和智能摄像头。智能灯泡Smart Bulb内置Wi-Fi模块，可以直接连接到网络而不需要网关，灯泡的功率为9瓦，亮度为800流明，色温可以在2700K～6500K调节，寿命为15000小时。智能插头Smart Plug可以通过远程或自动方式开关电源，将普通家电变成智能设备，且尺寸小巧，待机功率0.7瓦，工作功率为1瓦。智能摄像头Smart Camera拥有355°的水平视角和120°的垂直视角。

（孙志勇）

【“中国芯”云端服务器发布】5月3日，智能芯片设计公司寒武纪科技发布新款AI芯片，其合作伙伴曙光公司则同步推出服务器产品系列“PHANERON”。PHANERON是全球首款基于寒武纪芯片MLU100的AI专用云端服务器，可以支持2～10块寒武纪MLU处理卡，灵活应对不同的智能应用负载。以升级版PHANERON-10为例，单台专用服务器可集成10片寒武纪人工智能处理单元，能为人工智能训练应用提供832T半精度浮点运算能力，为推理应用提供1.66P整数运算能力，相当于200台以上普通计算集群提供的计算能力，压缩到一个4U的计算节点中，实际能耗只有1.2千瓦～1.3千瓦，能效提升30倍以上。

（郑　雪）

【“联想SIoT合作社”成立】5月4日，“联想SIoT合作社”成立，是联想跨界联合百余家企业共同成立的开放合作平台，以“跨界、开放、务实、共赢”为宗旨，致力于开放联想设备硬件合作、内容服务合作、渠道销售合作的通路，搭建联想物联合作平台，与合作伙伴共享商机。

（孙志勇）

【树根互联成工业互联网中国名片】5月8日，2018年汉诺威工业博览会落下帷幕。作为规模最大的世界级工业盛会，吸引了来自70个国家和地区的约7500家参展企业及80个国家和地区的26.5万名观众。工业互联网是此次博览会的热门首选，除西门子、SAP、Microsoft、Oracle、IBM等国际巨头以外，树根互联、华为、海尔、航天云网等中国工业互联网企业登陆汉诺威。其中，树根互联展示了其为霍尼韦尔等企业打造的标杆应用案例，现场签约普茨迈斯特、慕尼黑再保险、挪威电信3家知名欧洲企业，成为此届汉诺威展在工业互联网领域的中国名片。

（市经济和信息化局）

【京东发布两款智能音箱】5月10日，北京京东世纪贸易有限公司发布叮咚PLAY和叮咚mini2两款智能音箱。叮咚PLAY集成视觉、听觉、图像、声音、触摸、AR/VR能力，形成多模态交互及情景感知，并配有8英寸触摸显示屏，搭载英特尔凌动处理器和图像处理器，满足产品更复杂的人工智能计算和图像处理需求，与用户交互更流畅。叮咚mini2体积小巧，搭载叮咚6麦克风环形阵列语音解决方案，具备个性化的自定义唤醒词功能、叮咚海量的服务和有声内容资源。

（中关村管委会）

【云知声发布人工智能芯片UniOne】5月16日，在“匠芯致物”发布会上，北京云知声信息技术有限公司发布面向物联网的人工智能芯片UniOne及其解决方案“雨燕（Swift）”。芯片由云知声公司自主设计研发，采用人工智能指令集，拥有DeepNet、数字信号处理器，支持DNN/LSTM/CNN等多种深度神经网络模型，性能较通用方案提升50余倍。雨燕采用异构非对称多处理低功耗架构，支持8/16比特向量、矩阵运算，结合片内存储器及内部互联网络，片内总线带宽的利用效率提升20倍，可应用于智能家居、智能音箱、智能车载等领域的各种场景中。

（中关村管委会）

【紫光展锐推出8核LTE SoC芯片平台】5月17日，紫光展锐推出首款支持人工智能应用的8核LTE SoC芯片平台SC9863，可实现高性能的AI运算与应用，提升移动终端的智能化体验。

（市经济和信息化局）

【出门问问发布AI语音芯片模组】5月24日，出门问问信息科技有限公司发布AI语音芯片模组“问芯”Mobvoi A1，赋能IoT产业。Mobvoi A1是中国首个已经量产的AI语音芯片模组，可以帮助传统家电厂商获得远场语音交互能力，只需发出语音指令，就可操控电视、扫地机器人、音箱、灯泡等家用电器。

（郑　雪）

【多家企业获“2018数博会领先科技成果奖”】5月26日，“2018数博会领先科技成果发布”活动揭幕，揭晓了2018数博会领先科技成果——黑科技、新技术、新产品、商业模式等奖项。发布的科技成果代表国内外科技创新的前沿水平，极具领先性。北京5家企业、科研院所荣获“黑科技”奖，9家企业荣获“新产品”奖。其中，京东集团、360企业安全集团的2项科技成果，联通大数据有限公司的3项科技成果入围；6家企业荣获“新技术”奖，其中中国移动通信集团有限公司的2项科技成果入围；6家企业荣获“商业模式”奖。

（市经济和信息化局）

【虹人系列产品发布】5月28日，在第16届中国国际防水展览会上，北京东方雨虹防水技术股份有限公司举办主题为“智能制造：虹人助力机械化施工新时代”的发布会，发布虹人系列产品。东方雨虹公司自主研发的智能防水施工设备——虹人（HotterMan）智能型自动摊铺防水卷材机车，主要由自动摊铺系统、高效预混加热系统、智能控制系统三大部分和自动行走系统、燃烧系统、热能循环系统、压实系统、防护系统、防爆系统6个小系统构成，集控制、行走、轨迹矫正、卷材及地面加热、压实摊铺于一体，可提高施工速度和降低单卷卷材施工时间。虹人智能型热熔防水卷材摊铺车坦途（Zandra）是防水卷材施工的自动热熔摊铺设备，能够通过控制器对各部件实现智能控制。虹人智能型热熔防水卷材封边机骑行者（Spanker）是专门用于防水卷材搭接边施工的小型自动热熔焊接设备，能够通过控制器对各部件实现智能控制，可日施工2000平方米。

（中关村管委会）

【小米新品发布】5月31日，小米召开年度旗舰产品发布会，发布了MIUI 10系统，小米8、小米8探索版、小米8SE等3款手机，小米电视75英寸版，小米VR一体机和小米手环3共7款新产品。

（郑　雪）

【梦之墨发布液态金属打印解决方案】6月11日至15日，在2018德国汉诺威消费电子、信息及通信博览会上，北京梦之墨科技有限公司发布其自主研发制造的液态金属电子电路打印机及柔性电路。液态金属电子增材制造技术是变革性电子制造技术，通过液态金属电子墨水在任意基材上直接快速制造出柔性可拉伸电路，其所见即所得的电子印刷模式为发展普惠性电子制造技术、重塑传统电子及集成电路制造规则提供变革性途径，且快速、绿色、节省、低成本。

（中关村管委会）

【联想新能源汽车行业智能制造方案】6月14日，在“数字化转型之路——汽车行业智能制造峰会”上，联想发布了《新能源汽车行业方案白皮书》，将新能源汽车企业分为初创期、成长期和成熟期3个阶段，并按照不同阶段客户的具体情况和实际需求，提供可以落地的解决方案和实施路径，展现了联想在智能制造领域的深入洞察和前瞻布局。联想数据中心业务集团表示，联想致力于打造智能制造能力，更重视推动创新能力，可以通过大数据分析，结合人工智能的大数据分析平台，包括产品品质的用户行为统计分析，质量的管理、舆情分析、售后服务分析和用户的洞察等，提供完整的端到端解决方案。

（孙志勇）

【紫光展锐发布集成度最高手机芯片平台】6月20日，紫光展锐发布全球集成度最高的新一代LTE芯片SC9832E，拥有更强的性能以及更低的功耗，是4G普及型智能手机的首选方案。

（市经济和信息化局）

【搜狗获自动驾驶识别挑战赛项目冠军】6月22日，IEEE CVPR 2018在美国盐湖城落下帷幕。会上，来自搜狗公司的视觉研究团队参加了WAD自动驾驶识别挑战赛，并在其中的Task-2“道路目标检测”项目中获得冠军。

（市经济和信息化局）

【联想AOPC亮相MWC上海大会】6月27日至29日，联想在MWC上海（2018）上展出了ThinkPad X1 Carbon和ThinkPad X1 Yoga，具备eSIM功能的Miix630以及其他笔记本电脑创新成果。面对智能互联网时代的到来，联想很早就提出AOAC战略（Always Online Always

Connected)，并携手合作伙伴打造全球首款AOPC——小新 Air 12，其内置 48G 的 LTE 流量服务并利用终端直达和跨网集成的优势，把AOAC 做成 PC 的标配。

（孙志勇）

【联想成为超级计算机全球最大供应商】6 月，在法兰克福举行的国际超级计算大会（ISC）上，联想延续其强劲态势，成为 TOP500 榜单上全球最大的超级计算机供应商（以系统数量来衡量）。进入 TOP500 榜单的 500 台最强大的超级电脑中有 122 台是联想装置，占市场份额的23.8%。

（郑　雪）

【大唐电信与腾讯签署 5G 战略合作协议】6 月，大唐电信集团与腾讯公司签署 5G 战略合作框架协议，为 5G 产业化推进加速。大唐和腾讯将发挥各自优势，加快基于 5G 技术的互联网业务合作。双方将以 5G 技术、设备及业务为主线，在核心网、移动边缘计算、网络切片、云平台方面充分展开合作，同时在网络智能化、创新应用、5G 外场试验和应用示范中合作开发和验证 5G 车联网等业务，将 IT 和 CT 技术在5G 中联合探索和应用。

（郑　雪）

【百度发布云端 AI 芯片“昆仑”】7 月 4 日，百度宣布推出云端全功能 AI 芯片“昆仑”，是业内设计算力最高的 AI 芯片（100+ 瓦功耗下提供 260Tops 性能）。相对于谷歌 TPU 擅长浮点计算，百度 AI 云端芯片“昆仑”更擅长混合精度计算，性能更强，功耗更低。主要应用于自动驾驶、图像识别等领域。

（市经济和信息化局）

【两化融合会议在京召开】7 月 5 日，两化融合管理体系工作领导小组第四次会议暨第一届全国信息化和工业化融合管理标准化技术委员会(SAC/TC573)第一次全体会议在京召开。会上，全国信息化和工业化融合管理标准化技术委员会宣告成立，并审议通过了《全国信息化和工业化融合管理标准化技术委员会章程》。

（市经济和信息化局）

【2 家企业获 2018 年度红点设计大奖】7 月 9 日，京东方科技集团股份有限公司的 VUSION 系列电子货架标签、北京 ABB 低压电器有限公司设计生产的首款无边框开关插座类产品“轩致”获 2018 年度红点设计大奖。

（张　辰）

【人工智能产业调研座谈会】7 月 13 日，工信部领导带队赴联想集团调研人工智能产业发展情况，并主持召开人工智能产业调研座谈会。市经济信息化委参加座谈会。工信部领导在讲话中指出，人工智能是当前全球产业竞争的新热点，也是经济发展的新引擎，北京在人工智能领域走在全国前列。市经济信息化委在座谈会上重点介绍了北京人工智能产业发展情况，指出当前北京人工智能产业蓬勃发展，创新活跃，从《北京人工智能产业发展白皮书》公布的产业底数来看，北京人工智能产业基础雄厚、潜力巨大，正形成覆盖全产业链的人工智能优势产业集群。百度、旷视科技、北京前沿国际人工智能研究院、搜狗、海天瑞声等 5 家人工智能优势企业参加座谈，并汇报了在人工智能不同领域的发展情况。

（市经济和信息化局）

【小米与中国移动签订战略合作协议】7 月 13 日，小米与中国移动在京签署战略合作协议，将共同探索未来新兴业务领域的发展机遇，对加强双方合作共赢、构建运营商与互联网企业融合新生态具有重要意义。截至 7 月，双方已在 4G+ 终端、渠道新零售、智能硬件、物联网、联合营销、政企和云服务、探索 5G、跨境业务、投资合作等九大领域开展合作探索。

（郑　雪）

【旷视科技发布移动端 3D 感知解决方案】8 月 9 日，北京旷视科技有限公司发布“软硬一体”的移动端 3D 感知全栈解决方案，从算法创新、应用开发、设备制造到解决方案打造 4 个层面，阐释旷视“AI+3D”的发展脉络。

（网易科技）

【市经济信息化委与科大讯飞签署合作协议】8 月 16 日，市经济信息化委与科大讯飞股份有限公司在京签署战略合作协议。科大讯飞将与市经济信息化委建立联合实验室，利用科大讯飞在人工智能及智能语音技术方面的独特优势和行业地位，不断创新研发，运用互联网、大数据等信息技术手段，提高城市科学化、精细化、智能化管理水平，加速北京产业结构调整。双方将携手打造“1+1+N”合作创新计划，即一个应用中心、一个双创平台、N 项应用；联合建立人工智能应用中心，集聚人工智能行业科研专家学者，协助北京市建设人工智能智库，开展人工智能高端研究；打造北京人工智能创新创业平台，推动北京成为人工智能行业的领跑者，加速北京的产业转型升级；拓展“互联网 + 政务服务”、智慧医疗、智慧教育等 N 项人工智能创新应用。

（市经济和信息化局）

【旷视科技发布城市天眼 2.0】8 月 16 日，北京旷视科技有限公司发布城市天眼 2.0 系统。系统结合城市安防、城市治理、城市交通、虚拟化治理和社会化服务等五大场景，运用人工智能与大数据分析技术，以及旷视科技自主研发的人脸识别技术和安防行业专用算法模型，帮助城市实现智能、高效的管控。在安防领域，系统可对监控区域的行人进行识别抓拍，并反馈性别、年龄、戴眼镜与否、戴口罩与否、背包与否、上下身衣服颜色等特征属性，对可疑人员可进行快速精准的识别比对，并可结合大数据技术生成人数统计、轨迹分析图表，为公安侦缉抓捕提供准确、全面、迅速的线索获取能力；在城市交通领域，可实现对各个交通卡口经过车辆及其驾驶员的违法违规信息智能识别和抓拍；在城市治理领域，可帮助城市管理者实现智能、高效的城市管理，基于行人识别、车辆识别、视频结构化等智能感知技术，自动判定流动摊贩的位置及轨迹、重点路段的车辆违规停放、垃圾违规倾倒、绿化带破坏等违反城市管理规定的行为，帮助各部门提高城市治理的效率。

（中关村管委会）

【联想举办智能物联品牌整合营销活动】8 月 26 日，智慧联想“826 联萌 VIP 狂想节”在联想总部举行，成为智能物联的品牌整合营销活动。联想的智能物联面向广大家庭用户，智能插座、智能体脂秤以及智能空气净化器 3 款家庭中女性使用率最高的用品，成为联想智能物联的主打产品。

（孙志勇）

【中关村机构包揽计算机视觉赛 6 项冠军】9 月 20 日，欧洲计算机视觉国际会议官网公布计算机视觉界顶级竞赛之一——MS COCO 2018 年竞赛结果，全部 6 项冠军由中国团队包揽，且均为中关村示范区内机构。其中，北京旷视科技有限公司获 4 项冠军，包括实例分割（并列第一）、场景分割、人体关键点检测、Mapillary 街景场景分割；北京邮电大学自动化学院模式识别与测控技术实验室（BUTP–PRIV）获 DensePose 任务冠军；滴滴团队（DiDi Map Vision）获 Mapillary 街景检测冠军；微软亚洲研究院团队（MSRA）获人体关键点检测亚军；北京大学和北京奇虎科技有限公司组成的团队

（PKU_360）获场景分割任务亚军。

（中关村管委会）

【华大电子联手中天微推国产 CPU 芯片】9 月 20 日，北京中电华大电子设计公司采用杭州中天微系统公司嵌入式 CPU 内核 CK802，研发出自主可控的双界面金融卡 SoC 芯片，为国产金融芯片增加“双重保险”，扭转中国金融 IC 卡依靠国外嵌入式 CPU 内核的被动局面，对加快国产嵌入式 CPU 内核发展和建立市场地位具有重要作用。

（市经济和信息化局）

【北京 4 个项目入选 2018 年智能制造名单】9 月 27 日，工业和信息化部公布 2018 年智能制造试点示范项目名单，涉及 99 家企业申报的 99 个项目。其中，北京有 4 个项目入选，分别是曲美家居集团股份有限公司的“家具大规模个性化定制试点示范”项目、悦康药业集团有限公司的“无菌注射剂数字化车间试点示范”项目、北京宝沃汽车有限公司的“汽车多车型智能化柔性制造试点示范”项目和北京石油机械有限公司的“顶驱装置智能制造试点示范”项目。

（市经济和信息化局）

【联想与中科院共建 HPC 平台】9 月，联想宣布与中科院共建高性能计算中心，提供整体 HPC（高性能计算机群）解决方案，为基因测序科学研究赋能，可满足未来 3 ～ 5 年的科研需求。

（郑 雪）

【北京展团亮相第 15 届中博会】10 月 10 日，第 15 届中国国际中小企业博览会在广州拉开帷幕。北京展团共组织 12 家企业和服务机构参展，在人工智能、机器人、智能芯片、大数据等高精尖产业发展和服务体系建设方面，集中展示了北京市全国科技创新中心建设的新成果和“大众创业、万众创新”服务工作的新成绩。展会上，2018 年度“创客中国”创新创业大赛举办了全国总决赛，来自全国各地的 24 个优质项目齐聚一堂，其中 4 个项目来自北京。经过角逐，北京的“氢芯智造氢松生活”项目获得企业组三等奖，“基因测序服务以及动态基因测序的研发”项目和“微波无电极氙灯”项目获得创客组三等奖。

（市经济和信息化局）

【第三季度联想电脑销售重夺全球第一】10 月 11 日，IDC 和 Gartner 两大研究机构发布的数据显示，联想 PC 超过惠普，重新夺回全球 PC（个人电脑业务）销售第一。

（郑 雪）

【世界智能网联汽车大会在京召开】10 月 18 日至 21 日，2018 世界智能网联汽车大会在北京召开，大会以“开启汽车新时代”为主题。在大会特别设立的“北京市智能网联汽车及相关产业展示专区”，云集了百度、上海蔚来、北汽新能源、戴姆勒、小马智行、腾讯、滴滴、奥迪等多家企业，涉及汽车、智能交通、互联网、通信、微电子、人工智能、新能源等 7 个产业领域，展现了北京智能网联汽车产业链及相关产业的科技成果。

（市经济和信息化局）

【北京 10 家企业获评智能制造试点示范企业】11 月 1 日，在 2018 中国智能制造系统解决方案大会上，开发区智能制造试点示范企业授牌仪式举行。其中，施耐德（北京）中低压电器有限公司、利亚德电视技术有限公司、博世力士乐（北京）液压有限公司、北京北方华创微电子装备有限公司、北京同仁堂健康药业股份有限公司、北京博大水务有限公司、北京金雨科创自动化技术股份有限公司、北京智飞绿竹生物制药有限公司、北京世纪金光半导体有限公司、北京中彩印制有限公司 10 家企业获评开发区“智能制造试点示范企业”。

（张　辰）

【百度世界大会亮出最新成绩单】11 月 1 日，一年一度的百度世界大会召开。此次百度以 AI 落地为主线，基于百度大脑的业务线全面开花。红旗品牌作为中国首款 L4 级别自动驾驶乘用车量产发布，将于 2019 年底小批量产，2020 年实现大批量生产。在车路协同方面，百度的方案已经在北京落地实践，具备了道路应急处理、自动泊车等能力。Duer OS 在激活设备方面已经突破 1.5 亿，第三季度搭载百度 Duer OS 的智能音箱在中国市场的出货量排名第一。在新品方面，小度智能音箱 Pro 配备 360° 导音锥，实现发烧级音质，推出儿童模式 2.0，还加入 EtoE BuerOS 语音解决方案。另一款创意产品小度语音车载支架，支持手机蓝牙连接，除收听音频节目外，还可用来给手机充电，让司机获得更好的智能驾驶体验。在海淀公园，百度 AI 部署了无人驾驶小巴车、智能跑道，还有小度智能亭、AR 太极等，成为全球首个 AI 公园。此外，百度宣布推出智能城市“ACE 计划”，ACE 是扑克牌中“王牌”的意思，也是 Autonomous Driving、Connected Road Efficient City 的简称，“ACE 王牌计划”彰显百度打造世界一流智能城市的信心，将落地北京和上海。

（市经济和信息化局）

【小米发布智能家居人工智能开放平台】11 月 7 日，第 5 届世界互联网大会“世界互联网领先科技成果发布活动”在乌镇互联网国际会展中心举行。小米公司在会上发布的面向智能家居的人工智能开放平台，是一个以智能家居需求场景为出发点，深度整合人工智能和物联网能力，为用户、软硬件厂商和个人开发者提供智能场景及软硬件生态服务的开放创新平台。

（郑　雪）

【百度人工智能专利申请量居国内榜首】11 月 12 日，中国专利保护协会发布的《人工智能技术专利深度分析报告》显示，在人工智能领域专利申请量排名前 3 位的国家依次为中国、美国、日本。其中，中国在人工智能领域的专利申请量达 76876 件，位列榜首。在主要专利权人申请量方面，百度在线网络技术（北京）有限公司以 2368 件的申请量在国内申请人中位列第一。除了申请总量的绝对优势，百度公司在自动驾驶、语音识别、自然语言处理、智能搜索和智能推荐四大 AI 关键技术领域，也分别以 155 件、570 件、693 件、576 件的申请量在国内申请人中位列第一。

（中关村管委会）

【市委领导调研字节跳动和旷视科技】11 月 12 日，市委领导到北京字节跳动科技有限公司和北京旷视科技有限公司调研，指出新一代中关村企业具有更强的爆发力；强调各级各部门要坚持走访服务企业制度，持续优化营商环境，兑现各项政策；要支持企业在原始创新方面取得更多突破性成果，着力培育更多的独角兽企业、隐形冠军企业；针对企业发展需求和问题，相关部门要逐一研究解决。对调研的两家企业，市区两级分别送上“服务包”，配上服务管家。

（市经济和信息化局）

【小米成为全球最大 IoT 平台】11 月 28 日，小米公司在京召开首届小米 IoT（物联网）开发者大会，展示了在物联网领域发展的最新成绩单：小爱同学累计激活设备约 1 亿台，累计唤醒次数达 80 亿次，9 月月活达 3400 万次；小米 IoT 已支持的设备近 2000 款，连接的设备达 1.32 亿台(不含手机和笔记本电脑)。数据显示，在国内，小米 IoT 方面的发展已处于绝对领先地位。

（郑　雪）

【紫光与中国移动签约战略合作】12月6日，以“5G连接新时代”为主题的“2018年中国移动全球合作伙伴大会”在广州举行。活动期间，中国移动与紫光集团举行战略合作协议签约仪式，双方将在5G、智能硬件终端产品、物联网等多个方面深入合作，共同培育良好行业生态环境，推动产业持续发展。

（郑　雪）

【2018年两化融合推进会在京召开】12月14日，由工信部、中国科协等单位指导，国家工信安全中心等单位主办的2018年两化融合推进会在北京召开。市经济和信息化局介绍了北京推进两化融合工作的经验，列举了北京市2018年两化融合主要工作及成效，指出：2018年北京市两化融合水平实现了5.3%的增长，高于全国平均2%～3%的增长率；东方国信、用友和航天云网的工业互联网平台入选国家双跨工业互联网平台；国家工业互联网创新发展工程入选项目数量占全国的47%，居全国第一；工业互联网标识解析国家顶级节点率先在北京启动建设和运营，两化融合和工业互联网发展再上新台阶。市经济和信息化局表示将继续加大工作措施和力度，努力做好3个方面工作：一是加快全市两化融合管理体系普及推广和深化应用，通过贯标全面引导企业实现新发展；二是建设北京市两化融合发展数据地图，推动不同区域、不同行业和典型企业分级分类发展；三是立足京津冀协同，推动产业创新发展。

（市经济和信息化局）

【紫光与中国电信签署战略合作协议】12月17日，紫光集团有限公司与中国电信集团有限公司在京签署战略合作协议，宣布双方将在以云计算为代表的DICT、网络智能化重构、5G、IP数据通信与数字化创新、手机及物联网芯片与终端业务、大容量SIM卡产品、存储等多个领域开展深度业务合作，适时开展资本层面合作，依托信息技术创新驱动，助力推进数字产业化和产业数字化进程，为中国数字经济发展提供更为优质的数字基础设施与服务。

（郑　雪）

【四维图新车规级MCU芯片量产】12月20日，四维图新旗下全资子公司AutoChips杰发科技发布消息称，其研发的国内首款通过AEC-Q100 Grade1认证，工作温度在−40～125℃的车规级MCU（车身控制芯片）在客户端量产，并获得首批订单。

（网　易）

【联想与腾讯合作打造“极速计划”】12月24日，腾讯与联想举行“极速计划”SIoT（智慧物联网）云服务战略合作签约仪式，双方将通过联想的SIoT众多智能终端产品与腾讯QQ浏览器、应用宝、企鹅号等互联网平台进行深度合作，布局5G时代。

（郑　雪）

【两企业入选北京高精尖产业设计中心】12月28日，市经济和信息化局印发《关于公布2018年北京高精尖产业设计中心名单》，10家企业入选，北京中电科电子装备有限公司和阿尔特汽车技术股份有限公司成为最新入围的北京高精尖产业设计中心。

（张　辰）

【汉天下芯片获中国电子学会科技进步奖】12月，汉天下电子与中科院微电子研究所联合申报的“射频功率放大器芯片关键技术及应用”项目获得2018年度中国电子学会科技进步奖三等奖。

（郑　雪）

【北京24个项目被评为双创平台试点】年内，工信部围绕双创平台＋要素汇聚、双创平台＋能力开放、双创平台＋模式创新和双创平台＋

区域合作4个方向9个领域，组织开展了2018年制造业与互联网融合发展试点示范征集。宝沃汽车、东方国信、德威特电气等20家企业的24个项目被评为2018年制造业双创平台试点示范，全国占比16%。

表1　北京获评2018年制造业双创平台试点示范项目

编号	方向	企业	项目
1	企业级双创资源汇聚平台	国家电投集团科学技术研究院有限公司	国家电投双创平台（和创网）
2	企业级双创资源汇聚平台	中国船舶重工集团公司第七一四研究所	中船重工智海平台
3	企业级双创资源汇聚平台	中国兵器工业信息中心	兵器云联双创资源汇聚平台试点示范
4	产业链级双创资源汇聚平台	北钢联（北京）重工科技有限公司	大国工匠工业专备研制与服务平台
5	产业链级双创资源汇聚平台	中国海洋石油集团有限公司	中国海油电商平台项目
6	产业链级双创资源汇聚平台	北京宝沃汽车有限公司	高端乘用车产业链资源汇聚及研发创新平台
7	产业链级双创资源汇聚平台	中国邮政集团公司	中国邮政云创平台双创示范项目
8	产业链级双创资源汇聚平台	北京低碳清洁能源研究所	基于脱硝催化剂全生命周期管理的双创平台
9	产业链级双创资源汇聚平台	中国中铁股份有限公司	桥梁健康产业双创资源汇聚平台
10	基于互联网的研发设计能力开放平台	北京京航计算通讯研究所	基于互联网的智慧产业研发支撑平台
11	基于互联网的研发设计能力开放平台	北京云道智造科技有限公司	基于互联网的电力装备行业数字化研发平台
12	基于互联网的研发设计能力开放平台	北京东方国信科技有限公司	基于工业互联网的研发设计能力开放平台
13	基于互联网的研发设计能力开放平台	石化盈科信息技术有限责任公司	研发设计能力开放共享平台
14	基于互联网的研发设计能力开放平台	中邮信息科技（北京）有限公司	邮政共享开发与协同创新平台
15	基于互联网的研发设计能力开放平台	中车工业研究院有限公司	面向协同设计的云创平台
16	基于互联网的制造能力开放平台	北京德威特电气科技股份有限公司	跨行业物联网电力节能公共服务平台
17	基于互联网的制造能力开放平台	新兴际华集团有限公司	“新际—京东云”开放创新平台
18	基于互联网的孵化能力开放平台	国家电网商务有限公司	创e空间—能源互联网双创平台
19	基于互联网的孵化能力开放平台	中国移动通信有限公司	中国移动助力制造业升级发展双创平台试点示范项目
20	双创平台+研发设计模式创新	北京低碳清洁能源研究所	基于脱硝催化剂全生命周期管理的双创平台
21	双创平台+研发设计模式创新	北京云道智造科技有限公司	基于互联网的电力装备行业数字化研发平台
22	双创平台+研发设计模式创新	北京宝沃汽车有限公司	高端乘用车产业链资源汇聚及研发创新平台
23	双创平台+生产制造模式变革	北京卫星制造厂有限公司	多品种小批量航天器复杂结构智能制造双创平台示范
24	双创平台+生产制造模式变革	北京德威特电气科技股份有限公司	跨行业物联网电力节能公共服务平台

（市经济和信息化局）

【金隅集团统筹推进信息化建设】 年内，金隅集团成立专门机构，统筹推进信息化工作。完成一体化管控信息平台建设实施规划，明确3年建设路线，对人力资源管理、财务与资金管理、资产和投资管理等重点领域进行专项规划。人力资源平台一期项目进入建设阶段；财务管理信息平台核算科目2019年1月上线；资产与投资平台、主数据管理信息平台开始招标选型。

（金隅集团）

【百度全球首款L4级自动驾驶巴士量产】年内，百度在国内率先实现城市、环路及高速道路混合路况下的全自动驾驶，全球首款L4级自动驾驶巴士“阿波龙”量产下线。

（市经济和信息化局）

【达博微电子材料出货量增长40%】年内，达博公司在集成电路行业和LED行业推广新产品（铜丝、钯铜丝、银丝、合金丝），销售量达1.6亿米，销售额达1158万元，出货量同比增长40%以上。

（隆达控股）

【塑料研究所研制太阳能硅片承载器】年内，北京市塑料研究所根据市场需求研发高产能的新产品，完成超大容量太阳能硅片承载器及配套件，50片158毫米硅片花篮，6英寸I型、II型PFA硅片花篮，6英寸PP硅片花篮及包装盒的研制、加工及销售。

（隆达控股）

软件和信息服务业

【滴滴收购巴西最大共享出行服务商】1月4日，滴滴出行公司宣布收购巴西共享出行服务商99公司。据巴西媒体预计，99公司估值约为10亿美元。

（郑　雪）

【8家软件企业参与项目获国家科技奖】1月8日，2017年度国家科学技术奖励大会在京召开，北京8家软件领域企业参与的项目获国家科学技术奖。其中，北京水晶石数字科技股份有限公司、北京华力创通科技股份有限公司参与的2个项目获国家技术发明奖二等奖，华油阳光（北京）科技股份有限公司参与的项目获国家科学技术进步奖一等奖，北京天融信科技有限公司、北京数字认证股份有限公司、北京和利时系统工程有限公司、中国联合网络通信集团有限公司以及国信司南（北京）地理信息技术有限公司参与的4个项目获国家科学技术进步奖二等奖。获奖的软件企业主要集中在行业应用、导航与位置服务、安全、地理信息等领域，彰显出软件与各行业加速融合、支撑作用日益显著的特点。

（市经济和信息化局）

【国内首个人工智能大数据决策平台发布】1月18日，中国知网与贵州省大数据发展管理局联合打造的国内首个人工智能大数据决策平台——贵州大数据智库平台发布。

（市经济和信息化局）

【国家级大数据工程研究中心落户京东】1月22日，国家发展和改革委员会批复由京东集团牵头，联想集团、北京邮电大学联合共建“大数据智能管理与分析技术”国家地方联合工程研究中心，是电商行业内首个大数据领域的国家级工程研究中心。中心会集了来自中国工程院院士、欧洲科学院院士、各大高校及知名企业在内的数十位大数据领域顶级专家，为业界一流的公共技术平台，能够为社会输出极具创新性的大数据服务能力。

（市经济和信息化局）

【中金数据北京数据中心获评国家绿色数据中心】1月24日，工业和信息化部、国家机关事务管理局、国家能源局联合发布国家绿色数据中心名单（第 1 批），49 家单位数据中心入选。其中，中金数据系统有限公司北京数据中心凭借实用高效的节能技术手段、完善的综合统计分析体系、先进的技术管理措施及各项完善的节能环保管理制度等，实现高能效、低污染、低排放的优势，入选成为首批国家绿色数据中心。中金北京数据中心位于开发区博兴八路 1 号，占地面积 6.67 万平方米，规划总建筑面积 10 万平方米，是国内最早建成的第三方专业化服务的高等级数据中心，参照 ANSI/TIA/EIA-942 的 Tier-IV 级别，符合国家 GB 50174-2008 标准，绿色节能技术国内领先。国家绿色数据中心评选主要依据各数据中心在先进适用技术推广使用、运维管理体系建设、能效提升、水资源利用、有害物质控制、废弃电器电子产品处理、可再生能源和清洁能源应用等方面工作开展情况进行评价。

（张　辰）

【陌陌全资收购探探】 2 月 23 日，中国最大的泛社交泛娱乐平台陌陌，以 530 万股陌陌 A 类股票和 6.009 亿美元现金收购探探 100% 股权。交易完成后，探探将继续保持独立运营，打造新一代基于社交关系的年轻人内容平台。陌陌全资收购探探扩张了网络社交版图，将通过更丰富的产品和更多元的品牌持续丰富网络社交场景，满足不同人群的社交和娱乐需求。

（市经济和信息化局）

【百度地图脱离搜索体系并入 AI 平台】 3 月 11 日，百度地图事业部从百度搜索公司转入 AI 技术平台体系（AIG）。百度地图开启“人工智能地图时代”，百度的人工智能技术全面赋能于百度地图的数据、产品及用户体验等层面。百度地图为用户提供路线检索、规划、导航等核心功能，以及实时路况、实时避堵、国际化地图、全景地图等创新功能。

（市经济和信息化局）

【百度成立量子计算研究所】 3 月 12 日，百度宣布成立量子计算研究所，开展量子计算软件和信息技术应用业务研究，并计划在 5 年内组建世界一流的量子计算研究所。

（市经济和信息化局）

【中关村银行与摩贝公司达成战略合作】 3 月 28 日，北京中关村银行股份有限公司、摩贝（上海）生物科技有限公司全面战略合作签约仪式在北京举行。双方将本着“长期合作、优势互补、共谋发展”的原则，建立长期稳定的战略伙伴关系，在合作过程中发挥各自的作用和优势，共同服务中小微企业，实现互惠互利协同发展。双方将基于摩贝平台上客户交易的频次、金额、数量等数据，结合中关村银行以数据驱动为核心的智能化、综合性创新金融服务，为化学品行业的中小微企业提供包括线上贸易结算服务、供应链金融服务、商票合作等在内的一系列精准化、个性化综合金融服务。

（中关村管委会）

【爱奇艺在纳斯达克上市】 3 月 29 日，爱奇艺登陆纳斯达克，股票代码“IQ”。根据此前的招股书显示，爱奇艺计划在此次 IPO 中发行 1.28 亿股 ADS 股份，以 18 美元 / 存托证券的定价计算，整体募资规模 23.04 亿美元，市值达到 127.4 亿美元。2010 年 4 月，爱奇艺正式上线，8 年来一直致力于为用户提供专业视频体验。爱奇艺构建了包含电商、游戏、电影票等业务在内、连接人与服务的视频商业生态，引领视频网站商业模式的多元化发展。

（市经济和信息化局）

【美团全资收购摩拜】 4 月 4 日，美团与摩拜单车联合宣布签署全资收购协议，摩拜将加入美团。交易完成后，摩拜单车将保持品牌和运营的独立。根据协议，摩拜的管理团队也将保持不变。自2015年创立至今，摩拜单车已成长为拥有超过2亿用户、每天提供超过3000万次骑行的全球最大互联网出行平台。摩拜单车作为城市3千米出行的便捷工具，将形成与美团到店、到家、旅行场景的最佳连接。

（市经济和信息化局）

【滴滴成立汽车服务平台】 4月23日，滴滴宣布成立一站式汽车服务平台，将涵盖已有的汽车租售、加油、维保及分时租赁等多项汽车服务与运营业务，服务于包括滴滴车主在内的全社会车主。滴滴的汽车服务业务已经覆盖200多个城市，有5000多家合作伙伴。

（市经济和信息化局）

【滴滴出行发起成立洪流联盟】 4月24日，北京小桔科技有限公司（滴滴出行）召开“洪流汇聚 共享智能出行”发布会。滴滴出行发起成立洪流联盟。联盟将以开放和赋能为核心，广泛与汽车全产业链合作，共建汽车运营商平台，推进新能源化、智能化、共享化的产业发展，协力建设面向未来出行用户与车主的服务平台。联盟将联合行业协会和企业互相赋能，协同创新，探讨共享新能源汽车的设计和标准制定，联合开发新一代为共享而设计的汽车，并推动大规模运营。北京汽车集团有限公司、北京四维图新科技股份有限公司等31家来自汽车制造、零配件制造、新能源、数字地图、车联网等领域的企业成为首批联盟成员。

（中关村管委会）

【中关村轨道交通供需对接会】 4月27日，由中关村管委会主办的中关村轨道交通新技术新产品供需对接会在华夏幸福创新中心举办。市发展改革委等单位有关负责人及60余家中关村轨道交通企业和北京城建设计发展集团股份有限公司等相关单位的代表200余人参加。百余项中关村轨道交通新技术新产品在会上展示推介。对接会以“汇聚中关村轨道交通优势资源，助力首都轨道交通产业转型升级”为主题，分为需求发布、项目推介、参观洽谈3个环节。北京城建设计发展集团等3家单位介绍各自的需求；北京北科天绘科技有限公司等3家企业围绕北京市轨道交通建设需求介绍轨道交通车辆无人驾驶、地下水处理、人脸识别等方面技术解决方案；51家中关村示范区轨道交通企业的100余项新技术、新产品在现场展示。各参会单位与中关村示范区企业进行洽谈对接。

（中关村管委会）

【翼辉与通号集团签约战略合作】 4月27日，北京翼辉信息技术有限公司与北京全路通信信号研究设计院集团有限公司战略合作签约仪式在通号产业园举行。中国工程院院士倪光南等专家及双方相关负责人参加。根据协议，双方在高铁、机车、城铁等领域的信号控制、自动驾驶等系统展开合作。双方将基于翼辉信息SylixOS开发一款符合轨道交通安全要求的操作系统，保证轨道交通安全控制系统实现完全自主可控，标志国产高可靠嵌入式实时操作系统首次在轨道交通核心系统中实际应用。

（中关村管委会）

【小米与长和集团成立全球策略联盟】 5月3日，小米公司宣布和长江和记集团成立全球策略联盟，初期将在长江和记集团旗下奥地利、丹麦、爱尔兰、意大利、瑞典、英国及中国香港的店铺体验和购买小米的各种产品。长江和记集团业务遍及全球50多个国家，旗下拥有17000多家零售店。

（市经济和信息化局）

【百度等联合推出机器学习基准】 5月3日，包括百度、谷歌、斯坦福大学、哈佛大学在内的多家企业和高校联合发布一套用于测量与提高机器学习软硬件性能的国际基准 MLPerf，将主要用来测量训练不同深度神经网络所需要的时间，神经网络所执行的任务包括物体识别、语言翻译以及经典的下围棋等，基准所统计的相关数据将为 AI 基础研究和行业应用提供重要参考。

（市经济和信息化局）

【多家产研机构获“北斗卫星导航应用推进奖”】 5 月 23 日至 25 日，在第 9 届中国卫星导航学术年会上，北京多家北斗企业和科研院所获奖。清华大学、北斗星通、合众思壮、航天恒星等获“北斗卫星导航应用推进奖——创新贡献奖”，占该类型奖项总数的 80%；合众思壮、航天恒星等获“北斗卫星导航应用推进奖——产业推广贡献奖”，占该类型奖项总数的 40%；北斗天汇、交通运输部水运科学研究所、工信部电子第五研究所等荣获“北斗卫星导航应用推进奖——应用贡献奖”，占该类型奖项总数的 60%。在所有获奖单位中，清华大学、北斗星通、合众思壮等还获得“北斗卫星导航应用推进奖——杰出贡献奖”。

（市经济和信息化局）

【四维图新发布位置大数据平台 MineData 2.0】 6 月 14 日，四维图新发布位置大数据平台 MineData 2.0。该系统数据存储总量已经超过 4.7PB，数据日增量超过 3.3TB。相比于 1.0 版本，MineData 2.0 从数据处理、可视化能力以及核心算法等多个层面进行了升级，并推出 MinePlay 和 MineNavi 等平台产品。还推出交警大数据平台、车辆大数据分析平台，以及传感器云平台等系列行业解决方案。

（市经济和信息化局）

【广联达携手微软、华为推出建筑业混合云解决方案】 6 月 29 日，微软、华为、广联达联合宣布，将面向建筑行业提供集硬件基础设施、云平台、行业应用于一体的整体混合云解决方案，以满足工程项目、行业企业在数字化转型过程中对于不同场景下混合计算的需求，是国内建筑领域首次正式发布的一体化混合云解决方案。

（市经济和信息化局）

【北京与 3 省签订战略合作协议】 7 月 2 日，2018 第 22 届中国国际软件博览会成果发布会在北京新世纪日航酒店世纪厅举行。会上，内蒙古兴安盟驻京经济技术促进办公室与北京盛世光明软件股份有限公司、北京今全科技有限公司签署合作协议，盛世光明和今全科技各自计划在兴安盟注册成立法人企业，项目规划总投资分别为 1.5 亿元和 1 亿元。河北省张家口市张北县人民政府分别与九次方大数据信息集团有限公司、北京奇安信科技有限公司（360 企业安全集团）签署战略合作协议，就大数据产业发展和信息网络安全等方面加强合作。河南省南阳市信息化工作办公室与北京软件和信息服务业协会签署框架协议，双方将共同支持北京软件企业在南阳发展，促进产业园区合作，加强人才交流培训。

（市经济和信息化局）

【紫光公有云上线试商用】 7 月 10 日，紫光集团宣布其公有云上线试商用。紫光集团于 3 月 30 日启动紫光云战略，投资 120 亿元进军公有云市场。6 月 30 日，紫光云华北 1 区（天津）、华北 2 区（廊坊）和西南 1 区（重庆）的建设及内测如期完成。

（郑 雪）

【爱奇艺收购游戏公司天象互娱】7月17日，爱奇艺宣布完成收购 Skymoons Inc. 和成都天象互动数字娱乐有限公司的100%股权，收购总金额为20亿元。天象互娱专注于手机游戏的研发及全球发行，涉及基于IP资源的手机游戏同步开发和推广。爱奇艺已从视频为主体的“苹果树”商业模型发展为包含多元娱乐业态的“苹果园”，并在“影游互动”方向发力，爱奇艺游戏已经发行《花千骨》《老九门》《楚乔传》《琅琊榜之风起长林》等影视IP同名游戏。

（市经济和信息化局）

【小米、金山云联合发布智能网络】7月18日，小米公司与金山云联合举办“基于边缘计算的下一代智能网络”发布会，发布“1km边缘计算”解决方案。方案融合金山云智能调度、双边加速、内容安全技术，利用边缘计算技术，解决长期困扰业界的从CDN节点到Wi-Fi终端之间最后1公里的网络速度和安全等问题，相比于传统CDN网络，能够将全网整体速度提升30%。同时，小米发布2B的米路通平台和2C的小米Wi-Fi链。针对大型内容供应商，米路通平台能够帮助其更精准诊断包括连通性在内的多种问题，迅速找到网络问题，提升网络服务质量。

（郑 雪）

【百度成为“.BAIDU”顶级域域名注册管理机构】7月，工信部同意百度在线网络技术（北京）有限公司成为“.BAIDU”顶级域域名注册管理机构，负责运行、维护和管理“.BAIDU”顶级域服务器。工信部要求，百度必须严格遵守《互联网络域名管理办法》《通信网络安全防护管理办法》等规定，接受行业主管部门管理、监督检查，保证域名系统安全可靠运行，为域名注册服务机构提供安全、方便的域名服务，保护用户个人信息安全。

（市经济和信息化局）

【云知声推出 Samantha 智能客服】7月26日，云知声宣布推出面向客服行业的可定制化AI解决方案——Samantha智能客服。该方案提供覆盖语音识别、语义理解、自动外呼、逼真人声交互、行业话术定制、智能反问应答、数据采集回收等专业AI能力，可满足不同场景下企业海量的外呼、接待、电销、随访等需求，帮助企业打造精准、高效、优质的客户服务。

（市经济和信息化局）

【东华软件等打造“互联网+医药”模式】7月27日，东华软件全资子公司东华医为与腾讯云计算、九州通共同推进医院处方外流信息平台及药品配送解决方案的发展。腾讯作为互联网企业，拥有C端流量资源，医疗领域作为双方合作的重点方向可以体现资源的整合。九州通作为一家从事药品分销及物流配送的全国性企业，在B2B、B2C以及O2O等业务中均处于行业领先地位，东华软件再度携手线下经销商将实现线上、线下共振，加速流量变现。

（市经济和信息化局）

【北京32家企业入选中国互联网企业百强】7月27日，中国互联网协会、工业和信息化部信息中心在“2018年中国互联网企业100强发布会暨百强企业高峰论坛”上联合发布2018年中国互联网企业100强榜单。北京市百度公司、京东集团等32家企业入选，数量居全国首位。其中，榜单排名前10位的企业中有6家来自北京。

（市经济和信息化局）

【5G技术与工业互联网融合研讨会召开】7月30日，市经济信息化委组织召开5G技术在工业互联网领域深度融合应用研讨会。中科院、北京邮电大学、国家电网、北汽集团、北京工业大数据创新中心、中关村工业互联网产业联

盟等 12 家单位参与研讨。会上，市经济信息化委介绍了“5G 工作专班”对 5G 产业发展的总体安排及 5G 在工业互联网领域应用的具体要求。主题交流环节，中国信通院、大唐移动、中国联通、东方国信 4 家单位分别以“中国 5G 进展情况”“5G 工业互联网关键技术”“5G 工业互联网运营商探索实践”“5G 工业互联网场景应用”为题进行了交流发言；座谈研讨环节，与会单位分享了各自对 5G 在工业互联网领域应用的思考，并针对工业互联网领域存在的如“厂区内数据传输”“数据传输的可靠性安全性”等问题进行讨论。

（市经济和信息化局）

【北京 21 家软件企业入选 2018 年中国大数据企业 50 强】 8 月 2 日至 3 日，由工信部中国电子信息产业发展研究院主办，中国大数据产业生态联盟承办的“2018（第三届）中国大数据产业生态大会”在北京新云南皇冠假日酒店召开。会上公布了 2018 年中国大数据企业 50 强榜单，北京的联想、滴滴、小米等 21 家软件企业入选，占全国的 42%，数量居全国首位。

（市经济和信息化局）

【联想大数据获中国产业生态大会 3 项大奖】 8 月 2 日至 3 日，“2018 第三届中国大数据产业生态大会”在京举行。作为大数据领域的领军企业，连续 3 年参会的联想大数据获得 3 项大奖，并受邀发表主题演讲，全面阐述了联想大数据以数据智能为理念深耕工业互联网，融合 IT 与 OT 领域先进技术的端到端解决方案，助推企业数字化重塑的深入思考和核心技术理念。

（郑　雪）

【中国联通成立 5G 创新中心】 8 月 6 日，中国联通宣布 5G 创新中心挂牌成立。该中心将提前布局 5G 发展，推动 5G 在垂直行业的应用，同时加强与重点行业领军企业的合作，实现行业应用规模推广。5G 创新中心内设行业创新合作实验室和重点战略合作实验室。在重点战略合作实验室下成立 5 个战略合作中心：中国联通—百度战略合作中心、中国联通—阿里巴巴战略合作中心、中国联通—腾讯战略合作中心、中国联通—京东战略合作中心和中国联通—华为战略合作中心。

（市经济和信息化局）

【首批 5G 基站启动会召开】 8 月 13 日，市经济信息化委带队参加中国联通北京分公司（以下简称北京联通）“5G NEXT”计划发布暨首批 5G 基站启动会并致辞，该发布会标志 5G 移动通信网络开始在北京搭建，首都迈进 5G 时代。北京联通“5G NEXT”计划旨在探索加快构建开放、共享、共荣、共赢 5G 生态系统，以领先完善的网络（New Network）、极致的用户体验（Experience），创新的技术应用（Technology），满足未来业务无限可能，助推各行各业创新发展（X），加快孵化并助力 5G 高质量创新发展的新动能。作为中国联通 16 个 5G 试点城市之一，北京联通率先开展面向商用的 5G 规模试验，年底在北京建成 300 站规模、涵盖规模组网测试、应用生态孵化、业务体验宣传等多场景 5G 试验网络。同时，通过 5G 规模组网的系统验证，为 5G 商用积累建网经验。

（市经济和信息化局）

【京东、小米发布“京米计划”】8月14日，京东与小米共同发布“京米计划”，双方将结合京东的电商能力与小米的MIUI系统级能力，打造更为精准、高效的营销生态体系，赋能京东平台上的品牌商家，为用户提供更好的服务体验。

（郑　雪）

【58集团推出区块链服务平台58BaaS】8月20日，58集团TEG—区块链实验室发布58专属区块链服务平台——58BaaS。通过使用58BaaS，58集团招聘、房产、汽车、金融、家政等业务将加速区块链应用创新与发展，为用户提供更优质高效的服务，为企业创新发展赋能。

（市经济和信息化局）

【高德地图将推出首个AR实景导航】8月23日，OPPO与高德地图宣布将推出国内首个AR步行导航，利用GPS、手机多传感器辅助导航，并采用SLAM（同步定位与地图构建）技术。

（市经济和信息化局）

【商汤科技与标准院达成战略合作】8月23日，商汤科技与中国电子技术标准化研究院签署战略合作协议，共同推动人工智能标准化工作，促进人工智能计算机视觉领域的技术创新和产业发展。

（市经济和信息化局）

【北京数研院创新成果发布会召开】8月27日，北京大数据研究院3周年创新成果发布会在中关村国家自主创新示范区展示中心会议中心召开。国家部委、各省市等部门以及有关企业嘉宾和媒体代表400余人出席发布会。会上，北京大数据研究院发布“基于大数据的宏观经济分析”和“分子动力学模拟平台”2项技术创新成果，发布“北京至简墨奇科技有限公司新一代指纹识别技术”1项企业孵化成果；旋极信息、科大讯飞、先进数通3家企业分别做了主题成果报告。北京大数据研究院通过“大学+民非+企业”体制创新、“双聘制”机制创新和政府与社会资本合作（PPP）运营模式创新，吸引了一批国际大数据顶尖研发人才，孵化了墨奇科技、博雅大数据学院、品见智能等一批创新型企业，形成多方协同推动科技成果转化及产业化的“北京模式”；通过支撑“大数据分析和应用技术国家工程实验室”和“工业大数据应用技术国家工程实验室”建设，参与“医疗大数据应用技术国家工程实验室”建设，勇挑国家大数据产业化重担，建立了大数据的“北京品牌”；通过构建高端智库，发起成立京津冀大数据产业协同创新平台，发挥辐射带动作用，彰显“北京力量”。

（市经济和信息化局）

【北斗技术与产业融合应用推进会召开】8月27日，市经济信息化委和市国资委共同组织召开北京市北斗卫星导航技术与产业深度融合应用推进会。北京市委常委、副市长阴和俊，中国卫星导航系统管理办公室主任冉承其，中国科学院院士杨元喜等出席会议并发言。北京市相关委办局、区经济信息化主管部门、市属国有企业以及北斗领域企业、行业专家、新闻媒体代表等200余人参会。阴和俊在总结中指出，北斗卫星导航系统是保障中国国民经济和人民生活的重要空间信息基础设施，北斗产业是建设全国科技创新中心的重要驱动力量；推动北斗卫星导航技术在市属国有企业、各委办局等多部门多领域的深度应用，有利于在众多行业领域加快北斗标配化进程，有利于首都率先形成创新驱动发展格局。

（市经济和信息化局）

【抖音加入 Apple Music 合作伙伴计划】 8 月 31 日，抖音宣布加入 Apple Music 合作伙伴计划，中国用户可以在抖音 App 内聆听 Apple Music 曲库内的完整歌曲。

（市经济和信息化局）

【大唐移动和高通完成 5G 新空口第三阶段互操作性测试】 9 月 5 日，大唐移动公司与美国高通公司宣布，双方按照 IMT-2020（5G）推进组发布的 5G 技术研发试验第三阶段规范，完成 5G 新空口互操作性测试（IODT）。测试使用大唐移动提供的基站和高通提供的原型用户终端（UE）。中国 5G 技术研发试验由工信部指导、IMT-2020（5G）推进组负责实施。5G 第三阶段测试作为 5G 技术研发测试的最后一环，将为 2019 年展开的 5G 规模试验及预商用做好准备。

（郑　雪）

【互联网底层核心技术取得重大进展】 9 月 12 日，互联网域名系统北京市工程研究中心宣布，由中国技术人员牵头起草的互联网安全协议正式被国际社会接纳，成为互联网国际技术标准 RFC8416。还发布了全球运行速度最快的域名系统服务器，集中展示了中国在互联网底层核心技术方面的创新实力。为解决互联网上虚假地址引发的“安全漏洞”问题，全球互联网技术标准制定组织（IETF），在 2012 年推出了 IP 地址路由认证机制资源公共密钥基础架构（RPKI）。此次由 IETF 发布的技术标准 RFC8416，实现了对认证机制的本地安全可控。发布的目前全球速度最快的域名服务器，单台处理每秒 800 万次查询，是国外主流厂商同类设备性能的 1.6 倍。该服务器针对域名系统的 DDOS 攻击，帮助运营商级别的机构提升网络安全保障能力。

（市经济和信息化局）

【腾讯天下与三大运营商建立深度合作】 9 月 12 日，腾讯天下（TalkingData）宣布与三大运营商建立深度合作，以“连接”实现数据价值的飞跃。运营商的数据对于个人的数据画像非常重要，TalkingData 可以给企业提供更精准的营销和风控分析，还将投入价值 1 亿元的资源，为 100 家合作伙伴提供 100 天的免费开放数据、开放算力以及服务与培训。

（市经济和信息化局）

【美团点评在港交所上市】 9 月 20 日，美团点评在香港挂牌上市，成为继小米之后港股市场第 2 支“同股不同权”的互联网新经济股。截至当天收盘，总市值约 4000 亿港元。

（市经济和信息化局）

【商汤科技建设国家人工智能开放创新平台】 9 月 20 日，科技部宣布，依托北京市商汤科技开发有限公司建设国内第五大国家人工智能开放创新平台——智能视觉国家新一代人工智能开放创新平台。平台基于深度学习的人工智能技术，主要聚焦于计算机视觉等领域，将通过超算系统、训练系统、智能视觉工具链等核心基础的研发、数据系统的构建，在基础研究和核心技术上与国际保持同步研发水平；实现智能视觉底层关键技术和共性支撑技术的突破，促进智能视觉技术与多行业的快速结合、产业赋能；建立人工智能国际化人才体系和培养国际化人才；通过人工智能赋能，创造以众创空间、孵化器为代表的双创生态环境，促进新旧动能转换。

（中关村管委会）

【北京2家企业入选福布斯全球数字经济百强榜】9月20日，福布斯首次发布全球数字经济100强榜单（Forbes Top 100 Digital Companies），京东集团、京东方科技集团股份有限公司入选，分别位列第46名、第67名。该榜单按照企业过去1年时间的股票表现、销售额、利润和资产增长等指标进行评分排名，榜单范围遍及IT、硬件、媒体、数字零售和电信领域等17个国家和地区的上市企业。

（张　辰）

【高德地图发布智慧景区开放平台】9月25日，高德地图发布智慧景区开放平台，为景区提供一张地图游中国、大数据中心、地图管家、全域营销等四大能力，赋能景区管理。相比已有的智慧景区解决方案，高德智慧景区开放平台的特点是以服务游客为中心，各项能力向景区免费开放。

（市经济和信息化局）

【百度与英特尔成立5G+AI边缘计算联合实验室】9月25日，百度与英特尔宣布成立5G+AI边缘计算联合实验室，旨在加速国内边缘计算（MEC）技术研发。双方将共推OTE平台研发，实现对云边缘基础设施、分布式计算资源、移动网络边缘和智能终端等互联网侧边缘计算的统一化管理，并加速相关商用产品推出。

（市经济和信息化局）

【电子信息协同创新发展平台建立】9月26日，北大科技园与闪联信息技术工程中心、清控银杏创投现场签署战略合作协议，三方共建电子信息协同创新发展平台，在分布式新能源、能源物联网、能源互联网等产业领域和项目上建立合作发展机制，共同致力于新能源领域共性核心技术与标准的研究，共同推进相关技术转化与产业发展，为国家在新能源产业的战略布局及提升国际竞争力贡献力量。

（市经济和信息化局）

【清华大学大数据研究中心成立】9月26日，清华大学大数据研究中心揭牌成立。清华大学大数据研究中心将面向全球数字经济转型和国家安全保障等战略需求，建成国际数据科学与大数据技术创新研究平台，服务国家大数据发展战略。中心将以大数据应用为牵引，以平台系统为支撑，围绕大数据基础理论、核心技术与系统、关键领域应用3个层面开展科学研究与技术转化，积极推进产学研用的无缝衔接，努力成为全国乃至国际大数据技术创新的引领者。

（郑　雪）

【京东云与奇虎360展开CDN服务合作】9月29日，奇虎360与京东云签署CDN服务采购协议，京东云将为360旗下的视频App产品提供技术服务支撑。“京奇计划”的达成，标志着京东云的CDN技术服务能力已经进入主流厂商之列。

（市经济和信息化局）

【中国电子商务大数据中心在京成立】10月9日，中国电子商务大数据中心日前在工信部万寿路机关挂牌，标志着首个工信部主管的中国电子商务大数据中心成立。中心围绕大数据的政务共享平台、电子商务共享平台两个层面开展实践和技术转化，在前沿技术研发、数据开放共享、隐私安全保护、人才培养等方面为建设数字中国发挥作用。

（市经济和信息化局）

【百度加入PAI争得全球AI话语权】10月18日，

Partnershipon AI（以下简称 PAI）发布新闻，欢迎首位来自中国的新成员百度加入，双方将共同致力于 AI 研发标准和全球性 AI 政策的制定。PAI 是一家非营利机构，2016 年由 Facebook、亚马逊、谷歌、IBM、微软联合发起，百度的加入表明中国人工智能企业参与到全球人工智能行业标准的制定之中。

（市经济和信息化局）

【中关村新经济发展论坛召开】10 月 19 日，由中关村管委会联合市发展改革委、市经济信息化委和海淀区政府共同主办，中关村会展与服务产业联盟、中关村宽带无线专网应用产业协会、北京市长城企业战略研究所共同承办的“2018 中关村新经济发展论坛”在中关村国家自主创新示范区展示中心召开。论坛以“新时代、新技术、新经济”为主题，旨在聚合各方创新资源，集中研讨、交流，充分发挥中关村在大数据、互联网、人工智能和平台经济、分享经济、共享经济等新技术、新产业和新模式、新业态方面的示范引领和辐射带动的作用。在大会主论坛之后，会议设立了“大数据 + 智慧城市”“AI+ 智慧交通”“互联网 + 医疗”“互联网 + 教育”4 个分论坛，让企业家、专家和相关政府官员就不同的行业进行纵深探讨。

（中关村管委会）

【京东集团成立区块链联合实验室】10 月 21 日，京东集团 · 新泽西理工学院 · 中科院软件所——区块链联合实验室签约仪式在北辰世纪中心举行。区块链联合实验室将聚焦共识协议、抗量子密码算法、智能合约、可信计算等七大区块链底层技术的研究及应用，提高区块链技术的效率、稳定性和安全性，拓展更丰富的区块链创新应用场景，打造最易用的企业级区块链技术平台，围绕可信数据网络共建区块链应用生态，服务社会数字资产的高效流动与价值创造，并将研究成果应用于京东零售、供应链、金融等业务领域。

（中关村管委会）

【北京石墨烯研究院揭牌】10 月 24 日至 26 日，北京石墨烯论坛 2018 暨北京石墨烯研究院揭牌仪式在海淀区举行。国内外石墨烯领域的专家学者和来自高校、科研机构、企业的代表 400 余人参加。研究院由北京大学发起成立，位于中关村翠湖科技园，一期人员规模 500 人，10 年规划总投资 20 亿元，由北京市政府、产业界和社会资本共同出资建设，致力于打造未来石墨烯产业的基石和发展核心竞争力，探索具有中国特色的政产学研协同创新机制。北京大学院士刘忠范担任研究院首任院长。与会代表交流石墨烯前沿技术成果，分享石墨烯产业的进展和发展建议。

（中关村管委会）

【小米金融科技联合金山云推金融联盟链】10 月 24 日，金山云与小米金融科技达成合作，共同推出金融联盟链解决方案。小米金融科技是小米金融战略创新版块，金山云拥有业内首个区块链云平台，金山区块链云行业解决方案在金融领域的率先应用，为区块链技术落地金融场景提供一个范式。

（市经济和信息化局）

【京港携手打造高精尖产业发展高地】10 月 25 日，第 22 届北京香港经济合作研讨洽谈会“京港携手打造高精尖产业新高地”专题活动在北京举行。京港两地有着良好的合作基础和巨大发展潜力，北京正在加快构建高精尖经济结构，实现高质量发展。香港已成为支撑北京高精尖企业发展的重要平台。北京的软件和信息服务业企业也成为香港科技金融服务产业的重要支撑。京港两地软件行业协会签署了合作备忘录，推进签署了京港非面对面电子合同合作备忘录。

普华永道、美团点评集团、香港智慧城市联盟、北京华胜天成科技股份有限公司等4家单位负责人分别以《创新金融科技法规》《美团科技助力美好生活》《创新金融科技新思维》《转型数字化 赋予能行业云》为题，分享了各自在科技金融、科技创新等方面的成熟经验和想法。

（市经济和信息化局）

【中关村5G创新应用大赛成果发布会举行】10月31日，由中关村管委会、市经济信息化委和市通信管理局主办的2018年中关村5G创新应用大赛成果发布会在中关村示范区展示中心举行。大赛以“发掘孵化5G创新应用，打造双创新引擎”为主题，于8月底启动，来自北京、河北、四川等8个地区的58个项目参赛，评出一等奖1名、二等奖2名、三等奖3名、优秀奖5名，项目涉及自动驾驶、健康医疗、工业互联网、智慧城市、超高清视频应用五大场景。其中，中关村示范区内新奥特（北京）视频技术有限公司的面向大型体育赛事的5G超高清视频创新应用项目获一等奖，新石器慧通（北京）科技有限公司的新石器无人物流车（SLV11）等2个项目获二等奖，北汽福田汽车股份有限公司的面向汽车智造的5G工业互联创新应用等3个项目获三等奖，创新维度科技（北京）有限公司的智能抄表机器人的芯片解决方案等2个项目获优秀奖。

（中关村管委会）

【中关村5G产业协同创新平台揭牌】10月31日，由中国信息通信研究院建设的中关村5G产业协同创新平台揭牌。平台构建测试验证、合作研究、应用创新、产业服务、国际交流等五大子平台。5G测试验证子平台提供5G应用试验环境，形成完整的应用测试验证体系；5G合作研究子平台开展5G关键技术联合攻关，组织和发布中关村5G应用白皮书，推进5G应用规范和标准的研究和制定，定期组织开放日活动和研讨会；5G应用创新子平台建设5G创新应用监测和分析系统，承办中关村5G创新应用大赛，收集和梳理中关村5G应用案例，组织优秀5G项目展览展示；5G产业服务子平台开展5G知识产权产业战略布局研究，提供5G技术咨询服务，组织5G应用企业、行业用户单位、投资公司等开展5G产业需求对接，设立5G产业化专项基金，开展5G投融资服务；5G国际交流子平台组织中关村示范区5G相关企业参加全球5G相关活动，在全球范围内宣传和推广中关村5G应用，对外展示中关村5G成果。

（中关村管委会）

【方正国际“乌蒙云”建设项目通过验收】10月，方正科技旗下方正国际实施的毕节市公安局“乌蒙云”信息化建设项目，历时14个月落下帷幕，通过专家评审验收并移交给用户。

（市经济和信息化局）

【百度与亚信科技合作　助力“AI+电信”转型】11月5日，百度与亚信科技达成战略合作。“AI+电信”为新技术周期下传统运营商转型的路径之一。双方将在满足客户要求的前提下优先将百度大脑的能力集成到亚信科技的产品中，并帮助百度将其智能客服类技术置入电信行业市场。

（市经济和信息化局）

【东方国信与IBM达成SPSS软件合作】11月6日，东方国信与IBM达成SPSS软件合作并签署协议。SPSS是数据科学领域泰斗级分析软件，此次合作将基于SPSS软件，结合东方国信大数据、云计算、移动互联技术体系，进一步拓展数据科学领域市场。

（市经济和信息化局）

【北京34家软件企业入选中国软件业务收入前百家】11月7日，根据工信部公布的2018年

（第 17 届）中国软件业务收入前百家企业（以下简称软件百家企业）名单，北京市国网信通、航天信息等 34 家软件企业入选，入选企业数量居全国首位。数据显示，34 家入选企业 2017 年实现软件业务收入 1567.7 亿元，占北京市软件业务收入的 20%；占全国软件百家企业收入 7712 亿元的 20.3%。其中，国网信通、航天信息、小米移动软件、中软国际等 4 家企业软件业务收入过 100 亿元；17 家企业软件业务收入突破 40 亿元，占北京入选企业的 50%。北京市入选企业在保持原有领域优势地位的同时，加大创新力度，积极拓展云计算、大数据、人工智能等新兴业务领域，转型升级成效明显，实现突破式发展。其中，华胜天成公司实施服务转型以及在云计算领域打造自主品牌“天成云”，排名提升至 41 位；易华录公司将大数据和人工智能技术应用于智慧城市和交通、安防领域，排名提升至 29 位；四维图新不断优化主营业务结构，“智能汽车大脑”战略初见成效，排名上升至 14 位；小米移动深耕移动端解决方案，创新质量不断提高，排名提升至 12 位；华宇深耕法律科技市场，并在教育信息化、食品安全与市场监管、安全可靠等领域占据领先优势，排名上升至 11 位。本届软件百家企业名单根据工信部统计的 2017 年全国软件和信息技术服务业年报数据确定，本届软件百家企业入围门槛为软件业务年收入 16.2 亿元，比上届提高 1.7 亿元，增长 11.9%。

（市经济和信息化局）

【北京 6 项科技成果亮相第 5 届世界互联网大会】11 月 7 日，第 5 届世界互联网大会“世界互联网领先科技成果发布活动”在乌镇举行。发布的科技成果涉及人工智能、5G、大数据、云计算、区块链技术等诸多领域的原理、技术、产品和商业模式创新，并收到来自中国、美国、英国、德国、法国等 20 个国家 400 余项互联网领域创新成果，经过 47 名海内外知名互联网业界人士评选，15 项代表性领先科技成果在现场进行了展示。其中，6 项科技成果是来自北京的软件企业、科研院所，分别是破解信息孤岛的接口高效互操作技术与燕云 DaaS 系统、360 安全大脑——分布式智能网络安全防御系统、智能供应链技术服务平台、Apollo 自动驾驶开放平台、CPU 硬件安全动态监测管控技术、小米面向智能家居的人工智能开放平台。

（市经济和信息化局）

【宇信科技在深交所上市】11 月 7 日，宇信科技登陆深交所创业板，公开发行新股 4001 万股，募集资金净额为 2.88 亿元，主要用于基于大数据技术和互联网思维的智慧银行建设项目、金融云服务一体化运营及管理平台建设项目、面向消费金融公司的 IT 整体解决方案建设项目。

（市经济和信息化局）

【北京智源人工智能研究院成立】11 月 14 日，在 2018 中国（北京）跨国技术转移大会开幕式上，北京智源人工智能研究院成立。研究院由人工智能领域代表性企业和社会资本联合发起成立，依托北京大学、清华大学、中国科学院、百度在线网络技术（北京）有限公司、北京旷视科技有限公司等人工智能领域单位建设，将按照国家新一代人工智能发展规划和北京智源行动计划的总体部署，致力于人工智能基础研究，构建创新生态，推动原始创新，集聚高端人才，加强产学研合作，打造北京智源开放服务平台，支撑北京成为国际领先的人工智能创新高地和连接世界人工智能产业与学术资源的枢纽。

（中关村管委会）

【百度研究院迎来9位世界级AI科学家】 11月14日，百度研究院顾问委员会成立，并迎来9位世界级科学家。顾问委员会将基于对百度AI技术的了解，为百度提供AI发展趋势的判断和未来研究方向的建议。

（市经济和信息化局）

【今日头条宣布平台生态升级计划】 11月17日，今日头条大会在京召开，宣布未来1年将从3个方面进行平台生态升级：一是深耕粉丝生态，帮助优质创作者更好地变现；二是推出小程序，引入更多平台生态建设者；三是开放技术模型，和行业一起提高平台生态标准。首批上线的小程序包括头条小店、猫眼电影等。

（市经济和信息化局）

【2018京东数字科技全球探索者大会】 11月20日，由北京京东世纪贸易有限公司、京东数字科技控股有限公司主办的JDD-2018京东数字科技全球探索者大会在中国国际展览中心新馆举行。来自政府部门、金融机构、投资机构、企业和科研院所的代表等近3000人参加。京东数字科技公司发布“风控超脑”。“风控超脑”包含天启—风险运营监测、天盾—安全与反欺诈、天策—信用决策、云处—资产处置、银河—数据仓库、模盒—自动建模六大模块，组成覆盖数据、模型、策略、系统等全方位风控体系。会上，京东农牧有限公司宣布成立京东农业研究院，将利用人工智能技术推动养猪业升级，通过与中国农业大学、中国农科院等机构合作，自主研发并推出京东智能养殖解决方案，并联合中国农业大学建设丰宁智能猪场示范点。智能养殖解决方案通过整合神农大脑、神农物联网设备和神农系统，利用研发的养殖巡检机器人、饲喂机器人、3D农业级摄像头等先进设备，实现农牧产业的智能化、数字化和互联网化。京东数字科技公司宣布成立京东智能城市研究院。

（中关村管委会）

【北京11家软件企业入选德勤高科技高成长中国50强】 11月20日，德勤2018高科技高成长中国50强在北京揭晓。北京共12家企业入选，11家为软件企业，居全国首位。当天发布的《2018高科技高成长中国50强报告》指出，2017年上榜企业整体收入增长高达5334%，较2016年增长79.1%。其中，贝壳找房以32179%的3年累计增长率位居本年度中国50强榜首，掌众金服以24564%的3年累计增速排名第三。报告显示，入选企业主要分布在一线或准一线城市，其中广州入选企业8家，成都入选企业8家，上海入选企业6家。企业行业分布也呈分化态势，其中，软件领域入选企业数量最多，达到18家；其次是互联网领域，入选企业数量从上年的7家增长到16家。对比上一年度，来自金融、通信、媒体、硬件等领域的占比相对平均。上榜企业中物流服务业、智能制造业、生命科学行业等新兴行业实现零的突破。2017年占比较高的清洁技术行业企业，2018年则下降到2%。另外，“中国明日之星”作为中国50强的姊妹项目于同日揭晓，旨在表彰成立时间不久，在细分领域取得领先，并具有巨大成长潜力的优秀企业。北京共13家软件企业上榜。

（市经济和信息化局）

【中国首颗软件定义卫星“天智一号”发射成功】 由中科院软件所牵头的“天智一号”软件定义

卫星项目，于2015年8月开始预研，2017年获中科院重大科技任务局立项启动，中科院微小卫星创新研究院承担卫星研制、测试。11月20日，“天智一号”在酒泉卫星发射中心搭载成功发射。以天基智能命名的“天智一号”是一颗以软件为主的卫星，主要载荷为能耗低、计算能力强的小型云计算平台执行空中应用程序，搭载经过加固的4部国产智能手机。与传统卫星面向单一任务定制开发、自成封闭体系不同，“天智一号”侧重于提供集成通用软件的平台化解决方案，开发适合不同卫星平台的航天软件，并推出“航天应用商店”，以丰富空间生态应用，让用户有更多选择。

（市经济和信息化局）

【爱奇艺与谷歌达成数字版权管理领域合作】11月21日，爱奇艺与谷歌在DRM（数字版权管理）领域达成合作，将谷歌idevine DRM技术接入爱奇艺Multi-DRM数字版权管理系统中，成为国内首批应用谷歌idevine DRM技术的网络视频平台。

（市经济和信息化局）

【北京企业参加工业设计展和评奖活动】11月23日至25日，在湖北省武汉市举行了第2届中国工业设计展览会和第3届中国优秀工业设计奖终评会及颁奖仪式。联想、小米、洛可可、上品极致、智加问道、全路通通信信号等9家北京优秀工业设计企业参展，并组织100多件产品参加第3届中国优秀工业设计奖的评选活动。北京航天恒星科技有限公司的智能移动无人卫星通信平台、汉能移动能源控股集团有限公司的汉伞和Solartank太阳能薄膜发电背包获优秀作品奖；北京小米移动软件有限公司获优秀搭建奖；市经济和信息化局获优秀组织奖。

（市经济和信息化局）

【百度取得基金代销牌照】11月26日，百度旗下百度百盈基金销售公司获得经营证券期货业务许可证，12月中旬上线基金代销服务，意味着BAT三大互联网巨头均进入基金第三方销售领域。

（市经济和信息化局）

【字节跳动成为全球最大独角兽企业】11月，软银集团通过软银愿景基金和其他方式向字节跳动投资30亿美元，字节跳动估值达到750亿美元，超过Uber（720亿美元）成为全球最大、估值最高的独角兽。字节跳动计划将融资所得用于拓展国际市场，并在国内市场上开发更多应用。

（市经济和信息化局）

【百度云边缘计算平台OpenEdge全面开源】12月7日，在2018百度云ABC Inspire企业智能大会上，百度云宣布智能边缘计算平台OpenEdge全面开源。OpenEdge可将云计算能力拓展至用户现场，提供临时离线、低延时的计算服务，包括设备接入、消息路由、消息远程同步、函数计算等功能。

（市经济和信息化局）

【李彦宏入选全球十大AI领军人物】12月10日，《哈佛商业评论》发布“全球最受关注的十大AI领军人物”。其中，百度董事长兼CEO李彦宏是唯一上榜的中国企业家。榜单评价道：李彦宏是中国AI行业的启蒙者与设计师，首度提出AI三维一体的标准；在全球范围内最早搭建无人驾驶开放平台，让汽车全行业all in AI。

（北晚新视觉）

【北京市北斗卫星导航应用示范项目通过验收】12月11日，市经济和信息化局与中国卫星导航系统管理办公室，共同组织召开“北斗卫星导航系统重大专项北京市北斗卫星导航应用示范项目任务验收会”。与会专家一致认为，该项目完成了所有建设内容和总体目标，提升了北京市应急预警监测能力、公共交通服务保障能力、现代物流管理运营能力，实现由粗放式管理到精细化服务的转变；项目组织贴近民生需求、管理机制完善、验收资料齐全、应用范围广泛，是全国北斗示范项目的标杆工程，希望北京市总结先进经验，挖掘科技创新支撑首都经济发展的潜力，引领全国北斗产业发展。

（市经济和信息化局）

【360金融赴美上市】12月14日，成立短短3年的360金融在美国纳斯达克挂牌上市。此次IPO募集资金将主要用于一般企业用途，包括品牌促销，研发、培养团队行政开支，潜在收购及战略投资等。

（市经济和信息化局）

【亚信科技在港交所挂牌上市】12月19日，亚信科技控股有限公司在港交所主板挂牌上市。百度、联想等是亚信科技的基石投资人。上市所募集资金的35%用于提升研发能力和拓展数字化运营服务、物联网及网络智能化等新兴行业的业务覆盖及市场份额；25%用于有选择地进行战略投资及收购，以拓宽业务范围并探索前瞻技术在其产品和服务中的应用。

（市经济和信息化局）

【百度智能小程序开源联盟成立】12月20日，百度智能小程序成立开源联盟，爱奇艺、快手、Wi-Fi万能钥匙、58同城、汽车之家、携程、万年历、猎豹移动、百度视频、宝宝巴士、卓易等12家企业成为智能小程序开源联盟首批战略合作伙伴。

（市经济和信息化局）

【百度成立AI产业研究中心】12月20日，百度宣布成立“百度AI产业研究中心”。中心将与产业、学术、研究机构携手，探索发掘在AI技术驱动下，各产业呈现出的新应用、新模式、新业态、新价值。中心将通过发布一系列行业研究报告、产业发展白皮书、AI产业指数等，推动人工智能与产业深度结合。

（市经济和信息化局）

【第四范式成为AI独角兽】12月21日，第四范式披露已完成逾1.5亿美元C轮融资，公司估值约12亿美元，成为一只AI独角兽。本轮新晋投资方农行、交行，与第四范式原有股东工行、中行、建行同属中国五大银行，第四范式成为“五大行”联合投资的唯一科技类公司。

（市经济和信息化局）

【京东金融上线P2P产品】12月23日，京东金融上线名为“和丰网贷”的P2P产品，是京东金融旗下专注于提供网络借贷中介信息服务的平台，使京东成为BATJ中首个明确布局网贷并直接运营P2P平台的互联网巨头。

（市经济和信息化局）

【开发区8家企业获第20届中国专利奖】12月26日，国家知识产权局印发《关于第二十届中国专利奖授奖的决定》，评选出中国专利金奖30项、中国外观设计金奖10项；中国专利银奖59项、中国外观设计银奖15项；中国专利优秀奖695项、中国外观设计优秀奖61项。其中，北京经济技术开发区8家企业分别获中国专利金奖1项、中国外观设计银奖1项、中国专利优秀奖8项。

（开发区管委会）

【北京12个北斗典型应用入选案例】12月27日，“北斗三号基本系统建成及提供全球服务情况发布会”在国务院新闻办公室新闻发布厅召开。中国卫星导航系统管理办公室发布《北斗卫星导航系统应用案例（2018年12月）》，根据近年来北斗应用推广的实际情况，遴选部分有代表性的案例，以方便国内外用户更好地了解北斗、应用北斗，让中国的北斗服务全球、造福人类。作为国家北斗区域应用示范项目之一，北京近年来确立了“能用尽用”的北斗应用推

表 2　北京市 12 个北斗典型应用成功入选北斗卫星导航系统应用案例

序号	单位名称	应用案例
1	北京远特科技有限公司 和芯星通科技（北京）有限公司	北斗乘用车前装导航应用
2	北京环境卫生工程集团有限公司	北斗环卫保障车辆在线监管应用
3	北京市燃气集团有限责任公司 北京讯腾智慧科技股份有限公司	北斗燃气行业应用
4	北京京东尚科信息技术有限公司	北斗物流应用
5	北京华力创通科技股份有限公司	北斗公务车管理应用
6	北京华力创通科技股份有限公司	北斗桥梁健康在线智能监测应用
7	北京星网宇达科技股份有限公司	基于北斗的驾驶人考训应用
8	北京北斗星通导航技术股份有限公司	泰国仓储物流应用
9	北京合众思壮科技股份有限公司	北斗农机自动驾驶应用
10	北京合众思壮科技股份有限公司	北斗禁毒作战指挥应用
11	北京合众思壮科技股份有限公司	巴基斯坦机场信息系统授时应用
12	北京合众思壮科技股份有限公司	俄罗斯电力巡检应用

广政策，在城市管理、电商物流、智能驾考等领域形成一批典型应用示范。本次案例征集中，市经济和信息化局推荐的 10 家企业共 12 个应用案例入选，展示了北京在北斗创新应用方面的成果。

（市经济和信息化局）

【北京 11 家电商平台入选监测指数企业名单】 12 月 27 日至 28 日，由工业和信息化部指导、国家工业信息安全发展研究中心和两化融合服务联盟主办的 2018 年中国工业电子商务大会在北京国际会议中心举办。大会以“创新驱动、深度融合、预计未来”为主题，来自地方工业信息化主管部门、全国性行业协会、高校及科研机构、电子商务试点示范企业等单位参会。会议发布了 35 家国家工业电子商务运行形势监测指数企业称号名单，其中，北京市玻多多电子商务有限公司、德林乾元电子商务有限公司、电务通能源股份有限公司、木联电子商务有限公司等 11 家电商平台企业入选。

表 3　北京入选国家工业电子商务运行形势监测指数企业（排名不分先后）

序号	企业名称
1	北京玻多多电子商务有限公司
2	北京德林乾元电子商务有限公司
3	北京电务通能源股份有限公司
4	北京木联电子商务有限公司
5	北京盛世云商电子商务有限公司
6	北京涂多多电子商务有限公司
7	北京卫多多电子商务有限公司
8	华采科技（北京）有限公司
9	易电联（北京）电子商务有限公司
10	中国兵工物资集团有限公司
11	中航金网（北京）电子商务有限公司

（市经济和信息化局）

【北京大数据优秀产品和应用解决方案全国居首】 年内，市经济和信息化局推荐的 30 家企业的 34 个项目入围“2017 大数据优秀产品和应用解决方案案例”，居全国各省市首位。其中，大数据产品入围 11 个（全国 30 个），主要涉及数据综合类、数据分析挖掘、数据管理及安全 4 类；大数据应用解决方案入围 23 个（全国 70 个），主要包括工业领域、能源电力、交通物流、政府服务、医疗健康、金融财税、商贸服务、资源环保、科教文体、农林畜牧、旅游服务等 11 个领域。

表 4 北京市入围“2017 大数据优秀产品和应用解决方案案例”名单

序号	申报单位	案例名称	所属类别
大数据产品类			
1	北京工业大数据创新中心有限公司	KMX 工业大数据管理分析平台	数据综合类
2	北京久其软件股份有限公司	久其大数据处理与分析平台	数据分析挖掘
3	北京神州泰岳软件股份有限公司	DINFO-OEC 非结构化大数据分析挖掘平台	数据分析挖掘
4	中航信移动科技有限公司	航旅纵横 APP	数据分析挖掘
5	北京浩瀚深度信息技术股份有限公司	高性能互联网大数据采集分析管控系统大数据产品	数据分析挖掘
6	威讯柏睿数据科技（北京）有限公司	面向实时大数据分析领域的高性能分析应用平台	数据分析挖掘
7	北京东方国信科技股份有限公司	东方国信分布式数据库	数据管理
8	北京神舟航天软件技术有限公司	神软智汇大数据产品套件	数据管理
9	神华和利时信息技术有限公司	基于价值创造的发电大数据平台	数据管理
10	北京易华录信息技术股份有限公司	城市综合交通大数据应用服务平台	数据管理
11	北京奇安信科技有限公司	网络安全态势感知与运营平台	信息安全
大数据应用解决方案类			
1	北京东方国信科技股份有限公司	东方国信节能大数据平台	工业领域
2	北京工业大数据创新中心有限公司	复杂装备智能运维解决方案	工业领域
3	联想（北京）有限公司	联想工业大数据解决方案	工业领域
4	中国软件与技术服务股份有限公司	基于工业大数据的智慧运营解决方案	工业领域
5	北京东方金信科技有限公司	晶澳太阳能智能综合管理运营平台	工业领域
6	金航数码科技有限责任公司	飞机快速响应客户服务平台	工业领域
7	北京同方软件股份有限公司	交通大数据中心解决方案	交通物流
8	大唐软件技术股份有限公司	高速公路交通大数据应用解决方案	交通物流
9	中交公路规划设计院有限公司	基于 BIM 技术的交通基础设施资产养护管理解决方案	交通物流
10	全球能源互联网研究院有限公司	电力大数据开放共享服务平台解决方案	能源电力
11	神华和利时信息技术有限公司	基于大数据云平台的智能矿山解决方案	能源电力
12	中国电力建设股份有限公司	全球可再生能源储量评估、前景分析与规划平台	能源电力
13	中国移动通信有限公司	中国移动“民生”大数据服务	政府服务
14	亚信科技（中国）有限公司	亚信位置运营解决方案	政府服务
15	航天信息股份有限公司	食品药品安全监测预警数据中心	政府服务
16	九次方大数据信息集团有限公司	数据星河大数据交易平台解决方案	政府服务
17	中电数据服务有限公司	基于大数据的健康医疗综合运营服务解决方案	医疗健康
18	联动优势科技有限公司	金融风控大数据应用服务平台	金融财税
19	航天信息股份有限公司	国税增值税发票大数据解决方案	金融财税
20	软通动力信息技术有限公司	环保大数据平台	资源环保
21	北京拓尔思信息技术股份有限公司	TRS 融媒体智能生产与传播服务平台	科教文体
22	中国农业机械化科学研究院	农业全程机械化云服务平台	农林畜牧
23	中国移动通信集团公司	中国移动“逍遥”大数据服务平台	旅游服务

（市经济和信息化局）

【德福缘品牌建设】年内，北京市民政工业总公司稳步推进德福缘品牌服务转型升级，深入规范化制度管理、加强团队建设、加快信息化建设，已实施启动基于互联网＋云计算平台的“物业云管理系统”，增强全员服务意识，围绕“安全放心”与“服务贴心”双支点，突出专业化、人性化。健全公众号管理办法，为德福缘品牌的转型升级搭建信息桥梁。稳步推进平房福企园区工作，发挥创意园区的示范引领作用，继续加强对外合作与开发，为福利企业发展提供更广阔的平台。

（庞　婉）

【北京浩瀚深度公司大数据分析管控系统】北京浩瀚深度信息技术股份有限公司基于互联网流量监控的5层架构和可视可管可控的技术体系开发的高性能互联网大数据采集分析管控系统（以下简称浩瀚TMA系统），是面向电信运营商、政府、军队、大型企业等客户，实现互联网流量、用户、业务和内容的网络行为大数据采集、分析和管控的解决方案。系统采用超大规模FPGA可编程芯片，在高速接口、深度匹配、多维管控、智能镜像等核心技术实现重大突破，单设备可提供多条100G接口线速全量采集和双向串接控制，满足大型互联网网络监控的大容量、高性能、低延时和持续稳定等关键需求。基于分布式处理架构的浩瀚“顺水云”平台可实现PB量级网络大数据的处理、存储、分析和共享，帮助运营商和政府利用网络大数据进行分析决策，为互联网管理和运营提供重要支撑。公司还完成基础网络、信息平台的搭建，运行了ERP系统、OA系统、文档管理系统、工程售后运维等多个信息化系统，提升公司精细化运营能力。

（徽向京）

【北大医疗打造互联网医疗服务监管平台】5月，北大医疗信息技术有限公司参与银川市互联网医院平台的设计与开发工作，共同打造出银川互联网医院监管平台上线运行，成为国内首家互联网医院监管平台和全国首创的智能化监管工具。12月，该平台正式升级为宁夏回族自治区互联网医院医疗服务监管平台，保障全自治区互联网医院服务安全运行。

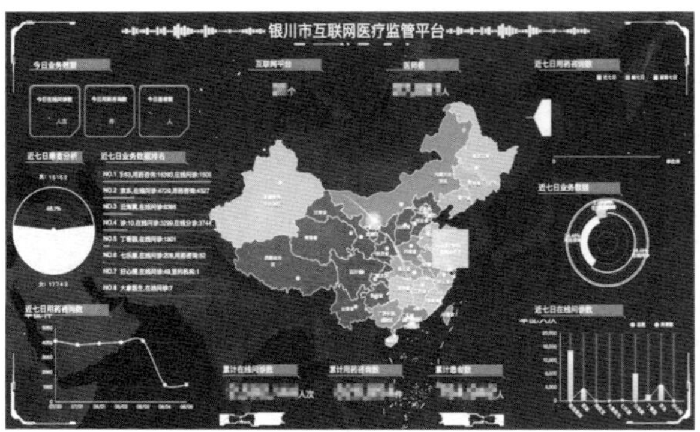

宁夏互联网医院医疗服务监管平台

（宋慧宇）

【方正手迹开发特效字体引擎技术】由北京方正手迹数字技术有限公司开发的方正动态彩色特效引擎技术是目前市场上唯一一个基于OpenGL技术、创新采用GPU与CPU双渲染机制进行字体渲染的引擎技术。应用此技术，方正手迹在年内共完成、上线30余套动态彩色字库。

（北大方正集团有限公司）

【北大软件开发干部智能管理平台V6.0】北大软件工程股份有限公司开发的干部智能信息管理平台V6.0，是以知识图谱、语义分析和大数据融合为特征的第6代干部管理系统。系统包括机构编制管理、班子分析研判、干部全息浏览、智能表册输出、智能检索、任免全流程管理、监督综合管理、综合业务审批、干部知识库和数据质量管理等20多个子系统。实现上下级多单位协同完成任免、监督等业务工作，提升组织工作效能；提供工作台账、自定义表册、多数据源的导入等工具，提升日常工作效率；融合干部自然信息、监督信息、政策资料等进行知识关联、异常标星及预警提示，防止干部带病提拔；建设领域知识库、海量分词库、经历标注库、岗位条件库等，实现干部的精确检索、关联推荐，辅助选人用人，扩大选人用人视野。

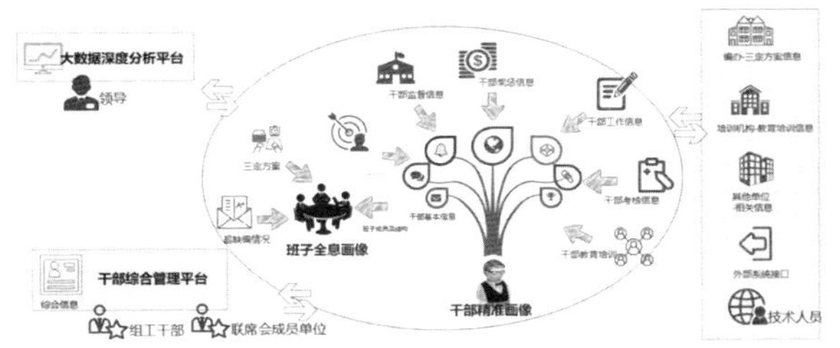

干部智能信息管理平台 V6.0——干部画像

（北京北大软件工程股份有限公司）

【北大软件研制库博源代码智能医生】北京北大软件工程股份有限公司研制的库博源代码智能医生（又称软件健康管理平台），主要由万亿级代码安全漏洞知识库、软件源代码缺陷检测工具和代码成分及安全分析平台 3 个部分组成，利用值依赖分析等多个核心技术，通过人工智能检测引擎，对航空、航天、电子、兵器、船舶、金融、互联网、政府、高端制造等多个领域软件代码安全提供整体解决方案，检测精度和检测效率均达到国际先进水平，作为千万级源代码智能守护神，首家通过美国 CE 认证，支持 16 种语言、70 余种最新框架的检测、各类编译环境和操作系统，尤其适配国内编码标准和国产化环境；支持片段代码检测、IDE 插件检测，打破国外工具在代码检测领域的长期垄断。

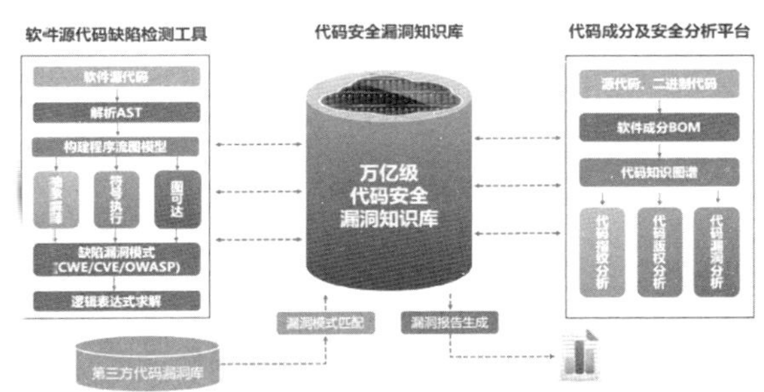

库博源代码智能医生总体架构图

（北京北大软件工程股份有限公司）

【北大法宝 V6.0 法律信息检索系统推出】由北京大学法制信息中心与北京北大英华科技有限公司联合推出的一款智能型法律信息检索系统，数据内容涵盖法律各方面信息，能有效提升检索效率和法律信息价值。

北大法宝 V6.0 产品首页

（宋慧宇）

政务信息化

本栏目刊载2018年北京市信息资源开发利用情况以及北京市部分委办局的信息化建设情况。

概 述

2018年，北京市把智慧城市建设作为推动政府决策科学化、城市管理精细化、公共服务便利化的重要手段。大力实施北京大数据行动计划，形成“四梁八柱深地基”的大数据平台体系总体架构。编制城市副中心数字生态城市建设方案，推进有线政务专网升级改造，为市级机关搬迁提供网络支撑。圆满完成中非合作论坛北京峰会等重要会议、重大活动网络通信和无线电安全保障工作。全市各委办局及下属机构，贯彻落实市政府有关电子政务政策文件精神，在政务办公系统、相关业务网上办理、综合信息系统、公共信息资源开放、网络信息安全、重大活动运维保障等方面取得进展，不断提高首都信息化管理水平。

（市经济和信息化局）

信息资源开发利用

【概况】2018年，北京市信息资源管理中心（简称市信息资源管理中心）紧密围绕中心职责，以全力支撑北京大数据行动计划为主线，持续推进政务数据汇聚共享开放，推动社会数据“统采共用”落地实施，开展市大数据平台等大数据基础设施建设，支撑开展全市大数据行动计划总体规划和市大数据平台顶层设计，推进大数据标准规范体系建设及重要标准规范编制，完成年度航空摄影、空间及法人基础信息服务等工作。

（市信息资源管理中心）

【推进政务数据汇聚落地】按照北京大数据行动计划工作要求，在北京市大数据工作推进小组领导下，7月至10月，市经济信息化委（市大数据工作推进小组办公室）面向城市规划建设运行管理、疏解整治促提升、政务服务、反恐维稳、应急管理、社会信用、生态环保、交通、全民健康、世园会等10余个重点主题应用开展数据需求调查，提出首批和第二批政务数据汇聚清单；研究制定数据汇聚标准，组织两次全市数据汇聚培训会；组织开展两批政务数据汇聚。其中，首批完成24个部门、418类资源、2617个数据项、3.65亿条数据在市级大数据平台的汇聚，第二批汇聚完成46个部门、308类资源、1780个数据项的目录编制。为中非合作论坛安全保障、“疏解整治促提升”专项行动、应急管理等重点工作提供了支撑。

（市信息资源管理中心）

【市公共信用信息服务平台荣获全国一等奖】9月，市公共信用信息服务平台在全国公共信用信息共享平台和网站建设观摩评比中荣获一等奖。年内，按照“一网四库一平台”的总体框架，市经济和信息化局建设完成了全市统一的公共信用信息服务平台和“信用北京”网站，共归集来自国家和北京市的约4亿条数据，包括2100万自然人，490万企业、社会组织、事业单位、个体工商户法人。平台为市区两级部门开通632个注册用户，与全市11个信用信息系统嵌入式对接，累计共享信用数据1.05亿条。向“信用中国”网站报送196万条“双公示”信息。

（市信息资源管理中心）

【落实信息系统整合共享】年内，按照《关于印发〈关于推进我市政务信息系统整合共享的实施方案〉的通知》要求，市经济和信息化局组织各区、各政务部门开展信息系统自查、清理和整合工作，完成13个区、73个市级政务部门的3515个信息系统自查，并制订相应的整合清理实施方案；结合项目评审、系统入云等工作，汇总形成全市信息系统的“一套家底”，包括98个市级单位的2906个信息系统、13个区的1679个信息系统。

（市信息资源管理中心）

【公共信用信息数据归集】年内，市经济和信息化局累计完成1.6亿条个人公共信用信息的归集和更新工作，包括1300万户籍人口、700万流动人口，涵盖公安、民政、交通、税务、高法等32个部门的172项数据。累计完成全市190余万法人主体的1亿余条信用信息归集和更新工作，涵盖全市60余个部门的100余项数据；归集“双公示”信息480余万条，新增280余万条。

（市信息资源管理中心）

【探索社会数据共享应用】年内，按照北京大数据行动计划工作要求，市经济和信息化局面向各区、各政务部门开展社会数据需求调查，汇总形成全市社会数据需求清单；与电信运营商、互联网企业等30余家潜在数据源单位进行对接，并组织多次政府和企业的专题供需对接；制定《北京市社会数据采购和使用管理暂行办法》及年度社会数据采购方案；支撑市工商局、市残联等部门申请共享公安部、教育部、工商总局等国家部门数据。

（市信息资源管理中心）

【目录体系建设】年内，市信息资源管理中心结合系统整合、数据汇聚、项目评审及各主题应用建设，汇总形成全市85个市级单位、6189类数据资源目录的“一套家底”；完成市享交换平台目录系统中注册的357条基础共享目录；重新梳理并完成6508条部门目录的导入；梳理并完成7类主题共享目录的导入，其中政务服务一网通办128条、疏解整治促提升32条、网上公安13条、应急管理65条、城市规划建设管理188条、反恐维稳336条、社会信用453条。

（市信息资源管理中心）

【数据平台对接】年内，按照国家编目指南要求，市信息资源管理中心向国家平台目录系统注册提交。北京市作为首批试点，于8月底与国家数据共享交换平台二期开展对接测试，并在测试的基础上完成正式环境下的服务接口代理转发功能开发，具备服务接口代理能力。11月，市残联通过北京市大数据平台实现对国家工商总局企业基本信息查询和验证两个服务接口的调用。

（市信息资源管理中心）

【加强数据治理研究】年内，市经济和信息化局开展市级大数据管理平台数据治理体系研究，初步制定数据存储、数据清洗、质量管理、数据标签等技术规则和管理流程；建设市级大数据管理平台原始库，对各口径汇聚数据进行整合，并与数据目录实现对接；对数据质量进行全流程管理，并进行标签化处理；基于汇聚数据初步构建自然人、法人等关系图谱。

（市信息资源管理中心）

【编制政务信息资源共享开放白皮书】 年内，根据《北京市政务信息资源管理办法（试行）》等相关文件和要求，市信息资源管理中心完成《2018年北京市政务信息资源共享开放白皮书》，对北京政务信息资源共享、开放评价指标体系进行修订、完善，细化评分标准，并对市级政府部门的共享开放情况进行评估。

（市信息资源管理中心）

【开展数据标准规范研究】 年内，市经济和信息化局完成《政务数据资源目录编制方案》，启动大数据技术体系框架研究项目；继续开展个人信息保护研究；完成指导性技术文件《面向公众服务的政务信息分类规范》（DB11/Z 359—2006）、《电子政务总体技术框架》（DB11/Z 610—2008）转地方标准相关材料的编制及申报工作。

（市信息资源管理中心）

【空间基础数据汇聚共享】 年内，市信息资源管理中心完成北京市航空摄影及正射影像制作，并为全市提供共享服务，共受理24家单位的航空遥感影像成果申请资料，为4家单位提供了北京市航空遥感资料，为20家单位开通了服务接口。空间地理基础数据已支撑55个政务部门的155个业务系统的在线共享应用，全年新增15个业务系统应用，日均访问量达到70万次；为北京市“疏解整治促提升”专项行动、应急管理、行政副中心建设、网格化社会服务管理等重点任务提供了有力支撑。持续开展地址更新，年度更新量为42182条，其中新入库地址16645条，更新历史地址5558条，核实确认地址19979条；开展大数据融合及专题分析工作，完成法人、信用、老龄人口、残疾人、工业企业等与空间数据融合、专题分析，形成系列专题地图；开展北京全球卫星定位综合服务系统运行服务，为36个部门开展国土规划、基础测绘、工程建设、地籍管理、气象监测、地震及地壳形变监测等应用提供了有力支撑。

（市信息资源管理中心）

【法人库数据汇聚共享】 年内，市法人服务库通过在线查询、数据交换和接口调用等方式为全市53家委办局、区提供共享服务，其中新增市纪委、市财政局、市安监局、东城区等4家法人库使用申请；以接口方式为市高级人民法院、市环保局、市统计局等27家单位提供数据共享共计1.1亿余次；以交换方式为国家安全局、海淀区、西城区等13家委办局、区提供法人数据支撑共计4453万余次。

（市信息资源管理中心）

【大数据基础设施建设】 年内，市共享交换平台新增4个前置交换节点，交换节点增至137个；新增711类资源交换，现有交换资源增至2693类；新增交换流程1100个，交换流程增至4549个；累计开展120亿条数据的共享交换工作，交换量为2559GB。支撑北京通信息共享、小客车比对信息交换、住房限购审核信息交换、法人核心库信息共享、社会救助资格审核信息共享，以及反恐怖情报信息平台建设、政务数据资源网建设、公共信用信息服务平台建设、统一行政审批平台建设等工作；新增支撑积分落户信息共享，并在小客车信息比对中引入信用信息；市交通委与市公安局、市人力社保局、市工商局、市质监局、市地税局、市国税局、市信用平台累计交换文件136317个，数据交换量为4775.96MB。

（市信息资源管理中心）

【公共信息资源开放范围扩大】 年内，市信息资源管理中心根据各市级部门通过政务网站发布的数据情况，综合社会需求和信息化项目审查要求，编制完成2018年度数据开放建议清单，共包括56家单位的1204项数据，其中建议新增692项，已开放需要更新512项。北京市政务数据资源网已有56家单位、近1100类数据集、7653万余条数据记录进行开放。其中，无条件开放1031类数据集，数据记录共182万余条，数据来自54家单位；定向开放64类数据集，数据记录共计7471万余条，数据来自市环保局、市交通委、市水务局、市卫生健康委、市安全监管局等9家单位。按照北京市公共信息资源开放试点实施方案的要求，在“北京市政务数据资源网”网站基础上，建立全市统一的公共数据开放平台，对照国家要求，对平台功能进行梳理，逐项进行整改或提出具体改进方案。

（市信息资源管理中心）

【共性组件服务支撑政务协同】年内，按照市经济和信息化局统一工作部署，结合全市政务协同办公总体要求，市信息资源管理中心组织完善政通平台技术架构，加大开发力度，增强应用功能，提高服务能力；组织草拟《北京市政务人员邮箱通信平台管理办法》；组织开展软件测评和安全测评，并在全市13家政务部门开展推广试用，开通用户5600余人；开展公务员邮箱、共性服务组件运维服务保障。市级公务员邮箱共创建邮箱组织108家，共计授权邮箱账号6万余个。短信、传真等共性组件云平台工作日日均访问量达到2.5万次，配合全市47家政务部门接入短信及传真服务接口，短信发送总量35万余条，传真发送总量8万余件。推进政务云应用运维服务保障，开展政务云租赁及网络安全运维；在市应急中心指导下，组织了多次应急演练，加强了运维值守，保障了大数据平台及中心运维的各政务应用安全稳定运行。

（市信息资源管理中心）

【信用联合奖惩机制基本建立】年内，北京市印发26个信用联合奖惩备忘录，建设全市统一的信用联合奖惩信息管理系统，并嵌入市行政服务中心审批平台和18个部门的24个业务系统，实现部分重点行业和领域“自动比对、自动奖惩”。累计将14.3万人次列入失信被执行人“黑名单”，实行限制乘坐飞机和高等级列车等惩戒措施，并限制2.1万人次参加小客车摇号。在全市信用联合惩戒机制的威慑下，2.9万人次的“老赖”自动履行义务，近50%的重大税收违法当事人补缴了税款，31%的异常经营名录企业主动纠正了违法行为。

（市信息资源管理中心）

【推进民生信息共享与大数据建设】年内，按照《北京市政务信息资源管理办法》和《北京市大数据行动计划2018年工作任务》等文件要求，加速推进社会建设和民政领域信息资源共享与大数据建设。3月，市民政局结合信息系统清理整合工作，梳理形成数据资源目录；8月，市民政局完成向市大数据平台汇聚工作。市民政局先后与共青团北京市委、市人力资源和社会保障局、市台湾事务办公室和市司法局签订政务信息资源共享协议，为精准救助帮扶、完善社会救助家庭工作机制、推进两岸家庭婚姻登记、两委换届人员资格联审及公证业务数据核验等工作提供数据支撑。

（李慧燕）

【推进阳光行政与政务公开】年内，市政府利用官网“首都之窗”“信用北京”等门户网站和“北京12345”“政务直通车”等微博平台，以及“首都之窗”微信公众号等途径，公开政府信息920226条，公开规范性文件6433件，公开重点领域政府信息264575条。政府公报公开政府信息354条，政府网站公开政府信息785326条，政务微博公开政府信息214552条，政务微信公开政府信息 179505 条，以其他方式公开政府信息 150531 条。

（市经济和信息化局）

【建立举报和诉求渠道】年内，北京市“首都之窗”政府网站设立政民互动专栏、咨询投诉版块、党风政风行风问题投诉举报快速通道等，方便公民建言献策、投诉举报。整合民政、卫生、环保、农业、消防等 10 条热线，实现 11 家公共服务企业热线系统与市政府便民服务中心“12345”热线之间“一键转接”和“溢出接收”，以保公民有事“一拨就通”。发挥“12345”热线“统一受理、分类处置”的模式优势，实现接诉即办、直派街道（乡镇），提高群众诉求办理质量和效率。“12345”热线共受理群众来电 583.1 万件。其中，解答群众咨询 296.6 万件，交办群众诉求 286.5 万件。

（市经济和信息化局）

【优化审批办事服务程序】年内，市政府办公厅出台《关于推进全市政务服务“一张网”建设（2018—2020 年）的意见》和《北京市推进政务服务“一网通办”工作实施方案》。市、区两级政务服务事项平均网上可办率达到 90% 以上。完善网上政务服务大厅功能，集中发布办事指南 28 万余项、指南要素 52 个；推出个人服务 48 项、企业服务 52 项，实现主题、特定对象、生命周期等 5 个维度分类导引。建成全市统一身份认证体系，完成 25 个部门、72 个互联网系统与市网上政务服务大厅的单点登录对接。建设全市政务服务资源共享平台和电子证照库，实现电子证照存储管理、授权查询、共享应用等功能。规范政务服务大厅建设管理，变“集中审批”为“集成服务”。市政务服务中心建设综合窗口，全面实施“前台综合受理、后台分类审批、窗口统一出件”的“一窗”受理；印发事项进驻清单，进驻市政务服务中心事项比例达 90%，集中进驻区级实体大厅事项比例达 70%。为企业、群众提供集中服务，自来水、排水、燃气、热力、电力和电信 6 家市政公用企业的 14 个报装事项实现“一门办理”。优化审批办事服务，印发《关于精简市级审批服务事项和优化政务服务工作的通知》，市级审批服务事项由 2298 项减少至 1121 项；清理规范 29 项行政审批中介服务事项，取消第三批 53 项涉及企业、群众办事创业的证明。提升政务服务标准化水平，完成市、区级政务服务事项标准化规范，完成市、区、乡镇（街道）三级政务服务中心及 102 个区级部门专业大厅名称规范。印发《北京市政务服务事项动态管理办法（试行）》，实现服务事项动态管理。

（市经济和信息化局）

北京市人大常委会

【概况】年内，北京市人大常委会（以下简称市人大常委会）机关信息化建设工作紧紧围绕常委会中心工作和信息化重点任务，推进新办公区信息化系统建设和搬迁工作，加强机关重点项目建设、运维保障，做到新老办公区工作两不误。

（张星刚）

【微信公众号及代表服务手机 App 上线】年初，“北京人大”微信公众号和人大代表服务信息系统 App 正式上线运行，拓宽了公众了解人大工作动态、查询人大信息、参与人大工作的渠道，为服务人大代表履职提供了更为便捷的手段，人大代表 App 服务信息系统注册下载量 4200 余次。

（张星刚）

【立法监督信息服务平台开发建设】下半年，市人大常委会办公厅信息中心与信息处合作调研，全面整合散布于常委会会议、公文管理、代表履职、档案等系统的人大工作信息、“一府一委两院”公开数据及社会机构信息，推进市人大数字资料库建设工作，为立法、监督等工作提供信息支持。

（张星刚）

【完成常委会机关信息化搬迁工作】12 月中下旬，市人大常委会办公厅完成机关信息化搬迁工作，重点抓住信息化资产处置和设备利用两个重点环节，组织搬迁机房、会议室、公共区域和各部门办公终端等设备 4400 余台，申请报废 880 余台，完成应用系统迁入市级政务云平台。搬迁过程中组织相关单位提供设备安装、调试等信息化服务保障 1200 余次，基本实现“应用系统不停机，日常办公不耽误，信息安全无事故”的搬迁工作目标。

（张星刚）

【规范性文件备案审查系统建设】年内，市人大常委会法制办与办公厅协作配合，初步建设完成规范性文件备案审查系统，实现规范性文件报送备案、接收登记、分送审查、意见反馈、意见处理等环节的网上办理，推动市人大机关内部、“一府两院”及区人大之间的工作信息共享和备案业务协同。

（张星刚）

【建成机关办公 OA 系统】年内，市人大常委会机关依托内网网站，统一整合机关日常业务工作需求，建设完成以公文管理系统、会务服务系统和部分行政事务管理系统为主的办公平台（OA 系统），重点是公文审批无纸化、会务服务电子化、行政事务管理网络化，以及提供新闻中心、重要文献、信息简报、视频点播、规章制度、日常帮手、读书频道等辅助功能，推动机关从传统办公方式向网上协同方式转变。公文管理系统共处理公文 286 件，参与公文审批流转共 2662 人次。按照机关内控制度要求，建成固定资产管理系统和低值易耗品管理系统，规范了申请、审批、采购、入库等工作流程，提高了机关后勤事务管理和服务水平。

（张星刚）

北京市人民检察院

【概况】北京市人民检察院（以下简称市检察院）下辖第一分院、第二分院、第三分院、第四分院（原北京铁路运输检察分院）和 16 个区检察院。主要任务是领导全市各级人民检察院，依照宪法和法律的规定，履行法律监督职能，保证国家法律的统一正确实施。年内，北京检察科技信息中心正式启动运行，启动全市科技强检系统集成图的绘制。市检察院《北京市检察机关科技强检总体规划（2018—2020 年）》《北京市检察机关科技项目管理办法》正式印发；

电子检务工程竣工；检察管理监督平台、网上检察服务中心、刑事出庭能力培养平台、智能语音平台建成。

（市检察院）

【检察管理监督平台建设】 5月，市检察院检察管理监督平台建成，建立监督制约体系。平台立足检察大数据，通过信息汇集地、案件线索调度室和执法监控阀“三条线”，实现涵盖信访接待、案件收送、案件调度、线索管理、事项调度、流程监控、检务公开、案件质量评查、检察业务考评、数据分析、检察官业绩评价等多项功能，推动构建“一个窗口对外、一个闸门对内”的新格局，可更高效地履行对内监督管理、对外提供服务的职能，实现案件质量效率的全院、全员、全系统、全过程监督，提高检察工作法治化水平和检察公信力。

（市检察院）

【网上检察服务中心上线】 7月，北京市检察机关网上检察服务中心上线运行。其打破传统的以内设机构为单元的分散服务模式，整合了检察机关对外服务职能，通过整合“信、访、网、电、视频”五位一体服务渠道，对外统一提供接待群众法律咨询、控告和申诉、受理诉讼监督线索等检察服务，增强检察工作透明度，降低群众诉求成本，“让数据多跑路，让群众少跑腿”。

（市检察院）

【科技项目管理办法印发】 8月初，市检察院《北京市检察机关科技项目管理办法》印发执行。《办法》明确了科技强检领导机构和工作制度，健全了“建用结合”机制和“总部”统筹、“前端”补充的协同工作机制，细化了信息化项目各流程节点的具体要求。9月，市检察院网信办组织各部门、各分院、区院召开网信办专题会议，审议37项市检察机关2019年科技项目需求。

（市检察院）

【电子检务工程竣工】 8月，市检察院历时3年的电子检务工程完成验收。电子检务工程包括执法办案平台、检察办公平台、检务保障平台、检察决策支持平台、检务公开与服务平台、应用支撑平台等建设内容。

（市检察院）

【刑事出庭能力培养平台建设】 9月，市检察院建成刑事出庭能力培养平台，可进行出庭观摩预约、出庭情况网上点评、出庭问题和经验汇总等功能，增强公诉人出庭能力。年内，平台发布出庭信息3048条，预约观摩10120人次，发布出庭百科3673条。

（市检察院）

【科技强检规划印发】 12月初，市检察院《北京市检察机关科技强检总体规划（2018—2020年）》印发。《规划》明确79项建设任务，绘制科技强检系统集成图，利用思维导图方式对各项任务直观展示，共分7层架构，规划设计447项末端功能节点。

（市检察院）

【智能语音云平台建设】 12月，北京市检察机关智能语音云平台建成。平台采用高检院统一规划的“高检院和省级院两级部署，全国四级检察机关应用”的模式，包括智能语音输入系统和智能会议系统。平台实现全市检察机关4000套智能语音输入法、24套检委会会议系统的应用要求，融合语音转写和语音听写等感知智能技术，具有实时转写、角色分离、效果优化、全文检索、语气词过滤、敏感词屏蔽等功能，可有效提高检察干警在文书编写、会议记录、信息采集、信息查询等方面的工作效率。

（市检察院）

北京市发展和改革委员会

【概况】 北京市发展和改革委员会（以下简称市发展改革委）主要负责北京市国民经济和社会发展统筹协调、经济体制改革综合协调。市经济信息中心是市发展改革委直属事业单位，主要职责是负责全市经济信息系统建设的规划和组织，统一管理信息网络的开发和利用；向市委、市政府及综合部门提供经济信息、经济形势分析预测；为各部门采用先进手段开展业务和处理事务提供技术和信息支持，开展公众信息咨询服务和国内外的信息交流。

（市经济信息中心）

【编制市发展改革委职责目录及汇聚】 1月11日，市大数据工作推进小组办公室向53个市级部门印发《关于开展政务数据资源目录体系编制工作的通知》，组织各部门以业务处室为单位，依据“三定”规定开展职责目录编制。6月，完成全部职责目录的梳理编制。其中，职责目录项252项，上目录链信息系统为20个。

（市经济信息中心）

【市投资项目在线审批监管平台建设】 1月至3月，市发展改革委按照《关于北京市投资项目在线审批监管平台启用新版政务服务事项目录相关工作的通知》要求，分3批完成15个市级投资审批部门及对应17个区（含北京经济技术开发区）投资项目在线审批监管平台（以下简称在线平台）的更新与对接联调。3月12日，正式按照新标准向国家投资项目审批监管平台标准报送数据。3月26日，6家市政服务企业开始应用在线平台办理业务。3月，完成6家市政服务企业投资项目审批事项办理纳入平台管理工作。6月，完成平台用户整合及单点登录工作。在线平台实现与全市统一身份认证管理系统的用户整合，与市统一行政审批服务平台的单点登录，6月11日上线运行。9月至12月，在线平台完成“一窗”“一表”功能开发，并完成市区部门推广应用。9月，在线平台进行“一窗式”服务和“一表式”并联审批功能的改造工作，利用国庆假期完成“一窗”“一表”核心功能改造，保障10月8日市工程建设项目综合窗口开业运行。12月10日，完成全部17个区“一窗”“一表”推广试运行工作，并向住建部提供市工程建设项目审批相关基础数据。11月，在线平台获得全国投资项目在线平台评比第3名。12月，按照国家投资项目审批监管平台3.1数据对接标准要求，完成国家平台3.1对接调整工作，12月31日正式报送市推介项目数据。

（市经济信息中心）

【完善市公共资源交易服务平台网站】 2月28日，市发展改革委在公共服务平台网站实现依法招标项目的公告和公示信息工作。7月30日，正式启用“招标公告及公示信息发布工具”，进一步规范招标项目的登记、公告公示发布。完成政府网站清理规范工作，启用服务平台网站的规范域名。发挥服务平台枢纽作用，完成与本市各领域公共资源交易系统的对接，汇集并统一发布本市工程建设招标投标、政府采购、土地使用权出让、国有产权交易、软件和信息化服务交易等领域的交易项目信息、市场主体信息、信用信息、监管信息，实现与国家公共资源交易平台实时共享。

（市经济信息中心）

【市公共资源交易综合交易系统运行】2月，市发展改革委综合交易系统主体库模块上线，4月通过市政务服务中心5层12号窗口，面向社会公众提供数字证书绑定及相关咨询服务。8月，综合交易系统各模块完成调试，陆续上线运行。年内，综合交易系统率先实现与市水务局OA系统、市勘办“四库一平台”系统等多个行业监管部门自用系统的对接工作。还完成与专家库系统、市公共服务平台、市监管平台的对接，保证交易过程的完整性，提高信息共享的效率。

（市经济信息中心）

【市经济社会管理信息系统升级改造】11月，北京市经济社会管理信息系统竣工，建立了经济社会综合管理所需要的指标体系，为政府部门开展区域经济社会发展相关研究、分析和运行监测提供支持手段，实现由项目管理型向规划指导型过渡，由资源分散型向关联共享型过渡，由部门主导型向业务主导型过渡，由流程规范型向决策分析型过渡。年内，对该信息系统进行报表引擎改造，完成平台开发、主题分析页面配置、系统迁云及首页升级改造工作。

（市经济信息中心）

【市评标专家库工作】年底，市发展改革委专家库共有专家14919名。其中，北京市专家11792名、国家铁路专家3127名。全市设有23个网络终端，全年共为26783个项目提供120030人次参评专家。完成专家库专业分类标准变更工作，正式启用新的《公共资源交易评标专家专业分类标准》。专家库招标公告、中标候选人公示、中标结果发布功能并入北京市公共资源交易服务平台。完成专家库上云迁移工作。

（市经济信息中心）

【提升网站报道能力】年内，市发展改革委网站新增京津冀协同发展、严格规范“转供电”价格收费行为、优化提升回龙观、天通苑地区公共服务和基础设施3年行动计划、“我们这半年”、市政府常务会议、庆祝价格法20周年、优化营商环境政策集成、“向前一步”8个专题报道。将“办事指南”改版为“政务服务事项”，实现与“市政府信息公开工作管理系统”、“首都之窗”中“政务服务”的同步；对8189条失效文件进行清理、标注，对143条失效收费文件进行筛查清理。按时完成上级要求的政府网站清理规范工作，启用规范域名；处理“政府网站找错”系统推送的网站纠错信息10条，整改反映的2个问题；利用外部力量对网站访问情况、网站内容的敏感词、错别字等进行24小时监控。在全市政府网站普查中合格率均达100%。组织协调网站管理系统服务商和联通云，完成“上云”任务。

（市经济信息中心）

【完成网站改版】年内，市发展改革委网站结合副中心新址迁网工作，改版正式上线运行。新建和维护了“发改正能量”“公文百宝箱”“重大税收失信”“地区发展建设”“新首钢高端产业综合服务区开发建设和产业转型”“重大税收失信”等专题，涉及工作成果展示、技能培训和公告类信息，以视频、图片、图表等多种形式展现。

（市经济信息中心）

【市公共资源交易监管平台试运行】年内，北京市公共资源交易监管平台实现与公共服务平台的交易数据共享，开发完成电子招投标（通用和交通、水务、勘察设计招投标）和土地使用权交易过程管理功能，交易项目过程的信息动态监督、开评标视频的点播和直播功能，激励与惩戒管理、投诉管理功能，初步实现项目交易事前、事中和事后全过程监督。5月，参加中国国际大数据产业博览会，制作了15分钟宣传片，编写了《2018公共资源交易大数据应用发展调研报告》北京部分。

（市经济信息中心）

【应用电子政务内网】年内，市经济信息中心将公文、会议、督察、档案、政务信息等多个系统整合为统一的综合办公平台，与市发展改革委内网办公门户一并迁入电子政务内网（非涉密区）。经实际工作检验，迁入电子政务内网的系统运行稳定，日常办公各项业务均有序开展。

（市经济信息中心）

【推进网上政务服务】年内，市发展改革委结合“一网通办”的业务要求和发展改革部门办公需要，建设市、区两级网上政务服务系统，14个市级政务服务事项、224个区级政府服务事项同期实现网上申报受理、过程查询、消息提醒和结果反馈等功能。完成在线能评、在线备案、境外投资项目直通车、碳排放权核查4个系统与一证通的整合对接，融入全市发展改革部门网上政务服务系统,整体纳入“首都之窗”门户，实现“单点登录、一网通办”。全年全市发展改革部门网上申报事项办理量2295件。

（市经济信息中心）

【推动无纸化移动化办公】年内，市发展改革委基于副中心办公区的网络技术，利用全市统一的移动政务网，建设移动办公平台，实现投资项目审批业务的无纸化、移动化办理。市发展改革委领导可以使用专用移动终端设备（E人E本）开展项目审批、公文查询、文件速递、资料查阅、个人笔记等工作；平台及终端设备与数字证书紧密绑定，与互联网完全隔绝，实现设备专人专用，全部业务数据安全可控管理。

（市经济信息中心）

北京市教育委员会

【概况】北京市教育委员会（以下简称市教委）信息化处负责统筹推进本市教育系统信息化工作。组织编制教育信息化发展规划、规章制度和标准规范。协调推进教育系统大数据建设、应用及信息技术与教育教学融合。负责教育系统信用体系建设工作。负责机关及直属单位教育信息化建设、管理与网络信息安全技术保障工作。负责教育系统信息化专业技术队伍建设及业务能力提升。北京教育网络和信息中心承担北京市信息化服务中心（call center）工作。服务中心为市教委“北京市义务教育入学服务平台”在内的17个平台提供400电话的技术支持和问题的解答。截至年底，累计呼入142568通咨询电话，通话时长490433分钟，平均通话时长3.44分钟。

（季茂生　陈萌）

【职业与成人综合管理云平台上线】4月，北京市职业教育与成人教育综合管理云平台正式上线。平台为职业院校的文明风采大赛、学习之星评比、教师信息化教学技能大赛、职业院校学生职业技能大赛4个赛事提供赛事立项、比赛申报、专家评分、成果展示等环节的信息化服务支撑。

（刘宇光）

【教委科研管理平台投入使用】6月，市教委科研管理平台正式投入使用。平台为北京市科研项目提供从申报、立项、审批到评审、评优等全流程的信息化管理。平台共采集718个项目、32家高校的社科类和科技类项目的申报材料，并于12月开展北京市哲社科优秀成果奖的评选。

（刘宇光）

【健全教育信息化组织保障】6月，市教委印发《北京市教育委员会关于调整北京市教育信息化工作领导小组及办公室组成人员的通知》，进一步明确北京教育信息化工作的组织机构、职责分工；印发《北京市教育委员会关于调整北京市教育信息化专家委员会委员及职责的通知》，完善教育信息化专家队伍构成，为市教育系统信息化的发展规划、重大政策、重要文件以及重大项目等提供专业咨询和支撑。印发《北京市教育信息化项目管理办法》，规范和加强北京市教育信息化建设项目管理。

（陈　萌）

【发布《北京教育信息化三年行动计划》】7月16日，北京市教育信息化工作会召开。会上发布了《北京市教育信息化三年行动计划（2018—2020）》，力争通过3年分步分阶段实施，构建新型教育大数据支撑体系，进一步推动信息技术与教育教学深度融合创新发展，全面提升师生信息素养与创新能力，到2020年实现“两新一融一提升”的工作目标，形成北京教育信息化新模式。

（陈　萌）

【市教育资源个人空间建设完成】10月底，北京教育网络和信息中心完成北京市教育资源个人空间建设。个人空间具有面向教师、学生的资源个性化在线服务与应用管理功能，实现向区级、校级平台的共享分发，初步形成国家、市级、区校3级协同的资源生态。该空间根据教育部、中央电教馆工作要求建设，率先完成国家数字教育资源公共服务体系对接。北京市也成为全国最先完成资源体系接入的省级试点单位。

（顾忆岚　宋洁）

【北京教育信息技术高峰论坛】11月9日，北京教育网络和信息中心举办北京教育信息技术高峰论坛。论坛围绕“科技启迪智慧，教育塑造人生”的主题，邀请清华大学、北京师范大学教授，以及中国科学院自动化所研究员等专家做演讲。教育部信息管理中心、中央电教馆、市教委等单位党委相关负责人，部分高校信息中心主任，各区教育信息中心主任和电教馆馆长等260人参加论坛。

（覃祖军）

【高清视频会议系统一期建设】12月，市教委高清视频会议系统一期建设投入试运行。系统可实现市、区两级高清交互视频会议功能，设有2个市教委节点、17个区节点、1个信息中心节点。系统开发建设于9月底启动，总投资400多万元。二期建设将于2019年启动。

（陈　昊）

【建设对口支援与区域合作网】年内，市教委设立北京优质课程和培训资源远程共享，依托市数字教育资源，以互联网、手机客户端等媒体为载体，采取账号授权、同步课堂、双师在线课堂、网络教研等多种方式，继续为受援地区师生提供共享服务。推动实施“京藏优质教育资源互动共享工程”，搭建网络互动直播平台，组织北京市优质中学骨干教师和教研员，现场为受援地区学生和教师开设远程课堂、开展远程教研活动，促进拉萨市教学教研水平提升。

（李　鹏）

【市教师管理信息系统维护】年内，市教委按照教育部要求，开展北京市教师管理信息系统教师信息更新维护工作，继续完善中小学教师管理信息系统建设，推动学校、各区教师信息的伴随式采集、更新和高频度审核；优化系统功能，完成信息上报自动校验、教师信息查看、审核统计查询、按月更新率查询等11个方面的优化；共采集3637所学校268976名教师的信息，更新教师信息数据256450条，更新率95.3%；推动教师管理信息系统作为教师信息唯一来源与市教委11个平台的数据共享工作，通过创设机制和以用促建的方式，提升整体数据质量。

（崔亚超）

【运用信息技术加强督导督学】年内，市教委督学处运用信息化技术手段，推进督导工作管理制度创新、模式创新；提升督导工作效率，完善北京市幼儿园办园质量督导评估信息管理系统，加强市教育督导信息管理系统和手机蓝信等功能建设，构建市、区、校3级全流程业务数据支撑体系，形成一体化平台管理、多终端共享的学校督导工作大数据库。实现幼儿园办园质量督导评估、专项督导检查和经常性督导工作的网络化运行、网络化管理；增强督学管理效能，依托市教育督导信息管理系统，完善全市督导人员信息库建设，动态掌握全市督学队伍情况，由“经验式”管理向“信息化”管理、“粗放式”管理向“精准化”管理转变。从2016年开始，连续3年在线开展北京市教育满意度及热点难点舆情调查工作。利用教育督导信息化平台问卷调查系统、蓝信系统，分别面向市人大代表、市政协委员、学校干部教职员及督学开展网上问卷调查。

（张　磊）

【入选全国职业院校数字校园建设实验校】年内，中央电化教育馆为提升职业院校信息化建设和应用水平，共启动3批职业院校数字校园建设实验校遴选工作，北京市昌平职业学校、北京市丰台区职业教育中心学校、北京市对外贸易学校、北京电子科技职业学院、北京信息职业技术学院入选首批数字校园建设实验校，北京市劲松职业高中、北京市电气工程学校入选第3批数字校园建设实验校。

（武　晔）

【中小学生社会大课堂实践活动管理平台】年内，市教委对各学生实践活动电子平台进行整合，启动北京市中小学生社会大课堂实践活动管理平台建设工作，在47所学校进行使用试点，构建小学、初中相衔接的义务教育阶段学生综合素质评价工作体系。

（李　磊）

北京市科学技术委员会

【概况】北京市科学技术委员会（以下简称市科委），是负责北京市科技工作的市政府部门。2018年，市科委信息化建设工作紧紧围绕建立全国科技创新中心的核心任务，根据北京市信息系统整合、政务数据开放共享等信息化建设要求，以统筹集约为原则，在信息系统整合、新媒体运营、业务平台搭建与升级等方面取得了良好的进展。北京市科学技术协会（以下简称市科协）1963年成立，是北京地区科技工作者的群众组织，是北京市委、市政府联系广大科技工作者的桥梁和纽带，是推动科技事业发展的重要力量，是市政协的组成单位，是中国科协的地方组织。

（市科协）

【建设全国科技创新中心网络服务平台】年内，市科委按照北京推进科技创新中心建设办公室工作部署，牵头建设全国科技创新中心网络服务平台。以既简洁明快又体现北京特色的设计风格和"以用户为中心，以服务为导向"的设计理念，进行网站设计开发建设，确定网站名称为"全国科技创新中心"，网站LOGO为艺术化设计的"全国科技创新中心"英文缩写。完成网站安全保护等级认定和全国科技创新中心网络服务平台一级域名（www.ncsti.gov.cn）的申请及平台网站页面设计、技术开发建设、内容收集整理等主要工作。平台网站划分为"科创资讯""科创服务""科创资源"3个版块，设有"最新动态""通知公告""专题视频""项目申报""资质认定""政策解读""科创基金""科研条件""孵化转化""交流互动""三城一区""创新主体""创新人才""创新成果""高精尖产业"等栏目，手机端App依据平台网站划分为"科创资讯""科创服务""通知公告"3个版块。

（市科协）

【全国科技创新中心微信公众号建设】年内，"全国科技创新中心"微信公众号按照每周至少4次、每期1～7条信息的频率推送科技工作信息，根据新闻热点、重大事件等适时增加推送频次。微信公众号与市科委网站初步形成信息发布联动机制。

（市科协）

【机关信息化系统升级改造】年内，市科委对MIS系统进行升级改造，完成对科技计划分类及管理体系的调整，对相关业务流程和系统功能进行深化与完善。对北京市科技信用管理系统进行升级改造，健全科研诚信管理体系，提高对科技计划项目管理风险的管控能力。对接市级信用平台，实施社会信用联合奖惩，实现参与市委科技计划相关的责任主体统一社会信用的核查。首都科技条件平台强化建设完成科研仪器资源目录系统、功能服务目录系统，实现科技资源分层上报与仪器服务资源开放共享业务的一体化管理。平台共整合首都地区916个国家级、北京市级重点实验室、工程中心，价值280多亿元的4万多台（套）仪器设备向社会开放共享。市科委基于积分落户的创新创业指标，建设创新创业人才积分落户管理信息系统，4月16日与市积分落户在线申报系统同步上线。

（市科协）

【市科委门户网站整合与服务】年内，市科委将北京市科学技术奖励办公室、北京市技术市场管理办公室、北京市实验动物管理办公室、北京市自然科学基金委办公室4家政府网站整合，融入市科委门户网站。启用新的北京市政府部门网站二级域名，进行政府网站标识码、网站ICP备案号、京公网安备案号、党政机关标识、网民纠错平台等相关管理机构的网站信息变更登记工作。通过市科委网站主动公开政府信息1287条，公开信息数量同比增长14%。

（市科协）

北京市经济和信息化局

【概况】北京市经济和信息化局（以下简称市经济和信息化局，2018年11月8日之前内容称为市经济信息化委）在信息化领域的主要职责是：起草本市相关地方性法规草案、政府规章草案，并组织实施。研究拟订并组织实施本市工业、软件和信息服务业发展规划与产业政策，推进产业布局调整和产业结构优化升级。监测分析北京工业、软件和信息服务业、信息化的运行态势；统计并发布相关信息，协调解决产业运行和发展中的有关问题，并提出政策建议。按照规定权限，核准、备案和上报本市规划内和年度计划内工业和信息化领域固定资产投资项目；会同有关部门研究提出工业、软件和信息服务业方面利用外资和境外投资的重点领域和促进政策。指导本市工业、软件和信息服务业、信息化技术创新和技术进步，推进企业技术改造；组织实施国家及本市工业、软件和信息服务业、信息化科技重大专项，推进相关科研成果产业化；指导相关行业质量管理工作。拟订本市高技术制造业、软件和信息服务业、新兴产业中重点领域的发展规划、实施方案、配套政策及行业标准，并组织实施。拟订并组织实施本市工业、软件和信息服务业、信息化领域的能源节约和资源综合利用、清洁生产促进政策；组织协调相关重大示范工程和新产品、新技术、新设备、新材料的推广应用。指导本市工业、软件和信息服务业安全生产管理工作；负责拟订本市工业控制系统网络与信息安全规划、政策、标准，并组织实施。

（市经济和信息化局）

【建立大数据行动计划统筹推进机制】4月19日，市长陈吉宁主持召开大数据工作推进小组会议，推进大数据行动计划。领导小组下设办公室、绩效评估组、政策法规组和专家顾问组。会上，提出推动领导驾驶舱、城市大脑体系、一体化网上政府等建设措施，助力政府决策科学化；建设“回天有数”超大社区城市治理大数据平台、城管执法大数据平台等，解决特大城市发展中存在的管理难题；推进“互联网＋政务服务”工作，逐步实现政府信息“一网通查”、互动交流“一网通答”和政务服务“一网通办”。截至年底，大数据工作推进小组共召开4次会议；面向全市各部门、各区和社会机构召开3次培训会，培训人数430人次；完成《北京市政府投资信息化项目数据资源管理办法》和《北京市社会数据采购和使用管理暂行办法》两个管理办法。

（市经济和信息化局）

【中小企业公共服务平台工作会召开】8 月 15 日，市经济信息化委召开全市中小企业公共服务平台网络工作会议。会议宣布了第 1 批认定的北京市中小企业公共服务示范平台、小型微型企业创业创新示范基地名单，并对示范平台、示范基地授牌。北京创业公社投资发展有限公司代表第一批北京市示范平台、基地宣读了服务承诺书，汇龙森国际企业孵化（北京）有限公司、北京瑞克博云科技有限公司负责人做了经验交流发言。

（市经济和信息化局）

【举办京台 5G+ 智慧未来城市论坛】8 月 24 日，由市经济信息化委、市科学技术委员会、市信息化专家咨询委员会指导，北京信息化协会、北京软件和信息服务业协会、台湾物联网产业技术协会、台湾区电机电子同业公会等 8 家单位联合主办的“第二十一届京台科技论坛重要分论坛——京台 5G+ 智慧未来城市论坛”在北京举办。市经济信息化委副巡视员姜广智出席论坛并做了题为《把握 5G 发展机遇 推动面向未来的智慧城市建设》的主旨演讲。市政府相关委办局领导、海峡两岸相关协会代表、企业代表及业内专家参加论坛。会上，北京信息化协会和中华两岸商贸高峰总会、台湾区电机电子同业公会和北京牡丹电子集团有限责任公司分别签署合作协议，建立合作机制，达成共同促进京台两地在 5G 及智慧城市发展的合作意向。

（市经济和信息化局）

【推动北京市企业与央企合作】10 月 25 日，市经济信息化委为落实市长陈吉宁对西门子公司有关合作构想的批示精神，组织召开工作协调会。市发展改革委、市教委、市科委、市人力社保局、市交通委、市重大办、京能集团、市基础设施投资有限公司、市轨道交通管理有限公司、北京国际技术合作中心 10 家单位参会。市经济信息化委副主任毛东军强调，西门子公司是世界 500 强企业，市政府高度重视企业在京的发展，通过与西门子公司开展数字技术创新与应用合作，可以探索高精尖外资企业与北京市政府的合作机制，助力北京市全国科技创新中心建设。年内，政府相关部门在智能制造学科建设、人才培养方面与西门子形成切实合作，相关市属国有企业在业务合作方面与西门子实现对接。

（市经济和信息化局）

【人工智能国际专家交流研讨会召开】11月1日，市经济信息化委组织人工智能国际专家、北京人工智能企业代表在北京前沿国际人工智能研究院召开人工智能国际专家交流研讨会。英国帝国理工学院数据科学研究所所长郭毅可院士，市经济信息化委、海淀区经济信息化办、北京前沿国际人工智能研究院及3个创新中心、计算应用服务平台相关负责人员参会。会议围绕加强合作、促进创新进行交流研讨，并达成共识：建议北京与伦敦建立双城人工智能交流平台，北京方面以北京前沿国际人工智能研究院为依托，伦敦方面以英国帝国理工学院为载体，建立定期交流沟通机制，推动成果共享和产研对接；北京应借鉴伦敦人工智能数据、算法、计算能力三要素的融合经验，依托国内大量基础数据和应用场景，开展标注数据基础库建设，加强芯片研发和计算平台的搭建。

（市经济和信息化局）

【北京市经济和信息化局挂牌成立】11月8日，北京市经济和信息化局（简称市经济和信息化局）根据《北京市机构改革实施方案》正式挂牌。作为市政府组成部门，市经济和信息化局将市经济信息化委、市无线电管理局的职责进行整合，加挂市无线电管理局、市大数据管理局、市国防科工办牌子。市经济信息化委及其管理的市无线电管理局不再保留。市经济信息化委的信息化推进、网络安全协调等职责划入市委网络安全和信息化委员会办公室。

（市经济和信息化局）

【赴百度公司调研】11月12日，市经济和信息化局赴百度公司调研，与百度对接，推动百度公司助力北京科创中心建设。

（市经济和信息化局）

【推广“法人一证通”应用】截至11月，全市累计签发“法人一证通”127.5万张。其中，新办证书19.8万张，更新证书107.7万张。年内活跃证书数量140.8万张（含往年发放证书），法人使用证书进行业务系统登录认证6400万次，进行电子签名操作2.4亿次。“法人一证通”为“互联网+政务服务”重要组成部分，持有数字证书的组织和团体，到相关委办局申请开通网上业务，可以实现数字证书一证多用功能。

（市经济和信息化局）

【市信息化专家委高峰论坛举办】12月12日，市经济和信息化局联合市信息化专家咨询委共同举办主题为“数汇北京·智惠城市”的“北京市信息化专家咨询委员会2018年高峰论坛”。全市40余个委办局、10余个区的信息化工作主要负责人、研究机构和企业代表等250余人参加。论坛围绕大数据发展新理念、新技术、新方向和新应用等进行了主题演讲；市经济和信息化局与市大数据系统总体组就北京市大数据工作推进思路、大数据平台体系总体设计等内容进行了专题培训。

（市经济和信息化局）

【完成镇村企业统计工作】年内，市经济和信息化局完成2017年北京市镇村企业统计年报的数据汇总和2018年经济运行分析工作。编撰、印制了2017年《北京市镇村企业统计资料》；完成郊区镇村企业主要经济指标每月月报、季度季报统计汇总工作，完成全市镇村企业季度经济运行情况分析报告；完成与工信部监测企业数据库的对接；编写完成《北京市镇村企业统计工作手册》及《北京·工业志》（1990年—2010年）乡镇工业部分。

（市经济和信息化局）

【加快数据共享开放】年内，市经济和信息化局构建政务数据资源目录体系，基于“目录链”对数据进行管控，解决因政务信息系统分散建设、部门业务协同程度低造成的政务信息资源共享难问题。汇总形成全市85个市级单位、6189类数据资源目录，向国家平台目录系统注册提交；利用区块链理念，研究构建基于“目录链”的数据管理体系；通过汇聚数据共享，为中非合作论坛安全保障、“疏解整治促提升”专项行动、应急管理等重点工作提供支撑。

（市经济和信息化局）

【移动公共服务平台开发】年内，市经济和信息化局初步完成移动公共服务平台统一接入与分发系统的开发，基本完成电子签章、电子证照和移动支付子系统的开发与部署，完成统一安全和统一运维功能的开发与调试。同时按照大数据行动计划，不断调整优化功能需求与应用。

（市经济和信息化局）

【信息系统整合入云】年内，市经济和信息化局通过对全市信息系统入云上链的“上户口”工程，推动信息系统入云和“交钥匙”工程。完成13个区、73个市级政务部门的3515个信息系统自查，并制订相应的整合清理实施方案；汇总形成全市信息系统的“一套家底”，包括98个市级单位的2906个信息系统、13个区的1679个信息系统。

（市经济和信息化局）

【优化数据治理体系】年内，市经济和信息化局开展市级大数据管理平台数据治理体系研究，初步制定数据存储、数据清洗、质量管理、数据标签等技术规则和管理流程；建设市级大数据管理平台原始库，对各口径汇聚数据进行整合，并与数据目录实现对接；对数据质量进行全流程管理，进行标签化处理；初步构建自然人、法人等关系图谱。

（市经济和信息化局）

【政务云支撑市副中心搬迁】年内，市经济和信息化局政务云经2次采购产生8家入围云服务商，涵盖集成商、运营商、互联网公司等类型，云平台覆盖华为、华三、腾讯、阿里等主流云平台。入云委办局75家，入云业务系统超过1000个，支撑市首批搬迁副中心34家单位的近500个系统入云，保障搬迁副中心单位信息系统的稳定运行。入云系统涵盖门户网站、公共服务、App、视频系统、业务生产系统、内部办公等主要政务服务系统类型。

（市经济和信息化局）

【推进审批服务便民化】年内，市经济和信息化局着力在政务服务事项上“做减法”，通过取消、单列、整合和优化办理方式等形式，精简市级事项16项和区级事项1项，精简幅度近半，局证明数量为零。规范政务服务事项清单，开展政务服务事项标准化梳理，调整完善各事项50余个办理要素，形成事项审核要点及业务办理手册，实现办事指南标准化、场景化。

（市经济和信息化局）

【制定政务服务清单制】年内，市经济和信息化局制定市工业和信息化领域市场准入负面清单（初稿），明确准入主体、准入阶段、准入领域等方面16项禁止和20项限制事项的内容和范围，进一步明晰部门职责边界。推动权力清单和责任清单融合，厘清行政职权及政务服务事项对应的责任事项及追责情形，完成权责清单初稿编制，为实现按清单履职提供支撑。落实国务院和北京市“证照分离”改革任务，梳理工业和信息化领域改革事项，将“民用爆炸物品销售企业设立许可”等2项事项列入市“证照分离”改革目录。制定《委权力清单动态管理实施细则》，建立权力清单、政务服务事项目录等4类清单的调整机制，实现清单规范化、科学化、动态化管理。

（市经济和信息化局）

【“一网、一门、一次”改革】年内，市经济和信息化局推进“互联网+政务服务”，局21个政务服务事项全部网上可办，依托市政务服务网实现全部事项一口申报。完成2个事项自建系统与市统一行政审批平台对接，并实现数据传输与推送。按照“应进必进”原则，除受场地限制事项外，所有事项全部进驻市政务服务中心，实现政务服务事项“只进一扇门”。推动政务服务事项窗口“一站式”办理，在窗口“首席代表制”基础上，授权首席代表直接行使接件和受理权，推动审批服务进一步前移。制定《行政审批服务专用章使用管理细则（试行）》，在有关事项材料接收、受理等规定的环节中一律使用审批服务专用章，提高了办事效率。制定服务事项办理手册，实行“一次性告知”、政策咨询回复和办理事项公开等方式，提升了办事透明度。

（市经济和信息化局）

【提升中小平台网络服务能力】年内，市经济和信息化局中小企业公共服务枢纽平台开展公共服务活动196场，参加企业12734家次，服务15788人次。依托中小企业公共服务平台网络开展活动，累计服务中小企业50000家次，其中政策服务10260家次。

（市经济和信息化局）

【办理人大建议、政协提案】年内，市经济和信息化局收到人大建议、政协提案共136件，包括市人大建议49件、市政协提案84件、全国人大建议1件、全国政协提案2件，与2017年相比总量增加15%。其中，主办件29件，包括市人大建议10件、市政协提案19件。承办的建议提案最为显著的特点是涉及信息化和信用的建议提案数量大幅上升，占到建议提案总量的50%，而且主办件达23件，占主办件总数的80%。提案主要集中体现在智慧城市建设、大数据、基础数据公开、信用体系建设、工业互联网、数字经济等方面。截至6月29日，市经济信息化委承办的136件建议、提案均已及时答复代表、委员，按期办复。

（市经济和信息化局）

【军工项目管理】年内，市国防科工办完成68项军工固定资产投资项目竣工验收。协助地方民口企业争取国家项目资金支持，北京瑞普北光电子有限公司和北京七一八友晟电子有限公司两家单位申报军工建设项目经国家国防科工局立项，北京七一八友益电子有限责任公司军工固定资产投资项目竣工验收。

（市经济和信息化局）

【服务科研项目申报工作】年内，市经济和信息化局组织专家对工信部一所、四院、北京航空航天大学、北京玻璃研究院、北京理工大学5家单位承担的30余个科研项目进行验收。为地方民口企业争取政府补贴，北京北冶功能材料有限公司获国防科工局后技术推广奖励400万元。

（市经济和信息化局）

【军工技术基础工作】年内，市经济和信息化局完成计量最高标准器复查共30家单位、186

项；完成国防计量三级技术机构和监督检查13家单位；委托技术机构集中培训3次；完成计量检定人员培训考核700余人次；组织召开北京地区国防计量三级技术机构培训宣贯会；组织修订《三级计量技术机构工作指南》和《北京市国防计量检定人员考试题库》；配合中央军委装备发展部、国防知识产权局对北京地区6家单位的30项国防专利进行密级和保密期限确认。

（市经济和信息化局）

北京市公安局

【概况】北京市公安局（以下简称市公安局）是主管本市公安工作的市政府组成部门，在市委、市政府和公安部的领导下，履行法定职责。2018年，市公安局坚持以习近平新时代中国特色社会主义思想为指导，在市委、市政府及公安部的统一领导下，深入贯彻中央和公安部党委有关大数据智能化建设的决策部署，深化公安大数据智能化建设，以智慧警务建设为抓手，主动对接北京大数据行动计划，牢牢把握大数据、人工智能发展趋势，加快推进公安大数据智能化建设应用，统筹做好信息支撑、通信保障、科技创新、队伍建设等工作，全力推进新时代首都公安工作质量变革、效率变革、动力变革。对标对表、融入大局，以智慧警务建设助力首都经济社会发展。聚焦实战、提升能力，充分发挥智慧警务对维护首都安全稳定工作的支撑保障作用。密切配合、通力合作，推动形成公安科技信息化共研、共建、共享的新局面。把智慧警务作为新时代首都公安工作创新发展的大引擎、培育核心战斗力的增长点，不断提高首都公安工作的信息化、智能化、现代化水平，全力推动新时代首都公安科技信息化建设迈上新台阶。

（唐永龙）

【推广电子卷宗收案和调卷新模式】1月，市公安局组织优化案卷材料功能，研发全流程远程调卷检查，实现通过电子卷宗查看或案件审批，并在房山和大兴分局全面试点行政案件的电子卷宗远程收案，实现网上呈报、远程审核，减少民警跑路时间。

（唐　强）

【信号绿波带建设工作】1月至10月，市公安局交通管理局完成10条信号绿波带建设工作，涉及73处灯控路口、38.9千米道路。建成后，绿波带道路平均车速提高13.1%，停车等红灯次数下降32.3%。

（卓　为）

【部署智慧办案App】3月，市公安局利用移动网络开展对一线执法办案的全程辅助、有效指导和“点对点”服务，实现办案民警依托移动警务终端查询学习现场处置、办案流程、处罚标准、证据规格等办案技能。

（唐　强）

【数字化审讯指挥建设】5月，市公安局组织完成数字化审讯的组织升级改造、功能完善、联调测试及用户培训等工作，将各分局执法办案管理中心的审讯系统与市局审讯指挥系统的视频对接，依托即时通信对审讯活动实时指挥、同案会商、办案指导，形成市局对分局的远程一体化审讯指挥。

（唐　强）

【办案区智能信息化改造】5月，市公安局组织和推进“执法办案管理中心＋基层所队办案区”的信息化改造工作，制定并下发《执法办案场所信息化建设规范》，指导部署全局基层所、队办案区智能化改造，打造基层所、队办案区全程信息化管理和审讯的同步录像指挥。

（唐　强）

【反电诈专项工作入围公安部重点项目】6月1日，市公安局打击防范电信网络诈骗犯罪、畅通大数据服务基层渠道专项工作电信网络诈骗案件预警系统入围公安部畅通大数据服务基层100个重点项目。

（武海涛）

【开展110应急通信保障演练】6月21日和23日，市公安局组织北京移动、北京联通、北京电信及相关单位共同开展110应急通信保障演练，重点对110报警台链路互备保障机制及链路抢修拉动组织能力进行检验，促进参演单位应急响应能力建设，提升紧急报警电话通信保障能力。

（田　昊）

【荣获“最佳突破创新案例”奖】8月6日，《人民日报》、微博、新浪网联合在天津滨海新区举办“效·能——2018政务V影响力峰会”。会上，“首都网警”巡查执法账号荣获最佳突破创新案例奖。“首都网警”执法账号采取年历、漫画、视频等形式开展宣传，原创视频《儿童网络安全拍手歌》《送给爸爸妈妈的爱心上网手册》系列漫画，引导网民规避网络骗局、乐享网络生活。

（梁黎明）

【“网上北京市公安局”上线运行】8月27日，“网上北京市公安局”（电脑版、移动版“北京警务”）上线试运行。年内，市公安局推进网上北京市公安局建设，实名注册用户33.7万人，办理网上预审核预约事项105.7万件，访问总量1.3亿次，实现47项户政事项网上办理。

（张宾　胡峥）

【电子数据勘查取证分析实验室】8月，市公安局电子数据勘查取证分析实验室提前3个月通过中国合格评定国家认可委员会“司法鉴定/法庭科学机构能力认可”标准认可，推动全局网安部门电子数据取证规范化建设，为涉网案事件侦办提供技术支撑。

（孔凡真）

【网络安全大赛优秀组织奖】9月6日，市公安局荣获公安部、国家密码管理局共同举办的“网鼎杯”网络安全大赛优秀组织奖。此次大赛有全国7008支队伍参赛，是迄今为止规模最大、参赛队伍最多的网络安全比赛。

（孙学雷）

【防范网络诈骗宣讲活动】9月19日，市公安局在北京青年政治学院为1000余名在校师生进行了防范网络诈骗宣讲活动。该活动通过案件实例剖析、现场互动问答等形式，对网络兼职、网络购物、网络贷款等针对学生群体易发的网络诈骗手段，以及危害及识别防范方法进行宣讲，并逐一解答师生们提出的问题，提升了师生们的自我防范意识和识骗防骗能力。

（张　颖）

【多渠道缴纳交通罚款】9月，市公安局完成全市交通大队执法站、机动车检测场、车管分所及车管站设置的多媒体自助机升级，群众可以用银行卡、微信或支付宝等多种支付方式缴纳罚款。10月起，在民警路面现场处罚中，增加支付宝、微信扫码缴款方式。

（傅荫文）

【网安系统电子数据取证培训】10月8日至11

月 2 日，市公安局在警院分 4 期举办全局网安系统电子数据取证培训班，共有来自总队和各分局网安部门的 370 余人参加。培训结束后，为考核合格人员制发《刑事案件现场勘查证》。

（孔凡真）

【**市图像信息资源管理中心挂牌**】11 月，经市编办批准，市公安局指挥部视频警务和安技防通信保障处加挂北京市图像信息资源管理中心牌子。

（林　彬）

【**电子数据勘验实战技能大比武**】12 月 3 日至 7 日，市公安局 2018 年网安系统“e 搏杯”电子数据勘验业务培训及实战技能大比武在全国网警培训基地举办，来自全局网安部门的 21 支队伍的 83 人参训。

（孔凡真）

【**轨道交通安防系统建设**】12 月 30 日，北京市轨道交通 6 号线西延，8 号线三期、四期正式开通运营。市公安局依托《城市轨道交通安全防范技术要求》地方标准，督促轨道交通建设单位完成 6 号线西延，8 号线三期、四期安防系统建设“六同步”，实现安防系统与轨道交通同步规划、同步设计、同步施工、同步验收、同步投入使用、同步运维管理。

（叶　响）

【**律师与在押人员远程视频会见平台**】12 月，市公安局为保障律师执业权和在押人员合法权益，全面推广律师远程视频会见机制，制定并下发《北京市公安局律师快速会见工作规范》，借助信息化手段，通过远程视频系统在基层办案单位与看守所之间，为律师与在押人员搭建快速会见平台。

（唐　强）

【**科技信息化建设项目**】年内，市公安局累计通过市经济和信息化局评审项目 28 个，通过市财政资金投资评审 12 个，建设完成且通过终验项目 39 个，一次性终验通过率 92.9%。

（唐永龙）

【**专家聘任和战略合作**】年内，市公安局组织举行科技信息化专家聘任仪式，正式聘请包含 6 名院士、19 名专家在内的第一批科技信息化专家顾问团。与公安部一所、华为公司等科研院所、高新技术领军企业签订战略合作协议，成立公安部一所、华为公司两个联合创新实验室，每月召开战略合作例会，在顶层设计、高清视频建设、网络安全等领域开展合作，助力市公安局科技信息化建设。

（范永翔　任纬明）

【**构建消防应急通信保障体系**】年内，市公安局消防总队建立总队、支队两级应急通信保障模式，构建首都消防应急通信保障体系。在队伍建设上，依托司令部信通处和特勤支队分别成立总队级保障分队，各支队分别成立支队级保障分队，承担各类灾害事故救援、重大勤务的通信保障任务。在装备建设上，配备卫星通信设备、无线自组网等，着力实现通信装备轻便携行、现场网络快速部署、应急供电持久保障。在能力建设上，针对高层、地下、超大综合体等建筑及石油化工等城市重大灾害事故应急救援通信保障的实际需要，综合利用移动公网、自组网等通信技术，保障现场作战指挥单元、内外部、前后方之间语音、图像、数据各类信息的稳定传输。

（司　伟）

【科技提升便民服务水平】年内，市公安局根据群众就近申办出入境证件的需求，将13项中国公民出入境证件受理权限下放至各分局，实现市局、分局出入境接待大厅受理业务一体化运行。开发“多码合一”自助扫码缴费系统，在全市出入境证件办理窗口推出“多码合一”扫码缴费服务，实现同一二维码在“微信”“支付宝”“工银e支付”等不同支付平台的费用缴纳。全市出入境证件办理窗口单日扫码支付率由40%提升至近60%，全年惠及办事群众155万余人次。

（高志奎）

【安装独立式感烟火灾探测报警装置】年内，市公安局推动各区政府采取政府购买服务和街乡自筹等方式，为60岁以上户籍老年人家庭推广安装独立式感烟火灾探测报警装置75.7万个，防范老年人家庭“小火亡人、小火致灾”等火灾事故发生。

（李新泉）

【拓展信息化实战应用】年内，市公安局明确以“智能语音录入、电子卷宗上传、网上办案管理、电子文书开具、工商档案网上调取”5项基础应用为牵动，推进信息化规模应用、深度应用，以智能提升质效。明确硬件配备标准、加大应用普及培训，建立每半个月提示、每季度考核及全局通报等机制，强化整体统筹牵动。

（唐　强）

【推进“互联网＋户政服务”】年内，市公安局落实12部委《关于改进和规范公安派出所出具证明工作的意见》及公安部《公安派出所出具证明“五个一律”工作规定》要求，按照“数据多跑路，群众少跑腿”思路，自主研发了户籍证明事项局内核查流转模块，凡可通过公安局内部核查的事项不再要求群众提供证明。共有内部流转核查各类证明事项12101件，节省了群众办事成本。推出户政窗口电子支付功能，推行本市户籍群众办理换补领户口簿、居民身份证选择电子支付缴纳工本费。

（胡峥　余磊）

【推进智慧社区建设】年内，市公安局通过整合智慧门禁、车辆道闸、监控探头等采集的基础数据资源，依托7×24小时警务运行机制，建设数字化社区安全服务中心。在海淀怡丽北园社区、丰台太平桥西里社区、昌平沙河高教园区和顺义马卷村等地开展试点建设。5月24日，市委政法委在昌平区沙河镇召开全市社区科技创安工作推进电视电话会议，部署推进智慧社区建设工作。各区公安分局按照“试点先行、重点突破、整体推进”的思路，科学制定目标、任务，分期、分批、分层次、分区域梯次推进。截至12月31日，全市共新建智慧社区105个。

（董　杨）

【落实金融行政许可“放管服”工作】年内，市公安局贯彻落实“放管服”改革和《公安部关于不再要求提供有关规章设定证明事项和取消有关规范性文件设定证明事项的通知》文件精神，取消金融行政许可受理材料中的3项证明。制定《金融机构营业场所金库行政许可工作廉政风险防控规定》，从10个方面强化纪律要求，自觉接受群众监督和组织监督。全年，受理行政审批事项500余件，全部按要求审查、审核、审定，未发生投诉举报问题。

（应　燕）

【公安网IP地址扩容】年内，市公安局完成全部局属各单位、总队、分局主要网络和终端的迁移工作，完成市公安局主页、市局邮箱等多个应用系统地址迁移工作。共计迁移、启用38000余个14段主机IP地址。

（翟　玮）

【高清电视电话会议系统项目】年内，市公安局完成高清电视电话会议系统项目建设，完成市局主会场、非密分会场、加密分会场的高清改造联网工作，高清电视电话会议系统在中非论坛安保期间投入使用，实现标清到高清、单画面到双画面的转换。

（宋宇宏）

【推进网上巡查执法】年内，“首都网警”执法账号与网民交流互动39万人次，警示教育网民6450人次，涉及违法信息2.7万条，发布微博、微信等文章5136篇、抖音短视频77部，累计阅读量过亿次。

（王　爽）

北京市民政局

【概述】2018年，全市社会建设和民政系统全面学习贯彻习近平新时代中国特色社会主义思想与中共十九大精神，全面推行精准救助模式，深化养老服务改革，健全完善残疾人福利体系，加大困境儿童保护力度，创新街道社区管理体制机制，培育壮大多元治理主体，优化行政区划管理，做优做强民政专项社会服务，稳妥有序推进市委社会工委、北京市民政局（以下简称市民政局）合署办公改革。北京社会建设和民政信息化工作聚焦主责主业，以强化统筹、助力改革、提质增效为目标，以“智慧民政”系列工程建设为抓手，不断提升公共服务能力和业务监管水平。

（李慧燕）

【信息化统筹管理】3月27日，市民政局印发《北京市民政局关于加强信息化项目建设统筹管理工作的实施意见》，同步修订了《北京市民政局信息化项目管理办法》。将分散独立的信息系统清理整合为8个信息平台，通过“五个机制”的建立，强化信息系统的统筹整合、数据共享与业务协同。

（李慧燕）

【“智慧民政”一期工程启动】6月8日，“智慧民政”一期工程项目取得市发展改革委可行性研究批复，确定项目总投资3212万元。8月下旬，项目完成公开招投标并确定承建单位。9月3日，“智慧民政”一期工程签约。

（李慧燕）

【局审计移动办公平台上线】 6月19日，市民政局“审计移动办公平台”建设项目正式启动。11月9日，平台建成并上线运行。该平台省去审计人员大量扫描、复印等取证工作量，改为移动端拍照留档，极大提升了审计工作效率。

（李慧燕）

【基层社区治理平台上线投入使用】 6月25日，市民政局启动“互联网+基层社会治理系统”建设项目。11月26日，系统完成主体开发工作并投入运行，支撑全市3205个居委会和3915个村委会的换届选举工作。该系统通过与公、检、法、司等部门建立的信息共享比对机制，对两委人员及候选人进行信息核查，创新基层城乡社区、村的长效治理机制，提升对城乡社区、村换届选举的指导监督能力。

（李慧燕）

【推进“互联网+政务服务”改革】 7月19日，市民政局印发《北京市民政局关于加快推进“互联网+政务服务”工作的实施意见》，明确提出实现政务服务事项网上可办和推进“互联网+”与民政业务深度融合的路线图和时间表。7月20日，市民政局召开“互联网+政务服务”工作推进会。12月初，市民政局提前完成市、区两级政务服务事项网上办理率90%的工作目标。

（李慧燕）

北京市司法局

【概况】 北京市司法局（以下简称市司法局）是负责全市司法行政工作的市政府组成部门，承担法治保障、法治宣传和法律服务“三大职能”。市司法局信息技术处成立于2009年8月，负责拟订全市司法行政系统信息化发展规划、规章制度和技术标准，承担有关信息系统的建设、维护和管理工作；指导司法行政系统的信息化工作。年内，市司法局信息化建设工作紧密结合中共十九大会议精神和十九大报告提出的任务目标，贯彻落实中央政法委、司法部、市委政法委的总体部署，围绕司法行政中心工作，按照信息化顶层设计和总体规划，以公共法律服务网络平台建设为总抓手，坚持“党委领导、业务主导、技术引导”的工作机制，努力推动信息技术与司法行政业务工作深度融合发展。

（吴金凤）

【开展科技信息化专题学习】4月25日，市司法局党委理论学习中心组成员、机关处室、直属单位负责人共41人，赴中国电科太极信息技术产业园开展科技信息化专题学习活动，增强对国家网络安全和信息化战略认识，开拓科技信息化视野。

（吴金凤）

【政务办公管理平台和警衔管理系统】6月12日，市司法局政务办公管理平台和警衔管理两个信息化建设项目通过验收，正式上线运行。

（吴金凤）

【北京法律服务网门户网站建设】6月22日，北京法律服务网门户网站正式上线，成为公共法律服务体系四大平台中率先规划、率先建设、率先应用的平台。9月底，北京法律服务网协同调度平台上线试运行，实现4级实体平台、网络和移动端业务统一自主流转办理。截至12月31日，北京法律服务网访问总次数734196次，其中智能咨询41025次、留言咨询814次，在线咨询5341次、咨询人次47180人次，注册人数4150人。

（吴金凤）

【全系统信息化业务培训会】7月18日至19日，市司法局召开全系统网络安全和信息化工作会暨信息化业务培训会。市司法局机关各处室、直属单位、行业协会信息化主管领导和信息化工作人员90余人参加。

（吴金凤）

【人民调解综合管理系统建设】年内，市司法局完成人民调解综合管理系统建设，开发“和风调解”微信小程序，实现案件网上录入、网上管理和统计分析等功能，利用语音识别技术实现案件的语音录入，推动智能化、移动端、大数据在调解工作中的应用，完成系统与司法部人民调解管理系统的对接。

（吴金凤）

【信息指挥平台系统建设】年内，市司法局形成以市司法局信息指挥中心为中枢，市监狱局、市教育矫治局指挥中心为重要节点，区司法局和基层监所指挥中心为基本单位的统一指挥体系。市司法局信息指挥中心联通监狱、教育矫治场所、社区矫正现场、法律服务大厅等重点部位的实时监控画面共计18569路。“两会”安保和中非合作论坛北京峰会期间，市司法局通过指挥平台系统共召开视频会商会20次，开展视频巡查23次。

（吴金凤）

【互联网法院律师认证系统建设】年内，市司法局与市高院配合，实现在互联网法院入口处闸机系统，实时获得北京市所有律师执业信息，律师通过扫描律师证上的二维码进入互联网法院，并通过人脸识别系统进入律师工作站。

（吴金凤）

【信息资源管理、数据共享交换平台建设】年内，市司法局信息资源管理平台初步完成基础功能开发工作，实现对底层数据进行汇聚、管理、归类整理，为上层应用提供标准化数据支撑。数据共享交换平台实现市司法局与监矫两局网络的安全互联互通和数据共建共享，并逐步实现与公检法、民政、人力社保等单位的数据共享。

（吴金凤）

【市司法局信息化搬迁工作】年内，按照《北京市司法局机关搬迁总体方案》部署，完成市司法局城市副中心新办公区指挥中心、视频会议室和指挥中心信息化设备搬迁、上架、安装、调试及办公室、机房网络联通等工作；完成监控视频移动专线迁移和调试及办公区政务网络接入、测试工作；完成内网办公平台、律师管理系统、社区矫正综合管理平台等13个信息系统迁至政务云工作；完成市司法局265台电脑、70台打印机的安装、调试工作。

（吴金凤）

北京市财政局

【概况】2012年，北京市财政局（以下简称市财政局）增设信息处，负责编制全市财政系统信息化发展规划，研究制定全局信息化管理制度和相关技术标准规范，并负责全局信息化建设预算编制、执行。市财政局信息中心在信息处的指导下，对全局信息化系统及相关网站的运行维护提供技术支持与服务，为财政信息系统和财政网站的安全稳定运行提供技术保障。2018年，市财政局依据财政重点工作任务及财政部有关要求，健全信息化制度体系，强化业务工作流程，深入开展信息化资源调查，加强信息系统建设，提升专业保障能力。加强运维工作管理，积极推动系统“入云”，做好信息化搬迁筹备工作，加强信息安全保障，强化网络安全管理，推进软件正版化工作。

（市财政局）

【财政信息系统建设】6月底，市财政局推进人大预算联网监督系统建设工作，该系统上线运行。11月底，该系统的采购计划管理、采购项目管理、采购监管、数据统计分析等11个模块上线运行，实现全要素管理、全流程监督，以及信息全面、完整公开。年内，推进政府采购系统建设，实施政府采购系统升级改造。

（市财政局）

【信息化制度建设】年内，市财政局修订《北京市财政局信息化运维服务工作规程》《北京市财政局信息化运维绩效考核管理办法》，通过强化制度体系，进一步夯实信息化建设工作基础。

（市财政局）

【信息化项目政府采购管理工作】年内，市财政局把加强信息化项目政府采购管理作为强化全面从严治党和落实内部控制机制的重中之重，狠抓流程控制和岗位制约，确保采购工作合法合规。采购过程全部实现文件流转，通过办公系统网上操作和开标、评标现场活动录音录像，确保采购过程严谨规范和全程留痕；完善政府采购代理机构选择工作，引入均衡性选用采购代理机构的工作机制，增加比选机会、鼓励适度竞争；落实信息化内部控制管理制度，实施各岗位之间相互制约、相互监督，用内控管理制度覆盖信息化项目预算申报、采购、实施等环节。

（市财政局）

【开展信息化资源调查】年内，市财政局组织开展全市财政数据资源和信息化建设情况统计调查，包括财政信息化人员基础信息、财政业务专网建设、业务应用系统基础信息、财政信息化建设资金支出，以及财政业务专网安全建设等方面，基本摸清全市财政系统信息资源情况。

（市财政局）

【系统升级改造】年内，市财政局完成非税收入系统和预算执行动态监控系统升级改造。完善非税收入征缴模式，完成市对区专项转移支付资金动态监控向街道、乡镇延伸功能，打通了财政资金监管的“最后一公里”。

（市财政局）

【财政业务系统整合】年内，市财政局将业务关联密切、功能重合性强、数据具备共享价值的相关业务系统，从财政业务办理、政务办公两个方面做归集，依托应用支撑平台系统、综合办公平台等核心系统进行整合，减少系统数量，提升信息资源共享能力。

（市财政局）

【推动财政信息系统入云】年内，市财政局按照市政府信息系统入云搬迁要求，在前期 24 个财政业务信息化系统入云后，推动 16 个财政业务信息化系统入云，实现服务器硬件资源、网络资源、安全设施及运维管理的统一化、规模化、规范化。

（市财政局）

【信息化设备搬迁筹备工作】年内，市财政局为保障搬迁副中心工作，编制《新办公区 B4 楼信息化搬迁工作实施方案》和《两地运维保障方案》，对基础网络、桌面终端、视频会议、安全系统等内容进行分析和规划说明。对新办公楼信息网络设备的完整性、接入层网络链路的连通性、网络布线的规范性等进行逐一测试及验收；将检查测试发现的问题反馈给相关部门，并进行全程跟踪。有 17 家银行专线整合，新增新办公区 B4 楼财政部专线，中央国债专线调整。完成新办公区视频会议室规划和新旧视频会议设备融合方案。开展信息化资产的实地盘点工作，设计条形码资产标签并进行粘贴，形成信息化资产统计表。

（市财政局）

【推进软件正版化】年内，市财政局开展软件正版化使用情况自查工作，对全局网络终端逐一进行软件正版化预检，全局正版化软件使用全部达标。

（市财政局）

北京市人力资源和社会保障局

【概况】北京市人力资源和社会保障局（以下简称市人力社保局）信息化工作在局党组和局信息化工作领导小组领导下，稳步推进电子政务云发展、各应用系统升级改造等重点工作，利用信息化手段保证业务开展、支撑科学决策，持续增强信息安全保障能力，积极做好业务需求与系统运维的合理衔接，充分发挥技术保障作用，不断增加人力社保工作效能，切实提升公共服务水平和能力。根据北京市电子政务云发展规划，做好系统入云的安全建设和对接；做好现有信息系统迁移通州机房的安全设计和保障。根据政务云安全体系框架设计，使用单位是市级政务云上政务信息系统安全的主要责任单位，市人力社保局从安全管理、安全技术及安全服务等方面做好入云政务信息系统的安全防护，重视系统入云后的信息安全建设和安全运维工作，逐步建立云环境下的信息安全保障体系。

（市人力社保局）

【“人社个人信息保护”网络安全宣传】9月17日至23日，市人力社保局在全市人社部门开展以“人社个人信息保护”为主题的网络安全集中宣传活动，有网站宣传、报刊宣传、张贴宣传海报和发放宣传手册、微博推送等宣传形式。印制宣传海报500余套共计2000余张，印制宣传手册2000余套。

（市人力社保局）

北京市规划和自然资源委员会

【概况】2018年11月8日，市规划自然资源委挂牌成立。按照《北京市机构改革实施方案》，将原北京市规划和国土资源管理委员会、市勘察设计和测绘地理信息管理办公室的职责，以及市发展改革委的组织编制主体功能区规划职责，市水务局、市园林绿化局的资源调查和确权登记管理职责等整合，组建北京市规划和自然资源委员会（以下简称市规划自然资源委），作为市政府组成部门，加挂首都规划建设委员会办公室牌子。市规划自然资源委履行本市全民所有土地、矿产、森林、湿地、水等自然资源资产所有者职责和所有国土空间用途管制职责。贯彻落实国家关于自然资源和国土空间规划及测绘、勘察设计管理等方面的法律法规、规章和政策，起草相关地方性法规、政府规章草案，制定相关管理规范和技术标准并监督检查执行情况等。

（市规划自然资源委）

【国土资源一张图】1月，市规划自然资源委根据新版土地利用总体规划，完成综合监管平台应用系统中的图层调整，完成行政审批、土地储备开发监测分析、建设用地批后监管等系统规划图层更新。5月，完成18宗补录矿产资源注销登记数据。年内，完成规划数据、月度执法监测图斑数据、月度遥感影像数据等98项共5.54TB数据的接收、质量检查、入库及属性校正；完成3.21TB国土资源重要数据的异城备份；完成16种类型2867份纸质资料的整理和归档。发布矿产资源规划数据、2018年月度遥感影像数据、2017年土地利用现状数据、执法图斑数据等40个服务，并在一张图上展示；完成规划数据、影像数据等切片110次，数据量计6.62TB。

（李建林）

【“多规合一”协同平台建设】4月20日，市规划国土委“多规合一”协同平台上线运行。该平台服务于建设单位、市规划国土委业务处室、市相关委办局，包括互联网在线申报、多部门在线协同会商决策、过程监管、联合验收等内容，可实现“最多跑一次”或“不见面”的全流程、“一体化”在线服务，为建设单位在正式申报行政许可之前提供预沟通、预协调服务。该平台上线运行后，两次接待世界银行关于营商改革的实地调研，多次接待住房城乡建设部、自然资源部、国务院督查组、中央领导的调研、检查。

（姜庆丰）

【市规划国土委门户网站建设】 6月28日，市规划国土委政府门户网站上线运行。新网站整合规划、国土2个市级门户网站和32个分局网站、2个事业单位网站；设置一级栏目9个、二级栏目68个、三级栏目93个。涵盖城乡规划、国土资源管理、建设工程勘察与设计等方面的信息和数据，提供天地图、不动产登记预约和勘察设计测绘网上服务，新增微信扫码新媒体共享等互动方式。全年发布26355条信息，建设“绿盾2018自然保护区监督检查专项工作”“北京公共空间城市设计大赛2018”“形象宣传片”“北京总规公开课”“双公示”等9个专题，新增“城市设计”“用地预申请”“我为不动产提建议”等12个栏目，印发《政府网站管理办法》《网站信息发布保密审查表》等6项制度。

（李建林）

【大棚房和浅山区违法建设治理数据支撑】 年内，市规划自然资源委运用大数据，支撑北京市重大专项工作。在违规大棚房专项整治中，研发新数据模块，添加到市规划自然资源委空间大数据平台系统，提高大棚房图斑信息提取效率；汇总大棚房数据，为大棚房清查提供数据支持；开发一套设施农业大棚移动验收系统App，用于实地核查，做到快速定性、快速处置。在浅山区违法建设专项治理中，开展浅山区内现状建设情况梳理、违法建设分布和规模情况摸排、违法建设专项治理范围划定等；综合分析历年与最新遥感影像、土地利用现状和地理国情普查监测等数据，初步划定浅山区违法建设专项治理范围。

（姜庆丰）

【项目登图和数据汇总分类】 年内，市规划自然资源委追补完成2003年以来委机关核发一书两证的约33000个项目的登图；采用分局轮巡、委机关驻场模式，完成8000余个项目的扫描和登图，将汇总的100余层数据分类，形成核心空间数据目录。

（周亚东）

【重点专项任务技术支撑】 年内，市规划信息中心为“留白增绿”专项工作制定拆违图斑的规划技术认定流程，完成250余批次、3万余个地块图斑的计算认定；在166万亩基本农田及整备区划定中，提供地表覆盖、新版影像图、市政基础设施、城市路网、轨道线路、大棚房等数据16份；简化地理国情数据使用手续，为“市三调办”及各区“三调办”备好地理国情和影像图等基础数据；为全市代征用地摸底和居住区公共服务设施建设及移交专项治理提供数据底账，完成3万余个项目代征地的落图、台账梳理，汇总分析居住类项目的建设工程规划许可证、规划验收明细表4万余条，汇总整改台账952项。

（周亚东）

【不动产登记信息化建设】 年内，市规划自然资源委推进北京市不动产登记信息系统（二期）建设，实现上线运行，建设房产数据核查系统，实现与市人力社保局积分落户平台数据对接，通过系统自动核查4.5万条数据。不动产登记移动预约系统上线运行，为新建房屋买卖、存量房屋买卖、抵押权首次登记等3类申请量大的不动产登记业务提供移动预约服务，为申请人、各类法人机构提供预约服务17万次。

（周坤　李建林）

【综合监管平台应用】 年内，市规划自然资源委推进行政审批系统升级改造与数据对接，配合市固定资产项目行政审批综合服务大厅开展市固定资产投资项目新版数据对接，强化优化营商环境改革机制，办理审批案卷3471宗，办结案卷2731宗，收纳土地入市交易情况773宗，开票缴款5112条，缴款到账11272条，完成49次入账明细导入。推进国土执法违法线索管理系统应用与升级，办理任务3337个。其中，视频监控516个、“12356”线索1595个、月度卫片1212个、巡查线索1个、其他线索13个。

（李建林）

【委行政办公区信息化搬迁及系统上云】年内，市规划自然资源委按照“上云为原则，不上云为例外”原则，在行政办公区搬迁城市副中心过程中，完成OA系统规管系统等43个非密信息系统上云。将委新办公区网络规划为涉密办公网、政务办公网和互联网“三张网”，完成全委10条专线建设和新OA系统建设。

（姜庆丰）

【信息网络系统技术支撑】年内，市规划信息中心在实现全委政务网“一张网”办公基础上，完成机构整合后各办公区规划审批终端网、国土终端网、组工网与市规划自然资源委南礼士路办公区的网络联通。规划设计新0A系统政务云架构，部署系统集群冗余，完成空间大数据决策平台在政务内网的部署联通，实现市委对核心空间数据管理系统、智慧规划决策监管系统、地下管线系统的访问。

（周亚东）

【信息安全和保障】年内，市规划自然资源委组织开展网络安全自查和信息系统等级测评，保障全国“两会”和“中非合作论坛北京峰会”等重大活动期间网络与信息系统安全。完成系统巡检224次，共计4480项次，形成224份记录单。完成服务器、数据库、存储设备日常巡检765次；数据库验证及异地灾备12次，数据库审计12次，数据库备份364次。

（李建林）

【新OA系统上线】年内，市规划自然资源委完成OA系统升级，实现新OA系统上线，累计发布信息5000余条、照片2750余张，信息点击量超10万人次，支撑全委公文流转6400余份。

（周亚东）

北京市生态环境局

【概况】年内，北京市生态环境局（以下简称市生态环境局）全面开展信息化统筹规划、信息化项目建设、网站、应用系统和信息安全等运维服务保障工作，提高了信息化服务保障能力和水平。编制完成《北京市环境保护局“十三五”时期环境信息化中期评估工作报告》，组织完成《北京市生态环保大数据工程建设项目》可行性研究报告，修改完善生态环保大数据工程建设方案，制定并颁布实施《北京市环境保护局信息资源管理办法》。组织开展环境信息资源目录编制工作，形成《北京市环境保护局生态环保信息资源目录编制指南》和《北京市环境保护局生态环保信息资源目录清单》初稿。邀请信息安全专家，在全局范围内组织开展“互联网+时代个人信息安全与防护”培训讲座和2次网络安全教育活动。强化网络和信息安全工作，组织4人参加年度北京市电子政务信息安全持证人员培训，梳理确定45个应用系统列入信息安全等级保护测评计划。排查故障和安全隐患，开展应急演练工作，配合生态环境部完成 3 次信息安全检查，配合市委网信办、市经济和信息化局、市密码局及市公安局完成多次网络安全检查。完成 5 个信息化建设项目申报、8 个信息化建设项目验收报备报审和 7 个信息化建设项目申报材料编写工作，其中，6 项获批复，确定 2019 年度新建信息化项目 8 个。组织开展政务数据工作，年内政务数据开放 20 项，完成首批政务数据汇聚 17 类，整理对外数据需求 96 项，开展 2 次政务数据汇聚统计工作。配合市污普办工作，完成北京市二污普政务云租赁服务方案编制。推进数据共享工作，梳理信息化系统现状和生态环保大数据工程涉及信息资源建设情况，完善数据共享交换方案，并通过专家评审。结合市政务信息系统整合和政务信息汇聚要求，梳理政务信息数据开放、汇聚清单等工作，完成信息系统整合情况总结；完成 500 套金山 WPS 办公系统正版国产软件的采购工作。

（陈海宁　梁雪霞）

【业务信息化项目建设】年内，市生态环境局完成折子工程北京市环境保护局综合办公平台和公文处理系统升级改造工作，并上线运行；实现市科委“绿通”项目关联数据 3TB 的预期绩效目标；基本完成北京市环保局低氮改造、街道和社区散煤清洁能源替代管理系统、北京市环境保护局行政审批业务综合管理系统与建设项目审批总量控制指标管理系统、北京市环境保护局行政处罚系统升级改造项目等 8 个项目系统建设的开发工作。组织开展环保涉税平台建设，完成项目申报、经费申请、涉税信息业务处理系统技术方案制订、招投标、涉税信息数据交换等相关准备工作；完成局审批服务系统与市级投资项目在线监管平台及统一行政审批系统的对接整合工作，优化提升审批服务信息系统；完成北京市环保局信息化资源监管平台项目招标、合同签订、首付款支付等工作；完成 IDC 机房及链路租用项目、环保信息安全系统服务项目、环保信息化系统运维等项目的合同签订、款项支付等工作。

（蒋昕　蒲铮）

【网站、应用系统信息安全运维保障】年内，市生态环境局组织网络运维 128 次，运行维护 40 余个局内业务应用系统，完成系统运维 1950 次，调整完善软件功能 945 项。局政务网站发布信息 958 条，上报生态环境部网站信息 411 条；开展局直属单位和区生态环境局网络故障处理和技术指导 10 次，对 170 台服务器进行 3 次漏洞扫描，对生态环境局网站及老旧机动车系统和“12369”环保投诉举报咨询中心网站开展渗透测试 1 次，整改中高危漏洞 12 个。以桌面推演方式开展网络安全应急演练，发布信息安全预警提示 77 份；开展网络、基础设施和信息安全等巡检 70 次；实施资源分配部署 10 次，设计环保涉税信息共享交换平台网络联通方案，提供环保涉税信息共享交换平台前置服务器；重视综治工作，向局办报送信息安全综治月报 9 次；排查局机关新增人员 IP 地址分配和 MAC 地址绑定 15 次，组织开展上网接入工作 490 人次；组织视频会议系统联调和保障视频会议召开 80 次；完成生态环境部大气会商视频会议系统与监测中心视频会议系统网络联通和二污普网络联通工作，编写完成新增监测中心加密视频会议系统部署地点方案；落实人员进出机房管理规定，进出机房 82 人次，进出机房设备 6 台次；梳理 65 条专线和 140 台设备使用情况；出具网络等使用情况监控周报 33 份；维修办公计算机等 723 台次，更换配件 316 件；全面保障了“两会”和“中非合作论坛”等重大活动期间的网络和信息安全，未发生任何重大网络安全事件。

（黄广平　蒲铮）

【指导区县环保局信息化工作】年内，市生态环境局指导协助各区生态环境局、开发区生态环境局开展信息化业务规划、业务专用链路调整及测试、信息化业务咨询、人员调整等信息化业务工作27次。组织开展2次对各区环保局、开发区环保局的现场巡检工作，派出巡检人员16人次，检查网络专用设备118台、视频会议系统专用设备98台、计算机终端112台、文档资料1029册。

（黄广平　蒲铮）

北京市住房和城乡建设委员会

【概况】北京市住房和城乡建设委员会（以下简称市住房城乡建设委）是市政府组成部门，为正局级单位，加挂北京市住房保障办公室（以下简称市住房保障办）牌子。市住房城乡建设委贯彻落实党中央关于住房和城乡建设工作的方针政策、决策部署和市委有关工作要求，在履行职责过程中坚持与加强党对住房和城乡建设工作的集中统一领导。2018年，市住房城乡建设委围绕“十三五”电子政务和信息化发展规划，按照“1＋4”信息化建设框架，贯彻落实国务院和市委、市政府“放管服”“优化营商环境”及全市系统整合等有关要求，结合市住房城乡建设委工作重点，积极推进“互联网＋政务服务”和大数据汇聚等各项举措，充分发挥信息化建设对住房城乡建设事业改革发展的创新引领、统筹监管和保障支撑作用。稳步开展建筑业及房屋版块12个业务系统的建设和升级改造；深入开展工程和房屋数据库建设；推进政府治理手段创新；深化门户网站建设；深入开展城市副中心行政办公区搬迁工作。

（张　贺）

【信息系统迁移及信息安全保障工作】年内，市住房城乡建设委根据北京城市副中心行政办公区信息化基础设施实际建设情况，及时调整市住房城乡建设委信息化搬迁方案及预算，初步确定采购方案；按照市里“上云为常态，不上云为例外”的要求，积极推进市住房城乡建设委65个业务系统迁云工作；开展新办公楼的信息网络系统、综合布线系统、政务内网系统等查验工作；组织协调运营商将电话、政务外网、互联网、政务内网、视频会议专线、楼宇Wi-Fi接入办公楼内；开展信息安全检查、漏洞扫描、巡检及渗透性测试工作，完成62台应用系统及13套业务系统上线前的安全检查工作；加大信息安全保障力度，落实“中非合作论坛”保障要求，制定会议保障期间的风险控制临时措施。

（张　贺）

【推进行业信用体系建设】年内，市住房城乡建设委根据加快社会信用体系建设、推进政府信息共享要求，升级建筑市场监管平台，完善行业监管功能，加强建筑市场的监督管理；建立建筑行业黑名单管理系统，预测建筑市场健康指数，支撑预警预报机制；根据全国信用信息公示要求，加强信用信息资源整合，完善行政许可、行政处罚信息公示机制，做好行政许可和行政处罚等信用信息公示工作。

（张　贺）

【房地产市场全生命周期监管】年内，市住房城乡建设委推进房屋交易管理系统建设及改造。配合梳理新版《存量房屋买卖合同》，完成存量房交易系统开发工作；依据限房价销售管理办法，实现地下联通房屋中非住宅部分的外网公示和网签合同的标注功能，开发限房价项目的地块录入、项目比选、销售限价测算及项目再上市价格评估等功能；配合不动产登记部门，实现房屋交易系统与不动产二期系统的数据共享和部门衔接。

（张　贺）

【房屋租赁平台建设及数据交换】年内，市住房城乡建设委建立北京市住房租赁监管平台，分别实现与链家、我爱我家、建行等10家服务平台对接。与人力社保局、市教委等委办局数据交换和对接，推进积分落户、幼升小入学审核工作。实现全市约70万条住房租赁备案数据、1.3万个租赁小区库的属性数据及图形数据入房屋基础库，为租赁市场精细化管理打下数据基础。

（张　贺）

【住房保障系统建设】年内，市住房城乡建设委配合《北京市共有产权住房管理暂行办法》实施，调整网上申购系统、共有产权资格审核模块、共有产权摇号软件及网上签约系统。根据“一项目一原则”的特殊需求，配合市、区两级住保部门实现25个共有产权项目的申购、审核、摇号、转化、签约等工作。完善以保障家庭、保障房源、保障资金3类资源为核心的住房保障基础数据库，实现全市住房保障信息资源“底数清，情况明”。开发公租房项目合同网上签约功能，通过合同网签规范公租房产权的转移，掌握公租房主体变更信息，防止公租房违规出售。完善全市住保平台登记配租功能，实现持有房源2次意向登记、先到先得及实时配租等业务，提高公共租赁住房审核分配效率，减少空置。

（张　贺）

【物业管理信息化应用】年内，市住房城乡建设委建立北京物业App，完成物业小区调查数据及物业小区库数据入库，实现产权业主身份认证、公共事项网上投票、选聘物业和业主物业服务合同等功能，完成全市620个小区业主权限开通及数据处理工作。根据“项目—楼—户”的分层精细化物业管理需求，依托房屋基础数据，配合物业处及物导中心完成物业项目调查、物业合同备案，实现政务数据与房屋基础数据整合。落实《北京市住宅专项维修资金管理办法》，完成商品住房、售后公有住房的专项维修资金的申请、审核功能，做到资金审批环节公开透明。

（张　贺）

【政务内网门户公共服务体系建设】年内，市住房城乡建设委优化政务办公流程，将公文模块、会议通知模块进行流程改造，调整功能点60余处，增加扫描文件识别功能。完成移动门户、移动办公系统建设工作，完善督查督办、信访系统及调研平台等子模块。实现市住房城乡建设委51个业务系统的统一登录和协同办理，为各子系统提供建立账户、变更、授权、同步等服务，支撑全委业务正常运行。政务内网门户新增用户118人，累计发布信息2943篇，处理公文8721件。

（张　贺）

【门户网站建设】年内，市住房城乡建设委按照“一部门一网站”要求，统一门户网站域名，完善栏目设置。按照“优化营商环境”的部署及物业、住保等管理工作要求，建设“优化营商环境”“公租房租金GIS地图”等专题。根据市政府“一张服务卡”要求，改造网上办事大厅注册及账号功能，实现企业法人“一证通”登录功能。加强网站技术及内容管理，实时对全站栏目监测。全年栏目调整12次，修改错别字30余处、错断链200余处。

（张　贺）

北京市城市管理委员会

【概况】北京市城市管理委员会（首都环境建设管理办）（以下简称市城市管理委）作为北京市城市管理主管部门，负责北京市城市管理、城乡环境建设的综合协调和市容环境卫生管理、能源日常运行管理、相关市政公用事业管理的市政府组成部门。2018年，市城市管理委加强对网络安全与信息化工作统筹，明确委党组对网络安全的主体责任，明确了组织领导、职责分工、重点任务和标准要求，完成全年网络安全与信息化和软件正版化工作各项任务。

（许　红）

【政务信息化】年内，市城市管理委落实北京大数据行动计划，组织开展了城市管理领域政务数据梳理和汇聚工作。推进城市管理领域相关信息化项目的建设与实施，推进城市管理“二级高清视频联网共享平台”建设，组织开展与市级“雪亮工程”共享交换平台的联网对接。配合市委完成城市管理相关业务系统的接入工作。组织开展了城市管理领域信息化顶层设计研究工作。

（刘文海）

【落实北京大数据行动计划】年内，市城市管理委按照市政府关于高水平建设大数据平台和《北京大数据行动计划2018年工作任务》的要求，组织燃气、供热、环卫、能源等业务处室和12家事业单位，对市经济和信息化局汇集的涉及全市46家单位的《数据开放建议清单目录》开展数据需求调查，形成市城市管理委的数据目录，其中，《2018年度数据开放清单》27项，需求数据清单357项，共享数据清单32项。完成37类政务数据向市级大数据管理平台的汇聚工作。

（刘文海）

【推进信息化建设项目】年内，市城市管理委建设的“北京市石油天然气管道保护管理信息系统”和“基于二维码的城市道路公共服务设施信息管理系统”2个项目完成验收，投入运行。推进“北京市能源运行综合监测系统”“二级高清视频联网共享平台”“城市管理社会宣传教育信息系统”等3个系统在建。组织开展“二级高清视频联网共享平台”建设工作，完成视频监控平台与市级“雪亮工程”共享交换平台的联网对接。

（刘文海）

【信息化项目方案编制】年内，市城市管理委完成8个新建信息化项目方案编制。其中，“北京市电力行业管理综合服务平台建设项目（一期）”、“基于大数据应用的北京供热服务综合信息管理平台功能拓展项目”、“基于大数据的全市户外广告牌匾标识信息管理系统”、“2017项目智慧景观照明总控系统”（副中心项目）以及“照明监控系统国产密码改造试点项目”5个项目完成立项技术评审，“北京市网格化城市管理云平台（一期）”和“北京市建筑垃圾治理城市监管平台”2个项目准备提交市经济和信息化局进行前置技术评审，组织开展“城市管理大数据平台”方案设计工作。

（刘文海）

【信息系统接入】年内，市城市管理委按照市委要求，将部分重要业务系统接入市委值班室。完成城市运行监测系统、网格化城市管理系统、建筑垃圾车辆运输管理系统、垃圾场站图像监控等4个业务应用系统的数据、图像的传输与对接工作。

（刘文海）

【行业网络安全监管】年内，市城市管理委组织专业机构对市燃气集团、市热力集团、国网北京电力公司等行业重点单位的典型业务场所进行网络安全现场调研，摸清底数，建立台账。组织开展委及行业单位的网络安全技能培训，全年组织培训3次、培训人员600余人次。完善委网络安全制度和应急预案，定期开展应急演练；全委公务邮箱按时全部完成迁移，机关办公电脑国产办公软件覆盖率提升至71%，对事业单位网络安全工作进行全方位检查。

（郤　言）

北京市交通委员会

【概况】2018年北京市交通委员会（以下简称市交通委）支撑政府管理和行业改革发展，在交通信息化重点工程、交通信息服务、科研和技术攻关、网络和信息安全等方面开展工作。推进公交线网规划大数据专班工作。开展第二轮路侧停车设备第三方技术检测，完成14款新设备检测并出具相关检测报告；完成路侧停车非税收费系统等功能的升级优化，支撑东城区、西城区和通州区165条道路的13644个停车位实现停车电子收费。推进北京市公共交通扫码支付工作。实现巡游车驾驶员从业资格在线申请、联审、查询、预约受理等功能。推进网约车综合统计分析系统建设，梳理完成300余项网约车运行及运营指标，初步实现100余项指标的可视化工作，为行业主管部门研判和政策评估提供数据支撑。配合行业主管部门，组织全市10余家出租汽车企业，完成9013辆出租车的新型车载智能服务终端试点安装。完成“北京交通”App版本更新共计5次，新增“我要学车”服务功能，完善“道路停车”服务功能，下载用户量突破100万次。同时不断扩展“实时公交”服务覆盖线路，与昌平区政府合作推出回龙观、天通苑地区4条线路的实时公交服务，现已覆盖线路935条、4万多个站点和2万余辆公交车等。北京市交通信息中心（以下简称市交通信息中心）成立于2003年，是北京市交通委员会直属事业单位，以服务政府决策、行业监管、企业运营、百姓出行为主要工作。市交通信息中心自成立以来承担了多项交通信息化重点工程，并在智能交通战略规划和前沿技术研究、智能交通应用技术研发、交通信息服务和资源整合等领域开展工作。市交通信息中心建有博士后工作站、院士专家工作站共建了综合交通大数据应用技术国家工程实验室和国家地方联合工程实验室，获包括国家科学技术发明奖、交通运输部科学技术奖、中国公路学会科学技术奖、北京市科学技术奖等在内的20余个奖项。

（市交通信息中心）

【开展共享停车场车位感知技术研究】3月，市交通信息中心分析居住区、商业区、工作区等不同性质停车场的数据，挖掘停车特征，建立基于决策树的多停车场景分时共享动态调价模型。编制完成高速大厦停车场运营企业共享停车建设方案，并开通试运行。

（万学进）

【推进轨道交通实时精准出行信息服务】4月，市交通信息中心针对晚间乘客出行需求，与市地铁运营公司合作开展基于列车运行时刻表的实时末班车路径规划技术研究，内容包括实时路径规划和全路网可达性，为首末班乘客出行提供精准服务。

（万学进）

【巡游出租企业主体责任考核系统升级】5月，市交通信息中心依据《北京市巡游出租汽车企业落实主体责任监管考核办法》，完成巡游企业主体责任考核系统迁移及升级改造工作，修订考核题目，优化客观指标算法。

（钟　园）

【开展城市轨道交通运营组织技术研究】7月，市交通信息中心开展轨道交通突发事件客流诱导技术研究，突破突发事件客流预测技术，包括乘客选择行为建模、OD预测和受影响车站大客流预警等，为加强轨道交通突发事件客流趋势研判提供支撑。同时，开展“互联网＋轨道交通”行业调研，完成大纲编制工作。与北京交通大学联合申请北京市自然科学基金重点项目“城市轨道交通网络客流预测与协同调控的理论和方法研究”，形成适用于轨道交通运营的网络客流协调调控理论；与香港科技大学合作研究基于客票奖赏机制的城市轨道交通高峰客流调控技术，提出以奖赏形式激励错峰出行，在兼顾运营企业和乘客利益的同时平滑高峰期客流，推动了轨道交通与经济学、数据科学等领域的深度融通。

（万学进）

【完善巡游出租企业在线管理服务】8月，市交通信息中心优化、完善企业在线管理系统，实现出租企业对人车关系、企务公开、从业资格证、培训例会的在线管理，支持出租企业从运营效率、运营收入等维度进行统计分析和查询。

（钟　园）

【保障中非合作论坛等时期网络安全】9月，市交通信息中心制订并部署中非合作论坛等重点时期网络安全保障工作方案，形成领导带班和7×24小时一线双人值守，实现市交通委系统安全“零事件”。主动发现并处置互联网DDOS攻击、恶意嗅探、代码攻击、异常流量等网络攻击事件49起，屏蔽境内外可疑IP地址70个。完成市交通委重点网站和重要信息系统46个共计300余台服务器的漏洞扫描、安全巡检、安全隐患排查、病毒查杀等安全技术实施工作。配合市交通委科技处开展信息通报工作，联系行业内29家重点单位，汇总每日网络安全信息共655次。通过交通运输部、市网信办和公安部门等单位网络安全检查。发布50期网络和信息安全周报。完成交通运输部、市经济和信息化局应急处置中心漏洞整改38起。通过OA系统在市交通委内发布网络安全通报提示9次。

（王　伟）

【开展重要信息系统应急演练】11月，市交通信息中心根据《中华人民共和国网络安全法》

相关要求，结合市交通委网络安全实际需求，在第 4 季度针对市交通委门户网站系统、北京市小客车指标调控管理系统、北京市交通行业数据中心管理系统 3 个系统开展风险评估与应急演练。通过识别风险隐患，实施安全加固和整改，最大限度降低网络安全事件发生的概率，完善网络安全应急预案，并验证网络安全应急预案的完整性、准确性、适用性。

（王　伟）

【支撑出租行业改革及清理整顿工作】截至 12 月，市交通信息中心配合行业主管部门的监管需求，全面接入通过叫车 App 开展运营网约车的运营数据和 GPS 数据，并开展网约车运营统计分析系统、网约车数据传输质量评价模块等配套系统建设，已初步完成建设内容。为支持新老业态融合发展，编制《北京市出租汽车监管平台与网约车平台（巡游车）数据连通性接入规范》，为滴滴、首约等 4 家网约车平台公司提供电召业务数据验证接口，有效抑制手机电召时人车户不符、克隆车等现象发生。依据《北京市出租汽车监管平台与网约车平台数据连通性接入规范》，完成 17 家网约车平台公司的数据连通性测试 45 次。为提高企业用户对企业人车管理的有效性和便利性，完成北京市出租汽车企业在线管理系统部分功能的调整和建设。

（钟　园）

【安装车载智能服务终端】截至 12 月，市交通信息中心完成新型车载智能服务终端在 10770 辆出租车上试点安装；制发出租汽车驾驶员从业资格证件 3.5 万余张、临时卡 1500 余张。

（钟　园）

【开展时空大数据汇聚与规律挖掘技术研究】年内，市交通信息中心研究形成批量协同、高效稳定、安全可控的边云结合政务虚拟数据中心框架，实现低成本、高性能、集约化交通大数据中心应用技术创新。课题完成工作成果如下：通过梳理地面公交、轨道交通、巡游出租、网约出租、共享单车、互联网位置等城市交通多源大数据，开展面向复杂组织机构数据资源的网络化汇聚技术研究，构建大数据关联元数据模型，同时开展公交专题的城市交通时空多源大数据分析及出行规律挖掘分析。在数据融合处理、数据交换、虚拟数据分中心存储、共享接口服务等层面开展关键技术研究，形成批量协同、可配置、高效稳定、安全的政务端虚拟数据分中心框架。基于交通行业数据中心的基础软硬件资源，构建基于时空大数据的政府端虚拟数据分中心，形成面向政府决策和行业监管、日常监测的大数据共享数据集，优化原有数据交换运行监测模块，构建可配置、可调度的数据处理和共享服务接口发布原型。

（于海涛）

【共享自行车监管与服务平台配套研究】年内，市交通信息中心分析节能减排效果影响因素，建立共享自行车碳排放减少值模型，对 2018 年全市共享自行车碳排放减少值进行测算；梳理、调研国内主要城市出台的相关考核办法，形成企业运营考核指标体系和考核评价方法；分析监管平台的数据质量，针对轨道站点区域停放特征，形成动态监测分级预警指标，实现停放实时预警并提出对应的处置措施。

（王　伟）

【编写《共享自行车技术与服务规范》】年内，市交通信息中心对国内外共享自行车运行情况，以及现行技术文件实施效果进行调研，根据共享自行车行业发展和监管需求，对照新出台的《北京市非机动车管理条例》，编写《共享自行车技术与服务规范》初稿。

（王　伟）

【共享自行车运行监测和统计分析】年内，市交通信息中心根据行业管理部门需求，编制完成共享自行车运行监测分析月报12份、季度报告3期、半年报1期、年报1期及春节和国庆期间专题运行分析报告各1期。开展轨道交通站点周边运行规律分析及停放规模测算，为行业监管提供支撑。

（王　伟）

【3项发明专利获得授权】年内，市交通信息中心的“基于双激光测距的客流方向识别方法及系统”“一种基于事件驱动的适用多屏幕拼接的大屏幕显示方法”“一种提供道路实时路况服务的系统”3项发明专利获得授权。

（王　伟）

北京市水务局

【概况】北京市水务局（以下简称市水务局）是负责北京市水行政管理工作的市政府组成部门。主要职责包括统筹全市城乡水资源的节约、保护和合理配置，促进水资源的可持续利用；加强应急水源地管理、再生水利用、污水处理和水资源循环利用等工作，保障供水安全。市水务信息管理中心负责落实本市水务信息化发展规划；组织水务信息化项目建设；负责水务信息资源的整合、交换与共享；负责水务公用信息平台和网络系统的管理和维护等工作。2018年，市水务局扎实推进“治水管水护水”，水治理体系进一步完善，水治理能力稳步提升。水务信息化工作在智慧水务总体框架下，按照“统筹集约、整合共享、全面支撑、协同联动”的总体思路，在服务河长制、最严格水资源管理、节水型社会建设、安全度汛、水生态保护等核心业务方面发挥了强有力的作用，推进了北京智慧水务建设进程。

（王　昊）

【市级防汛物资库数字化管理实践】5月21日，市水务局在北运河进行“互联网＋防汛物资设备管理”的市级防汛物资库数字化管理实践，现场指导快速掌握抢险设备操作方法，对防汛库部分抢险设备的使用进行分解演示，并将视频专属二维码贴在对应设备上。现场人员使用手机“扫一扫”便可及时查看设备使用操作步骤，替代了常规的文字使用说明。

（李　杨）

【应急通信演练】6月19日，市水务局联合北京机动通信局在官厅水库开展应急通信演练。5辆应急通信保障车、20余名工作人员参加。演练本着“战时应战、急时应急、平时服务”的指导方针，模拟通信完全中断的极端情况下，应急解决官厅水库临时性、区域性的移动网络2G、3G、4G信号的覆盖问题，并在保障中开通Wi-Fi业务，为灾害现场提供无线网络支撑服务。

（姜树君）

【密云水库部署雨水情遥测系统】7月10日，市水务局在密云水库部署雨水情遥测系统北斗卫星通信设备，安装北斗卫星通信设备和调试中心站数据软件，通过软件进行北斗信号的传输测试，实现雨水情遥测自动采集。

（孙维佳）

【北运河管理处建设图像站】9 月 29 日，市水务局在温榆河、北运河、通惠河、运潮减河等水事问题多发地段启动建设沿河图像站。借助科技信息化手段，在河道周边水政问题多发区域、下堤路口、水工设施易被破坏地段设置图像站 20 余个，强化对重点部位的实时监控，强化信息采集、分析、处理，为水政案件监察提供支持。

（张家兴）

【江西省同仁考察北京市水保信息化工作】11 月 9 日，江西省水土保持科学研究院、水利科学研究院一行 8 人到市水务局交流考察水土保持信息化工作，交流水土保持监测网络建设情况及天地一体化监管工作情况。参观了门头沟区龙凤岭国家级水土保持科技示范园，查看了 21 个径流小区、气象站、土壤墒情监测仪、人工模拟降雨试验场等监测设施。

（丁建新）

【内网改版及公共服务基础平台】12 月 4 日，市水务局组织召开了内网改版及公共服务基础平台建设初验会。新内网基本实现局机关日常政务一网办理的整合目标；初步建成移动 App 门户框架，初步实现水务 App 应用的“一站式”管理；OA 系统功能更加丰富易用，更加贴近当前工作实际，实现移动办公功能，领导碎片化时间得以利用，将进一步提高工作效率；强化督察督办、统计分析、公开公示，为机关作风建设提供辅助手段。

（任　旭）

【全市水土保持】截至年底，北京市建成国家级水土保持科技示范园区 5 个、坡地径流小区 11 个、沟道控制站 14 个。2014 年以来，升级改造监测站点 5 处，更新改造 134 处土壤水分传感器监测设施；监测网点覆盖 7 个山区。

（丁建新）

【排水信息管理】年内，市农村污水处理和再生水利用设施运行监测系统在全市 13 个区实际安装设施 699 处，实现 554 座站监测数据实时上传。市排水业务管理信息系统（一期工程）支撑全市 122 座污水处理厂（再生水厂）、排水管网、污泥处理处置、农村污水处理设施等排水设施运营监管，以及再生水利用、排水许可、特许经营考核、补偿金核算、污水处理费征收等排水业务。

（谷彦君）

【落实《北京大数据行动计划》】年内，按照《北京大数据行动计划 2018 年工作任务的通知》部署，市水务局 7 月制订《北京市水务局落实北京大数据行动计划 2018 年工作任务方案》，建立了水务大数据领导工作机构，完成了第一批 41 项和第二批 31 项数据汇聚，包括用水信息、降雨信息、供水信息、污水信息等，向社会开放河湖水情、城市积水等数据 27 项。

（尹晓楠）

【河长制智能化管理】年内，市水务局按照“统筹规划、整合数据、集约高效、掌上管水”的总体目标，建设了集 PC 端工作平台、河长巡河 App、微信公众号、外网专栏“四位一体”的河长制管理系统，实现了“一河一档”“一河一策”信息动态管理，建立了“发现—移交—督导—整改—核实—反馈”的闭环工作机制。利用大数据、遥感监测等技术，对巡河路径、突出问题等进行多维度分析，计算巡河覆盖率、事件整改率等指标，为河长制监督考核提供了多方位的数据支撑。

（尹晓楠）

【提升水资源监控能力】年内，市水务局通过“国控二期”项目建设，在昌平、怀柔、大兴、通州 4 个区新建 21 个取用水户的 118 个取用水点在线监测站。全市将 328 户 745 个取用水监测点的水量数据、16 个国控水功能区和 4 个地表水源地的水质监测数据接入水利部中央平台。“北京市水资源监控管理平台”提供信息服务、业务管理、调度决策、应急管理四大功能与服务，支撑了北京市水资源定量管理和“三条红线”监督考核工作。

（王　昊）

【完善防汛综合指挥体系】年内，市水务部门对北京市 30 条跨境中小河流和山洪沟道进行调查，建立集洪水分析、雨量监测、预警广播、墒情监控、气象水文模型耦合于一体的可视化预警监测系统。全市防汛视频监督和指挥系统新建 121 处，整合图像资源 48 处，减少了防汛重点部位监控盲区，扩大了全市防汛指挥调度“可视化”。新建下凹式铁路桥及低洼路段建设积水监测站 52 处，设立防汛综合信息宣传展示站 6 个，为防汛抢险、交通疏导、公众服务等提供基础数据支撑。

（陈　超）

【用水统计精细到街乡】年内，市水务局为提高月水统计质量，升级改造了北京市节水管理信息系统，进行节水型区县指标、街乡用水统计排序和流域分区用水情况统计，实现全市分街道（乡镇）用水量的统计与汇总分析，为研究分析非首都功能疏解提供数据支撑。

（刘　伟）

【水土保持信息监管】年内，北京市水土保持监管信息服务平台（一期）基本建成，实现山区坡地径流小区水土流失数据的自动采集、传输、处理、存储；监管服务平台可对预防监督、生态建设、水土流失自动监测 3 项重点业务实现信息化管理；水土保持业务实现市、区统一平台管理。

（欧阳琨）

北京市农业农村局

【概况】北京市农业农村局（以下简称市农业农村局）是按照北京市机构改革方案组建的单位，于 2018 年 11 月 8 日挂牌，为市政府组成部门。整合了市农村工作委员会、市农业局的职责，以及市发展和改革委员会的农业投资项目、市财政局的农业综合开发项目、市规划和国土资源管理委员会的农田整治项目、市水务局的农田水利建设项目等管理职责，市经济和信息化委员会的农药生产监督管理职责，市农村经济研究中心（市农村合作经济经营管理办公室）的农村合作经济经营管理等职责。市农村工作委员会与市农业农村局合署办公。市农业农村局信息中心是局属全额拨款事业单位，2018 年设有 6 个科室（资源部、网络部、12316 热线中心、行政许可受理与信息技术推广科、财务室、办公室），中心目前主要职责包括承担全市主要农产品市场价格信息和供应信息的采集、分析工作；负责本市“三农服务热线”（12316）建设，为社会公众提供农业综合信息咨询服务，受理农业方面的投诉举报；负责局系统信息网络的建设和协调工作，为全局电子政务提供技术支持；负责先进信息技术在农业行业中的引进、熟化和推广应用；代局机关行使行政许可受理工作。市农业农村局信息中心围绕全市农业农村工作的战略部署，在政府网站建设、农产品市场监测预警、信息技信示范推广等方面积极工作，不断推动农业农村信息化工作创新发展。

（新守业）

【信息进村入户】5月30日，市农业农村局召开“2018年北京市农业农村信息化工作会”，对信息进村入户工作进行了专题部署，标志着年度信息进村入户工作在京郊正式启动。信息进村入户工作包括标准型益农信息社建设和专业型益农信息社建设。年内，这两项工作均取得显著成果。其中，标准型益农信息社建设项目覆盖30个镇185个村11万人口，共提供公益服务1.74万件(次)、便民服务11.56万件(次)、电子商务服务2.56万件(次),金额达1.02亿元，培训体验服务26.64万人次，受到村民和市民的一致好评；专业型益农信息社建设方面，分别在门头沟、昌平、密云、通州、丰台5个区开展了专业型益农信息社示范园区的建设，建设内容包括提供农场智能化管理平台、物联网及智能装备、农产品追溯、互联网宣传与营销等综合信息服务。截至年底，累计完成39家专业型益农信息社的示范建设工作。

（新守业）

【针对异常事件做好监测预警】8月，山东省遭遇强降雨灾害后，市农业农村局信息中心从8月31日至10月10日开展了蔬菜市场应急监测，每日撰写并上报“农产品市场价格监测报告”，并在此期间完成了“降雨天气对北京蔬菜价格影响”的专题报告。9月开始，针对“非洲猪瘟疫情”，中心开展猪肉市场应急监测，每周为农业农村部上报“北京市猪肉市场行情分析报告”。11月26日，在北京市发现首例非洲猪瘟疫情后，每日为市农业农村局领导提供主要农产品市场行情，并撰写“非洲猪瘟疫情下我市猪肉市场情况”的专题报告。

（新守业）

【非洲猪瘟疫情投诉及咨询】从11月24日开始，根据市农业农村局统一安排，非洲猪瘟疫情投诉及咨询工作由12316热线负责。热线在严格执行24小时值班制度的同时安排兽医专家来热线值班，负责解答农（市）民关于非洲猪瘟疫情的咨询。疫情期间，12316热线还主动与12345市非紧急热线中心和市农业农村局宣教中心进行业务对接，由12316热线牵头，将每日9时、15时、20时由12345热线和12316热线接听的有关非洲猪瘟疫情的来电、局宣教中心收集的互联网关于非洲猪瘟的舆情信息进行汇总，统一上报至局办公室及重大动物疫情指挥部。

（新守业）

【软件正版化工作】12月，市农业农村局信息中心完成局机关软件正版化工作。在市级政府机关软件正版化工作考核中，综合评分106分，在参评的104家市级政府机关中排名第一。

（新守业）

【政务网站建设】年内，市农业农村局信息中心持续推进政务网站建设工作，完成门户网站改版上线工作，新增人工智能机器人服务功能和农业信息日历功能；完成政府网站整合工作，按照市政府办公厅有关规定要求，将4家下属参公单位的门户网站统一整合到局门户网站中，并在市政府办公厅组织召开的“全市政府信息和政务公开工作季度交流研讨会”上介绍经验。

（新守业）

【政务网站维护】年内，市农业农村局信息中心持续推进政务网站维护工作，积极做好网站普查工作，按时完成局门户网站的自查和对市农业农村局4家参公单位门户网站的检查工作，在国务院办公厅及市政府办公厅组织的两次网站普查工作中，市农业局门户网站和下属4家参公单位门户网站均被评定为合格。市农业农村局网站共发布信息20487条（次），比上年增长7.8%。

（新守业）

【12316热线服务】年内，市农业农村局12316热线共受理假劣农资投诉举报200余例，所受理案件均得到有效解决。热线依托区县分中心农业专家，先后为广大用户提供农业信息咨询2.4万余次。全年，热线专家值班500余人次，到场率达到81.5%，解答各类技术问题1800余次，解答问题满意率100%。热线将专家解答进行归纳汇总，以专业文章的形式向《京郊日报》投稿，全年共提供稿件130份，涉农舆情监测727条。

（新守业）

【政务公开全清单编制】年内，市农业农村局信息中心组织开展政务公开全清单编制工作。中心紧紧围绕职责任务，积极拓宽公开渠道，丰富公开内容，注重通过网站、微博、微信等新媒体和电视、广播、报纸等传统媒体及时发布市农业农村局政务信息，对民众关注度较高的重大突发事件和社会热点信息包括“超市有机蔬菜”“非洲猪瘟防控”等做到及时回应关切，客观公布事件进展、政府举措和调查处理结果，正确引导社会舆论。

（新守业）

【农产品市场信息采集分析工作】年内，市农业农村局信息中心扎实做好农产品市场信息采集分析工作，持续推进从生产到消费全链条的数据监测。在生产和产地信息监测方面，抓好蔬菜报表的数据采集和功能完善；在市场信息监测方面，坚持做好批发市场信息采集、审核的规范化工作，并完成了农业部农产品批发市场调查和定点市场清查工作；在积极应对异常情况方面，加强市场监测预警，做好每日短信、月度分析报告的发布工作；在深入推进京冀农产品市场信息合作方面，持续开展环北京24个蔬菜主产县蔬菜产销信息采集工作，全年采集河北蔬菜产销数据近20万条。

（新守业）

【农业生产空间信息核查】年内，市农业农村局信息中心按照市农业农村局的部署，开展了基本农田范围内农业生产空间信息的核查工作。已完成利用遥感技术对全市基本农田内农业生产空间情况的初步监测，在通州区开展了现场核实试点工作。

（新守业）

【设施农业台账系统建设】年内，市农业农村局信息中心按照市农业农村局的统一部署，安排专人借调市农委开展设施农业清查相关工作，并派出人员赴顺义区进行设施农业清查的督导巡视。同时，配合市农业农村局蔬菜处着手开展设施农业台账系统的方案设计，信息采集系统的研发等工作。截至年底，全市171个乡镇1924个村完成建设主体和经营主体的信息采集工作，185641个设施大棚完成信息录入，完成比例达到82.9%。

（新守业）

北京市商务局

【概况】根据《北京市人民政府机构改革方案》，2018 年 11 月 8 日，北京市商务委员会更名为北京市商务局（以下简称市商务局）。市商务局负责推进本市流通产业结构调整，指导流通企业改革，促进商贸服务业和社区商业发展，提出促进商贸中小企业发展的政策建议，推动流通标准化和连锁经营、商业特许经营、物流配送、电子商务等现代流通方式的发展；负责北京市消费促进工作，研究制定促消费政策措施并组织实施，监测消费市场和批发业运行情况；承担组织实施北京市重要消费品市场调控和有关重要生产资料流通管理的责任；统筹推进北京市商务服务业发展，会同有关部门拟订商务服务业发展规划、政策并组织实施；牵头拟订北京市服务贸易发展规划并开展相关工作，会同有关部门制定促进服务贸易和服务外包发展的政策措施并组织实施，推动服务贸易公共服务平台建设；起草北京市关于口岸工作方面的地方性法规草案、政府规章草案。研究提出口岸发展规划及政策措施并组织实施。负责口岸综合协调管理和通关便利化工作。负责拟订北京市电子口岸建设规划并组织实施。组织实施北京国际贸易“单一窗口”工作。负责京津冀口岸协同发展相关工作。管理市粮食和储备局。

（市商务局）

【建设“开放北京”公共信息服务平台】7 月，商务部和北京市政府共同建立的“开放北京”公共信息服务平台（以下简称“开放北京”平台）经过 2 年建设，正式上线运行。“开放北京”平台为全市企业及社会公众提供服务业扩大开放试点概况、政策动态、办事指引、数据公开、企业信用信息等服务窗口，支持企业了解外商投资企业设立及变更等事项办事流程及办事入口，支持社会公众查阅扩大开放相关信息，为北京市服务业扩大开放综合试点工作提供支撑。“开放北京”平台借助云计算等信息技术手段，探索外商投资全周期数字化管理新模式，提高了部门间协同水平，扩展了服务企业的范围和方式。开展商务备案与工商登记“单一窗口，单一表格”受理，累计受理的申请设立的外资企业共 1600 余家；依托与市市监局信息联动开展的外资企业备案督促工作运行稳定，各区商务部门已对近万家企业开展督促备案。在“双积分”信用监管环节，与市市监局、北京海关企业信用数据对接工作运行状态良好，重点领域信用监管库已归集 3 万余家外资企业 30 余万条企业信用数据。依托“开放北京”平台开展的跨部门示范区外籍人才出入境申报工作，累计发放各类推荐函 97 份，发放证明函 60 份；为 84 位外籍人才办理出入境申报事项。通过国际经贸网络地图，以可视化地理信息技术呈现全球联网、全球展会、两类贸易、投资合作、风险预警、项目撮合和专题展示等七大版块信息，已归集境外国际经贸发展服务中心、世界贸易网点联盟等机构点位信息以及全球展会信息、投资项目信息，建立了“一带一路”线路专题图、亚洲基础设施投资银行专题图以及“丝路”基金专题图。“开放北京”平台参加由光明网联合CIO时代学院发起的“2018中国互联网+公共服务优秀案例奖”评选活动，获得2018年十大年度优秀案例奖。

（市商务局）

北京市文化和旅游局

【概况】 2018年11月16日，根据《北京市机构改革实施方案》，北京市文化局、北京市旅游发展委员会职责整合，组建北京市文化和旅游局（以下简称市文化和旅游局），是市政府组成部门，为正局级。市文化和旅游局贯彻落实党中央关于文化和旅游工作的方针政策、决策部署和市委有关工作要求，在履行职责过程中坚持和加强党对文化和旅游工作的集中统一领导，主要负责指导、推进北京市文化和旅游科技创新发展，推进文化和旅游业信息化、标准化建设。

（市文化和旅游局）

【北京旅游网品牌推介会暨环游号上线】 5月16日，北京市旅游发展委员会主办，环球网协办的“北京旅游网品牌推介会暨环游号上线仪式”在人民日报社新媒体大厦1号演播厅举办。“北京旅游网品牌推介会暨环游号上线仪式”活动包括北京旅游网推介、环游号介绍、环游号启动仪式、主题论坛和战略合作签约等环节，来自旅游界的京津冀地区旅游委（局）、公园景区代表、行业专家、旅游媒体和知名旅游达人等100多人出席活动。

（市文化和旅游局）

【网络安全专题讲座】 6月15日，北京市旅游发展委员会邀请市网信办网评中心副主任王泱泱在“北京旅游大讲堂”就网络安全问题进行专题讲座，介绍了等级保护体系的工作流程、建设框架和核心思想，阐述了主机安全、数据安全、应用系统安全等内容，解读了网站安全集约化建设的背景、面临的难题，提出了实现网站安全集约化建设的新思路。市旅游机关、执法大队、委属事业单位干部职工以及旅游企业代表约150人参加了讲座。

（市文化和旅游局）

【旅游行业信用监管平台上线】 8月28日，北京市旅游行业信用监管平台上线暨京津冀地区旅游信用协同监管合作备忘录签署仪式在京举办。文化和旅游部监管司副巡视员刘劲柳，北京市旅游委副巡视员邹伟南，天津市旅游局副巡视员马庆余，河北省旅游发展委副主任赵学锋，以及市经济信息化委、市工商局有关部门负责人，各区旅游委、北京市旅游行业协会，部分旅行社、景区、饭店的代表和媒体记者120余人出席。平台已对接各项信用数据1.7亿余条，覆盖全北京41816名导游、2669家旅行社、285家A级景区、547家星级酒店等。信用旅游官方网站共展示良好信息、警示信息、违法信息、双公示、信用档案、双随机抽查结果、旅游投诉、联合惩戒、信用京津冀、行业指导价等十大主要版块内容。

（市文化和旅游局）

【网上政务服务工作】 9月25日，市文化局在市政务服务中心召开关于推进网上政务服务工作协调会。市政务服务办信息处、首都信息发展股份有限公司、太极计算机股份有限公司、上海盈天计算机软件技术服务有限公司等相关单位负责人参加会议。协调会就审批系统平台和市政务服务事项管理系统平台贯通、数据传输规则、系统测试等工作进行了详细沟通，发现和解决关于市统一行政审批管理平台不能及时接收市文化局审批信息的问题。研究通过市政务服务事项管理系统实现与文化局审批系统贯通的解决办法，为在年底前实现市文化局审批事项网上可办率不低于80%的目标奠定技术基础。

（市文化和旅游局）

【举办市旅游行业信用监管工作培训会】11月19日至20日，市文化和旅游局在阳光金融城国际会议中心分两期举办北京市旅游行业信用监管相关工作培训会。市文化和旅游局、各区旅游委，旅游行业协会负责同志；旅行社、星级饭店、A级景区等旅游企事业单位负责同志和导游员代表等400余人参加会议。培训主要围绕国家和北京市社会信用体系建设架构，通过案例分析、政策解读以及对北京市旅游行业信用监管平台的功能培训等内容，引导旅游企业和从业者树立诚信经营意识、参与信用监督、强化信用自律，营造全行业诚实守信的良好环境。

（市文化和旅游局）

北京市卫生健康委员会

【概况】根据党中央、国务院批准的北京市机构改革方案，将北京市卫生和计划生育委员会、北京市深化医药卫生体制改革领导小组办公室、市老龄工作委员会办公室的职责，以及北京市安全生产监督管理局的职业安全健康监督管理职责等整合，组建北京市卫生健康委员会，作为市政府组成部门，正局级单位。2018年11月8日，北京市卫生健康委员会（以下简称市卫生健康委）组建成立，内设机构28个，直属单位26个。年内，市卫生健康委进一步推进全民健康信息化工作，参与编写《北京健康信息互联互通与大数据应用行动计划工作方案》；完成北京健康医疗大数据中心研究项目财政评审工作；启动北京健康信息互联互通和大数据应用可行性研究项目招标工作；在实现30家医院电子病历共享调阅的基础上，启动电子病历共享工程二期项目立项准备工作。推进各项信息系统建设和升级工作，完成北京市医政医管电子化注册平台、全员人口系统升级改造等项目终验。启动健康北京App项目（一期）建设工作。

（单既桢）

【个案信息管理系统升级改造】1月，市卫生计生委信息中心完成全员人口个案信息管理系统升级改造项目公开招投标，产生中标商。2月，完成项目合同的签订，项目正式启动。3月，完成系统政务云部署和功能培训。4月，系统通过第三方软件测评和安全测评。11月，项目通过最终验收。该项目主要内容是确保全员人口数据的完整性，实现对符合奖励扶助、特别扶助及市级计生奖励优惠政策对象的帮扶。

（冯文洁）

【市卫生综合统计信息平台工作】2月，市卫生计生委信息中心连续第15年承担春节期间烟花爆竹致伤人员统计工作，在除夕、正月初五、八月十五等重点监测时间段，实时采集与统计全市291家直报单位和千余家非直报单位收治的烟花爆竹致伤人员个案信息，每隔一小时将数据发送给市卫生计生委相关领导和市应急办、烟花办等部门。在春节、十一期间，市卫生计生委信息中心通过北京市卫生综合统计信息平台开展全市二级及以上医疗机构旅游黄金周医疗工作量统计，使各级领导及时掌握全市各大医疗机构节假日期间医疗服务工作情况。

（臧　白）

【基本公共卫生服务项目绩效考核】3月，市卫生计生委信息中心组织专家对2017年度北京市基本公共卫生服务项目信息化支撑情况开展现场考核。推动全市基层卫生及基本公共卫生服务项目工作的开展和落实，加强基层卫生绩效管理，利用信息化手段提升基本公共卫生服务能力。5月，配合国家完成对北京市公共卫生绩效考核。11月，对照国家考核结果反馈情况，编制整改报告。

（顾晓晖）

【信息系统等级保护建设】3月，市卫生计生委信息中心召开信息系统等级保护安全整改建设项目启动会；5月完成项目初验、试运行，进行5次项目培训；6月，完成项目集成专家终验。经第三方测评单位测评，市卫生计生委信息中心在物理安全、网络安全、主机安全、应用安全、数据安全及安全管理制度方面基本满足等级保护三级防护要求，到达预期目标。

（朱　正）

【医疗健康信息标准化成熟度测评】3月，市卫生计生委信息中心针对医疗健康信息互联互通标准化成熟度测评申请医院开展培训、预评估、实验室测试、文档评审等工作，组织专家对上年度通过文审的3家医院进行现场查验，世纪坛医院和西苑医院通过四级甲等现场查验。6月，北京市继续纳入国家测评分级管理试点。组织北京地区二级以上医疗机构及区卫生计生委申报医疗健康信息互联互通测评申报工作。7月，制定下发《关于2018年北京市医疗健康信息互联互通标准化成熟度测评工作安排的通知》，完善组织管理体系和专家库，补充专家队伍并组织专家培训。8月9日，召开2018年北京市医疗健康信息互联互通标准化成熟度测评培训会，对拟申请测评10家单位开展预评估和专题指导。12月，开展对8家已经通过实验室测试的医院进行文档审核，对2家医院进行现场查验。

（张世红　杨小冉）

【医院信息化惠民服务指标体系研究】5月，市卫生计生委信息中心联合北京市卫生信息职工技术协会，完成北京地区医院信息化惠民服务指标体系建设，并将指标应用于全市公立医院信息化惠民服务评比活动，有36家医院参与。10月，在北京市卫生信息职工技术协会年会上为评选出的十佳医院和优秀医院颁奖。

（史　森）

【健康信息互联互通工作】5月，市卫生计生委信息中心完成北京健康医疗大数据中心研究、北京健康信息互联互通和大数据应用信息化项目的可行性研究等相关项目任务书的编制工作；10月，完成北京健康医疗大数据中心研究的财政评审工作；12月，启动北京健康信息互联互通和大数据应用可行性研究项目的招标工作。

（李　磊）

【卫生计生信息化项目绩效评估指标】5月，市卫生计生委信息中心在北京市卫生计生信息化项目管理关键点评价指标研究工作的基础上，对中心信息化项目验证，修改完善指标，增加绩效评估相关指标，形成针对信息化项目绩效评估的指标体系，包括管理、产出、效益等3个一级指标，以及11个二级指标、33个三级指标。

（史　森）

【电子病历共享工程项目】5月，市卫生计生委信息中心开始电子病历共享工程项目投入使用报备工作。组织承建商提交所需项目材料，包括项目总结报告、项目运维方案及其他证明材料，修改、汇总文件，并上传至市经济信息化委项目评审网站。7月，陆续更新项目总结报告、国产化说明等相关文件。10月，得到电子病历共享工程项目投入使用批复。

（陈　臣）

【新社区卫生服务综合管理信息系统】6月，市卫生计生委信息中心下发调研问卷，确定新社区卫生服务综合管理信息系统使用情况。7月，召开专家论证会，对项目运维方案审核。11月，完成编制项目招标遴选公告及评分标准，并召开专家论证会。北京市卫生健康委建设的北京市新社区卫生服务综合管理信息系统，在全市280余家基层医疗卫生机构应用。截至年底，系统平稳运行多年，进入运维阶段。

（顾晓晖）

【电子病历数字签名指南】6月，市卫生计生委信息中心与中国医院协会信息管理专业委员会组织有关专家编写的《医院电子病历数字签名实施指南》由电子工业出版社出版，用于规范和指导医院电子签名系统的建设工作。该书历时半年，先后组织专家进行了4次专题研讨，数次修改稿件，于5月底编写完成。

（张世红）

【全民健康信息化资金投入机制研究】6月，市卫生计生委信息中心启动区域性全民健康信息化资金投入机制研究课题，通过对医疗机构中区域卫生信息化和惠民服务信息化的资金投入情况进行研究，探讨以奖励资金形式进行财政投入可行性，达到促进区域医疗健康信息互联互通和整合共享利用的目标。8月，完成了调研指标的研究设计、调研问卷的发放和收集；11月，初步完成调研结果的数据整理分析；12月，形成研究报告初稿。

（张世红）

【信用信息管理平台试点项目】6月，市卫生计生委信息中心与国家卫生计生委卫生和计划生育监督中心签订工作委托书，承担北京市卫生计生委信用信息管理平台试点应用项目建设工作。7月，召开项目需求规格说明书评审会，确认国家卫生健康委省级信用平台试点的相关需求，实现社区卫生管理信息系统与北京市信用信息管理平台数据资源共享，包括社区复诊爽约信息，社区医生护士基础信息共享。

（陈　臣）

【卫生行业等级保护工作调研】6月，市卫生计生委信息中心与中国医院协会签订委托协议，启动卫生行业等级保护工作的调研及指导行业落实项目。根据委托协议，项目由市卫生计生委信息中心与协和医院共同完成。7月5日，将北京卫生计生行业网络安全等级保护开展情况调查表下发至北京市二、三级医院。8月，根据反馈的调查表，汇总分析调研数据，完成等级保护工作调研报告初稿。10月，多次组织项目组召开组内讨论及评审，咨询行业专家，提出专业意见，组织协和医院项目组成员召开研讨会，对调研报告进行评审。12月，经过多次修改完善，完成卫生行业等级保护工作调研报告。

（陈　臣）

【卫生综合信息管理决策支持平台】7月，市卫生计生委信息中心对决策支持平台进行2017年度数据更新维护。12月，市卫生健康委所有业务处室工作人员900余人成为北京市卫生综合信息管理决策支持平台用户。通过该平台，用户可以查阅卫生资源情况（含医疗机构、人力、床位、设备、资产等）、医疗服务情况（含工作量、工作效率、服务费用、运营情况等）、公共卫生情况，以及主题分析（包括出院病人病案首页分析、门诊就诊信息分析、门诊大病信息分析）等。全年共计359人访问，访问卫生资源548人次、医疗服务239人次、公共卫生298人次、疾病统计160人次，市属医院、数据导航、资料汇编等其他栏目访问近1000人次。

（臧白　韩冬）

【医疗及卫生管理服务系统】7月，市卫生计生委基层医疗及公共卫生管理服务信息系统项目通过市财政评审。11月，完成前期需求梳理，召开专家论证会，制定招标文件。该项目通过升级改造原有社区卫生信息系统，建设基层医疗和公共卫生服务信息系统，强化基层医疗机构服务能力，完善公共卫生服务功能，落实分级诊疗等业务要求。

（顾晓晖）

【慢病管理监测系统建设】9月，市卫生计生委信息中心为慢病管理监测系统脑血管疾病（I60~I69）数据的指标项目做了细分，完善全市主要慢性病及其危险因素监测体系，开展慢性病及行为危险因素监测，为科学决策提供支持依据。

（臧　白）

【新型农村合作医疗基本数据集研究】10月，市卫生计生委信息中心申请的首都医学发展科研基金课题“对北京市新型农村合作医疗基本数据集的研究”项目，接受并通过北京市卫生健康委的中期检查，按专家意见完善相关研究内容。北京市新农合业务面临跨区结算、与国家新农合平台对接实现跨省结算等新需求，研究适合现有业务以及今后发展的数据标准，用于规范北京市新农合信息系统建设和信息共享交换。

（史　森）

【标准与评价技术交流】11月，市卫生计生委信息中心组织市属医院、区卫生计生委信息中心开展关于卫生信息标准及信息化评价培训交流，培训内容包括医院信息化惠民服务以及评比、国产密码、HL7标准、信息标准、信息化评价、“互联网+”等内容，80余人参加培训。

（张世红）

【信息安全远程技术检测】11月，市卫生计生委信息中心开展针对北京市直属22家医院网站、部分App、公众号的远程技术检测工作。市卫生计生委信息中心与腾讯公司签订检测合同并授权，开展检测，完成检测报告。12月底，组织召开22家直属医院的检测结果通报会，向被检测单位解读检测情况并通报检测结果，督促被检单位完成安全整改。

（陈　臣）

【医政医管电子化注册平台】12月，市卫生健康委完成医政医管电子化注册平台项目终验，平台用于医生、护士、医疗机构办理人在电子化注册个人端提交申请材料电子版，经医疗机构端确认后，市卫生健康委在审批端先行预览审批，业务办理人携带纸质材料到现场一次即可办理完毕。平台可促进医师、护士、医疗机构注册工作效率的提高，缩短行政审批时间。

（韩　冬）

【卫生计生举报监督执法】12月，市卫生健康委启动北京市卫生计生举报监督执法一张图建设项目招标准备工作。该项目为全市范围内开展打击无证行医、无证供水、公共场所和游泳场馆无证经营以及公共场所吸烟等违反公共卫生和医疗卫生法律法规行为的监督执法工作提供信息化监管途径，方便群众、志愿者和执法人员进行投诉举报与执法。并将打非工作的实时动态及违法信息展示给公众，实现接受社会监督功能。

（李　静）

【网上信访信息系统项目】12 月，市卫生健康委网上信访信息系统项目通过验收。系统实现全市卫生健康委体系下信访工作机构对来信、来访等六大信访业务的全流程网上流转和办理，建立了 4 层级信访受理体系，形成上下畅通、左右联通的网上信访处理工作格局。

（顾晓晖）

【医药分开综合改革监测】年内，市卫生计生委信息中心开展医改监测工作，包括部署协调、数据催报、数据采集分析、会审订正、撰写各类医改监测报告。依托北京市卫生综合统计信息平台，收集 370 余家医疗机构《改革监测月报表》《改革监测病种月报表》《改革监测药品月报表》数据，对部分指标增设校验。截至年底，共产出医改监测报告 300 余份，监测产出表 800 余张、相关图表近 6000 张，分析报告及数据差异分析报告 40 余份。医改监测报告为及时掌握医改成效，支撑领导决策发挥作用，为加强卫生服务监管提供数据支持。

（臧　白）

【医疗技术备案公示信息系统】年内，市卫生计生委信息中心受市卫生健康委医政医管处委托，组织开展北京市医疗技术备案公示信息系统建设项目申报。年底通过财政预算评审。

（冯文洁）

【北京市生育服务系统】年内，市卫生计生委信息中心分批次进行了试点区和全市范围的北京市生育服务系统试运行。北京市生育服务系统是市卫生健康委首个按照市经济和信息化局要求接入政务云的项目，实现了双云部署（政务云、互联网云）。该系统主要功能包括：两孩以内生育登记服务（网上及现场办理）、三孩及以上再生育确认、流动人口生育登记服务、移动生育服务系统、数据协同共享功能。项目采用公开招投标形式，市财政全额拨款，总投资 884.25 万元。

（冯文洁）

【区卫生健康信息化建设指南】年内，北京市卫生计生委信息中心与各区卫生信息化人员编写《区卫生健康信息化建设指南》，用于区卫生健康信息化建设指导，促进市、区两级卫生健康信息化协同发展。组织专家专题研讨 6 次，8 月完成征求意见稿，并征求 16 区及市级有关管理部门的意见，9 月根据各单位反馈意见进行修改完善，12 月完成终稿。

（张世红）

【卫生行业网站群考核评议】年内，市卫生健康委梳理修订了年度网站考核评议指标体系。按照《北京市人民政府办公厅关于贯彻落实〈政府网络发展指引〉的实施意见》精神要求，各区卫生计生委网站整合至区政府网站，本年度不纳入网站考核评议测评范围。最终确定年度测评范围为市卫生健康委直属单位和一、二、三级医疗机构。考核评议工作对内容建设、载体建设、运维管理三大模块进行考核，重点评测网站信息发布完整性、及时性和准确性、在线服务能力和互动交流情况等。9 月 19 日，市卫生健康委召开 2017 年网站考核评议工作总结和颁奖会，网站考评结果设优秀网站奖、信息公开奖、在线服务奖、互动交流奖 4 个奖项，共有 18 家单位获奖。

（白　玲）

【毕业后医学教育管理系统建设】年内，市卫生健康委启动建设“北京市卫计委毕业后医学教育管理系统建设项目（一期）”工作，完成系统在政务云的部署、上线并通过第三方软件测评和安全测评及用户测试。12 月完成初步验收。该项目用于提升全市住院医师规范化培训质量和管理效率，利用信息化管理手段加强全过程管理。

（冯文洁）

【市卫生健康委网站建设】年内，市卫生健康委完成网站（包括 3 个外文网站等）新域名申请、域名调整发布和所有二级域名系统的梳理和迁移工作。协调市卫生计生监督所网站 .gov 域名清理整合工作，通过多轮漏扫、渗透测试和督促整改，保证接入市卫生健康委网站的系统安全性。完成北京市卫生健康委员会网站更名、内容与栏目名称调整工作。发挥市卫生健康委网站宣传和便民惠民功能，网站制作更新调整专题共计 16 个。年底，市卫生健康委网站功能包括信息公开、在线服务、互动交流三大模块，有一级栏目 7 个、二级栏目 40 个、三级栏目 80 个。年内各官方网站总计发布信息 18930 条。市卫生健康委官网全年浏览量 47747397 次，市医院管理局官网全年浏览量 15392290 次，市中医管理局官网全年浏览量 12875981 次；市卫生健康委网站独立 IP 访问共计 250664047 人次，市医院管理局网站独立 IP 访问共计 250664047 人次，市中医管理局网站独立 IP 访问共计 19313267 人次。

（董伊晖）

【信息化系统日常运维】年内，市卫生计生委信息中心对 37 个项目进行梳理，整合为 28 个，其中 7 个项目进行公开招投标。全年终止运维服务 2 家，提出表扬 2 家，警告 1 家。进行运维巡检 3526 次，发现并整改系统漏洞 8000 余个，在重要保障时期提供了 38 天 8 人全天 7×24 小时的安全运维值守，保障了市卫生计生委 35 套（292 台套设备）信息系统正常平稳运行。市卫生计生委信息中心完成行政审批系统、保健信息系统、生育服务系统、全员人口个案信息管理系统、免疫系统、人力系统、血液系统、妇幼一期、市卫生计生委办公自动化、北京市食品安全标准管理系统等运维项目的合同签订与日常运维管理，以及全员人口信息系统数字证书运维等工作，保证了系统运行稳定。

（李磊　朱正）

【数据资源梳理和汇聚】年内，市卫生计生委信息中心完成两批政务数据向市级大数据管理平台的汇聚工作，累计汇聚上报 34 项数据资源，数据条数 4000 万余条，数据项 370 余项。与市卫生健康委信息处、妇幼处、计划生育基层指导处，市人力社保局、市医疗保障局开展数据共享工作。12 月 10 日起，每天定时提供北京市常住人口出生信息和生育服务登记信息，方便群众办理生育险报销等相关事宜。

（李　磊）

【健康北京 App 项目建设】年内，市卫生计生委信息中心继续完善健康北京 App 便民服务平台，定期进行性能测试与优化。持续排查与解决页面访问速度、第三方系统兼容性、功能调整、第三方界面细节问题，保障系统稳定运行。市卫生健康委更名后修改 App 所有涉及名称的界面。针对 App 发布会具有时间不确定、突发性和规格较高的特点，预先制订健康北京 App 发布保障方案，做到随时为发布会做好保障部署。

（刘　辰）

北京市市场监督管理局

【概况】 11 月 16 日，北京市市场监督管理局揭牌成立。按照《北京市机构改革实施方案》，将市工商行政管理局、市质量技术监督局、市食品药品监督管理局的职责，以及市发展改革委的价格监督检查与反垄断执法职责，市商务委的有关反垄断职责等整合，组建北京市市场监督管理局，作为市政府组成部门，加挂市食品药品安全委员会办公室牌子。北京市市场监督管理局的主要职责是：市场综合监督管理，市场主体统一登记注册，组织和指导市场监管综合执法工作，反垄断统一执法，监督管理市场秩序，宏观质量管理，产品质量安全监督管理，特种设备安全监督管理，食品安全监督管理综合协调工作，食品安全监督管理，统一管理本市计量工作、标准化和检验检测工作，对认证活动实施监督，市场监督管理科技和信息化建设、新闻宣传、对外交流与合作。年内，市市场监督管理局以中共十九大和十九届三中、四中全会精神为指导，围绕优化营商环境、强化事中事后监管、社会信用体系建设的重点任务，发挥信息化支撑市场监管改革发展的重要作用，提高市场监管体系和监管能力现代化水平，以构建市场主体全生命周期管理的大数据能力为着力点，以提升市场监管局内部及与各级政府相关部门的纵横联动和协同水平为关键，以支撑市场经济的新业态和完善新秩序为重点，以“互联网 + 市场监管”为创新驱动，以云计算、大数据、区块链等新技术为依托，大力开展市场监管领域信息化体系建设，不断提升首都市场监管能力的现代化水平。

（柳胜杰）

【市工商行政管理局完成网站改版】 3 月，原北京市工商行政管理局完成网站改版工作。新网站设有政务信息、在线办事、政民互动、公众服务、工商分局 5 个一级栏目，在设计上实现政府网站“减量、提质、增效”。新网站对主要内容进行合并归类，对群众关注度高、访问量大的栏目优先展现。设置了更加易于管理和使用的在线访谈、民意征集、反馈选登、智能咨询栏目，增强政府与公众的交流互动能力。

（柳胜杰）

【提升项目申报及建设水准】 年内，北京市市场监督管理局推进信息化项目建设，改善首都营商环境。北京市企业开办 e 窗通服务平台项目完成政府采购工作，正在开展系统建设工作。市场主体网格监管系统升级改造项目、电子商务监管平台升级改造项目、企业登记信息材料查询系统升级改造项目完成市经济和信息化局和财政局审批，即将进入政府采购阶段；信用信息公示系统升级改造项目正在报市经济和信息化局进行审批；市局网站完成改版工作，质量监督网上服务平台建设完成，均已正式上线运行。

（柳胜杰）

【建设质量监督网上服务平台】 年内，北京市市场监督管理局建设了质量监督网上服务平台，完成市场监管特设、计量、认证、工业产品、标准化五大领域共 18 项许可及公共服务事项子项的全流程网上申请、网上受理、网上审批、出具电子证书、在线送达（电子证书下载）、各类信息公示、后台查询统计等功能。系统打破时间和地域限制，行政许可及服务事项全流程在线办理，实现“应上尽上、全程在线”，让信息多跑路、百姓少跑腿，帮助申请人“足不出户”即可办理行政许可和大部分公共服务事项。截至年底，通过系统注册法人用户6700余家，提交申请13792条。

（柳胜杰）

【完善信息化安全防范措施】 年内，北京市市场监督管理局加强安全培训，在局党总支、支部纪检委员脱产培训班中专门加入网络安全政策法规宣贯课程，加强党员领导干部的网络安全责任意识。继续推进信息系统安全等级保护和测评工作，完成信用等内网、外网系统的定级备案和等保测评工作。在“中非论坛”、国庆等重大活动和节日期间，配合完成市公安内保局的专项工作检查，组织各运维厂商进行安全自查并制订应急值守方案。

（柳胜杰）

【软件正版化工作】 年内，北京市市场监督管理局建立以主要负责人为第一责任人的软件正版化领导小组制度。信息中心作为牵头部门，会同计财处共同开展日常管理工作，制定《北京市工商局软件资产管理暂行办法》等相关制度；实施统一制度、分级管理的工作模式，将各专业分局、事业单位纳入市局统一管理；在市局和各区分局建立《软件安装管理台账》。截至年底，全局在用计算机均已配备安装正版操作系统、办公软件和杀毒软件。

（柳胜杰）

北京市审计局

【概况】 年内，北京审计信息化工作主要围绕大数据审计应用、“金审工程”三期项目建设、审计综合办公平台系统建设、审计网络信息安全、软件正版化和审计信息化制度建设等方面开展工作，支持和保障了全年审计任务的完成。

（市审计局）

【部门预算执行审计全覆盖】 年内，市审计局推进“总体分析、发现疑点、分散核实、系统研究”数字化审计模式在各领域的应用，首次实现在部门预算执行领域的审计全覆盖。

（市审计局）

【“金审工程”三期项目】 年内，市审计局启动“金审工程”三期项目前期工作。安排专人参加审计署“金审工程”三期建设推进培训和各类会商。对项目建设中的审计云、应用系统、网络系统等关键问题进行专题研究。与市主管部门交流沟通，了解项目申报审批流程等规范性要求。

（市审计局）

【审计信息管理系统应用】 年内，市审计局对北京审计信息管理系统开展的118个审计应用系统（京OA）进行管理，开发了督查督办、通信录、运行维护等模块，改造审计现场管理系统的功能点6个。

（市审计局）

【修订审计信息化管理制度】 年内，市审计局开展‘基础工作深化年”工作，对原有11项审计信息化管理制度进行整合和完善修改，按照审计信息安全、审计应用系统使用、计算机和网络使用3个分类，形成3项制度。

（市审计局）

【网络安全应急保障】年内，市审计局加大信息网络安全的防护和检查工作。通过24小时技术监控，定时巡查机房，开展应急演练，安全保障人员7×24小时保持通信畅通，确保重要活动及节日期间的网络安全“零问题”。开展审计信息管理系统的信息安全等级保护测评和整改，扩大网络安全专项检覆盖面，安全管理制度、安全技术防护、应急管理、终端计算机技术监测等方面精准度进一步提高。

（市审计局）

北京市人民政府外事办公室

【概况】北京市人民政府外事办公室（以下简称市政府外办），加挂北京市人民政府港澳事务办公室（以下简称市政府港澳办）牌子。2018年，市委外办、市政府外办成立网络安全和信息化领导小组，加强北京市信息化建设。

（市政府外办）

【成立网络安全和信息化领导小组】年内，市委外办、市政府外办网络安全和信息化领导小组成立，统筹网络基础设施安全，信息化系统建设、运行和管理，信息资源开放、共享和整合相关工作。

（市政府外办）

【重点城市政府网站调研】年内，市政府外办为把ebeijing网站改造成市政府的“国际形象传播平台、涉外服务信息平台、国际交流沟通平台”，市政府外办信息中心牵头从网站影响力、语种设置、新技术运用、涉外服务功能、城市形象推广功能、数据资源整合及在线服务能力等6个方面，重点对标首尔、东京、纽约、伦敦、巴黎、上海、香港等7个城市，对17个国外城市及8个国内城市政府网站多语版网站开展调研，找出ebeijing网站存在的不足和差距并形成调研报告。

（市政府外办）

北京市人民政府国有资产监督管理委员会

【概况】北京市人民政府国有资产监督管理委员会（以下简称市国资委）是市政府授权代表国家履行国有资产出资人职责的市政府直属特设机构，市国资委党委履行市委规定的职责。主要职责包括：贯彻落实国家关于国有资产监督管理的法律、法规、规章和政策，起草北京市相关地方性法规草案、政府规章草案，制定有关制度、规定。根据市政府授权，依照《中华人民共和国公司法》等法律、法规履行出资人职责，监管市政府履行出资人职责的企业和市政府授权的实行企业化管理的事业单位的国有资产，加强国有资产的管理，依法对区国有资产管理工作进行指导和监督。承担监督所监管企业国有资产保值增值的责任，负责企业国有资产基础管理，建立和完善国有资产保值增值考核体系，通过统计、稽核对所监管企业国有资产的保值增值情况进行监管，负责所监管企业工资分配管理工作，制定所监管企业负责人收入分配政策并组织实施。指导推进北京市国有及国有控股企业改革和重组；推进国有及国有控股企业的现代企业制度建设，完善公司治理结构，推动国有经济布局和结构的战略性调整。通过法定程序对所监管企业负责人进行任免、考核并根据其经营业绩进行奖惩；建立符合社会主义市场经济体制和现代企业制度要求的选人、用人机制，完善经营者激励和约束制度。负责组织所监管企业上缴国有资本收益，参与制定北京市国有资本经营预算有关管理制度和办法，按照有关规定负责所监管企业国有资本经营预决算草案编制和执行等工作。指导、督促所监管企业及实行企业化管理事业单位落实安全生产责任制，配合有关部门协调所监管企业及实行企业化管理事业单位做好安全工作，从出资人的角度承担相应的管理责任。负责所监管企业及实行企业化管理事业单位人才工作的宏观管理和人才队伍建设，指导和组织协调所监管企业及实行企业化管理事业单位经营管理人员的教育培训工作。承办市政府交办的其他事项。年内，市国资委信息化工作围绕《市国资委“十三五”信息化发展专项规划》，全面落实市大数据行动计划，加快推进出资人监管信息化平台建设；全面转变运维保障工作机制，助力提升业务支撑能力；全面实施企业信息化水平提升计划（展e计划），加快推进市管企业信息化水平提升；信息化与出资人监管业务深度融合取得积极进展，信息化工作成效明显。

（刘陟宸）

【加强政策指导】2月28日，市国资委印发《关于加快推进市属企业信息化发展的意见》，为未来3年市管企业信息化工作指明方向。指导企业完成首年展e计划编制及备案工作。

（刘陟宸）

【大数据行动计划年度绩效考核】6月14日，市国资委成立大数据工作领导小组。年内，制订《关于落实〈北京大数据行动计划2018年工作任务〉的实施方案》，拟订完善出资人监管数据资源体系、建设出资人监管大数据平台、大数据应用推广等3类17项任务，明确了处室分工。编写《数据汇聚目录》等材料，完成汇聚数据报送、数据开放及政务信息化基础情况调查、北京市大数据行动计划宣贯等任务。

（刘陟宸）

【完善信息化治理顶层设计】年内，市国资委以构建4个“1”的IT治理体系为目标，完成包含《IT治理现状分析报告》《网络系统管理规范》《信息系统数据备份与恢复管理办法》等10余个制度规范初稿。

（刘陟宸）

【出资人监管信息化平台可行性研究】年内，市国资委梳理业务视图322个、数据元9628个，形成国资监管数据字典；梳理信息资源目录218项、外部数据需求12项，绘制处室业务流程图，形成89个信息化着力点和561个功能点；编写数据质量管理、数据安全保障等9个数据治理规范，完成平台可行性研究报告初稿。

（刘陟宸）

【推动核心应用系统迁云】年内，市国资委编制

《信息系统云应用迁移方案》，对身份认证、门户网站、投资管理等共性应用或共享需求及安全稳定要求较高的系统启动迁移上云工作。

（刘陟宸）

【搭建统一身份认证平台】 年内，市国资委规范授权，建立统一的委内及市管企业的用户管理体系，对第一批迁云的5个系统进行统一身份认证改造，打造“一个账号一次登录”应用体验。

（刘陟宸）

【建设国资系统云平台】 年内，市国资委探索采用“统建共用”的方式推动国资云通信平台沟通交流、协同工作、智慧党建、应急处置、舆情监测等应用建设，实现移动OA接入。

（刘陟宸）

【构建全媒体采编发布平台】 年内，市国资委修订门户网站管理制度，完成网站主要页面设计、全媒体采编发平台的技术论证、网站开发工作以及信息发布、解读回应、办事服务栏目的手工数据迁移等工作。

（刘陟宸）

【加大信息化交流力度】 年内，市国资委积极开展市管企业和中央企业调研学习交流，指导市管企业举办新经济时代大数据与产业深度融合高峰论坛，组织市管企业参加机器人大会、2018软博会等活动，做好产业对接工作。

（刘陟宸）

【信息化项目评审】 年内，市国资委编制具有信息化特点的项目评审指标体系，分2批完成2018年国有资本经营预算支持企业信息化项目评审，择优支持集团管控、运行保障、平台化运营等22个项目，按30%、20%、10%比例分3档给予7000万元资金支持，带动市管企业信息化建设总投资约9.86亿元。

（刘陟宸）

北京市文物局

【概况】 北京市文物局（以下简称市文物局）是负责本市文物和博物馆事业管理工作的市政府直属机构。市文物局信息中心主要负责市文物局办公自动化系统的建设及综合技术服务工作；负责收集、分类、加工、整理和综合利用有关文物信息；负责北京市文博信息网络的建设和维护工作，指导数字博物馆的建设。2018年，市文物局以信息中心为信息化发展的建设主体部门，以业务工作为核心，完成全年信息化建设工作。在确保全年信息安全无事故的基础上，根据北京市政府的安排，完成市文物局网站改版及域名更新，完成现有信息系统的入云工作、公务邮箱分配工作。

（苏　红）

【改善首博信息存储空间不足困境】 6月26日，首都博物馆数据中心针对信息存储空间不足的困境，通过馆内招标、政府采购协议供货，完成文物信息资源存储设备增容项目。该项目购置2台磁盘存储柜、41个配套硬盘设备，实现存储空间扩容近100TB，为文物数字信息资源的保存提供了硬件条件。

（孙芮英）

【网站改版及域名更新】 6月底，市文物局完成官方网站改版升级，正式上线运行。此次改版优化了栏目结构、更新了后台发布系统、提升了网站安全性能，将网站由物理主机迁移入云，由单一站点升级为网站群。此外，市文物局对官方网站名称和域名开展规范工作，于5月下旬将名称由“北京文博”变更为“北京市文物局”，将域名由“bjww.gov.cn”变更为“wwj.beijing.gov.cn”。

（王得宝）

【信息系统安全合规性检查】8月13日，首都博物馆启动信息系统安全合规性检查及渗透测试服务项目，针对10余个应用系统进行安全合规性检查及渗透测试；同时对数据中心150台套硬件设备、10余套第三方软件、馆内500余个终端进行漏洞扫描，初步完成信息化基础设施的全面体检。基于项目检查报告，对已发现的高危安全漏洞进行了整改，新增信息化运维管理系统和网络设备日志管理系统，该项目为今后开展老旧设备升级改造提供依据，为各应用系统建设提供参考，为等级评估打下基础。

（孙芮英）

【文物及出版物的App产品上线】8月16日，首都博物馆信息部开展数字出版项目，旨在落实让历史知识和文物信息在更广阔的平台上“活起来”。该项目利用数字技术，实现出版内容的可视化和互动体验，选取首都博物馆12（组）件具有代表性的文物珍品，以及历年出版物10余种，包括360度VR展示、电子阅读交互体验等方式，从基础信息到学术研究分层次进行解读，实现电子出版物手机客户端的研发工作。“首都博物馆”现已经在IOS移动端上线，供观众免费下载阅览。

（孙芮英）

【老舍纪念馆安技防工程】11月，老舍纪念馆为确保文物安全，进行了安技防全面升级改造，于12月完成。通过对安技防系统的升级建设，建立了由入侵报警系统、视频安防监控系统、声音复核系统、出入口控制系统、灯光联动系统、安防集成管理系统、供电和防雷系统组成的纵深防护体系。各系统间相互联动，互为补充，便于及时发现、处置突发情况，能够全天候布防，零死角监控及事后清晰查证，为确保文物安全，实现安全开放的管理秩序，提供了强大的技术保障。

（曹　勇）

【《一分钟读老舍》动画片二期制作完成】12月，老舍纪念馆制作完成《一分钟读老舍》动画片第二期。本期根据老舍名著《骆驼祥子》改编，时长20分钟。

（何　婷）

【团城演武厅加入市博物馆大数据平台】12月，团城演武厅加入北京市博物馆大数据平台，并完成博物馆大数据平台的基础信息建设工作，定期更新维护平台信息，定期发布展览社教、馆内资讯信息10余条。

（田硕苗）

【完成现有信息系统入云】年内，市文物局按照北京市推进各部门系统入云的工作部署，完成北京市文物局文物保护工程质量监督管理系统、北京市文物局文物保护档案和文献资料数字扫描管理系统、北京市文物局文物保护档案和文献资料数字扫描管理系统等13个系统的入云工作。入云前各信息系统先搭建云上测试环境，做好线下备份，调整业务接口，进行应用测试、功能测试及性能测试等测试工作。梳理了市文物局现有的信息系统，根据各系统的使用频率、重要程度、数据量大小、系统复杂程度等，并考虑业务上云兼容性，安全防护状态等，调研了日常办公终端、网络设备、安全设备及业务系统物理承载设备的数量及分布。根据梳理结果和调研情况，确定入云迁移方案，逐步有序迁移至六里桥政务云上。为保障信息系统的正常运行，在各系统迁移至政务云上之后，同时在本地机房保留运行原有的业务系统，即政务云和本地的信息系统将并行一段时间。

（苏　红）

【解决首博机房供电问题】年内，首都博物馆开展机房不间断电源应急供电系统改造项目（一期）。该项目在馆内地下1层安防UPS室中增设不间断电源系统设备，根据数据中心机房整体功耗和不间断供电系统持续供电的时间，部署不间断供电系统，连接线路至馆内总配电室，实现首都博物馆数据中心机房主体设备的不间断供电。项目解决了首都博物馆自建馆以来，10余年没有不间断供电系统的短板，为馆信息系统基础架构的稳定性、安全性提供了基础保障。

（孙芮英）

【首博馆藏文物信息共享】年内，首都博物馆信息部完成馆藏文物数据库建设，实现馆藏文物信息馆内共享。首次完成馆藏33类，共计11.6万余件藏品数据的内网数字化共享，实现内网查询和检索，约占总馆藏品的97%（不含大藏经、钱币）；并且从单一检索功能，升级到可按分类号、年代、类别、级别、质地等11个指标项进行组合查询。

（孙芮英）

【首博老旧资源的数字化保护】年内，首都博物馆信息部依托“首博创业史”项目开展老旧资源的数字化保护，完成1万张老胶片电分数字化采集工作；并建设专用资源管理数据库系统，对数字影像资源进行系统化、规范化、科学化管理。

（孙芮英）

【徐悲鸿纪念馆构建三防一体化系统】年内，徐悲鸿纪念馆为加强馆内和库房安全基础设施建设，建立了一套技术成熟、稳定可靠、经济实用的综合安全技术防范系统，其目标是能够对各重点区域进行无盲区监管。目前，馆内综合管理平台已成为集用户管理、联动预警、远程控制、设备管理、系统维护多模式下的应用平台。系统通过部署271个音视频监控点、78个入侵报警装置、28套门禁控制、4套出入口控制、16处巡更点位全方位、立体覆盖各个重要部位和重点区域，有效增强了馆内的技术防范实力，为文物安全防范工作创造有利的条件。系统的建设形成人防、技防、物防三防一体化的保障体系。各类安全技术防范设备的不断更新和完善，使徐悲鸿纪念馆的馆藏文物工作向着科学化、有序化方向发展。

（浮倩雯）

【徐悲鸿纪念馆信息化会议系统建设】年内，徐悲鸿纪念馆在馆内会议室和多功能厅分别建设完成信息化会议系统。系统集数字化会议、高清晰显示、数字扩声、同声传译、视音频资源传输于一体，通过运用电子计算机和网络技术的方式实现系统的集中控制和统一管理。该系统满足了馆内日常会议、活动需求，推进了徐悲鸿纪念馆信息化进程，显著提高馆内行政效率，降低行政成本。信息化会议系统的建成为徐悲鸿纪念馆进行“中外文化交流”提供了技术上的支持，对徐悲鸿作品的展示交流、文化研究起到积极的促进作用。

（浮倩雯）

【古建馆官方宣传工作信息化】年内，北京古代建筑博物馆官方宣传工作更加注重信息化技术的应用，同时不断丰富形式和途径。在注重时效性的基础上，不断强化网站、微博、微信内容的可读性和知识性。强化了日常接待服务信息化的程度，方便观众入馆参观和了解博物馆的最新动态。开展社教活动中，更多引入信息化技术，在古建课程中也增加了信息化教学的比例；在博物馆的重要活动中，引入网上直播等传播模式。通过创新信息化宣传方式和内容，不断扩大博物馆影响力，吸引了更多观众来到博物馆参观，弘扬了传统建筑知识和文化。

（闫　涛）

【构建“两微一端”多样化内容】年内，艺术博物馆立足本单位的工作，全方位、多层次、多角度地挖掘、收集信息，丰富微信、微博、网站“两微一端”的内容。在官方微信公众号和官方微博开通“每周一品”栏目的基础上，增加“万寿寺修缮见闻”栏目，介绍修缮过程、修缮工艺，定期向公众推送，宣传推广的同时普及古建筑知识，促进了各项工作的开展，更好地服务于观众。

（肖芮霞）

北京市体育局

【概况】北京市体育局（以下简称市体育局）是负责全市体育事业管理工作的市政府直属机构。主要职责是贯彻执行国家体育工作方针、协调北京区域性体育发展，统筹规划群众体育、竞技体育和青少年体育发展，培育、引导和扶持体育产业发展规划。2018年，市体育局全力推进政府信息公开、网络及网站运维、信息采编及舆情管理等工作，圆满完成上级领导部门交给的各项工作任务。经过1年多的努力，市体育局网络状况良好；网站规范建设有序推进，服务效率有所增强，推进政府网站集约整合，网站系统全年运行平稳，检查、抽查合格率达100%；发挥“两微一端”等新媒体优势，增强宣传实效性；重大会议活动及节假日期间加强值守，保障网络及信息安全。

（市体育局信息中心）

【推进政府网站规范化建设】3月，市体育局积极贯彻落实《政府网站发展指引》，对市体育局网站名称和英文域名进行调整规范，启用新域名。完成市体育局网站二级域名和IP地址的备案工作。按规定做好网站各项标识的添加展示，网站头部区域显示网站名称和域名，网站底部分别展示党政机关网站标识、“我为政府网站找错”监督举报平台入口、政府网站标识码、网站备案号、网站地图、网站主办单位、运维单位及联系方式。对信息查询栏目的数据页面进行了优化改造，提升后更方便用户通过检索功能获取网站信息。

（市体育局信息中心）

【信息系统建设及推广】5月6日，市体育局邮件系统迁移到公务员邮件系统平台上。使用便携的视频会议系统平台租赁服务，支持同步直播、视频、音频、文档同步直播等功能。12月，业务信息系统进入系统上线试运行。开展OA系统新软件产品的选型开发工作。按照市政府办公厅要求，每周按时完成市政府电视电话会议系统连通性测试工作。全年视频会议巡检36次，视频会议保障31次，其中应急视频会议6次，高清视频会议12次，加密视频会议13次，视频会议调试38次，春节、劳动节、国庆节、“北京高峰论坛”期间保障市应急办视频会议系统全天24小时开机，并提供技术支持。

（市体育局信息中心）

【推进政府网站集约整合】6月，市体育局按照政府网站规范整合工作要求，完成市社体中心网站规范整合。此次整合将市社体中心网站信息内容全部按照业务分类迁移至市体育局网站相应栏目，没有保留独立栏目和域名。通过整合减少了日常维护工作量，实现信息资源的集中与共享。开展直属单位网站整合工作，完成什刹海体校、芦城体校、体专中心网站信息迁移整合，进一步推进了直属单位网站统筹建设管理工作。

（市体育局信息中心）

【信息化项目全流程评审工作】8月，市体育局信息化工作负责部门向局12个处室和28家直属单位印发《关于做好2019年政府投资信息化项目评审申报工作的通知》，共1个处室、4家直属单位报送了6个信息化项目。评审中心对市体育局报送的审批材料提出2次修改意见，于11月底回复评审意见，通过市体育局报送的信息化规划，并继续开展分项可行性审批。

（市体育局信息中心）

【正版化软件管理工作】9月，市体育局利用专用检查工具对局机关在编的90台办公电脑进行了正版操作系统、办公软件和杀毒软件的检查，对不符合规定的办公电脑系统进行重新安装，并制作完成市体育局最新办公电脑台账。按照软件正版化联席会的要求，将办公电脑软件正版化责任到人，所有使用办公电脑的在编人员共签署了90份承诺书，承诺在使用办公电脑期间使用正版操作系统、办公软件以及杀毒软件。

（市体育局信息中心）

【信息系统突发事件演练】9月，市体育局开展信息系统突发安全设备事件专项应急演练工作，此次演练模拟因IPS设备故障导致OA信息系统业务中断的相关事件。该事件为Ⅲ级事件，在局应急响应小组组长组织下有效开展应急处置。

（市体育局信息中心）

【解读宣传和政务公开】年内，市体育局开展政策信息和重点工作进展情况的解读宣传，全年分阶段根据工作重点，建设了北京市第15届运动会、北京市第1届冬季运动会、北京市优秀社会体育指导员等专题；解读第5届北京市民快乐冰雪季系列活动、《北京市体育竞赛裁判员管理办法》、《北京市体育局2017年政府信息公开工作年度报告》等政策文件；公开北京市冰上项目训练基地建设、体育彩票专卖店、高危险性体育项目经营单位等信息；做好2019年国际篮联篮球世界杯、第5届京交会国际体育服务贸易发展大会、全民健身日活动、北京马拉松等市体育局承办的重要赛事活动的信息公开，及时发布各项工作筹备、进展情况；积极推进全民参与冰雪活动，转发筹办北京2022年冬奥会工作动态，宣传报道冰雪赛事活动；及时转载中国政府网、首都之窗、《北京日报》等发布的最新政策信息。

（市体育局信息中心）

【监督整改措施，保障信息内容质量】年内，市体育局网站信息发布管理工作贯彻落实党中央、国务院有关决策部署，上网信息均严格按照审核程序进行内容审核和保密审查，365天持续做好网站监测工作。每季度对政府网站进行全面检查并督促有关单位、部门做好整改，检查覆盖率100%，问题整改率100%。全年错断链检测58次，错别字专项检测9次，归并、撤销9个长期不更新栏目。每季度按时报送政府网站信息内容建设自查报告，并主动向社会公开。

（市体育局信息中心）

【加强政务数据资源管理】年内，市体育局贯彻落实北京大数据行动计划工作要求，开展政务信息资源目录更新编制及数据汇总工作，于6月底向市经济信息化委报送相关政务共享数据。按照公共信息资源开放工作有关要求，对市体育局现有的公共信息资源进行了梳理，编制《2018年度数据开放清单》，向市经济信息化委报送了2批公共资源数据，共涉及市级体育社团、北京市健身气功活动站点、北京市体育运动最高纪录、北京市体育竞赛活动计划、体育彩票专卖店等13项信息资源数据。市体育局的7309条数据已完成在市级大数据管理平台的汇聚。

（市体育局信息中心）

【利用新媒体增强宣传实效】全年，市体育局统筹运用政府网站、“体育北京”新媒体等渠道发布政策性文件征求意见、产业项目征集、招商公告、体育赛事吉祥物评选等信息，解读、宣传北京体育。共采写发布新媒体信息1620条，其中微博发布754条、微信发布608条（主动推送252条）、头条发布258条。微博月均阅读数 19.32 万次，微信全年阅读总数 3.74 万次，阅读人次 2.42 万，头条号全年阅读总数 25.78 万次。开展北京市优秀社会体育指导员系列宣传活动，认真编写 110 位优秀社会体育指导员宣传材料，设计制作系列宣传文章。

（市体育局信息中心）

【积极开展互动交流和舆情回应】 年内，市体育局充分发挥网络优势，利用政府网站和新媒体搭建公众参与平台。政府网站设立咨询信箱、意见征集等栏目，通过微博、微信与网民开展互动。全年共收到公众咨询及留言 168 件。公众咨询均按照时限进行了答复，回复率 100%，平均回复时间 1.8 天。专人负责网络舆情的收集报送工作，每天关注追踪体育热点事件、舆论信息，编印《网络舆情》2 期、《网络信息参阅》45 期，共计 212 篇 23.2 万字，及时向有关领导上报舆情动态，为市体育局开展舆情研判、处置和回应提供了助力支持。

（市体育局信息中心）

【重大活动会议期间安全】 年内，市体育局按照市委、市政府和市应急委《北京市值守应急工作管理制度》有关要求，在“两会”“中非论坛”北京峰会等重要会议期间，确保通信联络畅通，重要岗位有专人负责值守，且应急队伍备勤，随时准备应对各种突发事件。“中非论坛”北京峰会前夕，开展公共区域电子屏风险排查和安全防控工作，建立电子屏基础台账，督促有公共区域电子屏的单位，做好风险排查和安全防控的自查工作，确保不发生公共区域电子屏被非法攻击篡改、插播反动内容的安全事件。“中非论坛”北京峰会期间，确保遇突发事件“一键关机”“即时拔线”，第一时间做“断网”处理，并立即启动应急预案。

（市体育局信息中心）

【篮球世界杯信息工作】 年内，市体育局针对 2019 年国际篮联篮球世界杯组委会信息技术主要做了以下 5 个方面工作：对组委会信息技术部的人员组织构架进行合理的配置，邀请各委办局协同部门参与组委会工作，对接 8 个赛区的信息技术部门，保证组委会和各赛区建立有效的联系网；配合 FIBA 完成 8 个赛区的信息技术场馆考察工作，了解各个赛区的信息化现状；全面配合组委会各部门，完成 9 月 17 日的北京预选赛任务；与 FIBA 充分沟通，就信息通信技术的实施细则进行讨论，结合各赛区实际现状，完成修订信息通信技术实施附则工作；制订信息化实施规划，有序开展各项信息化改造工作，以保障 2019 年大赛期间信息化通信环境平稳运行。

（市体育局信息中心）

【网络系统日常监管和安全保护】 年内，市体育局每季度针对各类核心服务器主机、应用服务系统、数据库系统、网络和安全设备进行安全评估，针对漏洞、威胁和脆弱性提供安全加固建议。全年完成 4 次安全风险评估，形成《风险评估报告》《安全加固报告》《渗透测试报告》各 4 份。每月进行 1 次安全巡检工作，从整体安全性角度挖掘信息安全漏洞和风险，降低安全隐患。全年共完成 12 次安全巡检工作，共收到 49 份相关安全通告文档。

（市体育局信息中心）

【网站运维管理】 年内，市体育局开展网站系统化巡检 12 次，应急演练 1 次，实施安全风险加固 2 次。全年系统运转正常，没有出现重大安全事故。市体育局网站全年共发布信息数据 14657 条，同比增长 58.5%，更新业务数据 6462 条。总页面浏览量 68500217 次，日均浏览量 123934 次；总点击数 100030962 次，总访问量 3688568 人次，日均访问量 12467 人次。全年开展的多次政府网站信息内容建设情况抽查均为合格。

（市体育局信息中心）

【服务器和终端计算机维护】年内，市体育局通过运维监控平台对全局25台网络设备及16台安全设备的内存、CPU、端口流量进行7×24小时实时监测。每季度对网络设备进行专业巡检1次。本年度体育局上联主链路断网故障3次；协助学院恢复网络问题7次，协助体科所恢复网络问题3次，协助体服中心恢复网络问题2次。防火墙日志7×24小时实时记录攻击情况，每日拦截各类IP地址攻击150～170次。12月，针对110机房和UPS机房消防七氯丙烷钢瓶进行年检维修、充气和压力测试；对UPS供电系统，进行1次充放电测试。对局机关和木樨园体校的计算机终端、打印机等办公设备进行日常的维护和维修。全年，共维护616次，其中处理设备问题275次、处理软件问题341次。

（市体育局信息中心）

北京市统计局

【概况】北京市统计局（以下简称市统计局），主管北京市统计和国民经济核算工作，强化对区域发展及产业发展情况进行监测评价和为中央在京单位提供统计服务的职责。年内，北京市统计局以提高统计工作支撑保障能力为抓手，不断推进重要信息化工程建设，夯实信息化支撑保障能力，提高信息化管理水平，保障了统计事业的发展。

（市统计局）

【经普数据处理工作】年内，北京市第4次全国经济普查（以下简称四经普）工作是市统计局2018年重点工作，按国家经普办数据处理方案的要求，组织指导各区完成四经普PAD设备数量采购工作，制订四经普清查和正式登记数据处理方案，完成国家四经普清查和登记系统部署、培训和支撑保障；为满足北京普查业务要求，在国家普查数据处理系统上，增加指标、报表、审核公式，并研发北京清查单位批量录入功能和四经普事后质量抽查程序；清查期间，组织完成清查阶段单位经营活动规范查询系统和全市清查数据查询系统开发工作，登记期间完成普查报表数据审核服务系统开发，有20万家单位利用该系统审核普查报表。

（市统计局）

【统计信息系统三期工程】年内，北京统计信息系统三期工程开始运行。运用互联网、大数据、云计算等先进信息技术开展三期工程建设，已经形成“一个中心、两个贯通、三个平台”的建设思路并完成开发任务。全面完成2932个社区统计站的电脑和办公软件配备工作，实现全市4级统计机构信息化基础设施的全覆盖，完成联网直报系统、名录库管理系统、宏观库、各种普查等11个现有系统、659个表种、5330个报告期、约1.79亿条的数据整合，完成GDP新算法、北京统计调查、农村一套表平台等专项开发任务，支撑城市体检评估、数库建设、人口动态监测、高精尖企业认定、京津冀绿色发展统计监测、指标应用情况梳理等市局重点工作。

（市统计局）

【不断拓展利用大数据资源】年内，市统计局利用移动互联网、大数据、云计算等先进技术，不断推进将电子化行政记录和各类交易、交互、传感数据作为统计工作数据来源，拓展利用大数据资源，提高统计服务能力。在人口动态监测工作中，市统计局在劳动工资统计数据的基础上，结合全市电、水、燃气、垃圾部门数据，利用移动、联通、电信三大运营商信令数据、智能终端记录、位置记录等社会数据，实现按月度、多维度准确反映全市人口变化趋势的工作目标。为保证四经普清查工作质量，利用企业官方网站、招聘信息等网站数据，企业综合信息网站（如天眼查、启信宝等）、地图综合服务等综合性网站的公开数据，与北京市清查底册数据进行比对，获得新联系方式单位 18 万余家。通过新联系方式登记单位 7.6 万个，提高清查登记率 4.73%。利用移动支付大数据信息，推动生活性服务业监测，按月度更新互联网经济统计调查单位名录，建立北京市电子商务平台和重点互联网平台名录。

（市统计局）

北京市园林绿化局

【概况】北京市园林绿化局（以下简称市园林绿化局）是市政府直属机构，为正局级，加挂首都绿化委员会办公室（以下简称首都绿化办）牌子。主要职责是：负责北京市园林绿化及其生态保护修复的监督管理；组织北京市园林绿化生态保护修复、城乡绿化美化和植树造林工作；负责北京市森林、湿地资源的监督管理；组织制定北京市园林绿化管理标准和规范并监督实施；负责北京市公园的行业管理；负责北京市陆生野生动植物资源的监督管理；负责监督管理北京市各类自然保护地；负责推进北京市园林绿化改革相关工作；研究提出北京市林业产业发展的有关政策，拟订相关发展规划；组织、指导北京市国有林场基本建设和发展；依法负责北京市园林绿化行政执法工作；负责落实北京市综合防灾减灾规划相关要求，组织编制森林火灾防治规划和防护标准并指导实施；拟订北京市园林绿化科技发展规划和年度计划，指导相关重大科技项目的研究、开发和推广；负责首都全民义务植树活动的宣传发动、组织协调、监督检查和评比表彰工作；承办市委、市政府交办的其他任务等。市园林绿化局信息中心系市园林绿化局直属全额拨款正处级规范管理事业单位，承担局机关电子政务方面的建设、管理和技术保障工作；承担园林绿化方面相关信息的收集、处理等工作，维护和管理信息系统。2018 年，市园林绿化局坚持业务需求驱动，聚焦智慧引领，推动大数据应用研究和数据资源共建共享，开展智慧园林项目建设。持续推进“互联网 +”助力首都全民义务植树，不断提升政府网站公共服务水平，努力开创全市园林绿化信息化发展新局面。

（赵丽君）

【智慧公园建设】5 月 21 日，市园林绿化局印发《北京市智慧公园建设指导书》，提出运用“互联网 +”思维和新一代信息技术，对服务、管理、养护过程进行智能化控制和管理，实现与游人的互感、互知、互动。指导书明确智慧公园在基础设施建设、智慧服务、智慧保护、智慧管理、智慧养护5个方面的具体要求。年内，建成北京市公园风景区多元信息汇聚管理平台，实现多级任务管理、众包数据采集、用户行为分析等功能，助力全市公园风景区的精细化管理。

（赵丽君）

【园林绿化资源动态监管系统】8月16日，市园林绿化局园林绿化资源动态监管系统经过一年多的试运行，在百望草堂召开项目终验会，经过与会专家评审，项目通过最终验收。

（赵丽君）

【开展大数据应用研究】年内，市园林绿化局编制《北京市园林绿化局大数据工作方案》和《北京市园林绿化局大数据和云计算工作计划》，精心构建大数据资源体系；举办第3届北京智慧园林高峰论坛，利用大数据分析等新一代信息化技术，助力首都园林绿化精细化管理，创新北京市园林绿化服务新模式。首次利用人工智能和大数据等新一代信息技术，开展北京市城区“绿视率”调查研究。自动识别分析上百万张街景图片，绘制“绿视率”分布图，为全市留白增绿、见缝插绿，进一步扩大绿色生态空间提供科学依据，推动精准化“建绿、管绿”。通过人工智能图像识别技术，分析处理“花伴侣”大数据，透视判别全市花卉分布和结构情况，为调整花卉分布结构提供依据，助力本市花卉产业的发展。

（赵丽君）

【推进全市数据资源汇聚共享】年内，市园林绿化局按照《北京大数据行动计划》工作要求，不断加强共享开放数据的规范化管理，进一步推进园林绿化大数据应用，丰富拓展园林绿化数据资源，提高园林绿化大数据服务水平及能力。建立市园林绿化局大数据行动计划工作体系，整理完善北京市注册公园、观光采摘园、屋顶绿地等资源数据，完成园林绿化社会数据需求交流及反馈，对涉及市园林绿化局的48类资源数据进行核实、确认，并将数据汇聚目录和清单报送北京市大数据办公室。

（赵丽君）

【推进网上审批工作】年内，市园林绿化局积极推行“互联网+政务服务”，开展互联网服务和网上审批数据共享工作。研究推进市区两级分级审批的园林绿化业务的全市统筹，打破信息孤岛，推广并联审批、在线办理、一网通办等服务形式，实现98%的公共服务事项一网通办，做到让信息多跑路、群众和企业少跑腿。

（赵丽君）

【建设物联网数据汇聚共享平台】年内，市园林绿化局基于物联网和大数据技术，突破数据共享壁垒，建成物联网数据汇聚共享平台，将林场苗圃、森林公园等林地绿地的传感器数据进行汇聚，动态感知园林绿化环境，实现物联网助力园林环境动态监测。

（赵丽君）

【局（办）政府网站建设】年内，市园林绿化局按照北京市政府办公厅有关要求，加强政府网站规范管理，增加全市统一规范的市园林绿化局网站yllhj.beijing.gov.cn子域名指向，开通政府网站无障碍浏览功能，规范、调整园林绿化系统信息报送、审核、发布工作流程，印发《北京市园林绿化局加强政府网站建设管理实施方案》。按照全国林业信息化工作领导小组办公室要求，认真开展全市园林绿化行业中国林业网子网站的自查、整改工作。全市园林绿化系统保留12个子网站，关停18个子网站。

（赵丽君）

北京市地方金融监督管理局

【概况】 北京市地方金融监督管理局（以下简称市金融监管局）是市政府直属机构，加挂北京市金融工作局牌子。机构改革后主要职能转变为强化属地金融监管职责，消除监管盲区和监管空白，加强北京市金融机构的风险防范处置。落实非法集资防范处置的责任，及早发现、妥善处置，维护属地金融稳定。2018 年，市金融监管局以建设“管用、好用”信息化基础设施为标准，全力推进首都金融综合信息服务平台建设；主动引领国家和市政府工作落地，按时完成市大数据行动计划各相关工作、网上审批“一网通办”系统建设及其他市级重点工作部署；着力打造网络及信息化安全保障体系，做实基础支撑平台建设及维护，为首都金融业发展的信息化支撑保驾护航。年内，市金融监管局首次使用市级政务云实现平台相关功能。

（王斯奇）

【首都金融综合信息服务平台建设】 年内，首都金融综合信息服务平台建设进入攻坚期，市金融监管局联合项目承建和监理单位先后召开平台建设监理例会 11 次，平台项目专家论证会、评审会各 1 次，编制 8 期《首都金融综合信息服务平台建设专报》。8 月，平台项目成果通过专家验收会初步验收。首都金融综合信息服务平台为市金融监管局内部系统的基础支撑平台，通过搭建功能完整的应用支撑平台，建设交易场所数据监测系统、私募股权基金业管理系统、金融业节能减排监测系统、企业挂牌上市服务系统、在京法人金融机构信息管理系统、挂牌上市后备资源企业管理系统、移动 App 信息管理系统和配套基础设施，同时扩展融资性担保公司和小额贷款公司监督管理信息系统的功能，形成对首都金融相关基础数据的统计分析、部分行业发展的监管监测，强化对企业的服务和金融风险的防范。在此基础上建设内部门户系统和分析决策系统，便于局领导、各业务处室及相关单位开展首都金融行业分析监管、风险预警以及决策会商，实现对工作的支撑，保证首都金融行业稳定、健康发展，助力首都经济发展和社会进步。

（王斯奇）

【编制局信息化顶层设计方案】 年内，市金融监管局着手编制了《北京市金融工作局信息化顶层设计（2018—2022）》并已报送市经济和信息化局备案。顶层设计是统筹全局信息化建设工作，明确未来一段时期内信息化工作方向的控制性规划文件，坚持需求导向、统筹集约、资源共享的原则，从业务架构、应用架构、数据架构、基础设施架构等方面出发，升级建设新一代信息化基础设施，依托首都金融综合信息服务平台，建设四类应用系统，汇聚三类数据，实现从系统整合升级到大数据创新利用。

（王斯奇）

【开通政务审批“一网通办”】 年内，市金融监管局根据《北京市金融工作局加快推进“政务服务网上审批”工作方案》要求，积极推进政务服务“一网通办”工作。截至年底，全部开通网上政务服务事项，网上可办理率 100%。

（王斯奇）

北京市人民防空办公室

【概况】根据《北京市机构改革实施方案》，11月8日，北京市人民防空办公室举行挂牌仪式，北京市民防局正式更名为北京市人民防空办公室（以下简称市人防办），为市政府直属机构。市人防办深入贯彻落实习近平总书记对人民防空一系列指示精神，聚焦信息化条件下首都安全和首都人民防空需要，紧密围绕“战时防空、平时服务、应急支援”的使命任务、首都城市战略定位和京津冀协同发展，继续加强指挥信息平台、警报报知系统、短波通信系统等信息系统建设，为构建和提升基于信息系统的人民防空体系防护能力提供支撑和保障。建立长效机制，继续开展北京市人防指挥通信车跨区通信支援演练，深入推进京津冀通信协同训练常态化，每月定期组织开展京津冀三地人防无线通信协同训练，三地人防通信协同保障能力逐年提升。

（言　芳）

【指挥信息平台建设】年内，市人防办注重加强市、区、街道（乡镇）三级指挥平台和通信信息装备设施配套建设，指导各区人防办开展指挥所信息系统建设，完成顺义区、丰台区的区级人防指挥所建设，全市新建街道（乡镇）指挥所26个。

（言　芳）

【警报报知系统建设】7月，市人防办完成亦庄经济技术开发区警报控制分中心建设；按照国家人防部门对城市警报音响覆盖率和统控率的要求，新建52套固定电声警报器，更新334套电声警报器后备电源和蓄电池，改造300套电声警报器主机，由普通型改造为防误鸣型电声警报器；针对远山区乡镇地域特点，换装28套新型警报控制终端实现可靠控制。在防空警报试鸣中，该设备得到充分验证。

（言　芳）

【通信系统建设】7月，市人防办完成短波电台三期升级改造建设任务。完成17套多信道接收机、1套固定式多网融合设备、17套车载式多网融合设备安装，进一步提升应急情况下的通信保障能力。

（言　芳）

【市人防工程信息管理平台建设】市人防办开展市人防工程信息管理平台建设，12月底完成平台的基础框架搭建，继而进行软件开发。人防工程信息管理平台通过对既有人防工程相关应用软件系统的整合和升级改造，突出行政认可、质量监督、使用管理多业务多功能，单点登录、一站办理，集综合服务和决策支持于一体的理念。实现涵盖人防工程规划、设计、施工、质量监督、竣工验收、工程使用全过程信息化管理。实现业务流程环节的全面贯通、业务协同，实现数据共享交互，实现业务信息标准化、规范化。

（言　芳）

【“雪亮工程”建设】年内，市人防办按照全市“雪亮工程”建设统一部署制订工作方案，细化任务分工，指导、督促各区人防办推进开展“雪亮工程”建设工作。在实地调研的基础上，完成“雪亮工程”人防市、区两级图像管理平台的深化设计，并通过市图像办审核。

（言　芳）

【图像信息管理平台建设】 12 月，市人防办组织完成市人防本级和 14 区（除房山区、通州区）人防部门图像信息管理平台建设。年内，共接入各区图像信息 658 路。人防图像信息管理平台的建设，为完善北京“雪亮工程”，为战时调度指挥、突发事件应急处置、工程运营监管、区域治安日常防控提供信息支撑。

（言　芳）

【人防高点监控系统建设】 年内，市人防办在全市范围内新建 24 处高点监控点，提高了人民防空高点覆盖范围，增强了对全市应急管理的支撑力度。

（言　芳）

【组织全市警报试鸣，指挥疏散演练】 年初，北京市成立市防空警报试鸣工作领导小组。9 月 15 日，在北京市五环路以外区域进行防空警报试鸣，全市除东城区、西城区外，14 个区共 684 台防空警报器参加此次防空警报试鸣。结合试鸣组织了人防指挥和人口疏散演练。市、区两级同步开设防空警报试鸣指挥部。全市 26 所学校的部分师生和 44 个社区的部分居民、指挥机构及通信保障人员共计 11900 余人参加了试鸣和疏散掩蔽演练。人防通信和信息系统实现疏散掩蔽演练现场与市、区人民防空指挥所信息实时传输，为组织指挥提供可靠保障，各人民防空指挥部成员对演练活动进行全程督导。全市防空警报器鸣响率为 99.7%，统控率为 98.97%，警报试鸣达到预期效果，有效检验了全市防空袭警报保障方案和防空警报系统的完好率。

（言　芳）

【推进人防警报研究成果转化应用】 近 3 年，市人防办在防空警报领域，先后开展了“警报防误鸣”、“蓄电池更新周期”和“后备电源优化”系列研究。在试用验证的基础上，年内将警报 3 个课题成果进行优化整合，研制出具备防误鸣和远程监控功能的智能型警报终端（防空警报器），缓解了警报器点多面广与维护管理困难的矛盾，有效提高了系统完好率，大幅度降低了误鸣风险，蓄电池寿命延长 25%，收到良好的战备效益、社会效益、经济效益，现已在全市 714 处警报点应用。

（言　芳）

【非涉密网络信息安全防护改造】 年内，市人防办为加强人防办网络信息安全，针对网络普及应用带来的风险增加，部署具备保密检查、敏感信息实时监控、数据防泄漏等功能的非密网络保密综合监控管理平台，有效防止了违规使用非涉密计算机终端而产生的保密安全风险，最大限度地发挥“技防”手段的补位作用，确保人防办网络信息安全。

（言　芳）

【加强人防专业队伍训练】 年内，市人防办采取分期分批集中培训与各区自行训练相结合的方式，狠抓专业训练和培训制度化管理。按照国家人防办颁发的相关专业训练与考核大纲要求，每月定期组织市、区两级人防系统专业人员开展各类通信训练。专项组织全市人防系统开展短波电台、警报报知系统培训，完成北京民防短波通信志愿者大队集训和考核比武。

（言　芳）

【人防指挥通信车驻训暨岗位练兵】 4 月，市人防办在房山区组织了为期 5 天的全市人防指挥通信车驻训暨岗位练兵活动，80 余人参训。新疆维吾尔自治区人防办、乌鲁木齐市人防办派人全程参加驻训活动。活动主要进行理论授课、故障分析与排除、单装操作、实兵综合演练、竞赛考核等内容，锻炼了通信专业队伍，进一步提升了指挥通信车操作人员的业务素质和执行应急任务通信保障能力，检验了全市指挥通信车设备的性能和完好率。

（言　芳）

【京津冀人防跨区联合支援通信演练】 5月7日至13日，市人防办按照《京津冀人防协同发展的意见》和《京津冀人防通信协同发展和跨区支援备忘》的约定，组织代号“京津冀人防—2018”跨区联合支援通信实兵演练，天津市、河北省所属部分城市人防办人员和装备全程参加，三地人防指挥所通过远程互联互通的方式参加演练。京津冀人防共107人、21辆通信和装备器材车参加了地质灾害救援、重要民生目标通信中断、人口紧急疏散转移、次生灾害救援科目的演练。历时7天，训练演练11次，指挥所开设撤收4次，行军560余千米。三地人防部门区域协同、组织严密、配合默契，各通信要素开通迅速、联络准确、优质高效、圆满地完成演练课题，达到了“练组织协同、促过硬作风、强保障能力”的目标，锻炼和提高了京津冀人防专业队伍业务素质和跨区域协同作战保障能力。

（言　芳）

【京津冀人防无线通信协同训练】 年内，市人防办按照北京市民防局、天津市人防办、河北省人防办联合印发的《京津冀人防无线通信协同训练实施方案》，建立无线通信协同训练长效机制，定期组织开展京津冀三地人防无线通信协同训练。组织各区人防办、市防空防灾信息中心、市人防通信站参加京津冀无线通信协同训练9次，圆满完成年度协同训练任务。

（言　芳）

【京津冀跨区通信协同训练】 年内，朝阳区、延庆区、门头沟区、昌平区、房山区等区人防办分别与津冀相邻区、地级市开展通信协同训练。

（言　芳）

【完成各类重大通信保障任务】 1月27日至2月2日，密云区人防办指挥通信车出色完成溪翁庄镇燃气液化气站火灾现场应急通信保障任务；7月16日，密云区石城镇张家坟村道路中断，怀柔区人防办指挥通信车冒雨及时赶赴该镇完成跨区支援通信保障任务；9月3日，昌平区人防办指挥通信车赴天通苑南站地铁站执行中非合作论坛安保“人物同检”现场视频通信保障任务。

（言　芳）

北京市知识产权局

【概况】 北京市知识产权局（以下简称市知识产权局）是负责北京市知识产权保护组织协调工作和专利工作的市政府直属机构，负责组织协调北京市保护知识产权工作，推动知识产权保护工作体系建设，贯彻落实国家关于专利工作方面的法律、法规、规章和政策，负责北京市专利信息公共服务体系的建设，促进北京市知识产权产业发展。2018 年 11 月，北京市知识产权局的职责、市工商行政管理局的商标管理职责、市质量技术监督局的原产地地理标志管理职责，重新组建市知识产权局，作为市政府直属机构。

（杨　扬）

【北京市知识产权公共信息服务平台建设】 北京市知识产权公共信息服务平台 http：//www.beijingip.cn（以下简称信息平台）是利用云计算、大数据、移动互联等技术构建的城市创新信息服务基础设施，对北京市知识产权创造、运用、保护和管理工作提供全方位的信息服务，对创新主体和产业主体的技术协同创新提供多维度的信息支持，对政府部门、企事业单位和社会公众提供多层次、多形式的知识产权信息服务。信息平台主要建设内容为提升信息化基础设施，扩容信息资源库，建设应用系统等。信息平台建设项目于 2015 年 5 月 15 日启动应用软件开发及硬软件采购集成工作，2017 年 11 月 10 日全部竣工。2018 年 8 月 30 日，市发展改革委核定项目竣工决算。

（杨　扬）

【开发移动端知识产权服务 App“北知社区”】“北知社区”是市知识产权局面向社会公众提供知识产权服务的 App，在 4 月 26 日世界知识产权日正式上线，由信息中心负责开发和运维。“北知社区”的功能包括扫码查专利、办事导引、行业资讯、活动报名、IP 同行论坛、有奖答题等，是一款向大众普及使用的知识产权应用工具。依托“北知社区”App、北京知识产权微信公众号、北京市知识产权公共信息服务平台三大公共服务产品，能为公众提供便捷高效的知识产权服务，北京市知识产权公共信息服务 App 的开发，积极推动了北京市知识产权公共信息服务的普及和发展。

（杨　扬）

中关村科技园区管理委员会

【概况】 中关村科技园区管理委员会（以下简称中关村管委会）是负责对中关村科技园区（包括海淀园、昌平园、顺义园、大兴—亦庄园、房山园、通州园、东城园、西城园、朝阳园、丰台园、石景山园、门头沟园、平谷园、怀柔园、密云园、延庆园）发展建设进行综合指导的市政府派出机构。中关村管委会的主要职能是贯彻落实国家有关法律法规和政策，研究拟订园区的发展战略和规划，参与组织编制园区有关空间规划，组织研究园区相关改革方案，促进可持续发展；研究制定园区发展和管理的相关政策，起草相关地方性法规草案、政府规章草案；协调整合各类创新资源，开展园区创新创业、高新技术研发及其成果产业化、科技金融、人才资源、中介组织、知识产权保护等方面的促进和服务工作；负责管理市财政拨付的园区发展专项资金，并协助有关部门监督专项资金的使用；根据市政府授权，对北京中关村发展集团股份有限公司市级财政投入资金履行出资职责，依法对其国有资产进行监督管理，并加强业务指导；统筹产业空间布局，对各分园整体发展规划、空间规划、产业布局、项目准入标准等重要业务实行统一领导；承担示范区领导小组的具体工作，负责园区内各类协会组织的联系工作；开展园区国际交流与合作，提升园区国际化发展水平；承担园区外事、宣传、联络等工作。年内，中关村管委会按照国家、北京市关于信息化建设的最新要求，以提升营商环境和更好地服务创新创业主体为目标，研究信息化手段如何更好地支撑中关村示范区业务和服务能力，如何优化和提升各类现有信息化系统的功能架构，提出推动大数据在促进科技成果转化应用、更有效地为中关村示范区企业服务、优化营商环境等方面的应用实施策略和实践路径，促进业务协同、提升服务能力，使信息化的作用不断“显性化”。

（中关村管委会）

【企业统一申报初见成效】6月，中关村管委会结合“1+4”政策体系（“重大前沿项目与创新平台建设的若干措施”+“支持人才发展优化创业服务资金管理办法”“提升创新能力优化创新环境支持资金管理办法”“促进科技金融深度融合创新发展支持资金管理办法”“一区多园协同发展支持资金管理办法”）的发布实施，启动“1+4”线上申报平台建设，按需制定系统开发原则与开发计划，建设涉及9个业务处室的46个资金申报点支持系统，并根据政策的调整变化在年内完成16个资金申报项目的线上申报受理工作，公开网上办事服务事项清单，包含平台操作使用手册和网上征集项目申报服务指南；实现用户注册、申报入口、信息反馈的统一，企业通过一个账号、一个地址、一个界面完成符合条件的已上线项目申报。

（于喜鹏）

【实现行政管理在线化】年内，中关村管委会加快推进核心业务在互联网上运行的进度，实现行政管理的在线化、协同化、平台化。深入推进“互联网+政务服务”，全面实现行政许可网上办理，利用信息技术手段进行监管督察，初步实现移动办公、移动监管；依托互联网平台，面向行业、社会公众提供及时有效的政策法规、行政管理、监管督察等相关信息；利用信息技术手段辅助规范行业管理并适当公开。

（于喜鹏）

【初步形成标准的规范化】年内，中关村管委会面向核心业务，对已有业务流程进行梳理和优化，根据信息化系统应用优化优先级和紧迫程度，初步制定或完善所需的标准规范和管理制度；逐步实现规范体系化、制度透明化，并加强宣贯引导，建立监管机制，确保自上而下全员覆盖，使之能有效地指导、规范行业信息化相关工作。

（于喜鹏）

【业务协同及信息数据的连通共享】年内，中关村管委会基于应用系统较为繁复的情况，逐步实现业务应用之间的互联互通、业务协同；基本实现中关村示范区内相关企业、相关部门的基础、核心信息数据的汇聚、分级、分类管理，形成信息数据资产，完成行业基础、核心信息数据的汇聚、处理、开放、共享、互认，并适当向行业和社会公众开放，以信息化提升数据化管理与服务，加快大数据应用模式研究，深化大数据在行业的创新应用，推动大数据产业的发展。

（于喜鹏）

【提升行业服务质量】年内，中关村管委会推进行业发展与信息化的深度融合，增加信息化建设投入，采用互联网、大数据等新一代信息技术推进行业管理全面深化改革、促进行业服务不断转型升级；推进企业信用社会化监督，建立规范化共建共享项目管理体系，为服务提供及时、准确、可靠的信息依据，使面向行业、社会公众提供的行业服务更高效、便捷，满意度不断提高。

（于喜鹏）

【实现网络信息安全可控】年内，中关村管委会核心信息系统的安全防护得到全面加强，统一的身份认证、信息安全认证体系基本建成，基本实现核心信息系统和关键信息数据安全的可管、可控。建立网络信息安全防范措施，提升网络安全技术，增强网络安全意识，建立更好的网络信息安全环境，以尽可能地减少网络安全的威胁。

（于喜鹏）

【优化信息化发展环境】年内，中关村管委会进一步健全统筹协调、运行维护、绩效考核等管理机制，进一步细化落实信息化建设规划，各部门贯彻落实信息化发展目标和建设任务，重视信息化建设，注重信息化专业人才培养，形成统一规划、组织领导、分工合理、责任明确、运转顺畅的工作机制，为中关村管委会信息化发展提供完善、高效的发展环境。

（于喜鹏）

【加强数据统筹管理】年内，中关村管委会加强全委数据统筹管理，提高数据共享的效率和效能。累计为委内各部门开展高精尖产业研究、创新创业金融支持等工作提供统计数据和咨询服务 10 万余条。

（于喜鹏）

【丰富数据资源】年内，中关村管委会编制修订了《中关村管委会职责目录（报审稿）》，目录涵盖 11 个业务处室的数据资源，完成中关村管委会在全市大数据平台上的部门“入链”“锁链”工作，并依托该系统不定期收集、共享相关数据，不断丰富企业数据维度。

（于喜鹏）

【企业信息库搭建初具规模】年内，中关村管委会通过“1+4”线上申报平台沉淀了企业的证件库、专利、商标、标准及各委办局共享的各类项目数据，并对接至融合数据中心，不断充实管委会数据维度，为中关村管委会提供数据支撑。

（于喜鹏）

【政务信息整合工作取得阶段性进展】年内，中关村管委会根据全市政务信息整合共享的要求，在建设“1+4”线上申报平台时充分考虑信息系统整合，开发建设的同时进行整合工作，年底实现对外服务的部分申报项目和申报数据的整合。

（于喜鹏）

北京经济技术开发区管理委员会

【概况】年内，北京经济技术开发区管理委员会信息化工作办公室（以下简称开发区信息办）持续推进“智慧城市”建设，贯彻落实国家和北京市大数据发展战略，在“智慧城市”之上发挥“大数据效应”,开展“智慧城市＋大数据”建设，启动大数据发展行动规划研究。按照北京市大数据发展战略部署，结合开发区“四区一阵地”发展定位，通过需求分析、标杆对照，识别开发区大数据行动的主要目标、关键指标、重点任务和保障措施，启动开发区大数据发展顶层设计，为开发区提供信息化服务支撑和保障。处置应对GandCrab勒索病毒传播，确保政务网络安全和数据安全。

（陈　晟）

【公共Wi-Fi累计布点4322处】12月，北京经济技术开发区新建Wi-Fi热点995处，升级政务办公Wi-Fi核心网络，升级并替换热点285处，对公共Wi-Fi用户100%实名认证，上线“无限亦庄”App和公共Wi-Fi众测App。截至年底，开发区内公共Wi-Fi累计布点4322处。布点范围覆盖开发区政府服务场所、文教医疗与体育场馆、城市景观道路、市政公园绿地、地铁站点周边、社区服务站、重点在施工地、会展中心与科技园区8类公共区域，

（高　卿）

【防汛物联监测范围扩大】12月，北京经济技术开发区完成防汛排水物联监测与分析决策系统（一期）项目建设。该项目在凉水河、新凤河流域和区内重要积水部位安装22处防汛监控摄像头和水位监测雷达，实现前端重点防汛点位实时监控、应急处置。

（高　卿）

【“数绘亦庄”平台建设完成】年内，北京经济技术开发区完成“数绘亦庄”即智慧城市大数据可视化展现平台建设。该平台以开发区智慧城市和大数据建设成果为依托，汇聚政务数据、物联数据、社会数据，通过多维数据关联、挖掘、融合、分析、展现，实现城市运行、交通出行、公共服务、基础设施、产业经济等领域数据的实时运行监测、全景展示和趋势分析，促进管理决策透明化、可视化，提升区域运行管理创新力。

（冯若娇）

【政务大数据平台搭建完成】年内，北京经济技术开发区政务大数据平台搭建完成，形成以政务云平台基础设施、管理平台和政务大数据平台为主要支撑的开发区政务云平台体系。开发区管委会自建机房2个、服务器资源池托管1处、上线运行服务器211台（物理机153台、虚拟机58台），支撑各部门75套系统应用。

（周　超）

【“一网审批”平台建设】年内，北京经济技术开发区开展“一网审批”平台项目建设工作。该平台实现开发区行政审批和公共服务事项在

线查询、预约、办理等功能，后台审批系统为企业、公众提供便捷的政府服务，实现“群众少跑腿、信息多跑路”。

（张澎涛）

【视频智能识别分析平台建设完成】年内，北京经济技术开发区完成视频智能识别分析平台建设工作。该平台利用开发区600多路视频资源，结构化处理现有视频图像，可根据特定特征从海量视频图像中对人、车进行检索、筛查、定位，为城市管理、公共治安等提供管理支撑。

（陈　晟）

【“亦路畅通”信息平台建设完成】年内，北京经济技术开发区完成“亦路畅通”信息平台建设工作。该平台以“宜业”“亦居”“易行”为设计主线，旨在为居民打造一个以服务设施、公共资源、共享空间为基础的公共服务平台。该平台整合公共Wi-Fi、办事服务、路况信息、停车管理、公共低碳交通出行、休闲健身场所、便民生活信息、无障碍通行等便民服务信息，通过微信公众号和App及时为公众提供信息服务。

（冯若娇）

【货运车智能监管项目建设完成】年内，北京经济技术开发区完成货运车智能监管项目建设。该项目利用大数据和视频智能分析技术，实现开发区货运车辆出行的实时监测、动态感知、态势预测、精准管理。

（王飞程）

【智慧停车场试点建设完成】年内，北京经济技术开发区完成智慧停车场试点建设工作。该工作以博大公园公共停车场为试点，通过窄带物联网实现车位占用情况实时监测和发布、车辆进出自动控制，规范停车秩序，提高公众停车效率和停车资源利用率，为公众停车提供便利。

（张澎涛）

【亦视界城市元素智能云平台建设】年内，北京经济技术开发区开展亦视界城市元素智能云平台（交通专题）建设项目工作。该项目通过盘点城市道路交通基础设施，制定资产数据标准，建立可持续更新数据库，实时掌握核心数据，利用三维可视化、大数据等技术，实现道路交通基础设施的可视化、动态化、精细化管理。

（陆　丹）

【智能违停抓拍系统覆盖范围扩大】年内，北京经济技术开发区完成违章停车监控抓拍系统（二期）项目建设工作，启动违章停车监控抓拍系统（三期）项目实施。截至年底，该项目共有138个智能监控摄像头，分布于京东商城、永康公寓、博客雅苑、亦城茗苑、鹿海园早市、地铁沿线等违章停车现象频发区域，对违章停车行为实施自动检测、拍照取证，为交通执法提供依据，保障城市运行管理稳定。

（高　卿）

【物联感知城市窨井安全监控防御项目建设】年内，北京经济技术开发区开展物联感知城市窨井安全监控防御项目建设工作。该项目以核心区为应用试点，用北斗定位系统对给水、雨污水、燃气等主要管井位置进行精确定位和采集，安装监测传感器设备和声光报警装置，实时监测井盖移位、热力井温湿度、雨水井液位、燃气井燃气泄漏和雨污水井有害气体浓度等指标，实现核心区范围内1.8万个窨井的自检自测自报警，实现区域内城市窨井、井内有限空间的安全监测和管理。

（周　超）

【中心推出IPv6公共DNS服务】年内，下一代互联网关键技术创新中心宣布推出IPv6公共DNS：240c：6666，通过免费提供性能优异的公共DNS服务，为IPv6互联网用户打造安全、稳定、高速、智能的上网体验，助力中国

《推进互联网协议第六版（IPv6）规模部署行动计划》落实。同时，中心联合全球IPv6论坛（IPv6 Forum）启动IPv6公共DNS的全球推广计划，旨在为全球用户提供更优质的上网解析服务。中心在北京、广州、兰州、武汉、芝加哥、弗里蒙特、伦敦、法兰克福等地区部署递归节点，基于IPv6 BGP Anycast方式部署，让用户可以就近访问，使域名在解析到根服务器的访问时延明显缩短，在速度上得到保障。IPv6公共DNS将通过主动同步com/net域名、缓存热点域名等举措，减少递归过程，以最大程度实现快速应答。

（张　辰）

【政务网络诱捕工作启动】年内，北京经济技术开发区启动政务网络诱捕工作。该工作采用网络诱捕技术分析开发区管委会政务网络访问，归类、甄别、分级越界行为，分析风险趋势，实现提前预警。全年进行2次诱捕工作，发现并处理网内存在的可疑主机计算机设备27台。

（杨　超）

【日常政务网络系统隐患排查】年内，北京经济技术开发区强化日常政务网络系统隐患排查和安全控制工作，对开发区内政务网络系统的215台服务器、13台安全设备进行安全风险检查，对21个应用系统进行全面常规渗透测试（包括1个新上线应用系统）。根据检查和测试结果对服务器和应用系统进行相应安全加固，处理高风险漏洞12处、中风险漏洞11处、低风险漏洞61处，提高系统抗攻击的能力。

（杨　超）

北京市气象局

【概况】年内，北京市气象局（以下简称市气象局）信息化工作围绕气象现代化建设任务和重大活动保障，积极推荐服务器及网络升级改造工作，努力提升信息网络对业务的支撑能力和服务水平。坚持创新驱动、统筹协调、开放合作、成果共享4项原则，努力建设以智慧气象为重要标志的“国际一流、国内领先、首都特色、准确细致”的气象现代化体系。

（翟佳龙）

【推进世园会气象科普宣传方案设计】1月11日，市气象局召开世园会气象科普宣传展示方案专家研讨会，就如何在生态文明建设中展示气象元素，展现气象在生态文明中的作用，与园艺主题融合，以及体验环节设计、技术问题等内容进行研讨。提出要用专业的逻辑、科学的气象依据诠释“既要绿水青山，也要金山银山”理论的正确性，让参观者理解生态文明理念，认识到重视生态文明、生态修复是人类共同的事业。设计要注重外在美感，要认识展出本身

传递的生态文明建设责任，通过正反两面展示人类活动对生态的影响。就采用“小球大世界”、生态地图等方式参展形成较一致意见。

（叶芳璐）

【参加“科技冬奥”重点专项专题研讨会】 1月31日，市气象局科技部联合北京冬奥组委组织“科技冬奥”重点专项专题研讨会。气象部门专家代表建议，尽快确定赛道规划，明确赛道预报点，开展三维立体综合气象观测，为赛事气象服务保障提供精细化监测数据；加强与提供冬奥保障服务的用户对接，提炼考核指标，让任务落地；建议各部门协同合作，在人工智能、大数据挖掘、产品显示等方面与其他部门共享技术，提增成果推广效益。

（市气象局科技处）

【气象预报研究项目获市科技三等奖】 2月5日，市气象局推荐的“城市群复杂下垫面边界层过程及精细气象预报关键技术研究与应用”项目获得2017年度北京市科学技术奖三等奖。该项目是由中国气象局北京城市气象研究所、长三角环境气象预报预警中心和广州热带海洋气象研究所联合研发。项目针对国家城市群快速发展背景下日趋精细的城市气象预报和服务需求，通过超大城市群复杂下垫面能量平衡特征的观测与特征分析，提高对城市冠层及边界层过程的认识，发展新一代城市陆面模式系统。项目的研究成果应用于国家三大城市群地区的气象和环境气象精细预报业务系统中，有效提高了系统的预报能力。研发的基于精细数值预报系统的城市环境气象应急响应系统，应用于国家环境气象应急响应中，发挥了重要作用；发展的城市小尺度环境气象应急响应模式被国家气象中心采纳，集成到“十二五”重点工程“核及危险化学品泄漏气象紧急响应系统”中，应用到全国；发展的城市环境气象应急响应系统应用到北京区域气候中心的应急业务中，针对可能发生的化学袭击提供应急气象服务保障。

（市气象局科技处）

【通过北广移动传媒宣传世界气象日】 3月23日是第58个世界气象日，市气象局围绕“智慧气象”主题策划制作宣传片，通过北广传媒移动电视向公众进行播放，宣传世界气象日。宣传片在北京公交移动电视，以及覆盖政府机关、企事业单位、银行、医院、写字楼、商超等公共场所的7600多台北广传媒楼宇进行电视播放，介绍从古至今气象观测设备、气象预报方法、气象信息传播方式的变化，展现气象工作从人工走向智能的科学博弈，介绍了市气

象局开发的“旅游天气助手”微信小程序以及“首都之窗”网站首页、市气象局官方网站、“气象北京”官方微博、微信等获取气象预报预警信息的方式。

（叶芳璐）

【联合市政府新闻办开展气象日网络直播】 3月23日，市气象局联合市政府新闻办开展“智慧气象服务你我”直播活动，解答网友对天气与气候知识的疑问，增加百姓获得感。直播首次通过推流模式将直播信号传输到新浪微博@气象北京、@北京发布、今日头条、腾讯企鹅号、斗鱼网等网站，并联合各区气象局在微博上进行宣传，@北京发布还对直播进行了矩阵式发布，扩大直播覆盖面和影响力。直播期间，各平台直播访问量共计8万余人次。其中，@气象北京和@北京发布的直播访问量分别达到3.6万人次和4.4万人次。直播中，专家还就网友提出的北京春季为何短暂、雷电发生时如何躲避等问题进行解答，普及气象灾害防御措施、雷电天气能否接电话、什么温度下最适合户外运动、汛期北京天气特点、在北京何时赏樱最靠谱、花期预报受到哪些气象条件影响、气象预报预警信息的获取方式等。还通过知识有奖问答，让网友在收获知识的同时收获快乐。

（叶芳璐）

【利用地铁和展板宣传世界气象日】 3月23日是第58个世界气象日，市气象局、市科委、北京气象学会共同策划的纪念世界气象日宣传海报被投放到北京地铁1号线万寿路、公主坟等8个地铁站的文化公益广告窗，向公众宣传气象日主题和气象预报预警信息获取方式。

（叶芳璐）

【推进“科技冬奥”重点研发项目】 3月，市气象局“冬奥会气象条件预测保障关键技术”列入科技部发布的“科技冬奥”重点专项年度第一批项目申报指南，项目下设5个课题，分别为，冬奥赛场精细化三维气象特征观测和分析技术研究、冬奥高分辨率快速更新短临预报预警技术应用研发、冬奥中短期精细数值天气预报技术应用研发、冬奥赛场定点气象要素客观预报及风险预警技术研究及应用、冬奥气象专项影响预报及智能化气象服务技术研究与应用。5月29日，冬奥气象中心、中国气象局科技司、国家气象中心、公共气象服务中心、北京市气象局、河北省气象局等单位领导和专家齐聚，就“科技冬奥”重点研发专项项目进行研讨。

（叶芳璐）

【气象计量检定所通过质量管理体系认证】 3月，北京市气象仪器计量检定所被定为质量管理体系建设先行试点单位，随之成立工作小组，确定第三方认证机构，制订质量管理体系建设实施方案，组织开展培训，对质量科（业务监督管理室、仪器收发室）、计量检定科（温度、湿度、气压、风洞、降水和酸度）等计量检定室开展质量体系认证。气象设备的检定数据从获取到应用全过程可追溯，通过用户反馈机制，滚动修订并完善数据需求指标，保障并增强数据可用性。9月7日，经中国质量认证中心认证，通过ISO 9001国际质量管理体系认证，10名检定人员获内审员资格。

（孙雪琪　张鹏）

【气象信息化领导小组全年首次会议】4月12日，市气象局召开气象信息化领导小组全年第一次会议，审议通过《北京市气象局信息化实施方案（2018—2020年）》《北京市气象局2018年信息化工作计划》《北京市气象局信息化总体设计报告（2018—2020年）》等方案。

（冯子晏）

【北京城市气象研究院国际科学指导委员会】5月17日，北京城市气象研究院（筹）国际科学指导委员会成立，致力于指导和推动城市气象研究院科学发展，参与城市气象与环境气象、城市边界层模拟、高影响天气机理等研究。聘请中国科学院外籍院士、瑞典皇家科学院院士、瑞典哥德堡大学物理气象学中心教授陈德亮担任主任委员，美国大学大气研究联盟、美国圣何塞州立大学、中国科学院、北京师范大学的教授担任委员。委员会成立当天，召开第一次会议，做出城市院（筹）科研进展、城市气象观测分析研究、城市短临预报模式系统研发、城市天气预报、城市气候研究、云微物理研究进展等工作报告，并围绕如何建设好城市气象研究院开展研讨。

（叶芳璐）

【4地签署跨区域气象战略合作框架协议】5月25日，北京市平谷区，天津市蓟州区，河北省三河市、兴隆县4地气象部门签署《气象战略合作框架协议书》，根据协议书，4地气象部门将在数据信息、专业服务、科技创新等方面开展合作：建立气象灾害防御信息共享机制，建设4地气象信息共享与气象灾害防御平台，开展针对各类气象监测数据信息共享；针对重大天气过程、区域重大事件、区域重大工程建设、区域重大活动等开展气象保障服务与天气联防；针对区域性重要天气过程、重大气象灾害联合开展天气会商，实现雨情、土壤墒情、预报预警信息及防汛抗旱工作动态、气象灾害防御预警预报信息共享；对接气象为农服务平台，将4地区域农业气象信息互通互联，实现农业气象融合发展；开展环境气象监测、分析、预报，加强交流，共同为区域大气污染防治提供技术支撑；联合开展交通气象服务，为区域交通出行提供指南；搭建四地科研合作机制，联合开展气象科学研究、服务系统开发、人才培养和人员交流活动，实现4地科研成果跨区域示范应用。

（张茜　叶芳璐）

【京津冀环境气象预警中心臭氧预报】5月31日，京津冀环境气象预报预警中心制作的《环境气象快报》，对臭氧的污染气象条件进行了详细预报。在全国范围内，京津冀环境气象预报预警中心率先实现臭氧气象预报业务规范化。京津冀环境气象预报预警中心自2014年开始，依托上甸子大气本底站等观测数据，开展光化学污染的相关研究，从臭氧前体物、气象条件、输送通道等多个角度进行分析，对北京地区臭氧产生机理，主要控制因子等深入了解。2017年，初步建立臭氧污染典型天气模型，根据臭氧污染的出现特征，利用数据模式与神经网络模型结合的方式，研制了臭氧气象预报客观方法，并与中国气象局气象科学研究院联合开展臭氧对人体健康方面的预研究，为臭氧气象预报业务做扎实技术储备。2018年，京津冀环境气象预报预警中心制定臭氧预报流程，搭建完成臭氧预报平台，初步形成臭氧预报业务体系，可以提供数据、图形和文字等多种形式的预报产品。

（冯子晏）

【睿图子系统1小时循环系统试运行】6月15日，市气象局经前期研发和测试，“睿图”短期数值预报子系统（RMAPS-ST）1小时循环系统正式投入实时业务试运行。RMAPS-ST系统与正式业务运行的“睿图”短期数值预报子系统（RMAPS-STv1.0）3小时循环系统物理框架和同化资料种类相同，不同之处在于每天运行24次，每次预报12小时。该系统同化资料包括GTS来源观测、全国雷达反射率拼图（9千米）、京津冀雷达反射率和径向风（3千米），同化的启动时间为整点后18分钟，较3小时循环系统启动时间早、观测资料截断时间短、同化的GTS资料量循环系统偏少、同化的雷达资料循环系统频次高。其中，全国雷达资料使用整点前10分钟观测资料，京津冀雷达资料使用整点观测资料。通过查询该系统，预报员可获取未来12小时的数值预报产品，包括2米温度、2米露点温度、总降水量、对流有效位能、对流抑制能量、0℃层高度、雷达组合反射率等内容。

（冯子晏）

【万云FAST防雷项目获北京发明创新大赛特等奖】6月22日，由市科委支持、中国发明协会举办的“第12届北京发明创新大赛颁奖会”在京举行，北京万云安德防雷工程有限公司FAST项目防雷设计团队参赛的“500米口径球面射电望远镜（FAST）索驱动防雷方案与实施”项目在大赛中获得特等奖，10名参赛成员被授予“创新大工匠”荣誉称号。该项目创新提出“一面六线防节点”全新防雷等电位理论，完成防雷工程领域多个技术创新，解决了一系列工程重大技术问题，为FAST（天眼）竣工及后续安全运行提供了技术支撑。

（郑迪　冯子晏）

【大北方联盟技术研讨暨工作组会召开】6月22日，大北方区域数值模式体系协同创新联盟（以下简称大北方联盟）2018年技术研讨暨工作组会在天津召开，北京城市所介绍了2018年大北方联盟工作要点、睿图（RMAPS）-ST系统研发进展，以及后续重点任务，提出2018年大北方联盟集中研发工作思路。市气象局科研人员介绍了城市所观测资料质量控制流程。各成员单位管理人员从建立成果共享平台、明确责任分工、加强培训交流等方面对联盟管理机制提出意见和建议。

（冯子晏）

【数值天气预报研发课题通过验收】7月，市科委组织召开市科技计划课题“城市效应可分辨数值天气预报技术与应用研发”结题验收会。验收专家来自北京大学、中科院大气所、国家气候中心、中国气象科学研究院、中国气象局公共气象服务中心等单位。专家组认为，课题成果在北京地区天气预报预警、气象服务、电力调度、城市运行安全保障、城市规划等方面得到应用，为提高预报准确率和气象服务能力，以及政府制定决策提供重要的科技支撑，成果效益显著，一致同意通过验收。该课题由中国气象局北京城市气象研究所、北京市气象服务中心、京津冀环境气象预报预警中心共同承担。课题建立高分辨率城市土地利用和北京城市形态学数据集、城市高分辨率陆面资料同化系统，发展多层城市冠层模式和边界层参数化方案，实现高分辨率热动力结构分析场和自动站资料在模式中的四维同化，开展气溶胶对边界层影响研究，建立逐小时更新、1 千米分辨率的睿图—城市预报子系统（RMAPS–Urban）。同时，构建了北京地区夏季用电预测模型，根据气象条件网格化预测北京夏季逐小时用电量和最大用电负荷，提前预测大振幅变化对供电调度和电网安全带来的风险。

（市气象局科技处）

【冬奥会气象信息网络及业务系统计划通过论证】8 月 24 日，冬奥气象中心组织召开《北京 2022 年冬奥会和冬残奥会气象信息网络及业务系统专项计划》（以下简称《专项计划》）专家论证会，一致同意《专项计划》通过论证。专家组认为，冬奥气象信息网络及业务系统建设是冬奥气象工作的最基础支撑，《专项计划》以冬奥气象服务需求为导向，依托气象业务系统，以气象科技为支撑，以先进的信息技术为手段，开展集约化设计。在满足冬奥气象服务需求的基础上，考虑了建设成果的后续利用，最大程度体现冬奥气象服务的建设效益。总体设计清晰、目标明确、功能布局合理、任务安排可行。

（叶芳璐）

【赴国家气象信息中心对接信息化技术体系】8 月 27 日，市气象局预报处、信息中心赴国家气象信息中心对接局预警中心大楼及冬奥期间信息化技术架构及技术路线。国家信息中心系统室介绍了未来国家级数据业务支撑方面，大数据云平台的设计理念、框架结构、进度安排、省级推广等事宜。信息中心介绍了市预警中心大楼软硬件设计、冬奥数据网络及数据环境架构等。双方对如何结合各自项目进度开展平台的有效对接，如何在信息化底层设计上最大程度集约化、共享方面达成一致。

（宋巧云）

【北京冬奥会气象科技研发专项计划出台】9 月，市气象局《北京 2022 年冬奥会和冬残奥会气象科技研发专项计划》（以下简称《计划》）出台。《计划》明确，气象部门将以复杂地形条件下冬季天气精细化预报等技术为重点，突破冬奥会冰雪运动服务中精细化、格点化气象预报技术的科技瓶颈，构建一套冬奥会气象无缝隙天气预报保障体系，为高质量冬奥保障服务提供科技支撑。《计划》明确了复杂地形冬季综合气象观测技术和试验研究、冬奥精细化数值天气预报技术应用研发等 7 个方面重点研究任务。

（市气象局记者站）

【@ 气象北京微博获“全国优秀气象科普自媒体”称号】9 月，中国气象学会公布第 10 届全国气象科普评奖活动自媒体类评选结果，其中 @ 气象北京微博获得“全国优秀气象科普自媒体”称号。作为市气象局官方微博，@ 气象北京自 2016 年以来累计发布天气信息 24121 条，传播约 120605 万次。开展线上活动 20 余次，其中视频直播 15 次、知识竞猜 8 次，累计阅读数 1308.8 万次，转评赞 8010 余次。在世界气象日等时间段，除对开放日活动进行现场直播外，还开展相应主题的直播活动，邀请专家与网友共同探讨天气。还利用汛期等关键节点，多次联合 @ 北京发布开展微访谈，搭建气象部门与网友聊天平台，共同探讨气象事业发展。汛期开展相应直播活动，聊天气的同时，对虚假新闻进行辟谣，消除网友恐慌心理，正确引导社会舆论。与 @ 天气通、@ 天气预报合作，组织多次竞猜活动，吸引网友踊跃参与。开展中学生气象知识竞赛、联合 @ 北京残联开展盲奖大课堂——气象避险知识、桃花节、世界雪日等内容的直播活动。

（市气象局记者站）

【大北方区域数值模式体系协同创新联盟章程】 12 月 19 日，《大北方区域数值模式体系协同创新联盟章程》（以下简称《章程》）出台，共分为 6 章，进一步规范了大北方数值模式体系协同创新联盟（以下简称联盟）管理，提升运行实效。《章程》明确了联盟的性质、宗旨和任务，联盟由市气象局牵头组织，华北、东北、西北等区域部分省、区、市气象局共同参与。联盟围绕睿图数值预报模式关键技术和共性问题，开展联合攻关，提升区域数值预报模式自主创新能力，促进项目申报、科研数据、计算资源、研发成果、知识产权等共商、共建、共享。《章程》对联盟设置的理事会、秘书处等机构职责进行了明确规定。理事会作为联盟的议事决策机构，具有制定和修改联盟章程、审定加入和退出联盟成员名单、审定联盟中长期发展战略规划等职责，以会议作为其决策方式，每年召开 1 ～ 2 次。秘书处作为联盟的管理执行机构，按照联盟内部管理制度进行日常管理、执行联盟理事会各项决议、负责联盟理事会的筹备和召开等。《章程》建立健全了技术交流、对外合作、集中研发、联合申报项目、绩效考评激励等联盟运行机制，规范了联盟成员的职责、权利、任务等管理机制，还明确了联盟的知识产权与管理，对联盟内共同开发技术的知识产权相关协议签署、联盟项目实施过程做出了规定。

（叶芳璐）

【气象大数据实验室召开工作研讨会】 12 月 29 日，气象大数据实验室 2018 年度工作研讨会在北京大学大数据研究院召开。实验室 4 个小组负责人对各组研究进展、面临的问题、下一步工作计划等进行了汇报。需求分析组气象台介绍了冬奥气象服务需求、气象特征提取以及风场预报结果初步分析；特征工程组大气所介绍了数据预处理与特征工程、团队建设与服务器搭建等；框架组北京大学介绍了基于 EC 粗网格和细网格模式数据的格点预报和站点预报初步研究结果；应用测试组城市院介绍了相似集合（AnEn）方法对站点要素预报的研究情况。另外，城市院介绍了第 2 届 AIChallenger 全球挑战赛“天气预报”实验赛道相关情况、大气所介绍了北京海陀山地区局地环流的模拟研究情况。与会人员还就下一步研究需求、合作内容、工作机制等进行了研讨。

（市气象局科技处）

北京市粮食和物资储备局

【概况】 年内，根据《北京市机构改革实施方案》，将市粮食局的职责，以及市发展改革委的指导监督重要商品收储、轮换和投放职责，市民政局的组织实施应急储备物资收储、轮换和日常管理职责等整合，组建北京市粮食和物资储备局（以下简称市粮食和储备局），作为市商务局的部门管理机构。年内，市粮食和储备局利用局网站、局微博窗口，全年公开政务信息 642 条，微博信息发布 836 条，进一步推进粮食智能升级改造项目及北京市经济管理学校（以下简称经管校）、粮检所信息化项目建设。

（蔡洋琰）

【完成 7 个信息化项目建设】 6 月至 10 月，经管校先后建设了 7 个信息化项目。按照教育部《教育信息化“十三五”规划》《电子商务“十三五”发展规划》的要求，建设了虚拟现实科技创新体验中心（128 万元）、信息技术系创业创新移动商务人才实训基地（168 万元）、信息技术系新电商职业体验及实践基地（165 万元）等项目。根据《积极构建网络空间安全创新人才培养体系》《国家网络空间安全战略》的要求，建设信息技术系网络空间安全体验及培训基地（290 万元）、信息技术系 WEB 安全攻防实训室（4243366.9 元）等项目。根据《机器人产业发展规划（2016—2020）》的要求，建设信息技术系机器人创新教育展示（26.675 万元）、信息技术系机器人创新教育实训室（202.785 万元）等项目。进一步推进职业院校“职普融通”的改造升级，为社区及中小学生提供职业体验基地及平台，在建设和谐校园、和谐社区的过程中发挥应有的功能。

（杨明远）

【完成入驻副中心信息化搬迁工作】 9 月，市粮食局被批准为首批入驻城市副中心单位。10 月，市粮食局成立信息化搬迁工作组，制订信息化搬迁方案和信息系统入云方案。11 月至 12 月中旬，完成政务外网、政务内网、保密视频会议系统、网络电话、传真等线路连接，并对连通性进行多次测试。12 月下旬，按照市政府统一部署，完成信息化办公设备搬迁，入驻后政府外网、政务内网、互联网均实现连通，各信息化办公系统运行正常。

（张瑞琪）

【局业务系统政务云迁移项目工作】 年内，市粮食和储备局为落实市委、市政府关于政务信息化管理工作的总体部署，分步骤开展业务系统政务云迁移项目。编制《北京市粮食局业务系统政务云迁移方案》，完成《项目申报书》编制、报送工作，并取得市经济和信息化局批复。该项目将现有办公自动化系统、粮油市场信息监测系统、储备粮实时监测管理信息系统、档案管理系统和局网站 5 个系统进行入云改造后，迁移至政务云平台，并根据系统安全等级评测要求，部署安全保障服务，提升各业务系统安全防护水平。项目计划总投资 393.81 万元。

（周欣晴）

【粮油食品检测综合业务管理平台建设项目】 年内，市粮食和储备局向市经济信息化委提交《北京市粮油食品检验所粮油食品检测综合业务管理平台建设项目一期》申报资料。8 月获得市经济信息化委函复批准，向市财政提出 2019 年项目建设预算申请，项目预算资金共 49.31 万元。

（刘红梅）

【粮库智能升级改造项目正式开工建设】 年内，市粮食和储备局协调市财政局、京粮集团，研究确定了《北京市 2017 年“粮安工程”粮库智能化升级改造项目建设方案》，拟对全市 21 个规模化粮库和 23 个小型粮库进行智能化升级改造，并建设市级（京粮集团）粮食管理平台；项目经报备、公开招标、网上公示和合同签订等环节，于 9 月下旬正式开工建设。截至 12 月底，地方财政补助资金 1887.75 万元已全部拨付项目建设主体单位，并完成 18 个规模化粮库和 23 个小型粮库的全部软硬件升级改造任务。

（陈　明）

北京市档案局（馆）

【概况】北京市档案局（馆）[以下简称市档案局（馆）] 是市委直属事业单位，正局级机构，参照公务员法管理。主要履行全市档案事业行政管理和档案保管、利用职能。主要职责是：贯彻执行国家关于档案工作的法律、法规和政策；负责起草档案工作方面的地方性法规、规章草案和档案事业发展规划，并组织实施；负责对北京市机关、团体、企业、事业单位和其他组织档案材料的形成、归档、管理、保密和开发利用等工作进行监督和指导；负责档案法制工作的宣传教育；对区档案行政管理部门的工作进行监督和指导；负责组织北京市档案干部的培训；依法查处档案方面的违法案件；接收、保管市属党政机关、人民团体、企事业单位移交保管的永久档案；保管北京历代政权和社会组织的档案；征集散存在社会上的珍贵档案资料；对馆藏档案进行科学的整理和编制检索工具；采取各种形式开发档案信息资源，为社会提供服务；开展史料研究，进行国内外学术交流。所属事业单位有北京市档案干部培训中心、北京档案杂志社、北京市档案局老干部活动站、北京市档案事业服务中心。2018 年，市档案局、市档案馆围绕市委、市政府中心工作，围绕国家档案局副省级以上档案馆综合业务评价，积极推进北京数字档案馆（电子文件中心）竣工决算及项目报备，全面梳理规范信息化建设。信息化工作主要围绕全面实施数字档案馆战略，开展北京数字档案馆（电子文件中心）推广接入工作；加强档案信息化监督指导；细化、完善市档案馆信息化搬迁方案，准备搬迁新馆；开发建设“北京市重点建设项目档案管理登记系统”，提升重点建设项目档案管理工作效率；推进市档案馆软件正版化、国产化工作；做好市档案馆信息化运维。

（袁焕磊）

【第三轮档案数字资源异地备份工作】2 月至 9 月，市档案局（馆）组织全市 17 家国家综合性档案馆开展第 3 轮档案数字资源异地备份数据带准备工作，完成 16 家档案馆备份数据的集中，共 30 块硬盘和 1 个硬盘组；以及市档案馆数据备份磁带的制作，共 43 盘磁带和 1 张光盘，约 80TB 数据。

（袁焕磊）

【重点建设项目档案管理登记系统上线入云】4 月，市档案局（馆）“北京市重点建设项目档案管理登记系统”正式上线，该系统成为市档案局（馆）首个入云系统，为全市重点建设项目档案管理登记和指导提供了系统支撑。

（袁焕磊）

【申请“全国示范数字档案馆”测试】5 月 9 日，市档案局（馆）向国家档案局提交《北京市档案局关于申请对北京市档案馆进行数字档案馆系统测试的请示》，提出“全国示范数字档案馆”测试申请。

（袁焕磊）

【北京数字档案馆（室）系统平台管理办法发布】5 月 24 日，市档案局（馆）为推进北京数字档案馆（室）系统平台的接入应用和规范管理，发布《北京数字档案馆（室）系统平台管理办法》，办法规定了职责分工、系统接入、运维使用管理、安全管理、保障措施等方面内容。

（袁焕磊）

【网站网页资源归档试点工作启动】6 月 4 日，市档案局（馆）按照《国家档案局办公室关于确定网站网页资源归档试点单位的通知》启动网站网页资源归档试点工作，结合北京市档案信息网网站网页资源归档，确定网站网页文件的归档范围、保管期限、归档方式、归档时间等，依托北京市档案信息网和北京数字档案室管理系统平台开发网页归档系统，实现对北京市档案信息网网页文件的归档和管理。

（袁焕磊）

【获得两项发明专利的授权】7 月 20 日和 8 月 14 日，北京数字档案馆（电子文件中心）建设中申请了两项发明专利，并分别获得正式授权，“一种电子档案真实性的验证方法及装置”用以解决现有技术中验证电子档案真实性的方法较为简单，安全性较低，无法有效保证验证结果的准确性的问题；“一种电子档案身份证的生成方法及装置”用以有效地保证电子档案的唯一性、原始性和真实性。

（袁焕磊）

【北京数字档案馆竣工决算批复】10 月 19 日，市档案局（馆）获得《北京市发展和改革委员会关于批准北京数字档案馆（电子文件中心）竣工决算的函》，北京数字档案馆（电子文件中心）项目竣工决算完成。

（袁焕磊）

【核高基课题任务验收完成】11 月，市档案局（馆）核高基课题《OFD 版式文档格式在档案管理系统中的应用》任务验收收尾工作完成，为市档案局（馆）承担的版式文档格式及其对应的处理软件在档案系统中的应用集成提供了检验和促进，为国家“核心电子器件、高端通用芯片及基础软件产品”“版式文档标准制定与软件产品研发及产业化”项目提供了经验。

（袁焕磊）

【推进“一网通办”电子档案工作】年内，按照《北京市推进政务服务“一网通办”工作实施方案》要求，市档案局（馆）将“一网通办”电子档案管理工作纳入全市政务服务“一网通办”工作整体布局，研究制定“一网通办”电子档案管理制度。

（袁焕磊）

经济信息化

本栏目刊载2018年北京市农业农村信息化、制造业信息化以及商务信息化建设发展情况。

概 述

2018 年，全市农业农村信息化、制造业信息化、商务信息化建设取得丰硕成果。先进信息技术在农业行业中得到引进、熟化和推广应用，三农服务热线（12316）为社会公众提供农业综合信息咨询服务。制造业企业落实市政府《关于加快推进市属企业信息化发展意见》的通知要求，相继完成“展 e 计划”的制订和落实；统筹推进企业信息化规划，信息服务产业平台、智能装备产业平台、大数据平台，以及信息化建设项目开通建设。商务信息化方面，“中非合作论坛北京峰会”等重大活动有线电视等服务得到保障；京东区块链服务平台上线；新一代核心银行系统工程、车号自动识别系统等信息化建设全面推进。

（市经济和信息化局）

农业农村信息化

【概况】2018 年，市农业农村局信息中心围绕农业农村工作战略部署，不断推动信息化工作创新发展，在农产品产销综合服务平台网站运维、蔬菜虚拟显示展示技术应用、日光温室职能装备集成应用与控制、产品仿真设计及标准验证等方面取得进展。

（市经济和信息化局）

【积极助力农加工企业市场开拓】9 月，市经济信息化委组织 7 个区 13 家农加工龙头骨干企业，参加第 21 届中国农产品加工业投资贸易洽谈会取得丰硕成果。北京团获得优秀组织奖，4 家企业产品获金质产品奖，1 家企业产品获优质产品奖。联合国世界粮食计划署代表参观了北京团，驻马店电视台现场进行了采访报道。11 月，市农业农村局信息中心组织“农洽会”获奖企业产品，开展京郊特色农产品加工品进社区活动，探索优质特色农产品加工品直接为市民服务的营销途径，服务广大市民。京郊日报、人民网等媒体进行了报道。

（市经济和信息化局）

【京东农牧院士研究院成立】11 月 20 日，中国工程院院士、中国农业大学动物科技学院教授李德发与京东数字科技副总裁、技术研发部总经理曹鹏共同宣布京东农牧院士研究院正式成立。京东农牧院士研究院将建立智能养殖新规范，树立行业标杆，以达到降低成本、提高效率的目标，全面提升京东数字科技在农牧业务上的技术能力。

（京东集团）

【服务农产品优质优价】年内，市农业农村局信息中心持续做好服务农产品优质优价工作，做好本土优质农产品产销综合服务平台“优农佳品”网站的维护和运营，制定平台数据运维规范并组织相关人员对平台数据进行梳理，在网站新增3个栏目，包括“市场信息”栏目、“采摘通”专题栏目和“每周推荐”栏目。开展电商模式创新示范，服务产销对接工作。开展“基地+集货商+电商”的新型农产品电商模式试点，重点发挥集货商对多个基地农产品的集聚、包装、运输和调度作用，以西瓜、栗蘑和番茄3种品牌优质农产品为突破点，统一包装、标准和物流，提高基地农产品的销售效率。

（市农业农村局）

【蔬菜虚拟现实展示技术应用】12月，市农业农村局信息中心完成世园会现代蔬菜虚拟化展示提升项目。该项目主要是通过挖掘和发挥虚拟现实技术在成果展示方面优势，在一期项目开发基础上，充实4类15项体验展示内容，丰富表达形式，优化体验功能，通过补充、升级体验设备提升服务能力和展示效果。

（靳守业）

【基于农事体验的智能鸡舍项目】年内，市农业农村局信息中心组织开展基于农事体验的智能鸡舍项目研发工作。该项目立足于北京市休闲观光农业园区实际需求，利用物联网技术实现鸡舍的自动开关门、自动喂食喂水、自动补光、自动采蛋等功能，有效解决小型家禽养殖场所的清洁、环保问题。该项目正在北京阿卡农庄和川府菜缘2个园区进行示范推广。

（靳守业）

【日光温室智能装备集成应用与控制】年内，市农业农村局信息中心持续开展日光温室智能装备集成应用与控制项目研发工作。该项目主要功能是将农业智能感知、控制等设备进行综合控制，精准控制温室中光照、温度、湿度、水份等气候因子，为有机农业生产提供适宜的生长环境。项目推广应用后可实现农业生产环节的精准调控、节本增效，以及农场经营管理的智能化、标准化和数字化。项目正在进行硬件部署和软件开发工作。

（靳守业）

【生猪全产业链大数据监测平台建设】年内，市农业农村局信息中心持续推进农业农村部分品种大数据建设试点工程，推进生猪全产业链数据监测体系（3年期）建设。该期建设的主要工作是整合生猪养殖、屠宰、批发零售、调入调出等环节的数据资源，建成生猪全产业链的基础数据库和大数据平台。

（靳守业）

制造业信息化

北京电子控股有限责任公司

【概况】北京电子控股有限责任公司（以下简称北京电控）是北京市国资委授权的国有特大型高科技企业集团，旗下拥有20家二级企事业单位（包括京东方、北方华创、电子城3家上市公司）。主营产业分布在高端电子元器件（含半导体显示器件、集成电路、特种元器件）、高端电子工艺装备、高效储能电池及系统应用和电子信息产业融合服务四大版块。2018 年，北京电控坚持转型发展、创新发展、融合发展、开放发展，深入推进“一二二一”核心战略，坚决打好“三大战役”，全面完成年度经营目标，经济规模和产业发展取得新突破。

（北京电控）

【京东方显示屏一季度出货量全球第一】北京群智营销咨询有限公司发布 2018 年第一季度全球液晶电视面板出货量排名，京东方科技集团股份有限公司生产的 55 英寸显示屏出货量比 2017 年同期增长 30%，65 英寸显示屏出货量比 2017 年同期增长 136%，4K 电视面板出货量比 2017 年同期增长 34%。京东方以 1250 万片的数量与 LGD（1210 万片）、三星（1000 万片）位列全球前 3 名。这是京东方在智能手机液晶显示屏、平板电脑显示屏、笔记本电脑显示屏、显示器显示屏四大领域出货量实现全球第一后，首次在电视显示屏领域出货量跃居全球第一。

（张　辰）

【兆维智慧柜员机应用系统获奖】4 月 26 日，北京兆维电子（集团）有限责任公司改革开发的智慧柜员机应用系统在第 3 届中国信息化融合发展创新大会暨中国信息化融合发展创新活动中获 2018 年度中国信息化（智慧银行）最佳实践奖。

（市经济和信息化局）

【组建信息服务产业平台】11 月 2 日，北京电控召开加强信息服务产业平台建设专题会，宣布组建由牡丹集团、益泰集团、北电科林公司组成的北京电控信息服务产业平台。通过平台建设，将切实提高北京电控信息服务产业的核心竞争力和市场影响力，把信息服务产业打造成为北京电控的又一个重要产业。

（市经济和信息化局）

【京东方发布 55 英寸 4K OLED 显示屏】11 月 26 日，京东方科技集团股份有限公司成功研制出中国首款采用喷墨打印技术的 55 英寸 4K OLED 显示屏，成为打印 OLED 技术领域一项重要突破。京东方 55 英寸 4K OLED 显示屏采用领先的 RGB 全打印技术，对比度达 1000000 : 1，高色域为 NTSC 96.8%。同时，京东方采用喷墨打印技术生产 OLED 显示屏材料利用率能达到 90%，在设备和耗材成本控制方面具有明显优势。

（北京电控）

【组建智能装备产业平台】12 月 13 日，北京电控召开建设智能装备产业平台启动会，宣布兆维集团与北广科技重组，北京电控智能装备产业平台正式组建。智能装备产业平台的主要任务是，加快推进智能装备产业平台建设；有效提升智能装备产业核心竞争力；加强产业平台改革创新，提升价值创造能力。

（市经济和信息化局）

【京东方持续创新技术应用】年内，京东方科技集团股份有限公司加强与中国联通“8K+5G”合作，推出 8K 超高清系统解决方案，包括 110 英寸 8K 超高清显示、65 英寸 8K 裸眼 3D 显示、8K 影像服务云平台等。在 2018 世界集成电路大会展出 46 英寸 X-ray 平板探测器件，支持全身扫描，可进行一次性无拼接摄影成像，达到国际领先水平。推出搭载 21 英寸大屏幕的智能冰箱，通过触控和语音操作，实现管理食材、查阅菜谱、在线购物等。京东方智慧零售解决方案在柏林国际电子消费品展览会（IFA）上获 2018 IFA 产品技术创新大奖物联网应用创新金奖。

（市经济和信息化局）

【北京电控产业核心能力持续提升】全年，北京电控新申请专利 9471 件，新增授权专利 4942 件，发明专利授权占比 75% 以上，京东方跻身美国专利榜第17位；引进国家级高层次人才6人，新增2个国家级创新平台和2个市级创新基地，与浙江清华长三院、中航物流等知名单位建立战略合作关系；成功召开第4届科技创新大会，表彰一批重要科技成果和优秀科技工作者。半导体显示平台领跑者地位不断巩固，整体出货量及五大细分应用市场占有率继续保持全球第一；柔性AMOLED全面屏第2代关键技术具备量产能力，量子点技术达到国际领先水平；成都6代柔性AMOLED生产线综合良率达78%，合肥10.5代线75英寸新品良率超过90%，产能到达月产90K，实现当年投产、当年达产满销、第4季度盈利的优异成绩。集成电路装备平台科技创新实力持续增强，铜互连PVD完成中芯国际逻辑工艺单机验证，8种工艺设备在长江存储等主流存储产线上线验证；海外研发中心启动运行，已开展前沿技术开发工作；精密元器件石英MEMS陀螺市场推广进展顺利。集成电路制造平台重大项目建设成果突出，8英寸集成电路生产线项目完成全部单体建筑结构封顶；基于国产化核心装备的Mini-Line工艺试验线实现贯通，单片良率超80%；收购四川广义公司，实现6英寸集成电路芯片生产线可持续经营，月产达到3万片；宇高级项目完成设备选型和采购。新能源平台不断深化战略合作，常州电芯项目全面实施，工程建设进展顺利；完成N60试样组件开发，成为北汽N60产品唯一供应商。智能装备平台技术创新能力不断提升，布局研发OLED 5.5英寸柔性屏点灯检查机；射频电源项目完成02专项首轮验收，主要产品通过第三方科技成果评价。仪器仪表平台产业化能力持续增强，单体电池测试设备具备全系列生产能力；锂电池化成设备中标常州电芯项目；完成电磁水表开发和电磁转换器升级。信息服务平台产业综合实力不断增强，IMS烟台项目全面落地；社保服务信息化项目在多家市属单位推广应用；特种车业务与多个国际主流设备厂商建立合作。科技服务平台业务转型取得积极进展，电子城·WeWork全球社区正式启动，“创E+”北京社区入驻率超过95%，天津社区一期实现满租；761工场成功承办2018中国（北京）跨国技术转移大会。文化创意平台行业影响力持续提升，开展线下“798艺葩”推广、画廊周北京、中国国际时装周、751国际设计节等多项活动。

（市经济和信息化局）

北京汽车集团有限公司

【概况】北京汽车集团有限公司（以下简称北汽集团）成立于1958年，是中国主要的汽车集团之一，在国内汽车行业排名第4位。经过60余年的发展，北汽集团已拥有“北京”“绅宝”“昌河”“福田”等自主品牌，先后引进“现代”“梅赛德斯·奔驰”等国际品牌，汽车整车产品覆盖轿车、越野车、商用车和新能源汽车各个门类。北汽集团拥有包括乘用车、越野车、商用车、新能源汽车和动力总成技术的专业研发机构，建立了涵盖汽车零部件、汽车服务贸易、进出口和汽车金融的完整产业链，实现产业向通用航空等领域的战略延伸，已发展成为涵盖整车（包括新能源汽车）研发与制造、通用航空产业、汽车零部件制造、汽车服务贸易、投融资等业务的国有大型汽车企业集团。2018年，北汽集团实现整车销量240.2万辆，同比下降4.4%，居于全国行业第4名；实现营业收入4807.4亿元，同比增长2.2%；实现经营利润301.3亿元，同比增长7.3%，巩固了利润增长率高于营收增长率的高质量发展态势。在2018年《财富》全球500强中排名第124位，集团综合实力进一步提升。年内，北汽集团董事长徐和谊获改革开放 40 周年杰出贡献企业家等奖项，北汽集团获 2018 年度风云企业奖、2018 中国品牌年度大奖等荣誉。

（张　旭）

【信息化建设】2018 年，北汽集团信息化建设再上新台阶，云数据中心、集团电子采购平台、大数据分析平台建设稳步推进；投资管理、国资管理、财务管理等职能业务平台作用显著，大幅提升集团相关业务的垂直管控能力；集团工业互联网、大数据等重要平台规划相继完成。年内，北汽集团数据化和信息化战略版块——北汽蓝谷信息技术有限公司筹备事宜稳步推进。

（张　旭）

【自主创新】年内，北汽集团全年自主品牌销量（含乘用车和商用车）达 107.9 万辆，占总销量比例 45%。集团层面发布智能网联“海豚 +”战略，并确立全面新能源化与智能网联化的“双轮驱动”发展路径；北汽股份以 AI 技术为核心，打造的智行、智道自主品牌 2.0 时代产品成功上市；北汽研究总院队列自动驾驶技术取得重要突破，亮相世界智能网联汽车大会；北汽集团牵头组建的国家级新能源汽车技术创新中心正式挂牌，建设运营全面加速；BJ80 轻型军用越野车自主研发项目再获中国汽车工业科学技术奖一等奖。

（张　旭）

【新能源汽车】年内，北汽新能源全年整车产销量达到 15.8 万辆，同比增长 53%，连续 6 年位居中国纯电动汽车市场销量第一，并成为国内首家在 A 股上市的新能源整车企业。北汽新能源全新一代产品 EX360、EU5 等车型上市后持续热销，与麦格纳携手打造的 ARCFOX 全新高端智能电动汽车平台有序推进；北汽福田商用车主流纯电动产品全部匹配到位，新能源大客车全年实现销售 2227 辆，并取得全国首张氢燃料客车牌照；北汽集团城市新能源物流车运营平台正式成立，昌河汽车成为北汽集团推动新能源物流车发展的主力军。

（张　旭）

【合资合作】年内，北汽集团与合资伙伴深化合作取得新进展，北汽股份与戴姆勒计划共同投资 119 亿元，打造北京奔驰汽车有限公司豪华车生产基地，提高北京奔驰新能源汽车产能；北汽集团与采埃孚、博世、海拉、松下、科大讯飞、百度等企业建立企业联盟，围绕智能网联汽车发展开展全面深度合作；北汽新能源有序推进战略合作落地，与华为、麦格纳、滴滴等战略伙伴的重点项目不断取得新突破。

（张　旭）

【通用航空产业】年内，北京通用航空有限公司飞机销售及航线维修业务平稳推进，全年实现 P750 飞机销售订单 3 架，完成江西直升机产品交付 25 架，完成法荷航航线维修作业 1400 架次。年内，北京通航与海航签署合作框架协议，推进北京大兴国际机场第三方维修项目，并与顺丰、朗星、阿里巴巴菜鸟物流等合作发力物流运输用无人机。

（张　旭）

中车北京二七机车有限公司

【概况】中车北京二七机车有限公司（以下简称二七机车）隶属中国中车集团有限公司，前身是始建于 1897 年的邮传部卢保铁路卢沟桥机厂，是中国共产党领导下“二七”工人运动的主要策源地，中华人民共和国第一台内燃液力传动机车诞生地。二七机车主营业务是制造、加工铁路及城市轨道交通运输设备、电子设备、机械电器设备；开发、设计、修理、销售铁路及城市轨道交通运输设备、电子设备、机械电器设备等，注册资本 13.5 亿元，在册职工 844 人。

主要产品包含内燃机车、电力机车、铁路工程机械等轨道车辆和矿山车辆等，是世界轨道交通领域品种最齐全、技术最先进的解决方案服务商之一，也是世界上唯一同时拥有整车集成和交流传动核心技术的矿车制造商。2018年，二七机车牢牢抓住非首都功能疏解工作的机遇，积极主动退出传统制造业，3月31日实现停产退出现有制造业务，其研发技术、市场份额与售后服务由中车股份下属相关子公司承接。8月23日，中国中车股份有限公司将持有的二七机车100%股权协议转让给中国中车集团有限公司。二七机车按照北京市“四个中心”定位要求，结合中车集团业务发展需要，在实施老厂区保护再利用的基础上，围绕文化创意产业和体育产业开展相关业务，打造“中车二七厂1897”文化科技创新城和二七厂国家冰雪运动训练科研基地。

（市经济和信息化局）

【企业文化建设】年内，二七机车推进企业文化建设。注重意识形态管控，对内宣确保新闻发布信息准确、内容积极向上，对外媒确保无负面新闻，并加强对各类微信群的监管，及时对不良舆论进行导向。综合运用传统媒介和新媒体平台做好党建与企业文化宣传报道工作。较2017年底，“百年二七”微信公众号新增关注人数246人，关注人数共计5495人，共计发布81条微信。二七机车公司宣传片《师傅》登上央视十套《讲述》栏目，《北方工人运动的摇篮》被北京日报、人民网、党建网等10多家外媒转载报道，《百年汽笛的回响》登上《工人日报》，《镌刻在丰碑上的缅怀》《人民功臣梁维铭》等10多篇文章多次登上《中车报》、中车微信。《百年二七　最后的机车》和CCTV-2《工业旅游钢筋铁骨的软实力》获得8000的关注度，整年的点击率达10.6万余次，点赞达1683次，留言达170余条，引起员工的情感共鸣，扩大了公众号的影响力。二七机车公司获2015—2017年度首都精神文明单位称号。成功举办第3届国企开放日活动，为企业文化建设工作起到积极作用。

（市经济和信息化局）

北京京城机电控股有限责任公司

【概况】北京京城机电控股有限责任公司（以下简称京城机电）是大型装备制造与服务公司，2018年位列中国机械工业百强企业第36位。公司以“精于术理，诚以信合”为核心价值理念，紧跟时代发展，打造出京城、北一、北人、华德、天海等众多知名企业和品牌。2018年，京城机电按照《国务院关于深化制造业与互联网融合发展的指导意见》《北京市国资委“十三五”信息化发展专项规划》《关于加快推进市属企业信息化发展的意见》等一系列文件精神，加强信息化顶层设计与治理工作，提升企业网络化、信息化安全与应用水平。

（京城机电）

【编制企业信息化规划】年内，京城机电为提升信息化顶层设计能力，决定编制企业信息化规划，督促主要发展产业信息化建设规划。3月召开信息化规划工作启动会，6月完成北一、天海、环保、液压等8家企业信息化规划初稿收集工作，10月完成对企业规划文件进行审核并反馈修改意见，11月完成文档修订并提交上报。

（京城机电）

【网络安全工作】年内，京城机电组织企业开展4·29网络安全日活动，在“两会”期间、中非合作论坛北京峰会期间做好网络安全应急保障工作，组织企业开展网络安全情况“零报告”制度，做到“即时拔线”“一键关机”等应急措施，并配合公安局内保局网络安全现场检查相关工作。根据《北京市人民政府办公厅关于 2018 年第一季度全市政府网站普查情况的通报》，组织开展公司网站自查整改，保障企业网络安全运行；组织开展电子邮件系统建设和使用情况摸底调查和工业控制系统信息安全检查工作；组织开展工业交换机漏洞梳理排查工作；深入企业调研，传达网络安全相关工作精神，要求企业重视网络安全及等级保护相关工作；转发网络安全通报，要求企业积极做好相关防护工作。

（京城机电）

【实施信息化项目管理与考核】年内，京城机电深入贯彻 IT 治理管理体制，加强企业信息化项目管理，将企业在建的重点信息化项目纳入公司重点工作进行监控管理，对项目进行实施情况跟踪，每季度对企业信息化项目预算执行情况进行分析汇总，并将信息化项目执行情况纳入企业信息化工作考核内容。

（市经济和信息化局）

【“展 e 计划”制订与落实】年内，京城机电根据《关于加快推进市属企业信息化发展的意见》的通知要求，组织所属企业开展信息化水平测评工作，北一机床、巴威、京城机电股份、华德液压 4 家企业和集团总部制订完成《京城机电“展 e 计划”》及《展 e 计划编制情况报告》。为保障年度“展 e 计划”分解任务完成，公司除按时完成总部分解任务外，对企业“展 e 计划”分解任务开展督查工作，将企业制定的分解任务纳入项目式的监督管理，及时沟通检查任务完成情况。京城机电年度信息化水平测评得分 71.28 分，比 2017 年度信息化水平提升 3.71 分。

（市经济和信息化局）

【集团 OA 系统完善】年内，京城机电整合主要发展产业 OA 系统与公司 OA 系统对接推广与修改完善工作，完成北一机床、天海、环保、华德 4 家企业与公司 OA 系统对接工作，实现总部与所属企业邮件互通、公告信息共享、工作流互通。

（市经济和信息化局）

【阳光采购项目实施与应用】年内，京城机电阳光采购项目以京城机电供应链管理服务平台为基础，进行设计开发及功能完善，要求企业在此平台进行统一线上采购交易。通过严格执行招标采购、管理改进等方法，实现降低成本费用。公司根据管理需求内容，督促京城工业物流公司开展平台优化与完善工作，经过测试应用，项目正在推广应用。

（市经济和信息化局）

北京京仪集团有限责任公司

【概况】北京京仪集团有限责任公司（以下简称京仪集团）隶属北京控股集团有限公司。京仪集团是集科研、设计、生产制造、销售服务、工程设计和系统工程成套为一体的集团公司。注册资金 12.9080 亿元，截至 2018 年底，京仪集团及所属国有及国有控股企业共 61 户，其中，二级企业 23 户、三级企业 22 户、四级企业 16 户。职工人数 3599 人（不含返聘、事业单位），其中大专及以上学历职工占总人数的 61.32%。

（李　婕）

【高端装备制造转型】年内，京仪集团与研究总院共同推进国家级技术创新平台建设；京仪创投基金完成对通信技术、车联网等领域 6 家企业的投资；京仪孵化器举办创投大赛并推荐 10 余项优质种子项目；参与北控集团国家级北斗应用技术创新中心建设；与中科院、北航等多家科研院所达成战略合作。北分瑞利在线 VOCs 监测等环保产品实现销售近千万元；远东有限新型雷达水位计应用于多个河流监测与治理项目，布莱迪工程国内首创的无油耐震压力表应用于伊拉克项目；京仪北方智能燃气表通过北京燃气联调测试；京仪装备十轴重载搬运机器人通过中芯国际现场测试；敬业椿整军工稳定平台实现供货；研究总院智慧停车系统进入调试阶段。编制完成《科技投入和研发能力提升报告》和《高端装备制造业务产品发展分析及改进提升报告》。全系统引进各类专业技术人才75名，完成科技投入超亿元，占高端装备制造主营业务收入比重达5%，获省部级荣誉及技术奖项12项，新增专利授权66项，其中发明专利12项。

（李　婕）

【现代服务业】年内,京仪集团释放房产资源3.3万平方米；制订《房产租金收缴方案》；打造大兴高端仪表园、亦庄智能制造园等高端装备制造产业园。租金收入实现增长5200万元，同比增长10.9%；通过谈判修订长租期低租金合同19份,实现年度租金增长665万元。京仪工贸“西什库31号”文创园入选首批北京市文化创意产业园；京仪孵化器成为中国科技孵化器50强之一；京仪大酒店实现收益持续提升；仪表技校教学成果获北京市二等奖。

（李　婕）

【远东有限聚焦智慧供热领域】北京远东仪表有限公司（以下简称远东有限）主要从事工业过程测量仪表、自动化控制系统研发、制造和销售，为化工、电力、市政、冶金等企业流程自动化提供服务，为节能减排、绿色环保、安全、物联网、热计量改造等领域提供行业解决方案。年内，远东有限持续聚焦智慧城市、智慧供热领域，相继推出成熟解决方案并连续获取典型行业业绩，成功中标北控曙光大数据柴油发电机项目，获取云南滇池生态补偿水量自动站项目，根据客户需求进行定制化开发的热计量方案在北京热力集团、华源热力等项目上成功应用。年内，远东有限完成GB/T19001-2016版质量体系转版认证。

（李　婕）

【京仪北方投标智能电表项目】北京京仪北方仪器仪表有限公司（以下简称京仪北方）主要研发制造工业自动化仪表、计量仪表、电工仪表、智能电能表及民用计量仪表。年内，京仪北方取得南方电网投标入围资质并参与投标；参与尼泊尔智能电表投标2次；与英国CY公司达成合作协议，与塔吉克斯坦用电管理部门初步达成合作意向；取得北京智芯公司高速载波模块的授权；实现国网外营业收入297.58万元。年内，京仪北方取得7款单相智能电能表和1款三相智能电能表的国网检测报告及型式批准报告和证书；取得南方电网4款表型的检测报告；完成尼泊尔智能电表研发工作。自主研发智能燃气表。完成燃气表样机开发，取得防爆许可证和型式批准，取得北京技术监督局核发的计量器具生产许可证。

（李　婕）

【京仪研究总院定位高端智能制造领域】北京京仪仪器仪表研究总院有限责任公司（以下简称研究总院）致力于仪器仪表行业的科研与技术支持。年内，研究总院将发展方向定位为高端智能制造领域，研发方向转向以机器视觉、图像处理、智能识别、智能控制、物联网传感器及信息技术等为核心的技术研发工作。年内，研究总院与清华大学、北京理工大学达成激光熔覆相关合作；与中科院合作开展基于图像处理的多层PCB电路板缺陷检测技术。与京仪北方合作推进基于NB-IoT的燃气表的产业化，与北京布莱迪仪器仪表有限公司合作开发基于机器视觉的压力表在线监测装置。

（李　婕）

北京化学工业集团有限责任公司

【概况】北京化学工业集团有限责任公司（以下简称北化集团）是一个具有60多年历史的国有独资大型企业，近年来，集团公司处于疏解、调整、转型的关键时期，随着“京外布局、京内转型”战略的实施，制造业企业逐步转移至京外各地，项目遍布河北、天津、辽宁、山东、浙江、江苏、湖南、安徽、广东、重庆等10省、直辖市，京外制造业收入占比达到80%。在产业疏解和京外布局工作的不断深入下，为实现科学有效管理，达到数据互通共享和运行动态监管，在市国资委的指导下，北化集团年初制订《北京化工集团信息化水平提升三年“展e计划”（2018—2020年）》，并落实实施，年内开展了一系列相关工作。

（曹中强）

【信息化建设咨询项目】年内，北化集团为加快实施市国资委《“十三五”信息化发展专项规划》，进一步激发信息化驱动国资国企改革发展的新动能，根据市国资委印发的《关于加快推进市属企业信息化发展的意见》的要求，结合北化集团“十三五”发展战略及2017年度市属企业信息化水平评测工作情况，6月启动集团公司信息化建设咨询项目。项目采用邀请招标的形式，选定首都信息发展股份有限公司进行实施。咨询项目的实施，将信息化建设工作和集团战略发展规划结合，切实发挥信息化在集团转型发展工作中的支撑和引领作用，重点厘清下一步信息化建设的总体思路、重点建设内容、实施进度安排、投资预算和效益分析等，全面梳理人流、物流、资金流现状，践行数字化管理理念，健全数据标准化体系，强化信息系统横向集成，以平台化模式统筹开展信息系统建设，推进多业务综合集成应用，多企业系统应用，推动技术融合、数据融合、业务协同，建设形成北化集团内能够有效运行的统一完善的IT治理体系、网络和信息安全体系。

（曹中强）

【信息化视频会议系统项目】8月，北化集团为解决“京外布局、京内转型”战略的实施和产业疏解工作中管理半径大、运行实时管理等问题，集团公司信息化建设咨询单位——首都信息发展股份有限公司提出建议，根据调研结果和管理需求搭建一套集团公司信息化视频会议系统，提高集团公司信息化管理水平，启动集团公司信息化视频会议系统项目工作。根据《集团公司视频会议系统需求方案》，主会场设在集团总部，所属企业按照就近集中建设的原则设立14个分会场。其中，明确了由中心点会议管理平台对会议的召集、管理和结束等控制功能进行统一管理、统一调度。项目按照集团项目招投标工作管理规定，委托造价咨询单位对集团视频会议系统项目进行公开招标工作。9月，经过安装调试，系统正式启用。

（曹中强）

【集约管理云平台项目】年内，北化集团启动集约管理云平台项目并完成。基于集团集约管理云平台项目总体建设目标，建成一套适用于北化集团“京外布局、京内转型”战略管理信息平台，以便及时、准确、全面反映北化集团生产经营、人力资源等各业务应用数据信息，对集团各类核心业务进行科学、规范、高效、可追溯的信息化管理，同时搭建联通京外各企业的信号稳定、保密性强的远程管理系统，缩短管理半径、减少管理费用、提升信息流、数据流、业务量流转速度，加强信息化对集团整体业务运行体系的支撑作用，带动所属企业信息化水平提高，全面提升北化集团的核心竞争力。

（曹中强）

北京工美集团有限责任公司

【概况】北京工美集团有限责任公司（以下简称工美集团），以工艺美术为主业，以传承与弘扬中华民族工艺美术文化、发展文化创意产业为己任，是集工艺美术品设计开发、商业经营、国际贸易、检测鉴定、职业教育、文化交流、基金投资、会展博览等为一体的多元化综合性企业集团，是北京乃至全国工艺美术行业的领军企业。年内，工美集团营业收入102亿元，利润3317万元。

（安　婷）

【“云平台”服务的尝试与应用】年内，结合工美集团实际，经过充分调研与研讨，决定分步、分类推进工美集团信息化建设在“云平台”服务方面的应用，将集团公司官网整体迁移至“首信”国资云平台，有效提升了官网运营的稳定性与安全性，较大地节约了资金及人力资源。

（安　婷）

【“冬奥”运营的信息化保证】年内，工美集团已获得北京2022年冬奥会和冬残奥会特许零售商资质和贵金属制品特许生产商资质、工艺品类特许生产商资质、首饰类特许生产商资质。为确保政治效益与经济效益的双丰收，于8月开始制订信息技术支持与建设实施方案，搭建冬奥项目信息系统，12月试运行。该系统满足冬奥项目部生产、销售业务商品进销存管理，以及外围特许零售店销售业务需求，对产品进行分销业务信息化管理，保证商品进销存数据准确性，解决冬奥特许零售店的数据报表和分析等问题。

（安　婷）

【制订“展e计划”方案】年内，工美集团根据自身发展定位，按照市国资委《关于加快推进市属企业信息化发展的意见》文件精神及具体要求，结合企业信息化建设实际情况，制订集团公司未来3年“展e计划”具体方案，并作为指引工美集团此后信息化建设具体工作推进的基本依据。按照方案制定的具体年度任务目标，主要目标是强化集团信息化管控能力，提高集团网络安全能力，推进网络安全等级保护工作等。

（安　婷）

首钢集团有限公司

【概况】首钢集团有限公司（以下简称首钢）始建于1919年，已有近百年历史。首钢人传承“敢闯、敢坚持、敢于苦干硬干”，发扬“敢担当、敢创新、敢为天下先”的首钢精神，不断谱写以人为本、强企报国的新篇章。“十三五”期间，首钢积极践行五大发展理念，落实“一根扁担挑两头”发展战略定位，努力建设有世界影响力的综合性大型企业集团。2018年，首钢集团围绕“十三五”发展规划战略定位，遵循集团“十三五”信息化规划，积极推进信息化建设。坚持业务驱动、系统集成，集团信息化项目建设加速推进，年度预算、投资计划已实现全集团在线编制，推进财务一体化项目在股份、实业公司等试点上线，财务共享实现集团公司范围内功能全部上线；协同平台完成集团72%成员单位推广，人力资源、资产管理、主数据管理系统三要功能上线运行。北京股份、首钢京唐实施业务流程再造，钢铁产销一体化经营管理系统主体功能进入集成测试阶段。智慧园区、智能制造、移动互联、云平台建设等取得进展。

（哈铁柱）

【云平台管理中心正式运营】 2月，首钢云平台管理中心正式运营。首钢云平台管理中心是完全独立的网络双外线路由，提供多线BGP互联网接入，具备可靠的安全运行保障能力，达到国际Tier Ⅲ + 等级和中国A级标准，是北京西部最高等级的数据中心，已获得IDC/ISP、ICP运营牌照，可为用户提供机房托管服务、互联网接入服务、企业终端应用服务、云产品及解决方案服务。北京冬奥组委、首钢集团、京西重工等将成为其首批客户。建设首钢国际通信枢纽，整合首钢全国各地计算资源，通过跨地域的统一运营管理平台，构建多地多中心的一体化云基础设施及服务网络，实现各数据中心持续的平台功能升级以及应用发布与升级、统一监控和运营，打造成北京市大数据产业的西部核心节点。

（马　晓）

【多媒体会议会务服务】 5月，北京首钢自动化信息技术有限公司（以下简称首自信公司）精心组织实施，完成首钢冬奥广场信息化改造数字会议系统建设，满足冬奥组委会议系统使用需求。参与首钢冬训中心项目，设计配套4个冰上运动训练比赛场地的多媒体功能，完成冬训中心包括冰壶馆、花样滑冰馆、短道速滑馆和冰球馆的场地专业扩声和LED大屏显示系统建设。

（李　敏）

【推进信息化建设】 5月，首钢投资管理信息化系统试点单位上线试运行。首钢投资管理信息化项目是按照首钢“两会”要求，适应发展战略、集团管控变革、国资监管新趋势的新举措，是提升投资管理能力的有效手段，项目的上线运行为投资管理体系深化、细化、优化、固化提供了有效支撑。投资管理信息化项目将聚焦价值管理和风险管控，使投资管理从事务管理向价值管理转变，从而提升投资效益和效率，最终实现全类型、全生命周期项目管理；辅助决策、促进资源有效配置；横向协同、纵向贯通三大目标。

（马　晓）

【亮相世界机器人大会】 8月，由工信部、中国科学技术协会、北京市政府联合主办的2018世界机器人大会在亦庄国际会展中心举办。作为中国工业机器人的领军企业，安川首钢机器人有限公司紧贴大会主题，秉承“专”“精”“尖”原则，在大会上亮相定制化机器人自动生产线——迷宫定制项目，用一条生产线高度诠释工业4.0和中国制造2025的自动化水平。

（马　晓）

【开展移动互联业务】 9月1日，首自信公司移动互联业务倒班助手产品4.0版正式上线，累计用户量达190万人次，初步建立商业化生态体系，实现横向功能、增值服务等“多维度”的产业孵化基础。企业移动和网站实现“内部计划、外部驱动”的双向企业移动方法论优化，实施多业务领域，在建及维护移动应用20余个、网站 8 个。

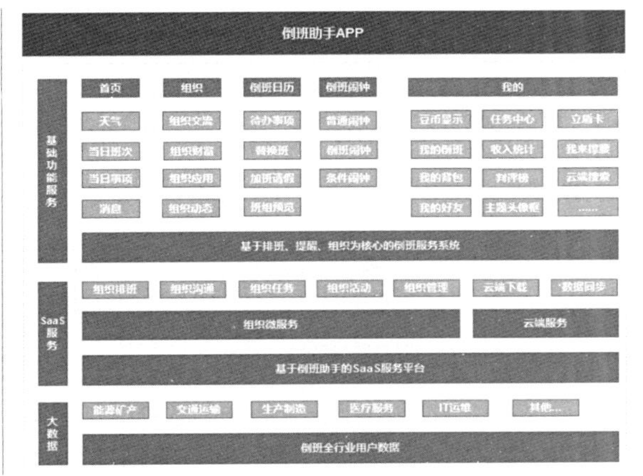

（范瑶瑶）

【首钢云平台建设】 9 月 10 日，首钢云平台完成京西重工全球 ERP 和 ICT 系统及财务公司灾备系统正式入驻，推进数据中心云平台基础网络和信息安全架构设计及建设工作，基于“平台＋服务”模式，为集团公司、实业公司、销售公司等 10 余家企业 30 余个信息化项目提供“一站式”云服务，投运虚拟化服务器 900 余台、15TB 内存及 200TB 高性能数据存储，实现云服务应用推广。

云数据中心服务	IDC托管服务	BGP互联网带宽	SD-WAN广域网接入服务	专线接入服务		
云计算IaaS服务	虚拟私有云（VPC）	云服务器	块存储	对象存储	数据备份	
云计算PaaS服务	云数据库（RDS）	云路由器	负载均衡服务（LBS）	VPN服务		
	云防火墙	抗Ddos服务	堡垒机	WEB应用防火墙（WAF）		
	漏洞扫描	病毒防护	日志审计	数据库审计		
信息安全服务	信息安全系统集成	涉密系统集成	风险评估	渗透测试	安全加固	
	安全巡检	应急响应	安全监控	等保咨询	ISO27001咨询	
IT运维服务	机房运维	网络运维	服务器运维	数据库运维		
	中间件运维	应用迁移	数据迁移	桌面系统运维		
系统集成服务	咨询规划	数据中心运维	硬件集成	软件集成	容灾系统建设	系统总集成

（范瑶瑶）

【首安云 2.0 版本发布】 9 月 10 日，首自信公司首安云产品 2.0 版本发布，重点实现风险四色图厂区现场风险和隐患关联，研发安全综合管理驾驶舱。首安云双控系统获 2018 软件联盟优秀产品奖。

（范瑶瑶）

【完成智慧交通服务平台建设】 9 月，首自信公司完成共享停车平台开发、智慧停车服务平台迭代升级和停车运营监控平台开发工作，以 SDK 二次开发的形式集成自助缴费机、手持收费终端、信息发布屏、车位引导屏及反向寻车终端等设备，以 API 的方式集成移动端反向寻车功能。

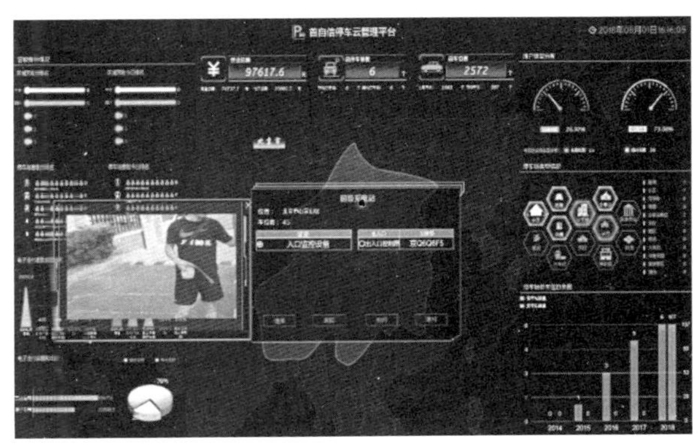

（李　敏）

【打造国内首个 5G 智慧园区】 10 月，首钢和中国联通举行战略合作伙伴签约仪式。首钢和中国联通将携手把首钢园打造成为国内首个 5G 智慧园区，并在建设 5G 产业园区，推动智慧园区规划设计和示范应用，品牌联合推广，国际业务合作，共同推广奥林匹克文化、推动冰雪运动的发展等方面展开战略合作。根据协议，双方还将充分发挥各自海外分支机构的优势，通过客户共享、资源互补等方式，面向国际人才进行国际业务的营销和推广，开展交流、参观和合作，加强国际业务在首钢园区的推广和落地，共同打造国际人才社区。

（马　晓）

【发布智能一体化大数据平台】 12 月 13 日，首自信公司发布首钢数据智能一体化大数据平台，完成园区场景下的实时建筑物管控数据、实时园区安防数据、园区对接的外部数据等多源异构数据的接入、存储、共享，实现整个园区数据的全面感知、动态传输、实时分析。

（李　敏）

【建设冬训智慧建筑群管控平台】 12月20日，北京园区冬训中心智慧建筑群管控平台完成建筑管控模块、物业模块、可视化模块的开发工作，已上线运行。系统涉及管控范围涵盖冰球馆、冰壶馆、速滑/花滑场馆所有运动场馆弱电系统数据接入及控制。具体包括新风、空调、环境、冷热源、给排水、水表、制冰、照明、消防、门禁、视频监控及周界、广播、信息发布、停车、电计量等，在集成各弱电系统的基础上，形成运行监控、故障报警、能耗统计、联动控制、模式化管理等功能。

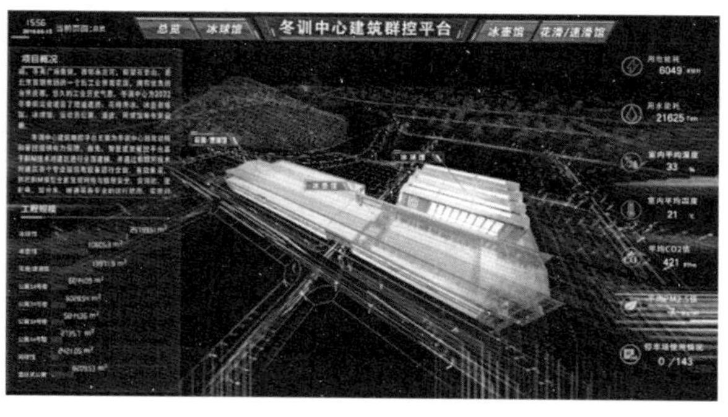

（谢　勇）

【智能工厂项目竣工】 12月，首钢股份公司承接工信部2016年智能制造新模式应用项目“硅钢—冷轧智能工厂”整体竣工。该项目采用四大类安全可控核心智能制造装备，完成23项技术指标，实现10类功能，配置包含产品智能设计、质量智能管控与溯源、多源异构的时空数据挖掘等22项关键技术及短板装备，解决21项关键问题，实现效率、效益双提升，成为冷轧智能制造示范工程。

（张　磊）

【信息化能力和水平不断提升】 年内，按照北京市国资委印发的《关于加快推进市属企业信息化发展的意见》通知要求，系统优化部组织制订首钢集团2018年至2020年信息化“展e计划”，根据2020年信息化水平目标，落实2018年至2020年信息化年度任务。年底，集团信息化“展e计划”任务目标按照计划完成。

（哈铁柱）

【开展财务共享工作】 年内，首钢财务共享项目全面启动面向成员单位的共享推广工作，坚持业务为先、财务驱动业务的思想，围绕钢铁平台上市范围、股权平台所属首建集团、实业公司80余家企业开展推广，实现业务流、资金流、税务流和信息流“四流合一”，以及端到端业务流程可视化。

（李园博）

【财务一体化项目】 年内，首钢财务一体化项目以“六统一”为基础，搭建“1+14+N”集团会计制度体系，设置集团统一会计科目2861个、梳理标准业务流程113个、规范业务场景1589

个、集团统一报表 334 张、财务指标 500 多个。业财资税一体化平台在首钢股份、实业公司等试点单位上线运行，标志首钢集团步入集 SAP 核算、财务共享、浪潮资金、税务、核算为一体的大财务时代。

（梁丽亚）

【开发预算管理系统】年内，首钢预算管理系统完成预算应用系统功能持续优化和开发，实现提升外埠钢铁单位生产经营预算功能，实现各工序间全面跑通，加强专项预算、业务预算和财务预算之间的数据关联，实现编制进度动态监控、编制质量结果监控。

（梁丽亚）

【投资管理系统上线】年内，首钢投资管理系统在集团 151 家企业正式上线，系统覆盖固定资产、股权、无形资产 3 类投资关键管理节点，实现投资项目全生命周期管理，完成与预算系统、产销一体化系统项目管理模块、主数据系统、协同工作平台数据集成，2019 年集团年度投资计划实现在线编制。

（张祎婧）

【核心人力资源项目上线】年内，核心人力资源管理项目组织机构和人员管理模块上线，集团 521 家单位、8367 个部门、30102 个岗位、101771 名员工纳入系统统一管理，实现集团管控项目群组织机构和人员信息的规范化、标准化管理。

（宋智芳）

【推广协同工作平台】年内，集团协同工作平台完成 15 家成员单位应用推广工作，实现用户统一身份认证管理、信息门户建设、公文管理、标准功能和标准流程应用、即时通信、移动门户、集团邮箱的统一应用，系统覆盖集团法人、分公司 497 家，覆盖率 72.2%，用户数量 57007 人。配合集团管控系统上线和推广，完成系统集成工作，实现统一用户认证、集中待办、集中审批、流程集成和统一信息发布的标准功能集成模式。

（刘　京）

【健全主数据管理平台】年内，集团主数据管理平台进一步健全集团主数据管理体系，完成 6 类集团级主数据及 8 类钢铁版块主数据建设、优化及推广目标，通过主数据管理平台与14个集团管控及其他业务系统集成，实现基础数据贯通与协同共享，提高了集团数据质量及管控能力。

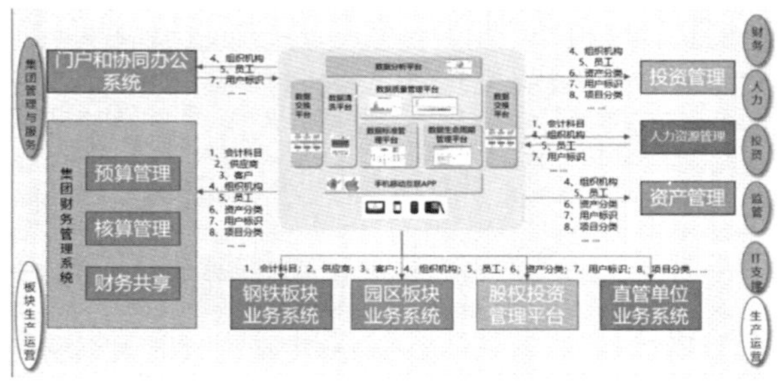

（郭素云）

【开展产销一体化项目】年内，首钢股份公司产销一体化项目开展详细设计、系统开发、系统测试等工作，完成详细设计文件198份、系统开发产销及PES界面4096个，测试并解决问题8298项。10月，产销工程项目管理系统上线运行，12月，设备系统实现上线运行。

（张　磊）

【建设首钢京唐智能化项目】年内，首钢京唐本着“着眼长远、立足当下”的务实原则，总体规划、分步实施，推进智能化项目建设。3月28日，5#库智能仓储项目顺利完成建设，经优化调整后正式投入运行，单日无人作业能力达160车。7月31日，2230连退智能机械手臂拆捆带项目完成设备的最终调试，实现机械手臂代替人工作业，项目验收测试效果良好。

（郗晓法）

【信息化外部项目】年内，首自信公司信息化外部项目实现突破。公司中标蒙牛2019年至2020年集中运维采购项目，实现信息化运维外部市场的重要突破。公司承担市政府移动办公平台项目的建设，并签订酒钢质保书及检验检测、昊友物流管理、浪潮工业互联网平台等多个外部项目合同，基于云服务的电子采购平台及云服务实现外部市场快速增长。

（范瑶瑶）

国网北京市电力公司

【概况】国网北京市电力公司（以下简称国网北京公司）是国家电网公司的子公司，负责北京地区1.64万平方千米范围内的电网规划建设、运行管理、电力销售和供电服务工作。2018年，国网北京公司下辖二级单位33个，包括供电公司16个、业务支撑和实施机构13个、其他单位4个。

（白雪莹　韩帅斌）

【信息化建设】年内，国网北京公司健全网络安全和信息化工作领导小组，印发《全面深化网络安全和信息化工作意见》。完成公安部组织的“护网2018”国家专项演习网络安全防护工作，完成全国“两会”、中非合作论坛供电任务信息安全保障工作。完成公司16个APN专线通道梳理（本部13个、基层单位3个）。举办首届网络安全技能竞赛，首次将网络安全纳入技能体系。公司红队研究的“智能门锁安全隐患”被评选为国网公司优秀成果。全年共完成电网信息化项目 176 个，投资额 2.37 亿元。完成“国网云”建设，提升系统支撑能力和业务协同发展，完成 ERP 系统小型机架构向 x86 架构的迁移改造，国网北京数据中心二期工程顺利开展，“特大型城市‘一体双核’配电自动化主站系统设计与应用”获一等奖、“移动互联网技术在线损管理中的应用”“基于‘互联网+’模式的计量器具智能配送”获二等奖，“基于现代可视化技术的运营全景式监测展示”获三等奖。完成国网信息通信运维体系（SG-ITOM 3.0）试点应用。建立调度、方式和检修的联动机制，缩短信息故障处理时间，信息故障同比下降 63.15%。在国网“星级调度”评选工作中达到最高 4 星“星级调度”标准。公司 35 千伏及以上变电站、主要办公场所、营销网点、分支机构的光纤覆盖达到 100%。推进朝阳区、亦庄、通州区公司本部骨干通信网带宽提速项目；行政交换核心网汇接功能由电路交换系统迁移至 IMS 系统，具备异地容灾能力。完成 16 个供电公司第三会议室高清一体化会议系统覆盖，会议更加便捷、高效。印发公司 800 兆数字集群终端、卫星通信系统管理规定，印发通信风险预警管理实施细则，修编通信系统突发事件应急预案，印发通信安规实施细则，完成通信安规落地实施工作。对移动应用和无线公网实现“五个一”统一管理，即一个终端、一张 SIM 卡、一套通道、一个商店、一笔预算，通过充分竞价和深化管理进一步降本增效，年度无线通信租用费用节省 3577 万元，成本节约 45.7%。

（帅　萌）

【科技与信息化】年内，主动配电网 863 项目通过国家科技部验收；电能替代技术联合实验室获国网公司联合实验室命名；获国网科技成果奖励 13 项，其中牵头获得一等奖 2 项。获中国电力科学技术奖励 5 项、北京市科技奖励 4 项；获中国专利奖 1 项；牵头完成 4 项国网总部科技项目并通过验收；完成电能替代、智能配电网、量子通信等重点研发任务。围绕“煤改电”电动汽车、分布式电源等开展专利布局，全年共申请专利 303 件，公司累计拥有授权专利 2425 项。新开工 110 千伏及以上电网建设项目环评率 100%，110 千伏及以上电网建设项目竣工环保验收率 100%；对 15 项在建项目进行了环保、水保现场技术监督检查。完成 125 座变电站电磁环境和噪声监测，完成 40 座有办公人员的变电站废水监测；完成太阳宫 220 千伏变电站、沙窝 110 千伏变电站、阜成门 110 千伏变电站噪声超标治理工作。

（帅　萌）

和利时科技集团有限公司

【概况】和利时科技集团有限公司（以下简称和利时）成立于 1993 年，是中国领先的自动化与信息技术解决方案供应商。目前公司有员工 3500 余人，业务遍及海内外。和利时坚持自主研发可靠、先进、易用的技术和产品，致力于提供“自主可控、安全可信”的一体化解决方案和全生命周期服务。和利时主营业务在工业自动化、轨道交通自动化、医疗自动化 3 个领域，围绕“智能控制、智慧管理”业务核心打造的智能化控制技术和智慧化生产管理解决方案，惠及全球千万用户。和利时以智能工厂整体解决方案为基础，基于 HOLLiAS 工业控制技术平台，研发一系列可靠、先进、易用的过程自动化系统产品，提供了各行业一体化解决方案所需的完整产品线。和利时面向流程工业各行业提供一体化的综合自动化解决方案，在火电、热电、核电、新能源、石化、化工、冶金、建材、制药、食品、饮料等行业获得广泛应用，年项目实施量达数千个。同时，和利时采用“数字化制造＋工业互联网服务”模式，研发出众多智能生产管控系统，在设备控制端通过互联网将和利时拥有自主知识产权的 PLC、MC（运动控制器）等产品的数据互联互通，从而实现对设备端的智能控制；通过工业互联网、大数据分析对工厂进行生产排产、生产故障诊断、优化控制等操作实现智慧管理，帮助工业企业实现从自动化生产向智能化生产的转型升级。

（和利时）

【助力北京地铁燕房线建设】1 月，北京地铁燕房线开通试运行。燕房线是中国首条具有完全自主知识产权的轨道交通全自动运行线路，是中国首个全自动运行系统国家级示范工程，和利时行车综合自动化系统（TIAS）在燕房线上的应用填补了国内轨道交通领域全自动驾驶系统应用的空白。

（和利时）

【智能工厂产业链国际合作联盟成立】7 月，由智能工厂产业链国际合作联盟主办，和利时承办，中国仪器仪表学会协办的智能工厂产业链国际合作联盟战略研讨会在和利时总部举行。会上宣布智能工厂产业链国际合作联盟正式成立。该联盟由和利时集团联合华为技术、新松机器人自动化股份有限公司、重庆川仪自动化股份有限公司等单位共同发起，旨在充分整合我国智能工厂上下游优势企业资源，促进产业链深度合作，形成代表中国智能工厂全产业链综合实力水平较高的一个团队，“抱团出海”，开展国际、国内合作。

（和利时）

【助力广深港高铁全线开通】9 月，广深港高铁香港段正式开通运行，香港连通全国高铁网进入高铁时代，粤港之间正式进入“超级直通车”时代。和利时以地面信号系统、车载信号系统集成商（841A&B 项目）的身份参与广深港高铁项目建设，并向用户提供综合监控系统（853项目），完成整个高铁香港段信号系统及综合监控系统的设计、采购、制造、供应、交付运输、存储、安装、测试与调试及培训等全程工作。港铁项目是中国内地自主研发的高速铁路信号系统在香港地区的首次应用，也是 CTCS-3 级列控系统第一次走出内地，和利时全面接触国际安全流程标准、全面执行国际项目管理标准的实战首例。建设期间，和利时连续 5 年获 MTR 质量奖项。

（和利时）

【助力哈佳客运专线开通运营】9 月，世界最长的高寒地区铁路——由哈尔滨至佳木斯的哈佳客运专线正式开通运营。该线路的开通结束了沿线多地区无铁路网覆盖的历史。和利时在哈佳客运专线建设中负责 LKD-HS 型客运专线列控中心、LEU-H 型列控系统地面电子单元、TSRS-HS 型临时限速服务器以及信号安全数据网等产品供货和项目实施，刷新世界高寒地区快速铁路建设的行业纪录。

（和利时）

【助力海底捞打造智慧餐厅】10 月，海底捞智慧餐厅在北京中骏世界城正式营业。和利时智能业务团队从 2016 年开始与海底捞进行深度合作，共同研发满足海底捞私人订制个性化锅底要求的自动配锅机，并于年内升级推出自动配锅机 2.0 产品，并投入该智慧餐厅使用。配锅机 2.0 在占地面积、系统稳定性、出料精度、易清洗、易操作、易维护等性能方面均有大幅度提升，能够更好地满足海底捞打造智慧餐厅的功能需求。

（和利时）

【地铁监控系统项目启动】11 月，呼和浩特市城市轨道交通工程综合监控系统集成采购项目第二次设计联络会召开。和利时作为呼和浩特市 1 号线、2 号线综合监控系统总集成商，积极响应建管公司要求组织此次会议。呼和浩特市 1 号线、2 号线是和利时首次参与涉及云平台、可视化、再生能量制动回馈等新概念方案的地铁线路。12 月，和利时再次中标深圳地铁 6 号线综合监控系统项目，建设基于云平台的综合监控系统。

（和利时）

【中标辽宁调兵山智能电厂项目】12 月，和利时中标流程行业首个智能电厂项目——辽宁调兵山煤矸石发电有限责任公司基于设备层和控制层优化的电厂智能管控系统建设项目。双方确定以“全厂数据中心建设”“机组控制优化系统建设”“设备诊断分析系统建设”“SIS 系统改造”“竞价上网系统建设”功能模块为核心，并预留“智慧检修”“智能安全”“智能培训”“智慧厂区”“智能燃料”等模块接口的设计方案；确定启动基于设备层和控制层优化的电厂智能管控系统建设。和利时将助力调兵山公司完成从传统电厂向数字化、智能化电厂的转型升级，帮助用户实现卓越运营。

（和利时）

【助力塔式光热发电示范项目】12 月，中国首座百兆瓦级光热电站首航节能敦煌 100 兆瓦熔盐塔式光热发电示范项目并网发电，标志着中国成为世界上少数掌握百兆瓦级熔盐塔式光电技术的国家。首航节能敦煌 100 兆瓦熔盐塔式光热发电示范项目是由北京首航艾启威节能技术股份有限公司投资兴建的国家首批光热发电示范项目之一。和利时以拥有自主知识产权的 HOLLiAS MACS−K 过程控制系统为核心产品，为该项目提供全厂一体化过程控制解决方案、网络配置方案以及 APS 优化控制方案，控制范围涵盖镜场电气系统、集热储热、化盐排盐、电伴热、蒸发换热、原水处理、污水处理、空冷、电气控制、汽轮发电机系统等，为项目投运提供了有力的技术保障。

（和利时）

【成雅铁路信号系统助力成雅铁路开通运营】12 月，川藏铁路成都至雅安段开通运营。和利时作为成雅铁路信号系统的主力供应商，提供包括 ZPW−2000S 轨道电路（TC）、列控中心（TCC）、安全数据网和地面电子单元（LEU）等系统设备及解决方案。成雅铁路项目是应用 ZPW−2000S 轨道电路产品的第一个国铁正式工程项目。

（和利时）

【信息系统助力济青高铁开通运营】12 月，和利时参建的济南至青岛高速铁路正式开通运营，济青两地两小时交通圈初步形成，极大地方便人们的出行。和利时负责为济青高铁提供无线闭塞中心（RBC）、列控中心（TCC）、地面电子单元（LEU）、临时限速服务器（TSRS）和信号安全数据网等信号系统及核心设备，出色完成项目施工任务。

（和利时）

【高铁自动驾驶技术通过试用评审】12 月，和利时自主研发的时速 350 千米高铁自动驾驶系统（CTC−3+ATO）通过中国国家铁路集团有限公司的试用评审和现场试验，并在京沈高铁进行载客试用，成为业内有能力提供上述产品的 3 家供应商之一。京沈综合试验的通过，也为和利时向智能高速铁路提供核心自主的信号产品等后续工作的开展奠定了坚实的基础。

（和利时）

【智能煎药机上市】年内，和利时中药饮片自动调剂设备已具规模，项目组基于中国中药华邈项目和浙江佐力百草项目，开发出中药饮片全自动调剂流水线全套产品，并创新性地开发出具有自主知识产权的适合自动化流水线集成的智能煎药机，从而形成完全满足智能化中药代煎中心打造要求的整体解决方案。和利时智能煎药机产品采用全新的蒸汽加热方式，遵循古法煎煮原则，实现了原有煎药机无法实现的先煎后下、自动二煎和节能降耗，在煎药领域是一款划时代的创新产品。

（和利时）

【中药饮片自动调剂系统投入使用】年内，和利时开发 MD6400 中药饮片自动调剂系统，可通过计算机管理软件连接医院的信息系统 HIS 下载处方，或在调剂台上新建处方，按处方给出的饮片味数、剂量、剂数等信息，自动完成药品识别、称重、按剂量落药等动作，调剂过程准确可靠，完全符合中医辨证施治、随症加减的原则。该系统已经在中国中医科学院广安门医院等投入使用。

（和利时）

北京天诚同创电气有限公司

【概况】北京天诚同创电气有限公司（以下简称天诚同创）成立于 2008 年，是金风科技全资子公司，金风科技是中国成立最早、自主研发能力最强的风电设备研发及制造企业之一。天诚同创作为金风科技在能源互联网领域的创行者，专注于用能侧技术和产品的创新开发，围绕能源用户需求，提供智能微网与分布式能源、电力交易、综合能效管理和数字化云平台等系统解决方案，助力客户降低综合用能成本、提高清洁能源占比，重塑能源价值，共创绿色未来。金风光伏科技是天诚同创在分布式光伏领域的创新版块，经过多年自主研发，拥有硬件产品——智能光伏运维机器人和软件产品“运维魔方”大数据平台，整合国内多家知名光伏智能服务企业，打造光伏智能服务生态圈。

（陆晓爽）

【参加光伏产业国际交流活动】7 月，天诚同创受邀参加由国家能源互联网产业技术创新联盟主办的瑞典清洁能源沙龙，与能源互联网研究院、启迪清芸公司等同仁进行深入交流，双方共同探讨能源互联网的发展，寻求合作机会。

（陆晓爽）

【参展全国双创活动周】10 月，天诚同创携自主研发的光伏运维机器人及“运维魔方”解决方案，亮相以“双创促升级、赋能高精尖”为主题的 2018 全国双创活动周亦庄会场。光伏智能运维机器人主要应用于光伏电站的日常运维清洁，具备无水清扫、视频识别、阵列式温度扫描、鸟粪自动识别与清洗功能，能够有效控制组件面板表面灰尘，最大程度地提升发电效率。“运维魔方”运用大数据和云计算技术，为客户量身定制智能运维解决方案，实现对于电站运维高效管理，提升发电效率。

（陆晓爽）

【召开“灵尘”光伏机器人品牌发布会】11 月，天诚同创在金风二期园区召开“灵尘”光伏机器人品牌发布会。“灵尘”品牌是天诚同创自主知识产权的光伏电站智能服务品牌。作为金风科技的创新业务单元，天诚同创积极践行科技创新精神，努力把“灵尘”打造成为光伏行业智能服务的明星品牌。

（陆晓爽）

瑞萨半导体（北京）有限公司

【概况】瑞萨半导体（北京）有限公司成立于1996年，是由三菱电机、四通集团和三井物产3家公司合资兴建的以集成电路制造为主的高新技术企业。经过20多年的发展，经历同NEC、日立半导体部门的合并，结合了日立与三菱在半导体领域的先进技术和丰富经验，成为无线网络、汽车、消费与工业市场设计制造嵌入式半导体的全球领先服务商，发展成产能最高的瑞萨电子株式会社最大的海外半导体生产据点之一。追求“高品质、短工期、低成本”是公司始终如一的经营理念，持续开展各项改善和创新活动是公司恒久不变的经营之本。凭借自身拥有的高技术含量、高品质水准的半导体产品和顾客至上的服务理念，公司一直重视信息化，以系统化的管理思想，通过信息技术与先进的管理思想结合，推进公司信息化整体发展。年内重点推进了ERP系统、Smart Factory智能制造、物联网、自动搬送以及设备信息交互等信息化项目。

（谢柏尧）

【智能工厂项目建设】年内，瑞萨半导体（北京）有限公司开始实施Smart Factory（以下简称SF）智能工厂。SF智能生产主要将信息先进技术应用于整个工业生产过程，通过构建物联网实现设备状态实时收集、设备加工与MES系统、系统与机器人、MES与品质等各系统间信息交互、共享，实现对整个生产流程进行监控；通过数据采集、自我数据分析与判定，最终实现无人化智能工厂。完成SFLevel 1建设，实现自动化（记账，附带作业自动化），设备加工时材料、参数、条件等自动判定。实现所有设备物联网互联，设备温度、压力等传感器链接，实现设备实时信息自动收集并保存到大数据中，便于进一步数据抽取、分析。开始推进AGV自动搬送，通过排产系统根据工程待加工队列、设备状况、订单优先级等实现单工程设备最优排程，作业者根据排程信息，通过AGV替代作业者搬送物料。开始推进Spotfire报表中心建设，通过数据抽取、变换、加工等方式实现生产工期、生产待加工等日报、周报、月报的实时更新，方便了生产管理展现和生产管理决策。

（谢柏尧）

【智能工厂技术研发及应用】年内，瑞萨半导体（北京）有限公司开始进行Smart Factory建设，建立一个高度灵活的个性化、数字化的产品与服务的生产模式。通过互联网、物联网、机器人、APS、数据中心的构筑，信息化建设，实现生产过程中的生产物流管理、设备与信息系统自动互动、机器人自动搬送、上料与下料、MES自动收集设备加工数据与品质过程判定，最终实现无人智能制造。瑞萨半导体（北京）有限公司通过设备底层通信开发，设备MPC通信软件开发实现设备与信息系统自动互动，品质异常时自动报警，并实现对设备上锁。RSB通过自主设计并委托专业厂家系统开发，实现了测试工程设备自动下载测试程序，自动防错以及自动收集测试数据，并进行 UCL 等判定。随着智能制造的逐步实现，通过高效且可靠的 SF 项目运行，满足公司“高品质、短工期、低成本”要求，最终实现更加卓有成效的运营。透明实时的智能工厂模式能帮助工厂在其整个运营周期中实现更优的系统可持续性及更高的能源效率。

（谢柏尧）

【信息安全及服务】年内，瑞萨半导体（北京）有限公司导入自动升级的计算机病毒管理平台，计算机病毒库自动升级并下推到客户端，为客户端每日自动查杀病毒。防火墙中 IPS 系统的导入可以防范网络攻击，并进行报警提示。公司除了通过技术对病毒实施防范外，还注重增强员工的病毒防范意识。每年 2 次的信息安全培训，让员工了解重视信息安全的必要性，并在日常工作中反复强调信息安全的重要性，展示病毒感染导致损失的实例，使员工的安全意识有较高的提升。

（谢柏尧）

冠捷显示科技（中国）有限公司

【概况】冠捷显示科技（中国）有限公司（以下简称冠捷显示科技）是全球最大的专业显示器提供商，拥有先进的制造工艺和柔性的自动化设备，可应对每年 160 多个新机种的开发与量产，构成企业面对市场竞争的软、硬件资源。年内，冠捷显示科技已形成全球制造基地、研发中心网络互联互通的高效运作体系，实现 5 个海外制造基地、7 个国内基地、6 个全球研发中心的协作共享，基本实现向互联工厂的转型，可实时、同步响应全球用户个性化需求和不确定的市场环境。自 2014 年以来，冠捷显示科技围绕关键工序智能化、关键岗位机器人替代等，开展电视一条龙智能制造、显示器生产线自动化升级改造、数字电视自动化示范线等智造工程，实现新一代信息技术与制造装备融合的集成创新和工程应用。

（冠捷显示科技）

【以信息化为特征的智能工厂建设】年内，冠捷显示科技全面实施数字化、网络化、智能化的数字车间建设。通过多系统集成方案，优化研发、制造、采购、销售及售后服务等环节，紧扣关键工序智能化、关键岗位机器人替代、生产过程智能控制、供应链优化等措施，实现基于“互联网 +”的新一代新型显示产品智能制造新模式，稳步推动传统显示行业的创新发展和转型升级，促进传统产业提质增效，形成以信息化为特征的智能化工厂建设。冠捷显示科技智能工厂取得阶段性成效，实现关键工序数控化率超过 85%，单位人时产量提升 34%，研发周期缩短 29%，产品不良率下降 38%，生产线人力减少 65%，能源利用率提高 16%。

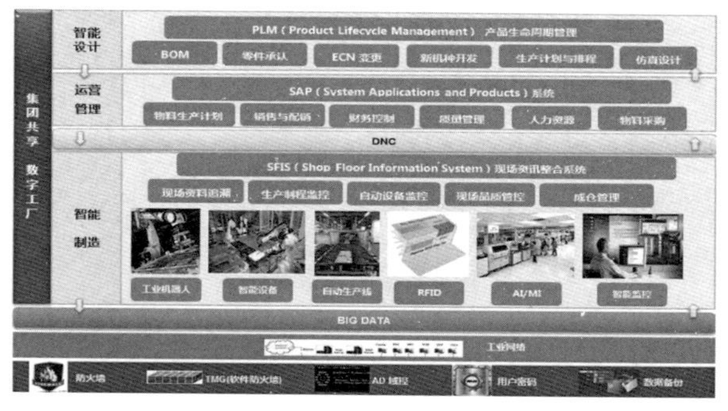

（冠捷显示科技）

【建设数字电视自动化示范线】年内，TV 示范线基于智能制造新模式组织生产，达成从液晶显示模组（LCM）组装到 TV 成品出货的数字化车间建设，提高了企业生产效率。数字电视自动化示范线将模组组装与整机组装联合，在直观效益上能减去许多中间制造环节和材料；最大限度地利用 ERP 系统处理供料和工单，减少管理负荷；通过SFIS系统的帮助，使品质数据更加齐全，能实时监控产品品质状况；导入先进的集电板传输线，在劳动强度较大、劳动力密集的前端和后端环节实现自动化机器替代；加强了信息安全保障。

冠捷显示科技模组车间一角

（冠捷显示科技）

【采用产品仿真设计及标准验证】 年内，冠捷显示科技通过多年的实践，彩电产品设计仿真分析工具已经比较成熟，且能够较好地指导产品设计开发工作，通过遴选最优的仿真分析工具，以行业标准的方式推广应用，促进行业的共同发展，具有良好的经济效益和社会效益。产品设计工艺仿真技术不仅可以大幅提高设计效率，减少后续模具设计返修的次数，还可以提高设计准确度，降低产品的设计成本与原材料成本，在效率明显提升，全结构具有均衡的可靠性，材料可以替换至最低标准，保障功能性能的前提下动力要求降到最低，成本下降、能耗环保指标提升。

（冠捷显示科技）

北大校办企业

【概况】 北京大学作为一所拥有多种学科，集人才培养、科学研究、社会服务于一体的新型综合性大学，经过近二十年的探索，已经形成具有一定规模和竞争力的科技产业，成果转化工作也成绩显著。

2001年11月1日，国务院办公厅下发“关于北京大学清华大学规范校办企业管理体制试点问题的通知”（国办函〔2001〕58号）等相关文件，北京大学于2002年成立北京北大资产经营有限公司，成为建立北大校办企业清晰的产权关系的重要载体和平台。几年来，北大的校企改制工作取得了重要成果。方正、资源、未名三大企业集团已于2004年完成了改制工作。北京大学一直重视与社会企业开展多种形式的科技合作，促进产学研的共同发展，为社会经济发展服务。每年收集可推广转化的科技成果，积极组织参加各类科技成果洽谈会，寻求与社会企业的多方合作。在规范管理的基础上，技术开发、技术转让、技术服务和技术咨询等横向合作经费得以逐年快速增长。

（宋慧宇）

【北大医疗与腾讯签约】 3月15日，北大医疗与腾讯举行合作签约仪式。北大医疗与腾讯将不断创新合作内容、拓展更丰富的应用，逐步探索系统化、成熟化的“智慧医疗整体解决方案”，同时加强市场品牌合作，共同将北大医疗打造成医疗集团智慧医疗标杆。依托北大医疗及其旗下医院优质医疗资源，腾讯将提供自身在人工智能大数据、移动支付、实名核身等领域的优势资源，促进双方合作不断向全方位、深层次推进。双方合作内容包括联合成立互联网+医疗大数据研究示范基地、微信医保支付试点工程、商保创新应用、在线咨询等。

（市经济和信息化局）

【智能代码缺陷检测工具获国际发明金奖】 4月24日，北京北大软件工程股份有限公司库博团队凭借“CoBOT：A Smart Software Source Code Bug Detection Tool”（库博是一款智能代码缺陷检测工具）获第46届日内瓦国际发明展金奖。“一款静态的、不需要全程跟踪编译的静态代码检测工具”基于启发式的系统使复杂遗留系统的调试变得容易和实用。与现有产品相比，库博智能代码缺陷检测工具具有更强大的检测能力,检测不完整程序中的错误,准确性高。库博智能代码缺陷检测工具采用一系列启发式策略来保持分析不完整代码的高精度，并通过消除编译过程，提高人们使用检测工具的效率；采用值依赖图作为核心模型并利用迭代分析技术的研究成果，使其可以扩展到 10 亿行级的代码量；假阳性 / 阴性率均小于 20%，1 小时内可以分析 200 万行代码量，远超其他代码检测工具；自适应精度高，使用深度学习技术，可以自动从检测结果中过滤掉可能的误报，并从以前检测到的程序中不断改进。库博智能代码缺陷检测工具分析的程序越多准确度就越高。

（宋慧宇）

【方正集团赞助大学生程序设计竞赛】4 月，第 42 届国际大学生程序设计竞赛（简称 ACM-ICPC）全球总决赛在北京大学举办。该赛事由方正集团接棒 IBM，作为全球钻石赞助商支持举办，并因此获得由北京大学颁发的北京大学杰出教育贡献奖、由ICPC颁发的“全球服务奖”。ACM-ICPC 由国际计算机学会于 1970 年发起组织，是一项旨在展示大学生创新能力、团队精神和在压力下编写程序、分析和解决问题能力的年度国际赛事。经过 40 余年的发展，国际大学生程序设计竞赛已经成为全球最具影响力的大学生计算机竞赛，被誉为计算机软件领域的奥林匹克。

（宋慧宇）

【北大英华获十佳知识产权运营机构称号】6 月 2 日，由强国知识产权论坛组委会和北京强国知识产权研究院共同主办，AIPPI 国际与中国国际经济贸易仲裁委员会大力支持的 2018 强国知识产权论坛在北京国家会议中心举行。此次论坛的主题是“新时代下知识产权强国的理论、法律与最佳实践”，着重探讨新时代如何发展知识产权理论、如何完善知识产权法律规范等相关问题，并提出若干倡议。北京北大英华科技有限公司获年度十佳知识产权运营机构称号，北京北大英华科技有限公司副总经理何远琼在企业家分论坛上做《让知产更智慧——北大法宝赋能企业知识产权管理》主题演讲。北大英华希望通过此次论坛的嘉宾对话、现场互动，和企业及业界进行持续交流，深入合作，共同推动知产法律信息服务，共同促进企业知识产权管理在新时代新环境的发展和进阶。

（宋慧宇）

【方正信产与蒙纳公司战略合作】6 月 13 日，方正信产与蒙纳公司举行战略合作签约仪式，方正信产旗下的方正电子、方正手迹将在中国市场与蒙纳全面合作，代理销售蒙纳的西文字体产品。方正电子的企业客户可以选择使用蒙纳 8000 多款拉丁字体，方正手迹也可以携手中国手机等硬件、软件厂商，一起开拓海外个人用户市场。

（宋慧宇）

【设立北大英华智慧法学发展基金】7 月 12 日，北大英华智慧法学发展基金捐赠仪式暨法律人工智能政产学研合作模式座谈会在北京大学举行。北大英华科技有限公司出资在北京大学法学院设立北大英华智慧法学发展基金，用于支持北京大学法律与人工智能研究中心的学术科研和人才培养工作、法律图书馆相关设施设备建设及其他科研活动。

（市经济和信息化局）

【方正科技与中国联通签约】7 月 18 日，方正科技与中国联通在北京签署战略性合作协议，在高速宽带接入服务业务领域达成长期合作，方正科技成为中国联通紧密的合作伙伴。方正科技宽带业务的存量用户将可以逐步接入联通公司网络，由中国联通提供网络接入服务，方正宽带的用户可以充分享用中国联通匠心打造的优质网络。在南方区域，将在双方共同选定的省份及本地网范围内，由方正科技进行宽带接入网的建设、运营、维护工作，助推双方业务共同发展。

（宋慧宇）

【方正集团入选电子信息百强企业】7月31日，2018年中国电子信息百强企业发布会在长春举办。会上发布并解读新一届中国电子信息百强企业，方正集团列第8名。中国电子信息百强企业是中国电子信息行业联合会在工信部指导下，根据2017年电子信息产业统计年报数据，通过主营业务收入、市场占有率、技术创新力、品牌影响力、企业社会责任等综合指标评价得出，代表了对高科技企业综合实力的衡量。

（宋慧宇）

【共建电子信息协同创新发展平台】9月26日，北大科技园与闪联信息技术工程中心、清控银杏创投三方现场签署战略合作协议，共建电子信息协同创新发展平台，将在分布式新能源、能源物联网、能源互联网等产业领域和项目上建立合作发展机制，共同致力于新能源领域共性核心技术与标准的研究，共同推进相关技术转化与产业发展，为国家在新能源产业的战略布局及提升国际竞争力贡献力量。

（宋慧宇）

【北大人工智能项目获授牌】10月11日，中关村硬科技孵化平台授牌仪式在2018全国大众创业万众创新活动周北京会场成功举办，北大科技园人工智能专业化建设项目“北京大学人工智能产业化孵化平台”入选。

（市经济和信息化局）

【公安信息化项目完成】10月，方正科技旗下方正国际实施的毕节市公安局“乌蒙云”信息化建设项目，历时14个月圆满完成。“乌蒙云”项目是由贵州省毕节市公安局投资，方正国际承建的大型信息化项目，建设费用共为5677万元。该项目采用云计算、大数据、物联网和移动互联网等技术，与公安实战需求紧密结合，在大数据中心的基础上，进一步搭建信息服务平台、移动警务支撑平台、云GIS支撑平台和部门间信息共享交换平台，为毕节市智慧城市建设提供高效的大数据服务。

（宋慧宇）

【AI分诊助手亮相】11月1日，智能小程序AI分诊助手亮相百度世界大会，北大医疗旗下北京大学国际医院成为率先使用运行AI分诊助手的医疗机构，这也是百度智能小程序的AI能力第一次落地在医疗行业。目前，百度AI分诊助手已经与北大医疗建立深度合作，已率先在北大国际医院运行使用，在保证患者隐私的前提下，将医疗信息、医师信息等方面实现连通，为用户反馈最权威、准确的分诊结果。

（市经济和信息化局）

【北大“刑事法宝”获评互联网法律服务创新项目】11月28日，2018（第4届）中国互联网法治大会在北京召开。会上，中国互联网协会副秘书长宋茂恩发布2018年中国互联网法律服务创新项目，北大法宝——“刑事法宝”（xs.pkulaw.cn）获得该项目评选。“刑事法宝”为北大法宝旗下产品之一，其内容包含以刑法468个罪名为纲，全部现行有效罪名按裁判规则与权威指引、法律依据与历史沿革、犯罪类型与数据分析、犯罪认定与参考、刑罚裁量与参考、专家观点与论述、编者看法与点评全面、系统地编写。

（宋慧宇）

【大数据创新应用大赛】 12 月 9 日，由国家信息中心指导，海南省工业和信息化厅主办的“数字海南智创未来”首届海南大数据创新应用大赛总决赛收官。北京北大软件工程股份有限公司参赛的“多源数据融合服务平台”荣膺大赛价格监管组优胜奖，获得价格监管组专家评委得分、网络投票得分、所有参赛项目评比得分 3 个第一。项目方案以“透视海南物价智创美好生活”为主题，围绕“以人民为中心”，解决政府工作的难点和老百姓关心的热点问题，突出海南特色、体现海南亮点，开展价格数据体系建设与大数据挖掘分析应用。项目落地后，将利用价格大数据创新价格多源数据采集、态势感知、预警预测、分析研判、综合调控和价格服务工作，为稳物价、惠民生、促发展献智献力，为建设海南自贸区、国际旅游岛，打造国际消费中心添砖加瓦。北京北大软件工程股份有限公司站在海南用户视角进行思考和创作，旨在整合来自政府、协会、市场、消费者的价格数据，利用大数据技术进行建模、挖掘和分析，提前感知市场价格动态，让平台成为政府决策的参谋助手，发挥市场指挥棒的作用。

（宋慧宇）

【软件供应链安全大赛】 12 月 22 日，由阿里巴巴集团安全部主办，中国信息产业商会信息安全分会指导的“功守道”阿里软件供应链安全大赛结束。北京北大软件工程股份有限公司 Sebot 团队，以队伍累计 3693.68 分、正确题目数量 70 个，远远领先于其他决赛参赛团队，赢得本次大赛的第 1 名。北京北大软件工程股份有限公司依托于北京大学软件工程国家工程研究中心的技术力量，在软件安全分析领域研究 10 余年，由最早的 C 源代码分析逐渐扩展到 C 源代码、Java 源代码、PE 二进制、APK 二进制。北京北大软件工程股份有限公司致力于解决源头的安全问题：为开发人员提供所需的代码检测信息，以便高效快速地排除软件问题并修复关键缺陷；确保软件的质量和安全，减少返工和项目延迟所付出的成本；避免实际应用中的软件故障和安全漏洞，降低由此损失的高昂成本和品牌损失等风险。

（宋慧宇）

商务信息化

北京歌华有线电视网络股份有限公司

【概况】 1999 年 9 月，北京歌华有线电视网络股份有限公司（以下简称歌华有线）经市政府批准成立，2001 年在上海证券交易所上市，是国内有线网络首家上市公司、国内第一批三网融合广电试点企业、北京市第一批文化体制改革试点单位、北京市高新技术企业，2012 年被中宣部等 4 部委评为全国文化体制改革工作先进单位，先后 4 次被评为全国文化企业 30 强，连续被评为纳税信用 A 级企业和上交所上市公司治理样板企业。2018 年，公司实现营业收入 27.25 亿元，同比增长 1.00%，实现净利润 6.97

亿元，同比下降8.37%。截至年底，公司资产总额为159.36亿元，净资产130.5亿元；传输数字电视频道185套，提供回看频道120套，在线视频点播类节目数量接近15万小时，电视云平台提供院线、游戏、教育、文化、健康、政务、生活、营业厅、生活圈等多种栏目和应用；拥有有线电视注册用户594.5万户，其中高清交互数字电视用户526.5万户，家庭宽带在线用户62.3万户；双向网络覆盖超过650万户。年内，公司积极应对行业调整和市场变化，保用户，稳市场，谋创新，拼服务，保持平稳健康发展；扎实推进隐患排查整改，圆满完成全年安全传输保障任务；开展"服务质量提升年"活动，显著提升用户体验；推进4K超高清频道入网和4K机顶盒推广置换，高清、超高清交互用户继续领跑；市场运营稳中有进，有线电视注册用户和家庭宽带用户持续增长；集客业务发展迅速，深入参与"智慧北京"建设，推进物联网业务创新，业务能力、承载能力、服务能力进一步提高；推进媒体融合发展，积极参与北京市、区两级融媒体建设；加强内容建设，积极开展政务、教育、健康、文化、民生服务；基础网络支撑能力不断提升，技术平台持续优化升级；服务首都战略发展，高标准完成城市副中心信息化设施建设，积极推进2022年北京冬奥会有线电视专网规划；创新企业管理，推进职级体系深入实施，进一步完善绩效考核体系；加强资本运作，与腾讯、人民网共同出资成立人民视频公司；开展低收入村定向帮扶，合作启动了面向视障群体的光明影院工程。

（钟　华）

【视频合资公司成立】3月2日，歌华有线与人民网、腾讯公司在人民日报社签署视频战略合作协议，三方宣布成立视频合资公司，共同发力直播和短视频领域。

3月2日，歌华有线与人民网、腾讯公司签署战略合作协议

（市经济和信息化局）

【加强优质内容资源建设】3月27日，歌华有线在DVB机顶盒上线百视通、NewTV、华数、芒果TV应用产品；10月23日，在DVBIP机顶盒上线云视听极光（腾讯视频）、酷喵影视（优酷视频）及银河奇异果（爱奇艺视频）产品，为用户提供优质互联网视频服务。与全国七大互联网电视牌照方合作对接，基于歌华云平台，在存量机顶盒上实现DVB+OTT的内容集成模式。

（钟　华）

【保障北京峰会有线电视服务】9月，歌华有线完成了中非合作论坛北京峰会有线电视服务保障工作。光缆方面，共组织维护保障人员124名、各种车辆78辆，对城区45家驻地酒店的光缆线路及相关设备进行全面安全巡护；电缆方面，共组织1100余名电缆巡线保障人员参加"1+4"巡线工作（1名片管员+2名维护人员+2名外聘巡线人员），动用车辆约300辆，对驻地酒店周边、重要保障单位及各街道小区网络安全情况进行巡视检查；管道方面，出动巡检人员4140人次，全市累计巡视管道约12.72沟千米，巡视电子政务环网约9152皮长千米、巡视各种机箱约 28320 箱次。同时，强化用户服务，暂停断网断户，做好用户服务保障工作的部署和落实；加强值班值守，严格落实公司领导带班和部门工作人员值班制度。

（市经济和信息化局）

【“4K 视界”专区在 DVB–IP 平台上线】12 月 5 日，“4K 视界”专区在歌华有线 DVB–IP 平台的点播栏目中上线。首批上线的 4K 节目达 600 小时，涵盖电影、电视剧、纪录片、音乐、生活五大类，覆盖北京超过 50 万 4K 超清智能机顶盒用户。

12 月 5 日，“4K 视界”专区在歌华有线 DVB–IP 平台的点播栏目中上线

（钟　华）

【开展政务民生服务】年内，歌华有线与市委组织部合作搭建“北京组工”学习平台，完成“新时代、新担当、新作为”“榜样党员”“人才”“党建进行时”“红色家书”等专题内容集成发布工作。为全市超过 209 万名党员、10 万个基层党组织提供视频学习服务；与市应急办合作，根据全市统一部署，通过全频道滚动字幕发布“空气重污染预警”等提示，全年发布提示信息 4000 余次；做好《新闻联播》《北京新闻》《区县新闻》《央视报道》4 个子栏目新闻播报，其中《央视报道》设“新闻”和“专题”两个分区，及时更新中央电视台有关北京的建设成就报道，每周更新新闻节目超过 2000 分钟。

12 月 13 日，歌华有线与市委组织部合作搭建的“北京组工”学习平台上线

（钟　华）

【参与市级、区级融媒体建设】年内，歌华有线与人民网、人民日报媒体技术公司共同提出“北京云”项目整体规划方案。分别与东城区、海淀区、通州区、门头沟区、平谷区、延庆区达成区级融媒体平台建设合作意向。依托自身优势，积极探索为各区融媒体中心提供面向家庭的电视信息展示服务。对高清交互数字电视平台进行升级改版，在交互主页预留各区融媒体专区入口，为各区提供新闻宣传、政务公开和便民服务窗口，打造区级特色融媒体服务专区，将全市融媒体建设的成果，汇集到高清交互数字电视大屏上来，服务全市及各区新闻舆论宣传工作。上线“海淀电视政务大厅”，成为歌华有线公司云平台承载上线的首个区级融媒体中心电视端服务项目。

（钟　华）

【“歌华生活圈”运营模式取得进展】年内，歌华有线“歌华生活圈”确定“全区综合、街道 / 社区 / 村、专属行业 / 委办局公共服务、区级融媒体中心电视端展示”四大产品形态，并构建“歌华融媒体系统”，实现新媒体在内容、渠道、数据 3 个层面融合发展，创新打造政务信息传播服务新模式。实现按遥控器“0”键即可直达“歌华生活圈”门户网页。上线“潞城镇古月佳园”“门头沟城子街道”“昌平居庸关美丽智慧乡村”等

3个街道/社区/村级生活圈，“文化昌平”“文化平谷”等4个专属行业云项目生活圈，“怀柔组织部村级三务公开电视云平台”委办局生活圈。截至年底，“歌华生活圈”系列产品项目累计上线数量达到17个，覆盖9个区，全年点击量达到5720万次。

7月，怀柔区“财务公开”电视云服务平台正式上线

7月，昌平区“文化共享电视云服务平台”上线

（钟　华）

【线上教育服务】年内，歌华有线教育专区上线搜课、评分、推荐、知识图谱功能，与市教委合作推动优质教育资源信息化建设，与53位首都正高级、特级教师合作打造“名师驾到”系列课程产品，课程规划总计788课时，覆盖初中9门学科，总时长约8000分钟。继续加强与北京教育新闻中心合作，完成200余条各类教育新闻和政策解读内容的权威发布。

（钟　华）

【线上文化服务】年内，歌华有线“电视图书馆”累计在线图书超过100万册，实现线上线下订购相结合；数字文化社区服务平台完成改版工作；广场舞专区增设“555”频道号，并完成改版，提升用户体验；合并少儿动漫内容，优化配置生活专区入口资源，合并少儿节目统一运营管理，专区在线节目内容超过200部，全年累计点播量155万次。

（钟　华）

【线上健康服务】年内，歌华有线继续深耕与市卫健委、国家疾控中心等政府卫生部门、各三甲医院的合作，丰富健康专区平台内容，重点策划宣传专题20余个；与市卫生健康委妇幼处、北京市妇产保健院合作，在健康专区进行妇幼主题宣传12次。

（钟　华）

【有线电视频道入网】年内，歌华有线大网中传输59套模拟电视节目，其中中央电视台节目15套、北京电视台节目10套、中国教育台节目2套、外省（市）卫视节目32套。平移网中传输199套数字电视节目和18套数字广播节目，数字电视节目中含标清数字电视节目150套（中央电视台节目16套、北京电视台节目10套、中国教育台节目2套、外省（市）卫视节目35套、卡通频道节目2套、购物频道节目12套、区电视节目11套、付费频道节目61套、歌华自办节目1套）、高清数字电视节目48套（含中国教育台节目1套、歌华自办节目1套、区节目3套）、4K超高清频道1套。平移网中模拟电视节目数量22套，包含中央电视台节目5套、中国教育台节目1套、北京电视台节目9套（含区县自办1套）、省级卫视7套。

（钟　华）

【有线电视用户稳定增长】年内，歌华有线电视注册用户594.5万户，比2017年增长8.5万户；高清超高清交互用户数526.5万户，比2017年增长26万户。公司与航天二院签署合作协议，完成1.2万用户的并网工作。

（钟 华）

【提高终端服务水平】 年内，歌华有线完成3款共计150余万台老旧终端的升级改造工作；与爱奇艺、百度联合研发推出“歌华小果”智能机顶盒；完成智能机顶盒开机流程优化，实现开机时间平均缩短约20秒；完成红外双面小遥控器、白色背光等遥控器的优化设计工作。

9月28日，歌华有线组织召开与百度、爱奇艺战略合作签约暨“歌华小果”新品发布会

（钟 华）

【推进整转机顶盒市场化置换工作】 年内，歌华有线在全市范围实施整转机顶盒市场化置换方案，并通过开展“服务进社区”、上门置换等方式方便用户进行机顶盒置换，全年置换机顶盒20万台，有效改善老旧机顶盒的用户体验。截至年底，整转、置换、销售4KDVB+IP机顶盒合计近60万户，标志着歌华有线已开始实施从传统的广电DVB传输技术向DVBIP和纯IP技术的战略转型。

（钟 华）

【加强日常网络维护服务工作】 年内，歌华有线组织开展电缆分配网维护技能培训，共计1300余人参加；继续完善网格化管理实施方案，实现网格化管理全市覆盖。全年启动了2批电缆分配网络优化专项工作，累计优化上行通道1415个，覆盖用户近40万户。

（钟 华）

【持续提升客服热线服务水平】 年内，歌华有线“96196”客服热线接通率90.71%，人工总受理量912万人次，增幅6.7%。施行《“首问负责制”实施细则》，开展“公司营业厅全员全技能提升”等培训，1436人次参加培训。举办首届全国广电客户服务高峰论坛，搭建行业交流平台。

（钟 华）

【拓展多样化电子缴费渠道】 年内，歌华有线实现缴费渠道在电视端、PC端、移动端的全面覆盖，自有渠道与外部渠道相结合的整体布局。做好电子渠道宣传工作。

（钟 华）

【发起“光明影院”公益项目】 年内，落实市委宣传部“部校合作”工作，歌华有线与中国传媒大学、东方嘉影公司联合发起“光明影院”公益项目，已完成30部无障碍影片制作。同时，在助残日和盲人节进行推广，影片在全国20多个省份落地，观看“光明影院”影片成为全国盲校学生重要的课外活动。

5月20日，歌华有线联合中国传媒大学、东方嘉影公司举行“光明影院”项目启动仪式

（钟 华）

【开展“中国电视院线”业务】年内,歌华有线“中国电视院线”已实现在全国29家省级有线网络公司落地，覆盖高清交互用户3500万户。院线公司完成高新技术企业资质申报工作并已领取证书。

（钟　华）

【推进广电大数据业务】年内，歌华有线与中国传媒大学和广电总局规划院合作成立视听传媒大数据联合实验室，并参加总局《电视收视数据元素集规范》《电视收视数据交换接口规范》《电视收视数据清洗规范》的制定工作。

（钟　华）

【合作开展手机电视项目】年内，歌华有线已与数十家知名媒体建立内容合作，成为咪咕视讯A级合作伙伴。通州区、平谷区、大兴区、昌平区、怀柔区、朝阳区等歌华有线分公司实施“雪亮工程”建设项目。歌华有线新增与朝阳区、怀柔区、延庆区、门头沟区、海淀区综治办的业务合作。与视联动力建立独家合作模式。

（钟　华）

【金融行业和大型企业专网业务】年内，歌华有线为中国人民银行、工行、农行、中行、建行、交行等30多家国有和商业银行，以及中石油、中石化、国美、苏宁、大中、物美、如家等40余家大型企业提供专网服务。

（钟　华）

【“智慧广电”项目亮点纷呈】年内，歌华有线实施通州区“红绿灯联网工程”、昌平区“平安校园”项目、平谷区加油站监控项目、怀柔区自来水远程抄表项目、密云区“一键呼”二期智慧养老项目等。

（钟　华）

国研科技集团有限公司

【概况】国研科技集团有限公司（以下简称国研科技）始创于1998年，是国务院发展研究中心直接管理、专注信息技术与服务、实行军民融合发展的现代高科技企业，是全国电子信息行业优秀服务单位，是现代化信息技术服务的先行者和引领者。国研科技的主营业务包括信息内容服务、基础网络服务、信息系统集成、信息工程咨询监理、军工产品研制生产、文化传媒出版等。主要产品有公共和个性化数据产品、国研网、服务器运维与托管、私有云、城市社会治理软件系统、产品追溯链软件系统、智慧军营、智慧城市、智慧农贸市场、智慧车辆管理系统、信息工程咨询与监理、高原型无人机、测试产品与技术、文化艺术产品，以及《中国经济年鉴》《中国经济报告》《新经济导刊》等。国研科技下设多家子公司，包括北京国研网信息有限公司、北京国研网络数据有限公司、国研软件股份有限公司、北京国研数通软件技术有限公司、北京国研信息工程监理咨询有限公司、北京国研融兴科技有限公司、北京国研互通投资有限公司、北京国研盛世文化传媒有限公司、中国经济年鉴社、新经济导刊社。公司拥有的主要资质包括军工“三证”、国家工程咨询单位资信评价甲级、国家信息系统工程监理单位资质甲级、国家涉密信息系统集成资质证书工程监理，系统咨询双甲级、国家信息技术服务咨询设计标准符合性证书等，CSIA“双软”认定，国家级技术发明专利3项，软件著作权超过200项。2018年，国研科技集团拥有员工800余人，其中，技术研究人员500余人。承担过的信息服务项目超过3000个，服务的信息化项目总投资超过500亿元。

（孔德琛）

【数字经济发展观察与监测平台上线】10月，国研网推出新的特色数据库——数字经济发展观察与监测平台（以下简称数据库），年内数据库新增信息 22000 多篇，整个数据库共收集各类信息 80000 余篇。该数据库旨在打造权威、系统的数字经济研究与决策支撑平台，围绕“数字产业化、产业数字化”两大核心和信息产业、技术前沿、电子商务、电子政务、互联网金融、行业应用、海外借鉴、政策法规、研究报告、重点专题等十大版块延伸拓展，信息更新及时、内容丰富、来源权威，本着追踪数字经济热点焦点信息、展示数字技术先进研究成果、借鉴海外数字经济先进经验的宗旨，为党政机关、金融机构、科研院所、企事业单位等相关领域的研究咨询、管理决策人员提供相关信息资讯服务。

（张春玲）

【打造京津冀协同发展平台】2015 年起，国研网根据京津冀协同发展的最新进展及政策规划要求，开发建设京津冀协同发展平台。平台从顶层设计、区域协同、产业对接、交通一体、优化布局、生态合作、市场整合 7 个层面，整合相关文献和数据，力争从专家视角，结合学术研究成果，解释当前京津冀协同发展的重点与难点问题，并探索进一步推动京津冀协同发展的实施路径。截至 2018 年，平台年更新量达 3000 余篇，已经成为党政用户、科研院所研究京津冀协同发展相关问题的重要参考。

（李惠杰）

【支援北京市医疗保险信息系统建设】年内，北京国研信息工程监理咨询有限公司为北京市医疗保险信息系统建设项目总体设计、系统开发、上线应用、系统运维提供全过程监理服务。项目包括配合医保改革各项新政策的推出做好信息系统建设的配套支持、完善医疗保险信息系统、提供服务和技术支持确保系统安全平稳运行等。北京市医疗保险信息系统是北京市第一个正式实行监理的重大信息工程，国研监理咨询连续 17 年为其提供优质的监理服务，在系统建设、运维过程中，发挥监督、控制、协调和建议等方面的作用，推动项目实施。

（谭　茹）

【为教育部考试中心服务】年内，北京国研信息工程监理咨询有限公司为教育部考试中心 IT 运维服务和信息安全运维服务项目提供全过程监理咨询服务。在日常巡检服务、故障解决服务、国家重要考试期间保障服务、预防性维护服务、应急服务、安全评估服务、安全通报服务、日常安全保障服务等项目环节中严格把控，以合同及招投标文件为依据，检查每一项服务的完成质量，确保教育部考试中心四地 1100 多台 / 套硬件设备、100 多个考试相关业务系统安全、稳定、高效运行。通过该项目形成了一体化的 IT 监控和满足 ITIL 标准要求的运维管理体系，建立健全中心运维制度和业务流程规范。

（晋星辉）

【监理气象卫星地面应用系统工程】年内，北京国研信息工程监理咨询有限公司为风云三号02批气象卫星地面应用系统工程中的技术系统提供全过程监理。风云三号02批气象卫星是中国的第二代极轨气象卫星，主要是用于三维大气探测，大幅度提高全球资料获取能力，进一步提高云区和地表特征遥感能力，从而能够获取全球、全天候、三维、定量、多光谱的大气、地表和海表特性参数。为了确保应用系统工程建设项目的高质量和卫星效益的最大化发挥，风云三号02批气象卫星地面应用系统建设了数据接收系统、运行控制系统、数据预处理系统、产品生成系统、产品质量检验验证系统、计算机与网络系统、数据存档和服务系统、监测分析服务系统等10个技术系统，分别承担不同任务。国研监理协同业主方确认各系统项目实施、设计方案，并组织进行设备到货验收、测试；配合业主方对项目进行验收测试、文档检查、资产交付一系列工作，有效地促进了项目实施，为项目质量提供保障。

（彭卫军）

北京农商银行

【概况】北京农商银行成立于2005年，前身是1951年成立的北京农村信用合作社，是北京市属国有金融企业。北京农商银行认真落实市委、市政府决策部署和各项监管要求，牢固树立和贯彻新发展理念，坚持稳健、可持续、高质量发展，坚持服务实体经济，牢牢守住风险底线，着力打造“流程银行、特色银行、精品银行”，经营质态持续向好。在英国《银行家》全球1000家银行排名中，北京农商银行资产规模排名第148位，一级资本排名第187位。在中国银行业协会“陀螺”评价体系中位列全国农商银行第1名，在中国TOP40家银行价值创造排行榜中多项价值创造指标排名稳居前列，连续多年获评全国最佳农商银行，连续3年入选世界品牌实验室中国500最具价值品牌。2018年，北京农商银行继续围绕“深化改革、创新发展”的经营主题，坚持以科技作为支持各项经营发展的坚实力量。围绕新一代核心银行系统工程的全面推进，结合金融科技的主流技术，不断提升应用系统的平台化、智能化水平，增强数据治理、数据中心运维及信息安全等3个基础能力。

（吕　旺）

【投产新一代手机银行系统】4月，北京农商银行持续推进金融服务与移动互联技术的深度融合。上线新一代手机银行系统，与原系统相比，进一步丰富系统功能，引入生物识别等智能安全认证手段，在提高安全性的同时，提升客户体验。

（吕　旺）

【完善异地数据中心灾备运行环境】7月，北京农商银行继续完善上海异地数据中心的灾备环境建设。北京至上海数据中心的广域网线路由单线扩充为双线。核心、柜面、密管系统异地灾备环境应用部署完成，实施异地灾备切换演练，标志着上述系统具备跨地域连续运行能力。

（吕　旺）

【增强数据中心网络运行能力】9月，北京农商银行完成北京同城数据中心网络云环境的搭建，实体服务器设备数量得到压降。建成SDN网络区域，支持虚拟化、云计算等新技术的推广使用。

（吕　旺）

【完善数据治理】年内，北京农商银行对标中国银保监会发布的数据治理监管指引，完善数据治理工作。11 月，修订数据治理制度，推进数据标准的落地实施，重点开展 EAST 监管数据质量的治理。

（吕　旺）

【迭代建设智能银行】年内，北京农商银行继续迭代建设智能银行，向智能银行设备迁移更多柜面交易。同时，引入生物识别的智能安全认证手段，实现柜面替代率大幅提升。

（吕　旺）

【改变与第三方支付的连接至网联支付平台】年内，北京农商银行配合中国人民银行对于第三方支付的管理要求，将原先与第三方支付的直连关系迁移至网联支付平台，并通过“双十一”大关的考验。

（吕　旺）

【搭建微服务应用服务体系】年内，北京农商银行基本完成中间业务的微服务架构改造，将各个业务功能作为服务进行单独封装，提供统一的协议转换、流量管理及安全服务，为不同渠道之间实现服务整合奠定基础。

（吕　旺）

【加强信息安全体系建设】年内，北京农商银行加强全员信息安全意识与能力的培养，全面梳理信息安全管理体系，明确 2018—2019 年规划思路。下半年启动构建应用安全、数据安全、网络安全、终端安全的立体屏障。

（吕　旺）

【新一代核心银行系统工程】年内，北京农商银行全面启动实施新一代核心银行系统工程建设。基于平台化架构转型的思路，建设一批基础类应用系统，包括企业级客户信息管理系统、总账系统、产品管理系统、统一对账系统、事中风险控制平台、银行卡系统。

（吕　旺）

北京京东世纪贸易有限公司

【概况】2004 年，北京京东世纪贸易有限公司（以下简称京东集团）正式涉足电商领域。2014 年 5 月，京东集团在美国纳斯达克证券交易所挂牌上市，是中国第一个赴美上市的大型综合型电商平台。2015 年 7 月，京东集团入选纳斯达克 100 指数和纳斯达克 100 平均加权指数。2018 年，京东集团市场交易额接近 1.7 万亿元。京东集团业务涉及零售、数字科技、物流、健康、保险、物流地产、云计算、AI 和海外等领域，其中核心业务为零售、数字科技、物流三大版块，分别由京东零售集团、京东数字科技集团和京东物流集团承担。

（京东集团）

【京东数字科技】京东数字科技集团（以下简称京东数字科技）前身为京东金融，于 2013 年 10 月开始独立运营。京东数字科技以大数据、人工智能、物联网、区块链等时代前沿技术为基础，建立核心的数字化风险管理能力、用户运营能力、产业理解能力和 B2B2C 模式的企业服务能力。京东数字科技通过数字化手段连接金融与实体产业，助力金融与实体产业实现互联网化、数字化和智能化，进而降低成本、提高效率、提升用户体验和模式升级，创造公平与普惠的社会价值。京东数字科技已完成在数字金融、智能城市、智能农牧、数字营销、数字校园等领域的布局，旗下品牌包括京东金融、京东城市、京东农牧、京东钼媒、京东少东家等，在客户群体上实现了个人端、企业端、政府端的三端合一。京东数字科技实现全国各地区客户的全覆盖，办公场所分布在北京、宿迁、上海、南京、杭州、成都、天津、济南等地区。在国际化方面，京东数字科技已经在美国硅谷成立 AI 实验室，在泰国、印度尼西亚、中国香港三地进行业务布局。截至年底，京东数字科技累计服务已涵盖城市和农村的 4 亿个人用户、800 万家线上线下小微企业、700 多家各类金融机构、17000 家创业创新公司、2914 所高校、数十座城市的政府和公共服务机构。2018 年，京东数字科技实现全年盈利，科技服务收入占总收入之比较 2017 年翻 3 倍。同年，京东数字科技完成 B 轮融资，估值超过 1300 亿元。

（京东集团）

【京东物流加入全球区块链货运联盟】 1 月 31 日，京东物流正式加入全球区块链货运联盟，将丰富的中国物流行业经验和区块链技术运用成果与全球多家行业巨头共同交流与探讨，未来将持续通过区块链的先进技术，优化供应链流程、加强跨境物流沟通、推进行业合作及发展。

（京东集团）

【京东获批无人机物流配送试点企业】 2 月 5 日，中国民航局西北地区管理局向京东集团授牌——陕西省无人机航空物流多式联运创新试点企业，京东成为首个无人机物流配送的国家级试点企业。专家表示，这不仅预示着中国对商用无人机的监管将进一步放宽，试点所提供的海量飞行数据和物流配送样本，也将为中国探索建立无人机监管的“中国标准”提供技术和实践支撑。京东将正式开启无人机在物流领域的规模化商业应用。

（京东集团）

【京东城市成立】 2 月，京东城市成立，是京东集团一级战略事业部和京东集团“智能城市”技术品牌的承载者。业务包括京东智能城市事业部、京东智能城市研究院，并在北京、南京、成都等多地设立区域总部和研发中心。京东城市构建的城市操作系统是智能城市的数字基石，其中的核心基础产品是城市计算平台，一个专门针对城市数据和应用场景，集采集、存储、管理、挖掘、分析、可视化于一体的智能化、开放式平台。多个城市计算平台通过智能数据网关技术实现互联互通，在保证数据安全性的前提下实现知识的共享。在此基础上，针对城市治理的核心领域开发一系列解决方案，包括交通、公关安全、能源、规划、环保、城市画像和文化旅游这七大垂直行业的智能解决方案和信用城市、AI 产业规划、智能停车、智能园区、智能城市 App 等综合解决方案。立足于核心行业领域的深厚积淀和人工智能前沿技术，京东城市为政府、企业及生态伙伴提供面向城市的平台产品、AI 算法能力、以及智能解决方案的专家团队定制化服务；助力城市从规划、运维到预测的可持续发展。京东城市成立以来，依托城市操作系统，在平台技术、解决方案、具体落地案例等方面都进行诸多颇有成效的尝试和项目落地，完成宿迁智能城市建设项目、国电集团 AI 优化火力发电项目、河南省财政厅财政经济大数据融合中心项目。其中，AI 优化火力发电项目在 2018 年人工智能峰会（CAIS）上获 2018 中国人工智能创新奖。

（京东集团）

【成立全球供应链创新中心】 3 月 12 日，京东集团携手李效良博士、“火星计划”供应链方案主导者 DavidSimchi-Levi 以及全球领军企业高管共同宣布全球供应链创新中心（以下简称 GSIC）成立。GSIC 将在中国设立总部，在美国、德国、澳大利亚、荷兰等地设立分部，实现供应链资源与服务平台的全球网络化布局。GSIC 成立后，将成为一个数字化、智能化、互联的供应链创新与生态型资源配置与服务平台，实现供应链最佳实践、供应链场景大数据、供应链管理前沿技术的一体化开放，打通供应链领域“政产学研用”的脉络，用技术创新引领更多企业建立、管理和打造卓越的供应链。

（京东集团）

【京东X无人超市快速布局落地】2018年，京东开始快速布局X无人超市的落地。3月29日，店名“Joy Space”的首家京东无人超市快闪店亮相广州市中华广场购物中心，正式拉开X无人超市在全国数十个城市巡回亮相的快闪风暴。京东X无人超市通过人脸识别、物联网、大数据等全新科技改变消费者的购物方式，为消费者带来全新的“无感知”购物体验。京东X无人超市已经在华北、华东、东北、西北落地，并持续在全国布局，现已覆盖办公楼、购物广场、加油站、景区等多种应用场所。

（京东集团）

【京东区块链白皮书发布】4月初，为推动区块链技术的发展和京东集团各种业务场景的结合，《京东区块链技术实践白皮书(2018)》正式发布，书中总结了区块链核心技术在京东的发展现状和方向，分享了京东集团区块链业务落地实践的典型应用案例，为区块链技术发展路线图和标准化路线图提出相关建议。

（京东集团）

【开启京东惠普性AI开放平台】4月15日，2018“智汇京东·开放共赢”京东人工智能创新峰会上，来自政府、高校和京东的行业领袖和技术专家在峰会上共同开启京东惠普性AI开放平台。

（京东集团）

【“NeuHub”人工智能开放平台】4月16日，京东正式对外发布人工智能开放平台NeuHub。NeuHub主要围绕自然语言处理、语音交互、计算机视觉等方向，建设京东智能客服解决方案。其相关客户包括叮咚、VIVO、三星、达达、华为、长虹等。NeuHub不仅验证了多项落地性技术，同时助力国家多个战略级产学研合作项目，将成为人工智能产业界中的领先力量。该平台的发布也标志着京东AI研发开始从应用型向核心技术研发和输出方面发力。

（市经济和信息化局）

【发布首个大规模商用情感智能AI客服】4月28日，京东人工智能平台NeuHub平台迎来重大更新，情感分析API正式上线。与此同时，搭载该技术的京东智能客服全面升级，被赋予情感分析能力，基于京东多年沉淀的丰富评论数据和NLP深度学习技术积累，京东智能AI客服能够自动对用户在和客服交谈过程中表达的生气、焦虑、高兴等多种情绪进行精准感知，并在回复表达中蕴含相应的情感，让互动更有温度，从而提升用户满意度，是业界首个大规模商用的情感智能AI客服。

（京东集团）

【京东App 7.0大改版】4月28日，京东App7.0最新版本正式上线。与以往不同的是，最新版京东App更加突出时尚的调性，着力打造品质时尚的京东，从浏览体验的优化、展现内容的精选，到页面冗余信息的整合都做了升级和完善，并在全站应用“千人千面”，实现精准化、个性化的全面推送。同时京东内容生态、京东服务+生态等布局都会在新版本上重点聚焦。

（京东集团）

【全国首个AR无界创新联盟】5月21日，京东宣布联合英特尔、沃尔玛、唯品会、联想、卡姿兰等数百家AR行业和零售行业合作伙伴，成立全国首个AR无界创新联盟，致力于用AR技术打造线上和线下全新的购物场景，通过增强现实视觉体验的形式来为消费者创造购物的新鲜感和乐趣，用“体验式”购物方式进一步提升消费感受。同时，京东还首次发布AR试妆镜、AR试衣镜、AR智能眼镜3款AR硬件产品，宣告全面开启AR线下场景赋能。此外，京东打造AR开放平台、AR内容管理平台、AR营销平台三大平台，京东AR将开放技术、产品、平台、数据、服务、营销、生态等全套的赋能体系，向零售行业合作伙伴提供终端、平台、营销三大赋能解决方案。

（市经济和信息化局）

【京东物流首次公布无人仓的世界级标准】5月24日，京东物流首次公布无人仓的世界级标准，标志着由中国物流人自主研发的无人仓智能控制系统正在开启全球智慧物流的未来。京东于2017年10月投用全球首个全流程无人仓，在“双十一”订单高峰的压力下，无人仓从入库、扫描到打包、分拣、出库所有环节均有序进行。无人仓中，操控全局的智能控制系统为京东自主研发的“智慧”大脑，仓库管理、控制、分拣和配送信息系统等均由京东开发并拥有自主知识产权，整个系统由京东总集成。基于10余年的物流经验积累和无人仓的建设实践，京东首次公开无人仓的建设标准，即“三极”、“五自”和“一优”。三“极”，即极高技术水平、极致产品能力、极强协作能力；五“自”，即自感知、自适应、自决策、自诊断、自修复；一“优”，即成本、效率、体验的最优。无人仓标准的公开，对于推动行业发展，促进行业伙伴共同致力于智慧物流的建设有着极其重要的意义。

（京东集团）

【机器人黑科技亮相】5月29日，618 JD CUBE大会在北京举行。会上，京东X事业部自主研发的L4级别无人重型卡车、续航1000千米的原生无人货运大飞机、JOY’S智慧餐厅等无人黑科技集中亮相。京东集团副总裁、X事业部总裁肖军表示，在未来发展中，京东X事业部将承担起新使命，通过科技在无界零售时代拓展出更广阔的服务空间，助推京东快速实现机器人产值、研发、应用规模全球前五的智慧创新型企业的目标。

（京东集团）

【用户满意度智能分析系统亮相智能大会】5月16日至18日，京东金融携为企业提供一站式解决方案的科技服务平台“京东稻田”、VIP用户人脸识别系统“鹰眼北极光”等亮相第2届世界智能大会。一同参展的京东金融“iGot”用户满意度智能分析系统是通过顾客面部表情和动作的细微分析、波谱频率的分布和强度关系的变化，计算出顾客的真实满意度，协助商家有效量化服务质量和提升客户满意度。京东金融‘iGot”用户满意度智能分析系统会实时观察顾客面部的喜怒哀乐，分析顾客对产品、服务等的满意程度。

（京东集团）

【京东JDRead1电子阅读器问世】5月，京东发布自主研发款JDRead 1电子书阅读器，外观采用更加现代的设计风格，通体的黑色机身在细节打磨上更加精致，156毫米 ×110毫米 ×7.7毫米的尺寸让JDRead1在拥有舒适持握感的同时更加精致、轻薄。搭载300PPI高清电子墨水屏、飞思卡尔IMX6 SL的处理器，拥有1GB LPDDR2内存，8GB的EMMC FLASH存储，字迹清晰、运行流畅，让阅读成为一种享受。多家主流媒体对JDRead1进行测评，给予高度评价，认为它在定位上很好地抓住了竞品的空白区域，借助京东正版电子书资源，配备全新京东读书VIP服务，JDRead1在电子书领域将获得更多的话语权。

（京东集团）

【京东与新时达电气签约】6月5日，京东集团与上海新时达电气股份有限公司签订战略合作框架协议，双方将利用各自优势在智能物流行业进行战略合作，加速智能物流设备和服务类机器人的落地应用，重点在智能机器人制造尤其是末端配送机器人的量产方面展开深入合作。

（京东集团）

【京东万家系统助推美赞臣实现无界零售】6月11日，京东超市与美赞臣宣布共同展开美赞臣母婴店项目。京东从金融、物流、科技3方面对母婴品牌进行全面赋能。此次战略合作，京东供应链的成本及配送优势，能帮助美赞臣精简管理链路，并通过线上积累的可视化销售数据，加强美赞臣对末端渠道的掌控力，最终为更广阔区域的中国消费者提供奶粉的国际化品质保证。在技术方面，京东利用京东万家系统的组件化能力，将美赞臣的平台、资源、管理、营销等诸多环节进行技术化整合，帮助美赞臣快速打通零售环节中的商品流、信息流、资金流，率先实现线上和线下的销售场景的融合。

（京东集团）

【联手埃夫特推动智慧化无人仓创新】6月12日，京东集团与埃夫特智能装备股份有限公司签订战略合作协议，双方将发挥各自优势，就智慧化无人仓AGV、工业机器人等技术创新和定制化生产展开合作，共同拓展电商、3C、快速消费品、医药等行业的物流自动化和智能制造市场，加速推动智慧物流装备的研发、生产和应用。双方还将携手开展共享工厂、云机器人等前沿技术探索，打造产学研一体的智能制造基地，就智能制造人才培养和行业标准制定展开深入合作。

（京东集团）

【开拓磁悬浮智慧物流技术】6月13日，京东集团与美国磁飞机技术公司（Magplane Technology，Inc.）签订战略合作协议，双方将各自发挥场景、技术优势，在仓储和物流领域共同开拓世界最先进的磁悬浮和直驱磁动力技术，推动其在智慧物流层面的应用落地。对于全球智慧物流技术引领者京东而言，在推动实现磁动力驱动的未来城市物流配送智能化革命方面，又一次走在全球前列。

（京东集团）

【无人仓“618”日订单处理能力增长】“618”期间，京东京鸿大型原生货运无人机、京东L4无人重卡集中亮相，京东配送机器人开启全球首个配送全场景运营，京东X无人超市首家海外店在印尼即将营业，加上京东无人仓机器人不断的规模化应用并持续对外赋能，京东X事业部正在用智慧科技迸发出的强劲动力，为“618”全球年中购物节提供强大支撑，为消费者提前带来智慧物流时代的畅爽购物体验，为人们愈发清晰地勾勒出全新的无界零售生活图景。“618”期间，京东不同层级无人仓项目达到27个，日订单处理能力同比增幅达1415%。

（京东集团）

【京东第一架重型无人机下线】6月19日，京东集团董事局主席兼首席执行官刘强东宣布，在“618”当天，京东自主研发的第一架重型无人机——京东“京鸿”大型货运无人机在西安正式下线。作为国内首个真正意义上基于物流运输场景需求研发的大型货运无人机，这标志着京东打造的“干线—支线—末端”3级无人机智慧物流体系在支线级布局进入落地阶段。刘强东同时宣布，有效载重量达到40～60吨、飞行距离超过6000千米的京东超重型无人机项目在“618”当天正式立项，在干线物流无人机网络打造上，京东再一次领全球之先进入研发阶段。

（京东集团）

【京东发布飞马仓储智能运输机器人】6月20日，京东发布自主研发的飞马仓储智能运输机器人。飞马采用SLAM导航，可以实现无轨自主移动，通过周围环境便可自主构建地图，实现室内精确定位，与拣货员协同交互作业。拣货员无需再奔波于仓库内各个区域，只需在接到指令后将货品放在飞马上方的货箱，便可由飞马代为“跑腿”，奔波于仓内各个分区之间即可。采用飞马系统可以节省40%左右的人工行走。通过飞马的视觉识别功能实现与人的“跟随交互”功能，根据实际拣选需求实现“车随人走”。

（京东集团）

【首个冷链自动化分拣中心落成】6月，京东物流在华北上线中国首个冷链自动化分拣中心。该中心在零下温度的环境里，通过“人机CP”的配合，生产的订单量是同等面积场地产能的2.5倍，人工工作效率也提升2倍。冷链自动化分拣中心的投入可以加速冷链订单的流转，让消费者在最短的时间内收到新鲜订货，购物体验再次升级。

（京东集团）

【京东金融发布机房智能巡检机器人】6月，京东金融正式发布一款机房智能巡检机器人——京东智能巡检机器人。作为机房和数据中心的“智能守护者”，京东智能巡检机器人是京东金融进军机器人产业的第一款产品，可实时保障机房稳定安全运行，提高机房和数据中心的智能化管理水平，同时大幅度降低运维成本。京东智能巡检机器人不仅可以替代传统的人工巡检，而且借助深度学习算法和机器视觉技术，可解决人工错检、漏检等问题。

（京东集团）

【京东与英特尔启动全量企业级业务合作】8月13日，京东与英特尔宣布深化战略合作，正式启动全量企业级业务合作。双方将基于京东大数据平台，整合、分析、利用大数据的结果，结合英特尔的云计算、物联网力量及存储和编程解决方案，针对不同应用场景输出中小企业客户偏爱的产品、配置、价格、解决方案及服务。

（市经济和信息化局）

【企业级区块链服务平台“智臻链”】8月17日，京东自主研发的区块链服务平台——“智臻链”（JD Blockchain Open Platform）正式发布，标志着京东向全社会全面开放经过大规模实际商业应用实践、超12亿条溯源上链数据检验过的京东区块链技术和应用，携手全球合作伙伴一起全面开启基于区块链BaaS平台和“JD Chain”底层链的“智臻生态”建设，共建、共治、共享下一代的数字可信网络。京东“智臻链”区块链服务平台依托多项优化实现的“一键部署”能力，做到行业领先的秒级区块链节点部署，具备开放兼容多种底层、企业级动态组网等成熟应用的核心优势。京东“智臻链”将有效提升各行业企业级区块链应用的大规模落地，推动中国及全球信任经济的建设。

（京东集团）

【“机器人家族”亮相世界机器人大会】 8月15日，2018世界机器人大会于北京亦创国际会展中心拉开帷幕。会上，京东“机器人家族”再次组团升级亮相，全面展示了无人机、无人车、无人仓等智能物流领域的10多款最新产品，将无界零售创新产品无人售卖柜带到大会现场，为参观者提供基于真实场景下的消费体验。从常态应用到对外赋能，京东机器人所展现出的规模化优势和基于多种场景下成熟的智能物流解决方案，成为大会瞩目的焦点。

（京东集团）

【京东物流发起成立城市智能物流研究院】 10月18日，在2018全球智能物流峰会上，由京东物流、南开大学、国家发展改革委综合运输研究所、北京交通大学、北京物资学院、上海海事大学、招商局中外运物流、上海市政工程设计院等9家单位共同发起的城市智能物流研究院（雄安）正式揭牌成立。研究院聚焦京津冀世界级城市群智能物流枢纽规划、城市物流系统顶层设计、物流大数据和云计算平台建设、空间物流探索及体系搭建、城市智能物流前瞻研究等，服务雄安新区智能物流和智能城市建设，实现城市空间的合理利用和智能物流的立体覆盖，为全球城市智能物流和现代物流体系建设提供示范。

（京东集团）

【京东无人科技宣布对外开放】 10月18日，在2018全球智能物流峰会上，聚焦智能物流和无人科技的京东X事业部正式公布对外开放战略，依托自主研发的无人机、无人车、无人仓、无人超市等一系列黑科技，京东将面向合作伙伴提供多场景智能机器人、大数据与机器学习、定制化无人系统解决方案、无界零售解决方案等，覆盖制造、仓储、配送、零售、服务五大环节全链条，推动各行业成本优化和智能水平提升。

（京东集团）

【京东智能供应链获奖】 11月6日，在第5届世界互联网大会上，京东智能供应链获世界互联网领先科技成果奖，代表数字技术对实体经济的助力正在向更加融合的趋势发展，且这种融合不光是对产业带来降本增效的成果，而是对整个社会而言都是降低成本的重要基础。智能供应链技术服务平台作为京东自主研发的全球领先的供应链管理与优化平台，实现从单一库存管理优化功能到全局全网全流程的智能化。它服务于十几万品牌商，帮助传统企业向数字化转型，有效降低了制造和供应链成本，成为数字经济与实体经济结合的典型案例。

（京东集团）

【京东无人货运飞机“京鸿”完成首飞】 11月19日，在陕西蒲城机场，京东“京鸿”无人货运飞机稳稳着陆，由京东自主研发的首款原生支线无人货运飞机正式完成首飞。在总装下线5个月后，“京鸿”无人货运飞机完成爬升、平飞、着陆等一系列既定飞行科目，标志着京东干线—支线—末端3级航空物流体系在支线环节向实际运营迈出重要一步，京东已经搭建起全流程的无人机研发、生产以及供应链管控体系。

（京东集团）

【京东智能城市研究院成立】 11月20日，中国工程院院士、中国工程院原常务副院长潘云鹤与京东智能城市研究院院长、京东数字科技首席数据科学家郑宇共同宣布京东智能城市研究院正式启动。研究院下设数据服务研究室、人工智能研究室、行业应用研究所、商业模式实验室和技术转化部，以及在北京、南京、成都等地设立的分院和实验室。

（京东集团）

【京东农牧智能养殖解决方案发布】 11月20日，

京东数字科技正式发布京东农牧智能养殖解决方案。该方案通过整合神农大脑（AI）、神农物联网设备（IoT）和神农系统（SaaS），独创养殖巡检机器人、饲喂机器人、3D农业级摄像头等先进设备，打通养殖全产业链，真正实现农牧产业的智能化、数字化和互联网化。可以帮助大中型养殖企业降低人工成本30%以上，节省饲料8%～10%，缩短出栏时间5～8天。据测算，如果整个中国养殖业应用这一解决方案，每年至少可以降低行业成本500亿元。

（京东集团）

【京东数字科技发布城市操作系统】11月20日，京东数字科技正式发布以城市计算平台为核心的城市操作系统，主要解决智能城市建设中的四大核心难题。利用时空数据模型解决数据结构化和标准化的问题，让海量多维数据变得可应用，同时能够彼此“对话”；将所掌握的时空数据AI算法进行模块化、积木式输出，解决不同场景下智能应用的开发问题，提升开发的效率；利用开放式架构，兼容城市管理部门以及其他智能城市服务商共同开发使用，包括云计算公司、智能硬件公司、解决方案提供商等，实现生态的共建；利用特定的网关技术和基于用户隐私保护的联合建模机制和多源数据融合算法，去解决隐私保护的问题。

（京东集团）

【京东数字科技发布智能机器人“R计划”】11月20日，京东数字科技正式发布智能机器人“R计划”。该计划已经投入生产，与正在研发的6款JDD–R系列机器人产品共同覆盖智能巡检、智能可穿戴、进库搬运、轨道交通巡测、信用服务和商业服务等六大应用领域，旨在利用尖端智能机器人产品，助力各个产业数字化建设。

（京东集团）

【京东物流启用机器人智能配送站】11月22日，京东物流全球首个机器人智能站启用仪式在长沙举行，随着载有用户包裹的配送机器人编队从站内依次发出，由机器人完成配送任务的智能配送站正式投入使用。京东物流将配送机器人打造成为城市智能物流基础设施，智能配送站对于推动自动驾驶技术在末端配送领域率先商用、对于探索解决城市物流配送“最后一公里”难题具有标志性意义。12月28日，京东物流全球第2个机器人配送站在呼和浩特正式投用。

（京东集团）

【京东与英特尔成立数字化零售联合实验室】12月7日，在京东举办的首届大数据峰会上，京东与英特尔正式成立数字化零售联合实验室。双方将探索IoT（物联网）在线下智能零售解决方案中的应用。数字化零售联合实验室将京东在零售行业的海量数据积累与英特尔边缘计算优势相结合，旨在建立更加完善的零售产业基础设施，孵化并推动新技术、新产品的商业落地与全球推广。

（京东集团）

【京东推出“京鱼座”独立AIoT品牌】12月4日，京东集团正式发布全新科技品牌“京鱼座”，原有IoT业务全面整合升级为京鱼座AIoT生态，向行业合作伙伴提供优质的物联网解决方案，共同用科技为消费者提供更美好的生活，并将AIoT打造为京东的全新增长引擎。京鱼座智能平台是一套软硬一体的AIoT解决方案，软件层面包括面向普通消费者的小京鱼智能助手，和由物联网平台、大数据平台、智能服务平台组成的强大“京鱼大脑”。硬件层面则使用京鱼座独立品牌，并采取“自研＋合作”两手抓的产品策略，入口领域自研节点、专业领域合作共赢。京鱼座的发布是京东技术转型和加速开放的重要成果，代表京东不断丰富的零售基础设施能力，将把更多合作伙伴带上数字经济的快车道。

（京东集团）

【智能机器人通用底盘开发平台】12 月，京东数字科技正式推出智能机器人通用底盘开发平台。该平台基于真实场景应用，集成高精度定位导航、高效率调度系统、智能化管理后台相关技术，可为企业提供开箱即用的解决方案和模块化可配置功能，从而达成产品功能与研发成本的最佳占比。

（京东集团）

中国铁路北京局集团有限公司

【概况】年内，中国铁路北京局集团有限公司（以下简称集团公司）认真落实中国铁路总公司（以下简称总公司）总体部署，以“首善之局”建设为载体，强化抢跑和弯道超车意识，创新信息化发展理念，积极推进现代信息技术创新应用与集团公司既有业务的深度融合。加强信息化建设顶层设计，推进信息化基础设施建设，推进信息化重点应用项目建设，强化网络安全管理和技术保障，夯实信息技术和专业管理基础，加快释放信息化巨大潜能，在努力提高运输生产精准化、资源管理集约化、客户服务信息化、企业管理精细化水平等方面，抓好重点工作落实，取得新进展。

（綦新亮）

【数据资源管理】3 月 9 日，集团公司下发《中国铁路北京局集团有限公司数据资源管理办法（试行）》，对下属各部门数据管理职责进行明确，对数据采集、数据共享、数据服务、数据安全等工作管理流程进行规范，为推进集团公司数据开发共享，大数据分析及应用奠定基础。

（綦新亮）

【重点时期网络安全保障】3 月开始，在全国“两会”、博鳌亚洲论坛、上合峰会、中非合作论坛北京峰会、中国国际进口博览会等重点保障时期，集团公司组织开展客票、旅服、列车调度等重要信息系统及其承载网络、信息基础设施安全防护保障工作，重点保障单位实行重点时段 7×24 小时值班和信息通报“零报告”制度，全力保障网络安全持续稳定。

（綦新亮）

【“护网—2018”攻防演习】7 月 16 日至 27 日，集团公司参加公安部部署的“护网—2018”关键信息基础设施网络攻防演习；落实保密承诺及安全防护职责，组织集团公司所属 220 余个单位部门，对重点系统、重点部位、重点人员明确要求，圆满完成网络安全攻防演习。

（綦新亮）

【信息化建设顶层设计】10 月 23 日，集团公司印发《集团公司信息化建设实施方案（2018—2020）》，作为规范和指导今后 3 年信息化建设的纲领性文件和信息化项目立项、设计、实施的重要依据。方案聚焦人工智能、大数据、云计算等新技术，围绕安全生产、经营管理、节支降耗，信息化应用基础建设等重要内容，推进信息化创新应用与集团公司既有业务深度融合。确定信息化应用建设重点项目 54 项，其中信息化基础设施建设 9 项、重要信息系统建设 45 项。

（綦新亮）

【修订互联网接入及使用管理办法】11 月 22 日，根据铁路总公司互联网管理新要求，修订《中国铁路北京局集团有限公司互联网接入及使用管理办法》，为集团公司互联网规范化管理奠定坚实基础。

（綦新亮）

【信息化应用项目实施】年内，集团公司建立信息化与业务部门、研发单位统筹协调机制，成立项目推进组，有序推进各信息化建设项目实施。重点信息化应用项目相应投产，“京铁云智慧物流平台”实现电子商务服务、货运安全生产管理、智慧物流服务和智能园区管理；“应急处置大数据智能平台”实现铁路运输生产应急指挥、应急响应、应急处置及时有效管理；“地理信息共享服务平台”可提供关联查询、定位和可视化地图服务；“统计清算综合服务系统”为实现经营效益最大化提供技术手段；“无纸化办公系统”实现公文集中统一全流程电子化管理。

（綦新亮）

【信息工程建设管理】年内，集团公司对京张铁路、新建京哈高速线（河北段）、京雄城际、京津冀城际铁路、丰台站改等重点信息工程建设项目，提早介入，有效衔接建设和运营管理，组织工程可行性研究、初设、施工图设计等各阶段方案审查和方案对接76项，提出各类意见建议400余条，确保重要信息系统、相关网络通道和基础设备设施等方案科学合理；圆满完成新建京哈高速线（河北段）、唐山至曹妃甸铁路等5项重点信息工程施工质量督导检查、阶段验收、信息工程标准化评定工作，为工程开通提供坚实的信息化专业保障。

（綦新亮）

【推进“两网融合”工程建设】年内，集团公司在建设大容量数据通信网的基础上，实施综合计算机网和数据通信网融合，解决网络带宽不足、网络覆盖面不够和安全可靠性差的问题。推进站段机关千兆带宽和车站百兆带宽接入工程建设，为安全生产和经营管理智能化、信息化提供可靠的网络承载基础，一期组织完成集团公司中心、3个地区电子所、15个车务站段机关、235个车站的设备安装，二期68个站段机关、180个车站设备安装等正在有序推进。

（綦新亮）

【数据服务平台建设管理】年内，集团公司数据服务平台投产，为集团公司各业务领域开展大数据应用提供基础支撑。平台一期具备为业务应用系统提供基础数据、共享数据、大数据分析计算、可视化展示能力；制订数据分类存储方案，规范管理数据资源，为后续数据有序接入、数据资源综合管理奠定基础。

（綦新亮）

【推进信息生产综合监控平台建设】年内，集团公司组织推进信息生产综合监控平台建设，先后建成河北省石家庄市和天津市运输站段信息专业基础设备、设施的集中自动监控，全集团公司1791个信息点逐步纳入全天候综合自动监测和智能预警。通过对信息系统的整合监控和规范信息系统运维管理流程，有力提高信息系统运行的稳定性和可靠性，减轻技术人员的劳动强度，提高工作效率，为信息设备的科学管理提供数据支撑。

（綦新亮）

【落实车号自动识别系统建设】年内，集团公司推进集团公司车号自动识别设备更新改造，满足调度指挥和专业管理需要。组织完成车号自动识别系统更新补强建设。工程一期建设范围包括集团公司丰台、天津、石家庄等车辆段下属12个站修作业场，北京、北京西、北京南、石家庄、天津等5个动车运用所和1个大机检修车间车号自动识别系统，并对双桥、良各庄、承德等站修传输通道进行光纤改造，实现车辆重点咽喉位置信息追踪，满足站修作业自动清算需求，以及大机检修车辆5T状态查询功能。

（綦新亮）

【货票电子化系统全面升级】年内，集团公司按照铁路总公司统一部署，高质量完成货运票据电子化相关九大信息系统升级工作。强化试运行阶段各系统维护与技术支持工作，在全路率先实现货运站系统与现车系统间数据互联互通。

（綦新亮）

【推进数据共享交换】年内，集团公司组织推进北京市交通委与集团公司信息共享工作，实现北京地区各客运大站客运量、运力、列车晚点等动态数据与北京市交通委数据共享，为进一步加强与地方交通部门的协同配合，提升铁路枢纽日常及应急情况下的接续保障能力提供手段。组织推进铁路水运数据交换工作，制定铁路运单、铁路到达确报、铁路出发确报、舱单信息、船舶动态信息、集装箱状态信息等报文交换规范，实现铁路、港口间数据共享交换。

（綦新亮）

【强化网络安全专项整治】年内，集团公司以高铁和客运安全为重点，平推检查集团本部、车间班组机房（设备间）1910 余处，服务器、存储、路由器、交换机等重要生产设备 13500 余台，发现并处置 800 项问题和故障隐患。

（綦新亮）

【全面启动网络安全等级保护工作】年内，集团公司落实网络安全管理办法，实施“十八点运输统计分析系统”“车辆 5T”等 2 个系统等级保护专业测评，建设完成“等级保护管理系统”，并组织管内各单位开展信息系统定级，456 个信息系统完成初步定级，其中，等保一级 388 个、等保二级 62 个、等保三级 6 个。从物理安全、网络安全、主机安全、安全管理制度、系统运维管理等 10 个层面进行技术检测、风险分析和问题整改，强化了信息系统运行和业务应用安全。

（綦新亮）

【推进集团公司互联网应用和网站合规性运行】年内，集团公司所属各单位、机关各部门开展互联网应用和网站备案、等保测评和问题整改，集团公司 48 个互联网网站（应用）取得“中国铁路互联网认证标识”合规运行。

（綦新亮）

【严密应对网络安全漏洞和病毒暴发】年内，针对多次暴发网络病毒、软件系统漏洞威胁，集团公司启动应急机制，组织协调局内各单位、部门积极应对防范。根据国家网络与信息安全信息通报中心预警和总公司部署要求，紧急组织 Weblogic 平台“反序列化高危漏洞”、“思科 IOS 和 IOS-XE 系统的配置管理协议 CiscoSmartInstall 远程命令执行漏洞”以及“Globelmposter 勒索变种病毒”防范工作，结合漏洞、病毒特点、影响范围，部署强化病毒防范和补丁加固措施，确保铁路内部网络安全。

（綦新亮）

【企业云平台管理】年内，集团公司研究制订《集团公司企业云平台管理办法》，建立信息资源申请、审批、划分、回收管理机制，从建设、使用、运维 3 个方面对云平台相关工作进行规范，促进云平台资源按需分配、动态调整、健康可控。

（綦新亮）

北京市地铁运营有限公司

【概况】北京市地铁运营有限公司（以下简称北京地铁公司）是大型国有独资企业，在职员工 3 万余名。所辖运营线路共计 16 条（包括 1 号线、2 号线、5 号线、6 号线、7 号线、8 号线、9 号线、10 号线、13 号线、15 号线、八通线、机场线、房山线、昌平线、亦庄线、S1 线）运营总里程 500 千米，运营车站 303 座。公司主营业务涵盖客运服务、维修服务、车辆厂修、广告、民用通信、文化传媒、商业；关联业务涵盖投融资、新线、更新改造、技术研发、咨询培训、车辆制造。2018 年，北京地铁公司以推进公司“十三五”发展规划实施、助力首都“四个中心”功能建设和“四个服务”水平提升为主线，以提升首都地铁安全服务保障能力和服务品质为重点，推进规划业务布局和高质量发展，建设更高水准的“六型地铁”，全年各项工作取得新成效、实现新突破。年内完成公司《信息化建设规划》编制、数据标准与数据共享、信息化建设与应用、公司“展e计划”落实及网络与信息安全管理等方面的各项工作。

（北京地铁公司信息中心）

【能耗统计与监测平台完成建设】1月，北京地铁公司能耗统计与监测平台完成建设，平台整合公司所辖线路的能耗、电能质量、运营信息、设备运行及相关基础数据，具备能耗及相关数据的查询和统计分析、电能质量分析、碳排放管理、能源预测和计划管理、能耗指标分析、大数据专题等多个功能模块，实现企业能耗管理的标准化、数字化、智能化，获中国城市轨道交通行业2018年度信息化最佳实践优秀案例称号。

（北京地铁公司信息中心）

【7号线巡检智能现场作业管理系统】1月，北京地铁通号分公司在7号线试点建设的巡检智能现场作业管理系统正式上线运行，完成工单派发、作业管理、作业督导、质量鉴定、器具管理、统计分析，实现移动终端（PDA）扫码、作业、查询、辅助维修，累计巡检314次，提高了工作效率。

（北京地铁公司通号分公司）

【完成《信息化建设规划》编制】2月，北京地铁公司《信息化建设规划》形成初稿。3月9日组织召开专家评审会，根据专家评审意见对初稿进行修订和完善。4月28日就修订版本组织召开听取意见会，形成修改意见16条，修改内容62处，进一步完善内容，形成报审稿。6月19日通过公司第15次经理办公会审议，针对会议提出的“仍需对规划做进一步完善”，对5条具体修改要求进行落实。7月12日通过公司三届二十五次党委常委会审议，对会议提出的4项要求再一次进行修订完善。11月27日通过公司董事会审定，针对提出的5条意见进行最后完善，颁布实施。

（北京地铁公司信息中心）

【提升“业财融合”一体化管控】10月，北京地铁公司通过财务信息化升级改造工作，实现财务总账、固定资产、薪酬管理、资金管理、项目管理、财务报表、机电分公司财务共享服务中心（试点）七大模块正式上线试运行，全面提升公司“业财融合”一体化管控水平。财务信息系统的建设与应用实现公司财务管理高度集中、数据高度共享、信息高度安全，达到“预算统全局，核算网格化，分析价值链，预警自动化”的预期要求，为公司决策分析、风险防控预警提供信息化支持。

（北京地铁公司财务部）

【动环监控系统成果效果显著】11月，北京地铁15条线路26个基础网络汇聚机房的动环监控系统建成并正式上线运行，实现对汇聚机房UPS、电池、空调、环境温湿度等各项数据进行监控、记录、告警信息短信推送，提高运维工作效率和故障响应速度，年累计节约工时785小时。

（北京地铁公司通号分公司）

【安检设备智能化水平显著提高】12月，北京地铁公司完成基于智能识别的快速物检X光机装置的研发，开展在8号线育新站B口和13号线龙泽站A口的试点应用，利用技术手段实现危险品的智能识别预警，提高安检人员处理速度，落实中央和北京市各项政策中关于“加快‘快速安检’的技术研发应用，提高安检设备危险物品自动识别能力”的要求，让安检设备走向智能化应用，提升安检的效率和智能化水平，提高首都防恐技术水平。

（北京地铁公司安保部）

【制定数据标准，拓展数据共享】年内，北京地铁公司制定《北京市地铁运营有限公司信息系统数据编码与接口规范》和《北京市地铁运营有限公司设备分公司及运营分公司自有应用系统框架标准》，并将其纳入信息化建设规划的附属成果。作为公司信息化建设与应用的数据标准，在充分调动公司总部各专业部室和二级企业的信息化创新、应用积极性和业务应用展现系统的同时，形成公司信息化建设与应用标准统一、鼓励创新、注重实效、集约节省的生动有序局面，形成公司总部级应用与下一级信息化应用系统的“大联动”机制，确保不出现“信息孤岛”现象，全面提升公司信息化发展水平。

（北京地铁公司信息中心）

【云平台实现持续稳定服务】年内，北京地铁公司完成智能抢险救援系统应用和数据库服务、智能巡检管理系统应用和数据库服务、特种作业在线培训评估系统应用服务、BMP系统流程中心、运营四分公司运营生产管理系统应用、数据库、中间库服务等应用的迁移工作，完成公司财务管理系统外网流程审批、15个虚拟资源的开通服务，完成云平台线上自助申请的系统开发上线。

（北京地铁公司信息中心）

【统一移动平台持续推广】年内，北京地铁公司利用统一移动平台实现法规部组织的“学习贯彻十九大，建设法治型地铁知识答题”“员工法治需求调查”在线调查问卷，“全员网络安全培训”、“软件正版化在线测试”和“法律知识在线测试”在线考试。实现通过移动平台进行公司客流数据、设备数据、能耗数据、人力资源数据、运营指标数据以及CoMET、Mopes数据的展示。

（北京地铁公司信息中心）

【企业门户初具规模】年内，北京地铁公司企业门户实现公司财务、人力、OA、档案等7个信息系统的统一登录，集成了运营信息、资产设备、人力资源、管理者驾驶舱四大类数据信息资源，形成信息报表共27张，完成公司纪检监察工作平台的上线。

（北京地铁公司信息中心）

【知识管理逐步丰富】年内，北京地铁公司知识管理系统初步完成公司规章制度的录入工作，在系统中录入规章制度189篇。通过与各技术专业部室沟通，梳理并在系统中录入公司技术标准文件63篇。梳理公司权责划分与业务流程，共计549项流程录入系统。共收集录入各专业相关知识文档文件420篇，国家法律法规438篇，OA系统历年文档1800篇。知识管理类系统中文档数量已超过20000篇。

（北京地铁公司信息中心）

【完成软件正版化工作】年内，根据国家和北京市关于软件正版化工作相关精神，北京地铁公司制订年度工作推进方案，组织总部机关和所属19家二级单位落实软件正版化工作，并按时向北京市报送相关材料。公司利用海报和电子宣传屏等形式对软件正版化进行广泛宣传，利用信息化手段开展软件正版化全员培训，增强全体员工软件正版化意识。9月，北京地铁公司开展集团软件正版化自查，并接受北京市检查，在2018年北京市软件正版化工作考核中，北京地铁公司在49家国有企业中以98.5分排名第二，市委、市政府对北京地铁公司作为国有企业社会责任感的认知站位高度予以充分肯定。

（北京地铁公司信息中心）

北京北咨信息工程咨询有限公司

【概况】北京北咨信息工程咨询有限公司（以下简称北咨信息）成立于2007年6月，前身是北京市工程咨询公司信息化咨询部，注册资金2000万元，为北京市工程咨询公司全额子公司。北咨信息是从事信息化建设全过程咨询的专业化咨询机构，主要业务包括信息化规划、立项咨询、评估评审、初步设计、工程监理、项目管理、后评价等。北咨信息业务涉及国民经济与社会信息化的很多领域，承担并完成多项北京市重大投资项目的全过程咨询、监理工作。在服务政府投资的重大项目决策和管理中发挥着重要作用，多个项目获国家及北京市工程咨询成果奖项，并赢得广大用户的认可和信任。用户投诉率为零，用户满意率100%。“北咨”信息化咨询品牌和知名度不断攀升。北咨信息是中国电子企业协会理事单位、中国电子企业协会信息系统监理分会副理事长单位、北京市信息化协会监事长单位、北京长风产业联盟理事单位；连续2届获中国电子企业协会颁发的全国电子信息行业优秀企业称号。2018年，北咨信息在电子政务等信息化咨询领域承担多个大型重点项目；在北京市诚信创建及信用评价活动中取得荣誉及证书；首批获得新的工程咨询及监理行业的资信及符合性审核证书。连续多年获得年度“用户满意奖”荣誉证书；企业领导者3度获全国电子信息行业优秀企业家称号。

（沈学雷）

【获评诚信创建企业和信用AAA级企业】 1月，北咨信息在北京市企业诚信创建活动（复审）中，获市经济信息化委、首都精神文明建设委员会办公室、市工商局及市地税局联合颁发的北京市诚信创建企业证书。同月，北咨信息取得北京信息化协会与北京企业评价协会共同颁发的北京市信用AAA级企业证书，以及相应的企业信用等级评价报告。

（沈学雷）

【获得监理单位证书和资信证书】 4月，北咨信息通过对信息系统工程监理单位的符合性审核，核定级别为甲级，首批获得中国电子企业协会颁发的监理单位等级甲级证书，代替原有的监理资质证书。12月，北咨信息取得北京市工程咨询协会颁发的工程咨询单位乙级专业资信证书，业务范围涵盖电子、信息工程（含通信、广电、信息化）等领域。

（沈学雷）

【通过多项管理体系再认证或监督审核】 7月，北咨信息通过质量（ISO 9001）、环境（ISO 14001）、职业健康安全（GB/T 28001）管理体系认证年度监督审核；9月，通过信息安全管理体系（ISO 27001）再认证监督审核。

（沈学雷）

北京浩瀚深度信息技术股份有限公司

【概况】 北京浩瀚深度信息技术股份有限公司（以下简称浩瀚深度）致力于提供高性能、高精度、高可靠性的整体解决方案，实现互联网的可视、可管、可控、可追溯、可预测。2018年，公司产品广泛部署在运营商的各级网络，覆盖中国互联网带宽超过300Tbps。浩瀚深度在海量数据获取、高速数据处理和深度信息挖掘领域具有深厚的技术积累和专业的服务能力。公司资产总计49525万元，营业收入29894万元。

（浩瀚深度）

【亮相世界移动通信大会】 2月26日至3月1日，浩瀚深度在西班牙首都巴塞罗那举办的2018世界移动通信大会亮相，作为国内DPI（深度报文检测）领域的领导者，展示了新一代互联网流量分析和控制处理版HD2400、高性能网络识别引擎Sniper、网络攻击防护解决方案、用户行为标签系统四大产品。

（张斯瑶）

【入选大数据优秀产品和应用解决方案】 5月26日，在2018中国国家大数据产品博览会上，揭晓2017年工业和信息化部大数据优秀产品和应用解决方案案例名单。浩瀚深度“高性能互联网大数据采集分析管控系统”获此殊荣，并入选《大数据优秀产品和应用解决方案系列丛书》，向全国推广。

（韩　莹）

【入选2018领先科技成果奖】 5月26日，在2018中国国家大数据产品博览会上，浩瀚深度的“低功耗高性能大数据存储系统”入选2018领先科技成果奖，入围优秀项目。

（范迪佳）

【推出高性能DPI新品】 6月，在上海举办的“2018年世界移动大会上海站”上，浩瀚深度发布2款DPI新品：高性能互联网DPI业务网关HDT5000流量管理系统，跨平台的高性能通用DPI引擎Sniper。

（张斯瑶）

【获评2017年度中国好技术】 6月，经专家组严格评审，浩瀚深度的“低功耗高性能大数据存储系统”获2017中国好技术称号。

（范迪佳）

【获大数据年度优秀行业应用奖】 9月，浩瀚深度的产品“智慧运营特征识别技术的互联网运营”获大数据年度优秀行业应用奖，此产品助力运营商向数字运营转型。

（张斯瑶）

【入选大数据产业发展试点示范项目】 11月14日，在国家工业信息安全发展研究中心主办的大数据和实体经济深度融合高峰论坛暨2018大数据产业发展试点示范项目发布会上，浩瀚深度“低功耗高性能大数据存储系统”入选2018年大数据产业发展试点示范项目。

（韩　莹）

【获综合实力百强企业和诚信系统集成企业】 11月，浩瀚深度获评“北京软件和信息服务业综合实力百强企业”。12月，经专家评审，浩瀚深度获2018年北京市诚信系统集成企业，彰显了浩瀚深度在信息系统集成及软件和解决方案领域的综合实力，提升了信用形象，树立了行业名誉。

（范迪佳）

【获中国通信学会科技进步奖】 12月，浩瀚深度的“基于统一DPI的网络流量分析及大数据应用”，获中国通信学会科技进步奖一等奖（联合申报）。

（范迪佳）

北京宇信科技集团股份有限公司

【概况】 北京宇信科技集团股份有限公司（以下简称宇信科技）是国内规模最大的金融科技解决方案市场的领军企业之一，主要从事向以银行为主的金融机构以及受银保监会监管的其他非银金融机构，提供包括咨询规划、软件产品、软件开发和实施、技术服务、运营维护、系统集成等科技服务。公司总部位于北京。截至2018年底，在全国拥有27家控股子公司和10家参股企业，员工7600余人，为客户构建全国“一站式”的定制化营销服务体系。

（颜炳兰）

【亮相华为生态伙伴大会并获多项大奖】 3月22日至23日，华为生态伙伴大会2018在青岛国际会展中心召开。宇信科技作为华为金融行业的重要合作伙伴受邀出席会议，并凭借多年的行业贡献获华为领先解决方案伙伴奖、重大项目交付质量优胜奖、价值合作伙伴奖、优秀ISV联合解决方案奖。

（颜炳兰）

【获评2017年度影响力企业】 4月13日，宇信科技受邀出席由中关村智联软件服务业质量创新联盟举办的第二届第二次会员大会。宇信科技作为会员单位获2017年度影响力企业称号。中关村智联软件服务业质量创新联盟本着“以质量为基石，以创新为引领，重塑软件价值，再造软件生态”的主旨，致力于做强国产软件，提升产业能力。

（颜炳兰）

【助力ACM程序设计竞赛决赛】4月21日，“2018年四川大学（第17届）ACM程序设计竞赛”暨西南地区邀请赛决赛在成都举行。大赛由四川大学主办，四川大学计算机学院承办，宇信科技作为合作伙伴参加了此次大赛。宇信科技已与全国多所高校建立合作，并设立指定就业实习基地。通过每年与院校进行交流、培训，可以输出最新的技术指导，更多地了解当下大学技术人才的培养和需求。

（颜炳兰）

【宇信科技与新华三集团达成战略合作】4月25日，宇信科技与紫光旗下新华三集团有限公司在北京签署战略合作协议。双方宣布将携手进军前景广阔的金融科技市场，联合打造贴合客户需求的金融云融合解决方案，共建金融云生态。

（颜炳兰）

【亮相“移动智慧金融峰会”】5月11日，宇信科技作为蚂蚁金服的战略合作伙伴，受邀参加其在杭州举办的首届移动智慧金融峰会。宇信科技在峰会现场展示了其数字金融服务联合经营解决方案。该方案包含数字金融服务开放平台、信用卡消费金融解决方案及互联网场景金融解决方案等。

（颜炳兰）

【获评2017年度开发服务优秀IT供应商】5月30日，由中国光大银行主办的2018年IT供应商及合作人员表彰大会在光大银行总部光大大厦召开。宇信科技作为光大银行的IT建设合作伙伴出席了此次活动并获2017年开发服务优秀供应商称号，宇信科技的多位员工也同时获得合作人员奖项。

（颜炳兰）

【亮相2018金融科技创新高峰论坛】7月6日，由宇信科技联合华为技术有限公司共同举办的科技赋能金融智变——2018金融科技创新高峰论坛在贵阳举行。论坛现场，来自金融科技领域的专家齐聚一堂，共同就金融监管与创新、金融科技发展方向以及新技术的应用等内容进行了深入交流与探讨，为银行业的信息科技创新及业务转型提供有益经验。

（颜炳兰）

【宇信科技在深交所上市】11月7日，宇信科技正式登陆深交所创业板，股票代码300674。相关政府领导、监管机构、中介机构、股东代表及公司管理团队共同出席上市仪式，见证这一历史时刻。

（颜炳兰）

【获评2018年综合实力百强企业】11月28日，北京软件和信息服务业协会第九届会员代表大会第二次会议在北京新世纪日航饭店举行。会上，北京软件和信息服务业协会发布2018北京软件和信息服务业综合实力百强报告。宇信科技荣登百强企业榜单。

（颜炳兰）

【入选2018年度工商银行采购供应商名单】12月，中国工商银行股份有限公司公布《2018年通用外部研发资源采购项目入围结果》。宇信科技凭借在金融科技行业积累的近20年服务经验、卓越的技术优势及良好的服务意识入选工商银行采购供应商名单。

（颜炳兰）

【获评 2018 年金融云服务提供商 TOP10】 年内，《互联网周刊》和 eNet 研究院联合发布 2018 年金融云服务提供商排名，宇信科技金融云与腾讯云、阿里云、平安云等服务提供商一同入选榜单 TOP10。2010 年起，宇信科技已经开始面向特定金融机构的服务模式创新和探索，在近 9 年的探索过程中，经历了技术平台的变迁，业务形态的转变，在服务金融机构的过程中不断应对各种挑战，逐渐积累了金融云服务的经验，从而对金融机构的业务需求、业务运作、业务管控有足够的认识和实践经验。

（颜炳兰）

北京华博创科科技股份有限公司

【概况】 北京华博创科科技股份有限公司（以下简称华博创科）成立于 2003 年，为新三板挂牌企业，公司注册于中关村软件园东城园，是一家集行业解决方案设计、自主软件产品研发、大型行业应用软件开发、大数据开发与分析、互联网软件研发、系统集成与服务、技术支持与服务、新媒体运营于一体的综合型高科技企业。公司现有员工 100 余人。总部位于北京，在湖北武汉、河北石家庄、北京房山区等地设有子公司、研发中心和培训基地等分支机构。公司致力于信息化领域技术的研究与开发，为政务机关、大型企事业单位、科研院校和社会组织等机构不断提高管理与服务水平做出贡献。打造出“空间地理信息大数据平台”“政务大数据平台”“年鉴大数据平台”“信用信息大数据平台”“公共大数据汇聚平台”“统战系统互联网 +”“智慧国土”“智慧住建”“智慧水务”“移动政务平台”“公务员考核评价系统”等多个经典产品和应用案例。公司为国家高新技术企业、中关村高新技术企业、双软认定企业，通过和获得 ISO 9000、ISO 20000、ISO 27001、信息安全服务能力、CMMI3 级、计算机系统集成、北京市诚信创建企业、北京市信用企业等多项认证和资质，拥有 40 余项具有自主知识产权的软件著作权及软件产品。公司为中国信息协会理事单位、北京信息化协会副理事长单位、北京长风信息技术产业联盟理事单位，多次获得行业颁发的各项荣誉。2018 年 5 月，公司研发的公共大数据汇聚平台进入北京市科协金桥工程种子资金项目。9 月 14 日，公司的政务大数据共享应用方案获中国信息协会“2017—2018 年度新一代信息技术优秀解决方案”。

（华博创科）

【服务市经济信息化委系统整合项目】 6 月 15 日，华博创科与市经济信息化委签订《2018 年市经济信息化委面向机关服务业务系统整合项目》合同。项目的总体目标是依照国家和北京市电子政务总体框架，以政策法规与标准规范体系为指导，以项目运维保障体系为保障，进行市经济信息化委项目体系在机关办公业务升级改造与各事业单位门户系统整合等工作，从而更好地实现信息系统技术对于委内业务运行的支撑作用，为市经济信息化委各处室业务工作提供更好的支撑。

（华博创科）

【开展市规划国土委信息化运行维护】 8 月 8 日，华博创科与市规划和国土资源管理委员会签订《2018 年信息化运行维护—信息系统运维服务项目》合同。该系统运维服务范围是市国土资源综合监管平台各子系统、辅助办公管理系统、北京市及自然资源部下发系统。市规划和国土资源管理委员会（国土）信息系统建设已逐步形成业务全覆盖、数据大集中、应用深入广泛的统一平台。涵盖核心业务审批、行政监管、事务管理、决策支撑、对外服务等各个业务领域，各系统应用程度不断深入，已成为全委业务工作的重要支撑。

（华博创科）

【建设台盟中央办公自动化系统】12月17日，华博创科与台湾民主自治同盟中央委员会签订《台盟电子盟务工作管理平台建设项目》合同。通过建设办公OA系统，全面规范台盟中央机关事务基础管理流程，如对审批流程、审批权限、审批时间、审批意见、流程使用范围、审批委办、审批转办、历史审批查看等进行规范。OA系统将纸质的审批单据电子化和模板化，将人工审批流程、业务催办督办网络化和自动化，实现网络办公和协同办公，从而提升业务审批效率。通过建设盟员信息与履职管理系统，实现对台盟中央盟员履职数据的统一管理。通过建设社情民意信息报送系统，保证信息报送工作的时效性和材料的完整性。

（华博创科）

【首期“爱心扶智”公益培训学员毕业】华博创科于2014年创办新型科技教育扶贫项目——华博创科“爱心扶智”公益培训项目，利用公司现有的专业技术人才与软件技能培训条件，将初中毕业后无力求学的困境青少年从大山深处和贫困农村接到城市，为其提供计算机技能培训，由企业承担培训期间生活费及培养费用，并于学成后提供就业岗位。第一期学员已完成5年培训并毕业，公司与他们签订劳动合同，提供项目主管、研发工程师、实施工程师、运维工程师的技术岗位，已有多名学员进入工作或实习阶段，工资或实习奖金达到其家庭年净收入的数倍。1月，华博创科被北京市委社会工作委员会评选为2017年度北京市非公有制企业履行社会责任综合评价百家上榜单位（第6名）。10月，华博创科被北京市工商业联合会评选为北京民营企业社会责任百强。11月，华博创科“高科技企业新型学徒制与精准教育扶贫”获得中国质量协会中国企业品牌创新成果履行社会责任创新奖。

（华博创科）

北京北控伟仕软件工程技术有限公司

【概况】北京北控伟仕软件工程技术有限公司（以下简称北控伟仕）是市政府在香港设立的唯一“窗口性”上市企业——北京控股集团有限公司旗下的全资子公司，是北控智慧城市科技发展有限公司旗舰企业、中关村科技园区高新技术企业。主要从事政府电子政务应用软件开发，提供大型综合数据库应用以及网络信息技术、电子商务技术、系统集成、网络工程、IT综合运维服务等方面的系统解决方案、整体服务解决方案。2018年，北控伟仕以新一代IT技术应用开发为核心，成熟的技术产品及行业客户为基础，应用新技术、研发新产品、拓展新领域，积极参与智慧城市、智慧教育、政务信息化建设，努力成为中国政府及相关行业迈进数字化时代最具实力的建设者和服务者。

（北控伟仕）

【为积分落户数据比对提供支撑】年内，根据2014年《国务院关于进一步推进户籍制度改革的意见》和2016年《北京市积分落户管理办法（试行）》，按照市人社局信息化总体规划，北控伟仕通过数据交换平台WebService接口与积分落户管理信息系统实现数据交互，将积分落户审批需要的社会保险数据提供给积分落户管理信息系统，为积分落户工作提供数据支撑。

（李雪飞）

【优化职工退休审批办理流程】年内，按照“互联网＋人社”行动计划，北控伟仕提速信息系统建设，精简业务流程，加快与各单位间的数据共享。退休流程优化工作于年初启动，8月正式上线。优化后方便了参保单位办理退休手续，简化职工养老保险退休审批办理流程，减少了业务办理时间，提高了效率。

（李雪飞）

【研发社会保险业务实训教学考试系统】年内，北控伟仕自主研发的“社会保险业务实训教学考试系统”正式上线。该系统是集社保教学、业务实训、学生考试、学科考核为一体的综合教学软件，支持高校日常教学、随堂小考、单元测评、期中期末等各类型考试；内置大量教学资源、课件、题库等内容；支持院校选择云端铺设、独立铺设两种模式，功能丰富、操作灵活。学生通过模拟业务实际操作及办理，能够提高应用和实践能力，强化专业知识技能，培养团队合作意识及创新能力。

（张　月）

【研发社会保险业务竞赛系统】年内，北控伟仕自主研发社会保险业务竞赛系统。该系统参照社保各岗位核心技能，模拟真实业务办理，支持学生多岗位、分角色答题，直观展现学生对社保实务的掌握及高校实训教学改革成效。该系统可以优化传统课堂考试结构，激发学生学习动力，达到辅助学习社保业务的目的。

（张　月）

北京教育网络和信息中心

【概况】北京教育网络和信息中心设有研究指导部、网络与电子政务部、系统管理部等9个部门，在职职工69人，包括高级专业技术职称14人、中级15人、初级16人。中心工作职责包括服务北京教育改革发展，全方位协助市教委相关处室做好全市教育信息化工作，全面落实市教委各项任务；做好市委教工委、市教委机关的信息安全服务保障；拓展数字教育资源开发应用；深化信息技术与教育教学融合。2018年，在相关职能部门的指导下，举办北京市教育信息化工作会议，对标《教育信息化2.0行动计划》和《北京大数据行动计划》，总结交流工作经验，发布《北京市教育信息化三年行动计划》。连续6年利用义务教育入学管理平台规范入学工作，各区统一使用市级小升初派位系统，小学就近入学比例超过99%，初中就近入学比例超过96%。有序开展国家教育管理公共服务平台省级（北京市）系统、全国教育管理信息系统省级支撑服务保障工作。高标准完成校外培训机构专项治理和在线教育、教育App整治工作；完成市委教工委搬迁信息化保障工作，完成市教委邮件系统和政务云整体迁移工作，向市委教工委、市教委机关提供信息技术服务1424次，保障视频会议198次，开展网络安全专项培训188人，完成“两会”、中非合作论坛等敏感时期网络安全保障工作；完成年度资源提供商入围、运营维护及应用服务项目招标工作，发放资源卡8100张，资源网资源总量近75万条。完成国家教育资源公共服务体系对接及北京市试点建设，北京市成为全国率先完成资源体系接入的省级试点单位，平台资源总量119万余条，平台用户访问量超过220万人次，有效提升学校师生普惠水平。推广北京市中小学数字校园云服务平台，开展全市云服务系统运行监测分析，汇聚年度监测数据3590万条，形成多元维度监测分析成果；举办2018北京教育信息技术高峰论坛，全面推进信息技术与教育教学融合发展；依托“北京教师在线”平台面向全市教师提供信息技术支持服务14.6万次，有效解决教育教学过程中实际面临的信息技术问题；在全国中小学师生电脑作品评比活动中成绩优异，获得216个奖项，北京市获优秀组织奖；组织2018北京市中小幼校园影视评比活动，在第15届全国校园影视评比活动中成绩优异，获得包括最高奖在内的59个奖项。

（姚景涛）

【“中小学校信息化策略研究”课题结题】 11月，北京教育网络和信息中心承担的“中小学校信息化策略研究”课题结题。课题于2013年经北京市教育科学规划办立项，结合北京中小学教育信息化建设现状，依托北京市中小学数字校园建设项目，通过理论与实践相结合的研究方式开展研究，探索出“市级做共性、学校做特色”的市、区、校协同信息化建设模式。总结、凝练、出版研究成果《迈向智慧校园的区域信息化管理与实践：北京市中小学数字校园实践与成效》。

（顾忆岚　宋洁）

【北京教育资源网运营与服务】 年内，北京教育网络和信息中心承担北京教育资源网运营与服务。北京教育资源稳步提升，延续“教师先选择，政府后服务”的成熟模式，采用电子货币机制，为全市中小学教师提供数字化教育资源服务。同时，年度资源网采购包含电子期刊、文献检索、智能组卷、英语口语训练等多项与教育教学相关的资源服务，开展新资源目录推送服务及资源定向推送服务，使用积极性显著提升。

（顾忆岚　宋洁）

【网管教师“十三五”继续教育工作】 年内，北京教育网络和信息中心承担网管教师“十三五”继续教育培训任务。新开设网管教师继续教育专业必修课程“中小学校园网络安全技术教程”，开发文字教材一本，举办全市骨干教师面授培训，制作视频课程40课时1600分钟，对17个区（含燕山）网管教师以面授和网上学习、考试的方式进行课程推广。共完成对1000余名教师不少于60课时的培训。

（季茂生）

【完成教育信息网等运维管理及安全保障】 年内，北京教育网络和信息中心完成教育信息网、互联网及科研网出口运维管理及安全保障工作。实现北京教育信息网市级40G/10G链路的稳定运行，支撑各区至中小学基本实现千兆以上的带宽接入。互联网出口、骨干节点、汇聚节点可用性分别达到99.84%、99.90%和99.81%。因出口光缆割接，服务中断1次，时间为4小时。维护光缆总长度571.998千米、接续盒504个。

（陈　昊）

【数据中心IT及基础设施维护管理】 年内，北京教育网络和信息中心承担数据中心IT及基础设施维护管理。维护骨干及各区汇聚路由设备68台，系统正常运行率99%。主要安全设备40余台，直接维护各类机架式和刀片式服务器700余台、存储系统7套、虚拟化平台4套、虚拟服务器750余个。大型精密空调16组，其他空调、新风系统10套，配套降噪、节能、加湿、送风设备23台/套，大型UPS 7台，机房整体配电系统4套，机房专业消防系统2套。已有41个信息系统部署至政务云，共使用虚机182台（占用33台华为RH5885 V3物理服务器）、1135颗vCPU、3423G内存、184T磁盘空间、38个VPN与UMA远程运维账号。

（陈　昊）

【网络管理信息系统建设】 年内，北京教育网络和信息中心承担网络管理信息系统建设。重点教育教学业务多媒体网络传输性能提升（二期）系统交付使用，覆盖全市各区节点，并在房山区实现30所学校试点，正在进一步开展各类数字资源对接工作。整合态势感知与网站治理系统，完善网络绩效分析平台，部署攻击行为检测系统，实现对北京教育信息网互联网出口全流量的安全监测，可实现对所有网内服务器的漏洞扫描和攻击行为检测。

（陈　昊）

【教育系统信息系统运维】 年内，北京教育网络和信息中心完成维修维护、变更管理、信息安全管理和资产梳理等服务管理工作。全年共巡视光缆长度 16347.63 千米，巡视接续盒 13255 个，数据中心服务器等设备整体巡检 12 次，安全设备硬件及配置累计巡检 1100 余台次，病毒库、漏洞库更新 30 次，两地消防设施巡检 11 次。全市各节点路由器巡检每季度 1 次，各空调每月巡检，UPS 每季度巡检。市属高校资产软硬件系统全市巡检每季度 1 次。各业务系统数据库（包括基础库、前置库、教师库、学前库、应用支撑库、中职库、义教库、高校资产管理系统等）累计巡检 102 套次。网络故障处置 197 次，抢修及排除光缆故障 11 次，计划外中断小于 50 小时，布放光缆 1.780 千米，增加接续盒 15 个，熔接 195 芯，协助各区排查网络问题 125 次。核心汇聚节点模块故障更换 3 个。服务器等设备硬件故障维修 30 次。消防设备故障及线路故障维护 23 次，更换备件 6 件。空调维护更换备件 38 件，更换过滤网 168 块，处理高低压报警 14 次。市属高校资产系统网络技术支持 9 次，设备故障支持 19 次，系统更新及机房搬迁调整配置 5 次（包括北京建筑大学、北京石油化工学院、北京工业职业技术学院、北京印刷学院）。对该系统及其他业务系统数据库优化 56 次，数据库安装、升级和策略配置 10 次，数据库正常运行率大于 99%。为各部门各单位提供 3 类 26 项标准化服务，共受理来自于各业务部门的变更申请单 90 余张，包括配合系统部完成省级数据中心中小学学籍管理系统的迁移和二期部署等重要变更，完成率 100%。域名调整 220 次，自有设备安全策略调整 111 次。签署行业 IT 基础设施服务协议 7 份。依照《数据中心 IT 服务协议》，已为清华大学附属中学、北京教育科学研究院、北京教育考试院等单位提供相关资源及服务器接入等基础设施服务，并提供政务云资源服务。持续加大网络安全管理力度，对中心所属网站和信息系统服务器逐台开展排查整治。中非合作论坛、国庆等重点时期 24 小时安全值守，全年 6 次。9 月，全国网络信息安全宣传周期间，邀请北京市政务信息安全应急处置中心和安全技术服务单位，开展网络安全攻防演练和网页篡改事件应急演练。进一步梳理 bjedu.cn 域名，经核实后注销 391 个域名。

（陈　昊）

【市教委门户网站群运维管理】年内，北京教育网络和信息中心完成市教委各业务处室网站的整合。关停 8 个处室网站，将 7 个处室网站整合为二级页面，实现市教委“一张网”。完成北京教育综合服务中心、北京市国际教育交流中心、北京学生活动管理中心 8 家直属单位 12 个网站的整合工作。年内，站群管理系统承载两委门户网站 3 个（工委、教委、督导室）、业务处室二级子站 12 个、直属处级事业单位网站 12 个。实现“统一基础环境、统一技术平台、统一运行维护、统一安全保障”。

（陈　昊）

社会信息化

本栏目刊载2018年北京市市民服务信息化、公共卫生信息化、教育信息化、环境保护信息化的建设发展情况。

概　述

【概况】2019 年，北京市积极组织推动智慧城市相关建设，已初步形成以人民为中心、以提升城市治理和服务水平为目标、以推动新一代信息技术与城市治理和公共服务深度融合为途径的智慧城市建设框架。科学配置了无线电频谱资源，加强了无线电台站和设备管理工作，认真开展打击“伪基站”、黑广播等专项行动，有效维护了北京市无线电波秩序。

形成 8 家云服务商和 1 家云综合监管商的服务格局。领导驾驶舱系统（1.0 试用版）上线试运行，与市委机要局牵头建设的“城市运行监测平台”已经同时为市委主要领导安装试用，12 个部门的 114 类基础运行数据、41 个部门的 303 个信息系统实现接入。推进密云灾备云节点建设，不断强化跨平台、跨节点综合监管能力。基于新要求开展新技术政务云节点建设，组织开展应用系统测试，持续优化提升政务云平台安全可控能力。市经济和信息化局主动与用户对接，解决了大兴国际机场 800 兆集群频率及正通 800 兆集群网进机场事宜，圆满完成协调任务，保障了大兴国际机场准时安全开航。圆满完成了新中国成立 70 周年庆祝活动、十九大、中非合作论坛北京峰会、“一带一路”峰会、世界园艺博览会、男篮世界杯等多项重要活动的无线电安全保障任务。年内，北京市获评为国家首批综合型信息消费示范城市。

（市经济和信息化局）

市民服务信息化

【委领导走进“市民对话一把手”直播间】1 月 23 日，市经济信息化委主任张伯旭走进“两

会”“市民对话一把手”直播间，介绍了北京发展高精尖产业，打造智慧城市的最新情况，回答了市民关心的问题。

（市经济和信息化局）

【启动社区微信群体系建设工作】7 月 30 日，为适应社会虚拟化转变，立足快速解决居民诉求和精准提供社会服务两大功能，市委社会工委在方庄召开全市现场会，正式印发《关于在全市推进社区微信群体系建设的实施方案》，启动全市社区微信群体系建设工作。全市社区微

信群体系建设工作在发挥党建引领、助力网格化体系作用发挥、助推社区工作高效化、搭建社区自治新平台、提升居民满意度等方面将发挥积极作用。

（李慧燕）

【北京社区网上线运行】9月18日，北京社区网在第4届“北京社会公益汇”上发布上线。该网站作为全市社区服务网络平台，共设置“社会组织服务”“社工在行动”“社区易办事”“社情民意厅”“社区精彩瞬间”5个栏目，为破解北京市基层社会服务和治理信息化“最后一公里”难题，提供了“互联网+”解决方案。

（李慧燕）

【“婚智通”婚姻智能咨询微信公众号上线】9月20日，市民政局“互联网+婚姻登记智能在线服务系统”建成并投入运行，同时，“婚智通”婚姻智能咨询微信公众号正式发布上线。当事人可以通过市民政局网站、北京民政微信公众号，北京市婚姻登记微信公众号、登记现场微信扫码等多种方式关注“婚智通”，以微信互动聊天的方式，帮助当事人解答婚姻登记以及婚前检查、孕检等相关政策问题，有效提升了婚姻登记公共服务能力和办事效率。

（李慧燕）

【打造“北京通”政务服务窗口品牌效应】年内，通过“北京通”继续推进统一身份认证平台、虚拟卡、数据服务平台等基础能力建设，不断提升“北京通”App稳定性与用户体验，促进服务汇聚，全力支撑北京市信息化建设。截至11月，“北京通”累计用户数超过45万人，实名认证次数90.4万次，累计接入数据总量2.2亿条。“北京通”着力完成以下几项重点工作：持续推进“北京通”发卡工作，累计发放“北京通”卡2431.4万张；依托统一身份认证平台，推进实名认证集约化建设；落实市政府指示精神，推进“北京通”服务汇聚，推进全市移动化服务集约建设，统筹管理，逐步实现“一网通查”“一网通答”“一网通办”；建设“北京通”虚拟卡，逐步实现“虚实融合、多卡合一”，推进卡、证数据及交通服务数据共享，推广交通领域的实体卡与虚拟卡融合应用，试点推动无卡乘坐公交地铁等服务，拟接入多种行业二维码，不断提升“北京通”虚拟卡应用能力。

（市经济和信息化局）

公共卫生信息化

【柏惠维康神经外科手术机器人获批准】 4月13日，北京柏惠维康科技有限公司的“睿米”神经外科手术机器人正式通过CFDA 3类医疗器械审查，成为国内首家正式获批的神经外科手术机器人。该机器人是神经外科领域全球第2款在原产地获批产品，填补了国内技术空白。“睿米”作为脑外科手术的“GPS”系统，可以帮助医生在不开颅情况下定位到颅内的细微病变，实现精准的微创手术。整个系统定位精度达到1毫米，创口只有2毫米，术后观察2～3天即可出院，已应用于脑出血、帕金森、癫痫等疾病的治疗中。

（市经济和信息化局）

【东南大学与联想研发穿戴式智能心电衣】 7月，东南大学联想穿戴式心脏—睡眠—情绪智能监控联合实验室研发的“可穿戴式动态十二导联心电监测”设备在江苏省人民医院临床试用，年底前进行公测。该监测设备也被称为“穿戴式智能心电衣”，类似日常生活中的紧身衣、T恤，通过衣服里面的干性电极，可起到实时监控预警的目的。医院可以通过十二导电技术，对心血管疾病患者进行身体数据的采集和分析。相比于十二导电技术，穿戴式智能心电衣设计更为人性化、更为便捷，患者只需穿上智能心电衣，不用去医院就能了解自己的健康状况。该穿戴式智能心电衣主要针对心血管疾病患者、老年人和儿童，以及快节奏环境下的亚健康白领人群设计研发，能够实时监控预警患者的心脏、睡眠以及情绪，让患者随时随地了解自己的身体状况，还能有效保证对心血管疾病患者的及时救援。

（孙志勇）

【京东云布局智能医疗健康产业】 9月19日，京东云发布酝酿已久的“医疗健康战略”。依托京东云智能医疗健康平台初步完成市场和技术的串联，借助京东集团的物流、金融科技、保险、医药、健康、互联网医院以及京东到家等优势资源，凭借“线上多渠道触达＋线下解决方案落地”方式，实效突破了“云计算＋机器学习”等常规模式。

（市经济和信息化局）

【医政医管电子化注册平台建设完成】 12月7日，北京市医政医管电子化注册平台建设完成，通过项目终验。医生、护士、医疗机构办理人在电子化注册个人端提交申请材料电子版，经医疗机构端确认后，市卫生健康委在审批端先行预览审批，业务办理人携带纸质材料到现场一次即可办理完毕。

（市经济和信息化局）

【华科精准神经外科手术机器人通过国家审批】 12月25日，由华科精准（北京）医疗科技有限公司研发生产的华科精准神经外科手术机器人通过国家药品监督管理局审批准产。手术机器人的技术源于清华大学，由清华大学与天坛医院、宣武医院等10余家医院合作研发，适用于癫痫、帕金森、出血性脑卒中、颅内肿瘤活检、神经内镜等方面的神经外科手术。产品采用无接触视觉定位病人注册技术，基于机械臂本体定位的方式，采用自动视觉扫描定位病人面部表面进行病人注册的方法，适用于成人和儿童。

应用基于多模态影像融合的颅脑血管三维可视化技术，可将颅内血管结构展现出来，帮助医生避开重要血管规划穿刺路径，形成安全、有针对性、个性化、最优化的立体定向手术方案。机器人包含立体定向手术计划系统、高智能视觉定位系统、高精度力传感系统及高稳定性机械臂系统，可为神经外科立体定向手术提供可靠的精度保障，整体手术精度在1毫米以内，重复定位精度小于0.02毫米。

（中关村管委会）

【电子病历共享工作】年内，市卫生健康委信息中心每月收集并审核30家医院电子病历数据，产出基础数据并交由专家完成分析报告，提供医院间数据交流，30家试点医院全部实现电子病历信息的共享调阅。其中，12家医院通过信息系统改造，实现信息调阅以及患者药物过敏提醒、患者重复用药提醒和重复检验提醒功能。

（臧白　冯文洁）

【北京地区居民健康卡应用】年内，市卫生健康委完成居民健康卡京津冀一体化应用试点项目结题工作。通州区、怀柔区、平谷区、大兴区实现居民健康卡发放和应用，累计发放居民健康卡779510张、SAM卡（识别健康卡）4072张，接入医疗机构71家，其中三级机构4家、二级机构11家、社区机构56家。

（冯文洁）

【制作惠民便民地图】年内，按照市政府办公厅有关要求，市卫生健康委信息中心围绕公众需求，开展政务公开首都之窗惠民便民地图制作工作，通过电子地图更直观、便捷地为公众提供全市医疗卫生热点资源查询服务。重点完成预防接种门诊地图、狂犬病暴露预防处置门诊地图、职业病诊断机构地图、全市医疗机构地图、助产机构地图、儿科诊疗服务机构地图和献血点地图等7个地图任务。在三级医疗机构的页面中新增45家医院预约挂号功能，公众可以从地图首页查询医疗机构位置和基本信息，点击详情，通过链接或扫描二维码直接进入预约挂号页面。

11月，北京市政务公开惠民便民地图上线

（白　玲）

【AI能力首次落地医疗行业】年内，北大医疗集团旗下北京大学国际医院成为率先使用百度运行智能小程序AI分诊助手的医疗机构，也是百度智能小程序的AI能力首次落地医疗行业。

（校办企业）

教育信息化

【教育信息化评比交流】1月至11月，北京教育网络和信息中心组织教育信息化评比交流活动。组织北京市第19届中小学师生电脑作品评选、北京市第19届机器人竞赛活动，组织北京市中小学生赴江苏无锡参加全国中小学生电脑制作活动夏令营，组织召开第19届电脑作品活动总结表彰暨新指南培训会。

（覃祖军）

【开展中学教师开放型在线辅导】 3月30日，“北京市中学教师开放型在线辅导计划”在通州区、延庆区、怀柔区、密云区、平谷区和房山区的135个初中阶段学校5万余名学生中开展。该项目通过搭建中学教师开放型在线辅导管理服务平台，教师使用电脑和点阵笔，学生使用手机、PAD等移动终端，共同实现基于音频、图片和文本的实时在线辅导。辅导形式分为“一对一在线辅导”“一对多在线辅导”“问题广场”“微课辅导”4种。年内，全市共招募辅导教师10617名，共有2251名教师完成对22423名学生共计294105次的一对一在线辅导，累计辅导总时长61774.42小时；共有215名教师面向10121名学生开设7112个不同学科主题一对多在线辅导；共有1892名教师在问题广场回答8671名学生提出的145168个问题并给出456958个答案；313名教师发布597个微课资源，其中46个微课被评为优质微课。

（崔亚超）

【立思辰成立“人工智能＋教育”产业加速器】 3月，立思辰与北京云创园达成合作，成立立云“人工智能＋教育”产业加速器，定位“产业＋孵化＋投资”，为企业提供创业咨询、导师辅导、风投对接、项目申报等服务。立思辰集团旗下业务覆盖K12、职业教育、海外留学等领域。云创科技园是孵化器、加速器、产业园综合运营服务提供商和产业资源整合平台，为创业企业提供综合性、一揽子服务，构建涵盖众创空间—孵化器—加速器—产业园的立体化、全流程创业生态圈。

（市经济和信息化局）

【《英语畅谈中国》登陆法国FUN平台】 4月3日，学堂在线平台慕课《英语畅谈中国》登陆法国FUN平台，成为国内第一门由中国慕课平台直接输出到国外平台的课程。

（市经济和信息化局）

【义务教育入学服务平台正式开放】 5月1日，北京市义务教育入学服务平台正式开放。平台公布市级、区级相关政策规定，以及各区各学校相关介绍。通过采集学生信息完成学生入学的信息化工作。使用统一的小学和初中入学服务系统，预测适龄儿童入学数量和分布，做好入学服务；利用信息化手段规范入学流程，保障公正、公开。5月8日起，家长可以通过适龄儿童入学信息采集系统进行信息采集。通过义务教育入学服务平台的使用，使入学工作更加公开、透明。

（刘宇光）

【百度携手北航启动全国深度学习师资培训班】 5月5日，百度、北京航空航天大学联合承办的全国深度学习师资培训在北京正式启动。该培训旨在培养中国深度学习方向的高校教师，进而促进中国深度学习技术高水平人才的培养。全国深度学习培训班是由教育部与工信部共同指导，信息技术新工科产学研联盟人工智能协同育人工作委员会主办的中国首个“国家级”深度学习师资培训班。培训班由教育部产学合作协同育人项目优先支持，参训教师将获得新工科联盟师资培训认证证书，还将成为信息技术新工科产学研、新工科联盟人工智能协同育人工作委员会第一批种子成员。第一期培训计划面向人工智能、大数据、云计算、机器人、物联网、系统能力等信息技术新工科专业领域。每期培训班都安排高校专家和企业优秀工程师组合教学，专业建设培训班以高校专家为主，企业工程师为辅；技术实战培训班以企业工程师为主，高校专家为辅。联盟高校专家来自北京大学、清华大学、中国科学院、上海交通大学、北京航空航天大学和北京理工大学等高校，企业专家来自华为、百度、微软、阿里和苹果等公司。

（市经济和信息化局）

【参加全国中小学生电脑制作活动夏令营】7月16日至21日，北京教育网络和信息中心组织北京市中小学生赴江苏无锡参加全国中小学生电脑制作活动夏令营。共有170名学生、19支机器人代表队参与北京市评比。64名参赛选手代表赴无锡参与活动，其中，参与作品面试20人、机器人竞赛32人、创客竞赛12人，经过评比，获得数字创作评比奖101个（一等奖17个、二等奖29个、三等奖55个）、机器人竞赛奖19个(一等奖8个、二等奖6个、三等奖5个)、创客竞赛奖12个（一等奖3个、二等奖6个、三等奖3个），另有8所学校获得“和教育”专项优秀组织奖，市教委获优秀组织奖。此次活动由中央电化教育馆举办，来自全国31个省区市代表队共计5000多名学生参加此次活动。

（覃祖军）

【《人工智能实验教材》出版】8月，由北京教育网络和信息中心主编的全系列丛书《人工智能实验教材》正式出版。该套教材内容涵盖幼儿园、小学、初中、高中到职业教育各个学段，总共33本。其中,学前教育大中小班各上下册，共6本；小学1～6年级各上下册，共12本；初中7～9年级各上下册，共6本；高中1～3年级各上下册，共6本；职业教育1～3年级各1册，共3本。该套教材由中科院自动化所、著名AI公司和著名高校的人工智能专家、教育信息化专家和教育专家共同指导，由相应学段的一线教师合作编写，在近两年的人工智能进课堂实践的实验讲义基础上编撰而成，配套有相应的人工智能教学平台和实验工具。任课教师很容易就能上手教学，系统性强。

（覃祖军）

【中国知网“一带一路”基础知识资源库上线】10月10日，中国知网“一带一路”基础知识资源库上线，全面助力“一带一路”知识资源建设。

（市经济和信息化局）

【京津冀研究生网络与信息安全技术大赛】11月3日至4日，由北京市教委、天津市教委、河北省教育厅主办的第2届京津冀研究生网络与信息安全技术大赛在北京工业大学举行。大赛旨在服务国家网络安全战略和网络强国建设，宣传普及网络安全知识，提高研究生网络安全防护意识和技能，提高网络空间安全学科人才培养质量，推动京津冀协同发展在研究生教育领域的交流合作。经初赛选拔，京津冀三地25所高校的36支队伍108位选手晋级参加比赛。

（陈　萌）

【第19届中小学师生电脑作品评选】11月9日，市教委公布北京市第19届中小学师生电脑作品评选结果。共有2729件电脑作品参加评选，其中，参评学生作品1389件、参评教师作品1340件。经过组委会评选，评选出获奖作品1660件。其中，学生获奖作品729件、教师获奖作品931件。共有262支代表队参加机器人竞赛活动，199支代表队获奖。评选出的优秀学生作品170余件上报至中央电教馆参加全国中小学生电脑作品制作活动，优秀教师作品近200件推荐至中央电教馆参加全国教育教学信息化大奖赛活动。该活动由北京教育网络和信息中心承办。

（覃祖军）

【中小学学生卡联合认证】11月13日，北京教育网络和信息中心联合北京市政交通一卡通公司完成全市 120.5 万张中小学学生卡的联合认证工作，标志着北京市中小学生可以通过具有 NFC 功能的手机在线办理学生卡的充值及延期业务。升级之后，学生卡的申领、挂失、补卡、缴费、充值等业务均可实现移动端一站式办理，方便学生交通出行。

（刘宇光）

【“教师在线”服务中小学教师】年内，北京教育网络和信息中心承担“教师在线”服务全市中小学教师任务。“教师在线”面向 17 个区（含燕山地区）中小学教师发放 3.2 万个账号，提供 7×24 小时教育信息化咨询服务，通过教师在线账号可以获得与教育教学相关的信息技术支持服务。全年，“教师在线”累计服务 15.52 万次。用户问题首次解决率为 99%、满意度为 98%，在线服务平均时长 25 分钟以内。

（季茂生）

【开展开放型教学实践活动】年内，市教委通过搭建“北京市中小学开放型教学实践活动管理服务平台”，继续推进北京市中小学教师开放型教学实践活动计划。组织全市义务教育阶段一线市级骨干教师、学科教学带头人、特级教师和正高级教师开放课堂并组织研修活动，全市义务教育阶段普通教师通过平台（PC 端和手机端）自主选课并到实地参加活动。全市共有 613 个学校和研修机构的 1842 名授课教师开展 7308 次活动，完成活动的选课教师 30157 人，共计 60784 人次。其中，跨区上课 45679 人次，占比 75.1%。城六区开展并完成活动 3950 次，参加并完成活动的教师 34525 人次。其中，远郊区教师赴城区完成活动 26327 人次，占比 76.3%；乡村学校教师 13458 人次，占远郊区赴城区教师的 51.12%。

（崔亚超）

【统一支付平台建设】年内，北京市初步完成统一支付平台建设，具备支撑支付业务的基本能力。支付平台与市教育考试院对接，为成考、自考、高考广大考生提供银联、微信、支付宝等多元化的缴费渠道和支付方式，总共发生 227289 笔交易，总金额合计 2279 万元。支付平台与市财政局北京市会计专业技术资格考试网上报名系统对接，在原有银联支付基础上为考生新增支付宝缴费渠道，以支撑考生在网上缴费，后续将实现通过北京通手机端进行报名缴费。截至年底，总共发生 32878 笔交易，总金额合计 136 万元。总体支付渠道占比：微信与支付宝约占 80%，银联约占 20%。

（市经济和信息化局）

环境保护信息化

【城市副中心智慧园林项目建设】年内，市园林绿化局完成千年守望林的基础网络规划和副中心行政办公区园林绿化网络服务器部署工作；部署了智慧园林“小哨兵”（智慧园林传感器），实时监测园区内的光照强度、PM2.5、PM10 的浓度和土壤温湿度等生态环境指标，实现智慧园林工地扬尘的自动监测与管理。

（赵丽君）

【持续助力“互联网＋首都全民义务植树”】年内，市园林绿化局通过“首都智慧园林”微信公众号的推广应用，实现义务植树尽责证登记、打印以及尽责证统计、查询等功能，“互联网+义务植树”拓宽了首都全民义务植树尽责渠道，提升了全民义务植树活动管理服务的现代化水平。

（赵丽君）

【园林绿化网站宣传和信息公开】年内，市园林绿化局网站制作并发布了“‘绿满京华四十年——纪念北京市园林绿化改革开放40周年’征文活动”“传承古树文化彰显古都风韵——‘最美十大树王’”等8个新专题；更新维护了“北京花讯”“北京森林防火”“首都全民义务植树网”等26个专题信息。围绕学习贯彻中共十九大精神和园林绿化核心业务、重点工作等加强网站宣传；加强政府信息公开工作管理系统的维护，加大政府信息公开力度，认真做好行政许可和行政处罚等信用信息“双公示”工作，并不断优化权责清单的查询功能。

（赵丽君）

【推进古树二维码标识标牌应用】年内，全市4万余株古树名木有了二维码“身份证”，市民通过手机“扫一扫”可获知树高、树径、种植年代等基本信息，有些古树还可以了解其背后的历史故事。700余个智慧园林二维码树牌亮相千年守望林，为公众提供了一个可以获取园林绿化知识、参与义务植树尽责、增加园林乐趣的新平台。截至年底，全市推广应用二维码树牌8万多个，二维码树牌已成为园林部门与游客互动的纽带。

（赵丽君）

区信息化

本栏目刊载2018年北京市东城区、西城区、朝阳区、海淀区、丰台区等16个区的信息化建设发展情况。

概 述

2018 年，市经济和信息化局在全面分析全市制造业发展现状、发展走势的基础上，按照“定位、定量、定图、定项目、定机制”的工作思路，研究落实高精尖“10 + 3”系列政策的有效举措，结合分区规划编制，进一步明确了各区主导和培育产业方向。各区贯彻落实国家、北京市关于科技和信息化工作的法律、法规、规章、政策及相关规定，起草本区相关规范性文件，并组织实施。各区信息化工作紧紧围绕全区重点工作，发挥全区信息化统筹作用，扎实推进智慧城市建设，深耕信息化技术应用，夯实基础设施建设，提高政务信息化服务效能。组织开展信息化重大问题研究，督促落实本区信息化重大事项，统筹信息化项目建设，协调处理信息化重大突发事件与应急工作，指导、检查、推动有关部门信息化工作。

通州区加快北京城市副中心信息化建设，加强顶层设计，建设通州区政务大数据平台。同时开展区政府门户网站群集约化、区级生态环境综合治理平台建设和政府投资信息化项目全流程管理等工作，促进智慧城市建设。海淀区率先建成全国首家区级政务云平台，率先建成全市首个区级政务光缆专网，通过推进区政务光缆专网和政务外网网络扩容，实现社区（村）政务外网全覆盖；通过推进区统一视频会议系统建设，实现区、街（镇）、社区（村）3 级视频会议全覆盖的会商机制。各区创新建立“街乡吹哨，部门报到”机制，通过街道乡镇管理体制机制创新，使社会治理重心向街乡下移，问题发现、处置更加及时有效，破解基层治理“最后一公里”难题。同时，各区围绕重点工作，不断深化信息技术在各领域的应用，致力于提升民众享受政务服务和社会公共服务的幸福感和获得感。

（市经济和信息化局）

东城区

【概况】 东城区信息化工作办公室（以下简称区信息办）是区信息化工作领导小组的办事机构，负责区信息化工作的政府工作部门。主要职责是统筹规划、综合协调、监督管理全区的信息化工作，全面推进电子政务、电子商务、智慧社区的建设和信息资源的开发利用，组织有关信息化工作的行业管理、宣传、培训、技术服务和国内外交流合作。内设综合管理科、应用推广科、电子政务科；下设信息中心和信息资源管理服务中心两个科级事业单位。行政编制 9 人、事业编制 41 人，实有行政编制 10 人、事业编制 36 人。年内，东城区信息化工作紧紧围绕全区重点工作，发挥全区信息化统筹作用，扎实推进“智慧东城”建设，深耕信息化技术应用，夯实基础设施建设，提高政务信息化服务效能。以大数据应用为引领，助力区域经济与社会协调发展；以信用体系为抓手，优化全区营商环境；以信息化平台为支撑，推进全区医疗卫生资源有效整合；将信息网络安全生产检查常态化，将数字网站管理运维规范化，全力打造网络安全和公共服务发展体系。截至年底，数字东城网站在全市政府网站普查中连续9个季度普查合格率达100%。在年度市政府绩效考评中，东城区政府网站建设管理绩效考评获得满分。

（韩　笑）

【通过软件正版化检查】3月14日与12月20日，市版权局软件正版化检查组分两次检查东城区2017年和2018年软件正版化工作。检查组听取全区及卫生计生系统软件正版化工作的汇报，现场检查各单位材料，实地抽查建国门街道、区国资委、区信息办、区卫计委、区动监所、区卫生监督所、北新桥街道、区科委、区教委、区国资委、区朝阳门社卫中心和区体育馆路社卫中心等单位正版化工作。检查组肯定了东城区正版化工作的常态化管理机制，2017年与2018年软件正版化工作检查皆通过。

（韩　笑）

【“数字东城”网站建设】8月，区信息办为规范网站管理运维，提升网站建设水平，修订了《“数字东城”网站管理办法》。网站围绕重点工作推出9个专题，加强网上互动，提升满意度。全年区长信箱收件1989件，办结1865件，处理完成全部网民纠错信息（14个）。网站丰富内容，提升影响力，全年信息更新量达28146条，发布视频85个。

（韩　笑）

【软件正版化培训】10月15日，区信息办举办东城区国家机关软件正版化工作培训会，邀请市使用正版软件工作联席会议办公室、市版权产业联盟的专家授课，解读软件正版化的政策文件和计算机软件授权规范，并对99家单位的信息化骨干共计100余人进行了软件正版化相关知识培训及工作考核，部署2018年软件正版化迎检工作，要求各单位按照《东城区2018年软件正版化工作推进方案》的要求，做好自查整改工作。

（韩　笑）

【部门预算信息化项目评审】10月，区信息办完成2019年全区部门预算信息化项目评审工作，共征集项目235个，申报金额为5.26亿元，经过多次与申报单位沟通交流，9次专家评审，聘请会计事务所进行资金评审，最终审定项目121个，审定金额为2.73亿元，审减率约为48%。

（韩　笑）

【“诚信建设万里行”宣传】11月7日，区信息办、体育馆路街道和东城区信息化协会根据市经济信息化委《关于开展“诚信建设万里行”

相关活动的通知》要求，共同举办东城区“诚信建设万里行”宣传活动。现场解答群众提出的个人信用查询、信用惩戒等问题，总计向市民发放诚信建设宣传材料200余份，接受群众咨询100余人次，对于提高广大群众的诚信意识，推动东城区加快形成知诚信、讲诚信、守诚信、用诚信的浓厚氛围，起到良好的宣传效果。

（韩　笑）

【无线电管理宣传咨询日活动】11月7日，“2018年东城区无线电管理宣传咨询日”活动在体育馆路街道驹章胡同社区服务站举办，区信息办、体育馆路街道和区信息化协会相关领导参加。现场通过背板、展板、发放宣传手册、宣传品、接受群众咨询等形式开展宣传，解答群众提出的无线电台站设置、使用、管理等问题，向市民发放无线电宣传材料200余份，接待咨询者100余人次。

（韩　笑）

【召开社会信用体系建设联席会议】11月22日，东城区2018年社会信用体系建设联席会议召开，东城区社会信用体系建设联席会成员单位（42家委办局、17个街道办）参会。会上，区信息办介绍了国家、北京市社会信用体系建设情况及东城区信用工作情况，听取各成员单位2018年信用重点工作任务完成情况汇报，并部署下一步工作，通报“双公示”情况，并就《东城区社会信用体系建设三年重点工作任务（2018—2020年）》（征求意见稿）提出修改意见。

（韩　笑）

【“双公示”信息上报工作培训会召开】12月27日，“东城区双公示信息上报工作培训会”召开，全区29家单位的50余人参加。区信息办解读“双公示”工作的评估机制、“双公示”工作新文件和新标准，并培训系统上报流程。

（韩　笑）

【科学规划大数据建设】年内，区信息办研究起草《关于组织实施东城区大数据建设的工作方案（2018—2020年）》（征求意见稿）。围绕核心区“大城市病”治理、疏解整治促提升、产业转型升级、“互联网+政务服务”、文化+高精尖产业等重点领域，率先开展大数据创新应用，提升运用大数据破解现实问题的能力。分阶段目标打造大数据生态体系，通过建设大数据支撑平台、提升现有云平台服务能力、健全大数据安全保障体系等方式夯实大数据发展基础。提高公共管理和服务水平，实现决策科学化、治理精准化、服务高效化、区域智能化，使大数据成为推动新时期核心区高质量发展的新引擎。

（韩　笑）

【优化营商环境】年内，区信息办牵头建立东城区社会信用体系建设联席会议制度，编制发布《2018年东城区社会信用体系建设重点工作任务》和《东城区社会信用体系建设三年重点工作任务（2018—2020年）》。启动“信用东城”网站和东城区信用信息管理服务平台建设，为全区信用信息共享提供平台支撑。建设北京市王府井商圈信用监管及经济监测综合服务管理平台，创新开展信用商圈试点。建设东城区重点企业大数据监测平台，加强区内重点企业运行监测。建立“优化营商环境 东城在行动”专题网站，构建部门专题优化营商环境栏目，发挥网站优势,助力优化营商环境。积极推进“双公示”工作，及时督促各委办局报送“双公示”内容，协助区卫计委通过北京市“双公示”第2季度抽检。

（韩　笑）

【提高政务信息化服务效能】年内，区信息办优化政务服务硬件环境，协助区政务服务中心开展东城区政务服务中心大楼信息化改造，构建全市统一联通的线上线下政务服务大厅，提供市区及部门间协作共享环境。完善政务服务管理体系，建设北京市公共资源交易服务平台区分平台，完成与市级公共资源交易平台的对接与数据上报工作；规范行政权力运行，建设政府采购系统，完善政务服务供给。提升政务服务工作效率，建设“一窗式”审批服务平台，实现并联审批、三级联动、通接通办、统一评价、统一监督及窗口服务、便民服务，促进政府职能转变，服务行政管理及优化营商环境。

（韩　笑）

【实现区属医疗资源的统一管理】年内，区信息办协助区卫计委开展东城区区域人口健康信息平台（三期）、东城区社区卫生服务App平台（二期）、北京市和平里医院远程门诊系统建设，综合推进东城区优质医疗卫生资源合理分配，提高医疗卫生便民服务水平，拓展医疗健康管理方式，实现区属医院和社区卫生服务机构医疗资源的互联互通和统一管理。

（韩　笑）

【开展电子政务网络安全检查】年内，区信息办按照市经济和信息化局《关于开展2018年北京市电子政务网络安全检查工作的通知》要求，对东城区互联网区域内所有网站及面向公众提供服务的105个系统运行状态进行了检查和梳理。联系系统责任单位，确认问题网站状态，关停无法访问的系统。同时开展系列的安全检查与应急演练工作，保障东城区重要系统的安全与稳定。

（韩　笑）

【安全生产检查】年内，区信息办组织开展5次安全生产大检查，包括核心及汇聚机房、电力电池室、设备间等，累计出动148人次。重点排查安全隐患、消防器材配备情况及使用规范、用电设备及线路老化情况、机房管理及应急值守情况等方面。要求对发现的问题立行立改，层层落实安全责任人。及时清理机房与设备间内杂物，盘点报废老旧设备，定期更换电器和消防设备等，保障全区信息网络安全生产环境稳定。

（韩　笑）

【整合全区网站资源】年内，区信息办通过绩效考核、平台建设、制度保障、分步开展、统一监管5项举措，10月底提前完成网站整合任务，全面实现“一区一网”建设目标。全区67家部门网站全部实现整合，同时完成规范网站名称和域名的工作。在2018年度市政府绩效考评中，东城区政府网站建设管理绩效考评获得满分。

（韩　笑）

【“雪亮工程”建设】年内，区信息办协助区综治办、区公安分局开展“雪亮工程”一期建设，建成“联网与共享平台”和“社会图像资源整合平台”两个二级平台、23个三级视频共享平台，实现二、三级平台10G互联和100%建设，全面提升东城区视频监控能力。汇聚、整合全区重点公共区域内摄像机7205路、重点社会单位探头8564个，公共区域监控探头密度达137个/平方千米，主要大街、重点区域实现100%覆盖。全区共建设人脸抓拍摄像机377台、车辆卡口摄像机420台、微卡口摄像机114台。人脸、车卡抓拍系统上线运行后，针对在逃人员、重点监控人员、扒窃人员等多类黑名单数据库进行布控，通过系统预警抓获在逃及布控预警人员100余人。

（韩　笑）

东城区信息化工作主管领导

副区长：刘俊彩

区信息化工作办公室主任：饶景东

西城区

【概况】西城区科技和信息化局（以下简称区科信局）贯彻落实党中央关于科技创新、信息化、大数据方面的方针政策、决策部署和市委、区委有关工作要求，在履行职责过程中坚持和加强党对科技创新、信息化、大数据工作的集中统一领导。贯彻落实国家、北京市关于科技和信息化工作的法律、法规、规章、政策及相关规定。起草全区相关规范性文件，并组织实施。负责组织编制全区科技、信息化、大数据、可持续发展规划和年度计划，并组织实施。组织协调全区科技创新工作。促进科技创新、成果转化和科技服务体系建设。协调全区财政科技专项资金实施。负责科技保密等科技管理工作。组织推进全区信息化工作，研究拟订信息化发展中长期规划和政策措施。组织开展信息化重大问题研究，督促落实全区信息化重大事项，协调处理信息化重大突发事件与有关应急工作。统筹信息化项目建设。指导、检查、推动有关部门信息化工作。统筹推进全区大数据工作。负责全区数据资源管理，促进数据资源利用。研究拟订大数据技术规范及标准，并组织实施。负责全区政务数据和相关社会数据的整合、管理和应用。负责政务数据资源目录、共享交换等区级大数据基础平台建设。协调促进全区社会信用体系建设。统筹协调全区信息化基础设施的规划和管理。协调公用通信网、广播电视网、计算机网、物联网等信息化基础设施规划建设。负责国家可持续发展示范区工作。组织指导科技、信息化、大数据培训工作。会同有关部门开展相关领域人才队伍建设工作。负责全区科普工作。组织编制科普规划和年度计划，并组织实施。按照“管行业必须管安全、管业务必须管安全、管生产经营必须管安全”的要求，承担相关安全生产工作职责。

（区科信局）

【开展信息化执法检查】1月至11月，区科信局信息化管理科依据《北京市信息化促进条例》对西城区公安分局、西城区规划分局等单位近年79个项目进行信息化执法检查，检查内容包括信息系统的招标文件、建设合同，以及项目承建方的资质证明材料。经检查，承建单位资质均符合项目类别要求，并且资质均在有效期内。

（区科信局）

【推进区级大数据总体建设】年内，西城区以“顶层设计与试点应用并重”为指导思想和原则，确定大数据工作框架、标准和特色应用。成立由书记、区长任“双组长”，主管区领导任副组长并负责各专项工作的大数据工作领导小组。审议通过《西城区大数据领导小组成员及职责》《北京市西城区大数据工作领导小组议事规则》。建立西城区大数据专家咨询委，设立西城区大数据办公室，创办大数据工作专报，每月2期，通报上级和领导要求、西城区大数据工作进展、典型案例等。各部门、街道办事处也分别成立大数据工作领导小组。出台《西城区关于推进大数据建设的实施意见》。区政府印发《北京市西城区政务信息资源管理办法（试行）》。制定西城区政务信息系统整合、数据资源目录，梳理计划和工作标准，印发《关于推进西城区政务信息系统整合共享的实施方案》。

（区科信局）

【完善大数据中心平台及各子系统建设】年内，西城区依托共享交换系统，建成数据共享交换通道119条，支撑63个市区单位的跨部门协同应用及数据共享。全年交换数据3955.08万条，累计交换数据总量9.88亿条。完善西城区人口基础数据库，建设西城区实有人口数据采集系统，组织整理西城区地名地址及房屋楼宇数据规范。升级西城区大数据人口动态监测系统，实现西城区15个街道、34个重点区域的日间人口、夜间人口、职住情况、实时人流量的多维度分析和预警。采集社会企业信用数据10余万条，整合西城区法人库和社会经济数据，开展企业分析示范应用。上线西城区大数据应用监测系统汇聚71个单位、53个大数据相关系统的数据及应用成果。

（区科信局）

【全响应社会大数据分中心建设】年内，西城区社工委制定《西城区全响应社会大数据街道分中心建设指导意见》，由西城区社工委牵头做好全响应社会大数据街道分中心建设，每月组织召开一次调度会，邀请大数据专家组专家，为各个大数据分中心建设“诊脉开方”，全力推进分中心建设工作。

（区科信局）

【西长安街推进大数据应用】西长安街街道自2016年创立全国首个基层政府大数据中心以来，正逐步完善和推进大数据建设的展示和应用。截至年底，已将13个市区垂直系统的40项公共服务事项纳入平台，实施“一窗受理”“一网通办”“接办分离”，将原本壁垒分明、各自独立的“孤岛”联接成网，合零为整，形成一个完整的地区大数据平台，方便百姓办事，也提升了社会治理效能。西长安街街道已经探索借助地图上的“热力图”决策，构建起渣土堆积、井盖损坏、房屋漏雨、街面破损等 10 余项预测模型，将问题解决在发生之前。系统投用以来，各类服务事项平均提供证照复印件减少 53%，平均填写数据项可减少 50%，平均受理时间减少 46%。

（区科信局）

【利用大数据落实门前三包责任制】年内，西城区在阜内大街、定阜街、大红罗厂街组织商户采用“一牌一码一会一书”的模式开展自治试点工作，并利用大数据落实门前三包责任制。自治方案从“规范经营、诚实守信、文明礼貌、爱护环境、遵纪守法、履行责任”6 个方面明确《商户自治公约》内容，并制作成公示牌，同时规定商户自治协会及负责人职责。市民可以通过扫描共治二维码查看商户简介及证照情况、查看商户评价情况、查阅商户优惠信息、点赞与举报、查看检查处罚信息。商户可以查看上传维护自己的证照情况、查看评价情况、查看检查处罚信息、维护本店优惠信息、对本街巷其他商户进行打分。行政管理部门可以查阅商户证照情况、了解市民对商户的评价情况、上传登记检查处罚信息、上传数据与企业信用到“信用北京”平台，实现“一方违法、多方受制”的效果，且这些数据均可即时汇总并进行大数据分析，为城市管理部门提供决策支持。

（区科信局）

【利用大数据分析审计区属医院】年内，西城区审计局首次运用大数据分析平台，开展区属 6 家二级医院 2017 年度财务管理情况的审计调查。审计部门通过获取医院的管理信息系统（HIS 系统）和财务管理系统等数据，通过建立药占比审计、零余额账户资金审核等 17 个数据分析模型，对 HIS 系统、财务、国库集中支付及外部业务数据进行综合关联分析，及时发现医院在门诊就诊、住院管理、药库管理等方面存在的问题，大数据审计阶段性成果显著。

（区科信局）

【开展全区信息资源系统整合工作】年内，西城区开展信息资源梳理工作，初步形成西城区政务信息资源目录。摸清西城区 71 家单位的数据资源现状、各单位可以共享的数据资源和各单位的数据资源需求。梳理出信息资源 5012 类、信息项 72603 项，其中可共享资源 2984 类、可开放资源 85 类。目录梳理结果已经开始支撑西城区城市治理、民生服务、安全生产、政务服务大数据工作，以及北京市公共信息资源开放工作。系统整合促提升工作初见成效。对西城区 71 家单位进行了政务信息系统的摸查，西城区共有政务信息系统 2770 个（部门自建 1274 个、区级系统 615 个、市级以上系统 881 个），经过一对一的研究协商制订整合共享方案。

（区科信局）

【强化网站常态化监测工作】年内，西城区围绕城市品质提升，进一步强化网站常态化监测工作。上线新版西城区政府门户网站。配合政府办建设了西城区政府网站信息公开专栏。配合西城区政府各部门，开设“我为政府网站找错”“国家安全”等相关重点工作专栏，方便公众参与政府网站建设和及时获取政府信息。进一步明确政府网站的政务公开要求，细化政府网站考核规范。推进网站集约化建设，按照国家和北京市要求，完成西城区政府网站整合工作。关停 47 个西城区政府直属单位网站，将内容整合到西城区政府网站。常态化开展网站内容管理工作。保障了西城区政府网站群在“两会”、国务院大督查、中非合作论坛等重要时间节点平稳运行。每日检查各单位网站信息更新数量、来信回复情况、调查征集数量、办事要素准确性等内容，督促问题单位进行整改。年内共检查196次，检查出问题2631个，所有问题均已整改。在国办、市政府办公厅1～3季度政府网站内容管理检查中，西城区所有政府网站检查成绩均合格。

（区科信局）

【强化公益无线Wi-Fi建设工作】年内，西城区围绕城市品质提升，进一步强化公益性无线局域网（Wi-Fi）建设工作，实现对区委办局、各街道的22个公共服务场所进行Wi-Fi覆盖，共建AP点157个，加强对免费无线接入服务的管理。进一步提升了西城区营商环境质量，而且满足了西城区内民众对信息消费中政府提供的公益性需求，同时也为智慧西城建设提供有力支撑。

（区科信局）

【推进信用体系建设】年内，西城区围绕优化营商环境建设，进一步推进信用体系建设创造、运用工作。发布和组织落实《2018年西城区社会信用体系建设重点工作任务及分工》和《西城区社会信用体系建设三年重点工作任务及分工（2018—2020年）》。深入推进企业守信激励和失信联合惩戒机制建设。协调推进区工商分局、区安监局等部门在各自的主管行业内建立负面清单制度。组织区工商分局和区国税局申报的“西城区企业监管信息共享平台促营商环境优化”和“诚信纳税A级企业评选助力小微企业信用融资”典型案例入选全国守信激励创新典型案例。西城区被国家发展改革委评为守信激励创新工作试点区。补充和完善区政府网站“双公示”专栏内容及事项目录，督促“双公示”单位及时公示信息。截至11月，西城区政府网站已公示行政许可结果信息9995条、行政处罚结果信息9696条。在西城区政府网站“信用专栏”中增加“信用事件”“信用制度”“信用专栏”“诚信案例”“信用奖惩”“诚信宣传”栏目，集中发布各类信用信息，进一步宣传西城区信用建设成果。个人信用数据共享与应用试点项目建设。西城区被列为市个人信用评价体系“京诚分”试点区。为配合市经济和信息化局信用试点工作，启动个人信用数据共享与应用试点项目建设，目前已完成区工商局、区城管执法监察局、区食品药品监管局等单位的数据情况调研，以及数据对接工作。

（区科信局）

西城区信息化工作主管领导

副区长：缪剑虹

区科技和信息化局主任：杨秋

朝阳区

【概况】朝阳区信息化工作办公室（以下简称区信息办）是全区信息化主管部门，负责指导、组织和实施辖区内信息化建设。下设综合管理科、电子政务与社会信息化科、软件与信息服务业科和信息网络中心（正科级事业单位）。编制29人，其中公务员编制11人、在编工作人员12人，事业编制16人、在编工作人员12人。年内，在区委、区政府的领导下，区信息办突出党建引领作用、明确工作目标、狠抓重点难点、注重绩效实效，在深入学习贯彻中共十九大精神的基础上，进一步统一思想、整顿作风，圆满完成全年各项任务。主要完成以下6个方面的工作：从严治党扎实推进，政治生态风清气正；“吹哨报到”主动作为，5类资源扎根基层；营商环境持续优化，产业扶持明显增强；数据资源共融共享，疏解整治全力保障；机制体制逐步健全，信息安全牢守底线；服务保障扎实到位，项目管理细致周密。

（吕　洲）

【信息服务业收入增长】 1月至8月，朝阳区信息传输、软件和信息服务业实现收入853.6亿元，完成全年增速16%指标任务。

（吕　洲）

【完成中非合作论坛信息化服务保障工作】 9月，区信息办圆满完成中非合作论坛北京峰会信息化服务保障任务。会议召开期间，重点监控摄像头均可看可控，各级视频会议运行稳定，未发生重大信息网络安全事件，指挥部信息传输通畅，保证了峰会期间信息系统零故障。创新引入交通、舆情、人口动态监测等智慧决策支持平台，使保障工作更加科学化。

（吕　洲）

【信息化发展现状和需求调研】 10月，区信息办完成朝阳区信息化发展现状和需求调研工作，收集全区近120家单位各类问题5419项，形成《全区信息化发展现状和需求调研报告》。

（吕　洲）

【完成政府网站集约化】 11月30日，区信息办按照“一区一网”的工作目标，完成朝阳区87个政府网站的关停下线及集约整合工作，区政府网站集约化工作圆满完成。

（吕　洲）

【搭建区人口大数据服务平台】 11月，区信息办编制完成《北京市朝阳区促进大数据发展行动计划（2019—2021年）》，搭建完成朝阳区人口大数据服务平台，并在区内网办公平台进行发布。平台主要包括全区实时人口总量、街乡实时人口排行、人口走势分析、人口总量环比、24小时职住走势、人口流入/流出、驻留时长、人口来源分析等功能。并在此基础上建立街乡人口大数据分页面，对街乡实时人口总体情况和变化趋势进行深入细化分析和可视化功能展示。

（吕　洲）

【智能AI政务服务平台上线】 11月，区信息办基于“北京智慧朝阳”微信端开发完成“AI对话”政务服务平台，并上线试运行。

（吕　洲）

【社区（村）4级政务网络建设】 11月，区信息办基本完成朝阳区社区（村）政务外网覆盖工作。完成402个社区（村）政务外网的联通工作，剩余48个社区（村）由于拆迁合并暂缓实施。

（吕　洲）

【搭建云享朝阳·感知互动体验中心】 12月，区信息办搭建“云享朝阳·感知互动体验中心”，全方位宣传“智慧朝阳”，集中体现全区各部门、各街乡信息化优秀成果。

（吕　洲）

【4家企业入选两化融合贯标试点企业】 年内，360安全、东方国信、安东石油、石化工程4家企业入选工业和信息化部“2018年国家级信息化和工业化两化融合管理体系贯标试点企业”。

（吕　洲）

【力促五资源建设】 年内，区信息办编制完成《区级综合指挥中心顶层设计》及《北京市朝阳区街乡实体化综合执法平台软硬件技术规范》；力促网络资源、平台资源、图像资源、数据资源和专家智库资源实现“五报到”。

（吕　洲）

【行政执法检查处罚量全市第一】年内，区信息办完成执法检查364件，行政处罚4件，实现案卷零突破，在各区中行政执法检查量、处罚量均排名第一。

（吕　洲）

【合理安排高新技术产业资金】年内，区信息办完成2017年、2018年度高新技术产业发展引导资金（信息服务业方向）安排工作，支持企业项目49个，拨付资金3970万元。获得北京市软件和信息服务业平稳发展奖励资金，确定奖励目标企业12家，拨付奖励资金1500万元。

（吕　洲）

【智慧物业工作】年内，区信息办围绕“一站式服务、一网式监管”，加快构建“智慧物业”平台，覆盖43个街乡、4个功能区管委会和176家重点商务楼宇，引入社会数据资源，实现对全区人口总量、热力分布，以及重点地区人员聚集情况等进行实时监测。同时，接入百度可视化交通监测平台，对全区主、次干道、重点区域实时路况等交通运行态势进行实时展示。

（吕　洲）

【升级区地理信息系统】年内，区信息办优化升级朝阳区地理信息系统，更新35万条兴趣点及地名地址数据，迁移100多个业务图层数据，初步形成全区地理信息数据承载的“一张图”。

（吕　洲）

【政务云平台建设】年内，区信息办稳步推进全区政务云平台迁移和维护工作，新增业务系统10余个，为9家单位超过80个业务系统提供全方位的云存储、云部署、云安全三大方面云服务，实现各类应用绿色低碳、安全可靠的统一部署和使用。

（吕　洲）

【政务内、外网建设】年内，区信息办完成主干核心及92家单位政务外网迁移工作，达到千兆带宽级别，实现两套网络的备份冗余，不断提升全区政务外网安全稳定服务能力；完成政务内网125家单位分级保护测评工作。政务外网核心网络、朝阳区政府门户网站通过三级等保测评。

（吕　洲）

朝阳区信息化工作主管领导

副区长：李长萍

区信息化工作办公室主任：李容珍

海淀区

【概况】年内，海淀区为推进基础设施统筹建设，确保政务外网全覆盖，提升网络信息安全保障能力，进一步加大了区信息化建设统筹力度，为全区信息化环境建设奠定基础，取得显著效果。通过实施信息系统安全等保障服务、完善安全服务保障体系建设，提升了应用系统安全防护能力和数据的安全可靠性；通过推进区政务光缆专网和政务外网网络扩容，实现社区（村）政务外网全覆盖；通过推进区统一视频会议系统建设，实现区、街（镇）、社区（村）3级视频会议全覆盖的会商机制。率先建成全国首家区级政务云平台，该平台已部署70余个单位，

200余个业务系统。率先建成全市首个区级政务光缆专网，实现万兆汇聚，优化了网络结构，节约了财政资金，提高了办公人员的工作效率。完成区政务光缆专网（三期）、政务外网等级保护、政务云平台（二期）等项目的建设工作。备份240个业务系统、610余个虚拟机；为区属单位提供安全可靠的系统部署环境，杜绝各单位重复建设数据机房和光缆铺设，优化资源配置，节约财政资金，为全区信息资源共享奠定了基础。区政府以推动政务服务模式创新，实现一体化、协同化、精细化的管理与服务为海淀区政务服务建设宗旨，在政务信息便民服务、信息资源开发利用、信息资源统筹和信息化系统建设模式等方面取得了创新性的成果。

（区经信办）

【牵手百度建“城市大脑”】2月，海淀区政府为加快推进中关村科学城建设，与百度公司签订《建设海淀区“城市大脑”合作备忘录》，将在智慧政务、智慧交通、智慧城市管理等方面取得突破，提升城市管理水平。建设海淀区“城市大脑”是构建中关村科学城新型城市形态的重要组成部分。此次合作，双方将利用云计算、大数据、人工智能等新技术，在城市管理、交通治理、环境保护、公共安全等领域，率先应用“城市大脑”，在科技城市建设、提升城市管理水平等方面开展探索。

（市经济和信息化局）

【百度“海淀城市大脑”落地】10月16日，海淀区西北旺镇政府与百度签署合作协议，通过百度人工智能、大数据、云计算等关键技术，双方将共建“智慧西北旺”，构建中关村科学城新型城市形态，共同打造北京智能城市“样板间”。

（市经济和信息化局）

【“一网通办”在线服务平台】年内，海淀区通过人脸识别、数据分析及区块链等技术，逐步完成政务服务、公共服务、社会服务的资源汇聚，实现“一网通办”事项1480个，网办率由年初的23%提升到100%；通过App和微信应用，全面覆盖移动端用户；在统一监督平台基础上，实现28个大厅的实时视频监督；试点应用区块链技术，实现“存量房交易”场景的全流程网上办理。办事指南统一展示、网上预约、申报、查询、推送等功能，取得服务行为“看得见”、运行“可监督”、过程“精管理”、管理“智决策”的效果；建立创新服务需求统一受理的互联网和移动互联网平台，发布创新服务二维码，实现“只进一扇门”“最多跑一次”的建设目标和区网上服务大厅、各委办局政务服务门户与北京市统一实名认证服务对接。实现惠民政企服务的互联互通，推动政务服务事项实现一窗、一网、一次办理，网上服务大厅率先在全市实现政务服务事项网上可办率100%；从源头上减少各种重复证明手续，让企业和群众少跑腿，为办事者减轻负担，增加百姓的获得感。

（区经信办）

【建成区政务大数据基础平台】年内，海淀区推进政务大数据的统一归集、统一处理、统一管理、共享共用，深化政府数据和社会数据关联分析、融合利用，提高宏观调控、市场监管、社会治理与公共服务的精准性和有效性，有效提升区级部门间信息资源共享。完成16个委办局调研工作和八大系统开发工作。接入市资源中心工商库数据约29万条、市资源中心法人核心库数据约39万条、实时人口数据约589万条、房管局房屋基础数据约2.4万条、区国土分局不动产预约登记数据约5万条、城管中心数据约347万条、统计局数据约42万条、互联网采集数据约275万条。

（区经信办）

【大数据创新应用】年内，海淀区建立政务数据、电信运营商数据、互联网数据相融合，以业务应用为驱动、决策支撑为导向的海淀区大数据应用体系，实现各委办局大数据应用需求统一汇总、数据统一协调、费用统一谈判、模型统一部署，覆盖海淀区29个街（镇）、26个重点监测区、25个交通节点、1000余座楼宇、12个主要景区、6个重点商圈，涉及人口、交通、楼宇、旅游、商圈、林区共计六大专题。

（区经信办）

【创新信息化系统建设模式】年内，海淀区通过模块化采购政务办公系统，以购买服务的方式为区属单位快速搭建办公系统，实现全区137个单位网上公文收发全覆盖，既节省了财政资金，又践行了低碳、绿色、高效的科技政府理念。该系统用户总数约1.3万人，全区流转办理文件总量100余万件，覆盖部门办公系统85个。

（区经信办）

海淀区信息化工作主管领导

副区长：李俊杰

区经济和信息化办公室主任：何建吾

丰台区

【概况】丰台区经济信息化委员会（以下简称区经济信息化委）是全区信息化主管部门，负责统筹协调丰台区信息化基础设施的规划和管理，统筹推进丰台区信息化工作，同时履行丰台区使用正版软件工作联席会议办公室、丰台区电子政务网络安全联席会议办公室、丰台区社会信用体系建设联席会议办公室的职能，下设信息化建设与管理科。年内，丰台区信息化建设继续以“智慧丰台”顶层设计发展目标为引领，按照丰台区信息化“十三五”规划要求，全面落实丰台区信息化建设目标。进一步完善基础设施建设，有序推进软件正版化、网络与信息安全保障等工作，打造丰台区街乡吹哨部门报到3级联动综合治理信息平台、丰台区城市管理台账数字系统等大数据应用项目，在推动全区数据资源整合等多个领域取得重点突破。

（马颖超）

【开展软件正版化工作】5月，在北京市市属国有企业、医疗卫生系统软件正版化工作推进会上，丰台区政府因推进工作成绩优异，受到北京市使用正版软件工作联席会议办公室表彰。8月，丰台区召开2018年软件正版化工作培训会，向全区各单位普及软件正版化相关知识，讲解软件正版化检查注意事项。年内，丰台区以“先易后难、典型引进、分步推进”为原则，全覆盖推进，核对采购合同及授权协议，现场检查全区110家单位、1.4万余台计算机软件安装方式。截至年底，正版化率达100%。

（马颖超）

【政务信息资源汇聚共享】7月，区经济信息化委启动全区政务信息化调研，实地走访全区各单位，了解各部门政务数据资源及需求，结合各部门三定方案及工作职能，首创完成区属单位政务数据资源目录编制，该政务数据资源目录是全区政务数据资源整合的重要依据。

（马颖超）

【信用体系建设】7月，区经济信息化委下发《关于报送信用管理制度的通知》，广泛征集各单位信用管理制度。9月完成区信用管理制度体系的梳理，共梳理信用管理制度79项；12月召开丰台区信用修复培训会，向全区各单位讲解信用修复基本流程和重要意义。年内，深入开展“双公示”工作，监督数据源单位定期报送数据，按照北京市有关要求汇总和检查区季度数据台账，形成“公示＋报送＋汇总”的长效工作机制。区经济信息化委编制《丰台区社会信用体系建设实施方案（2018—2020年）》和《2018年丰台区社会信用体系建设重点工作任务》，扩充和完善社会信用体系建设联席会议办公室成员单位，加强各领域信用工作有机结合。

（马颖超）

【公共视频图像资源整合】9月，区经济信息化委购置区级视频图像管理平台设备，逐级整合丰台区公共视频图像资源，为下一步视频大数据分析打下基础。年内，区经济信息化委多次同区综治办、区公安分局共同研究全区公共视频图像整合路线，形成全区公共视频图像整合方案；联合多部门召开全区培训会，制定相关标准并下发指导意见，推进丰台区“雪亮工程”工作和全区公共视频图像资源整合，加强视频专网建设。

（马颖超）

【电子政务外网建设】年内，丰台区电子政务外网提升工程三期建设项目完成验收。开展丰台区政务网络组网工程项目，为全区核心节点、21个街乡镇、438个社区（村）购置网络交换和视频解码设备，进一步完善3级政务网络。开展电子政务外网设备运维和线路运维工作，保证电子政务3级网络稳定可靠运行。

（马颖超）

【统一政务云数据中心】年内，丰台区继续完善全区统一政务云数据中心服务工作，推进各委办局业务应用系统入云。截至年底，共37家委办局业务系统入云部署，分配虚拟机252台，托管服务器152台；丰台区政务云数据中心共有物理服务器32台，云存储300T，内存及CPU占用量95%，存储占用90%。

（马颖超）

【建设大数据汇聚平台】丰台区大数据汇聚平台于2017年年底建设完成，是汇聚信息资源、支撑政务信息资源共享开放的关键信息基础设施，是全区数据汇聚的统一资源池。截至年底，该平台已实现与北京市大数据管理平台对接，实现丰台区法人基础数据库实时落地更新及地理空间数据库服务调用。

（马颖超）

【移动通信基础设施】年内，丰台区移动通信基础设施建设以共建共享为原则，统筹规划，集约发展。截至年底，丰台区基站总数1899座，其中年内新建基站199座，站址密度约每平方千米7个。室内基站方面，楼宇室内分布系统建设完成42处，覆盖总面积455万平方米。丰台区整体网络通信水平得到有效提升，居民通信服务效果得到全面改善。

（马颖超）

【信息化项目评审】年内，区经济信息化委按照《丰台区信息化项目管理办法》要求，统筹推进信息化项目评审工作。全年评审信息化项目425项，其中新建项目181项、升级改造项目69项、运维项目175项。丰台区信息化建设各环节更加科学化、程序化和制度化，信息化项目建设的质量和效益得到提高。

（马颖超）

【网络与信息安全保障】年内，丰台区开展重点时节安保工作，在重点时节前向全区单位提出信息安全总体要求，建立应急工作机制，实现丰台区重点时期信息安全零事件。开展日常网络与信息安全检查工作，结合丰台区实际情况，由区经济信息化委、区委宣传部、区公安分局和区密码管理局4家单位联合发文，布置检查任务。完成全区100余家单位电子政务网络信息安全自查工作。

（马颖超）

【网络信息安全检查行政执法】年内，区经济信息化委召开党组会专题研究部署，组建网络信息安全执法工作专业团队。面向全区下发通知，针对全区99家单位及相关企业，开展行政执法检查工作，完成执法检查量95件，处罚4件，丰台区电子政务信息安全保障工作得到强化。

（马颖超）

【3级联动综合治理信息平台】年内，区经济信息化委根据区委、区政府《关于党建引领街乡管理体制机制创新实现“街乡吹哨、部门报到”的工作方案》要求，联合区财政局共同制定相关标准规范，用于指导街乡镇综合执法中心建设。完成丰台区街乡吹哨部门报到3级联动综合治理信息平台建设，实现系统全流程监测、事件全过程记载、人员多方位管理。年底完成系统上线。

（马颖超）

【城市管理台账数字系统】年内，区经济信息化委根据丰台区重点工作整合政府工作数据，形成数字化工作台账，包括“疏整促”、物业管理、涉气污染源管理、水务管理、人口统计、招商投资项目等主题数据57类11万余条。搭建完成丰台区城市管理台账数字系统，实现“14+3”（市级14项、区级3项）专项工作、安全生产隐患工作、河道管理工作、招商引资项目工作台账入库，以便捷化、可视化的方式提供数据精准查询，实现台账底数清晰、数据随时可用。年底完成系统上线工作。

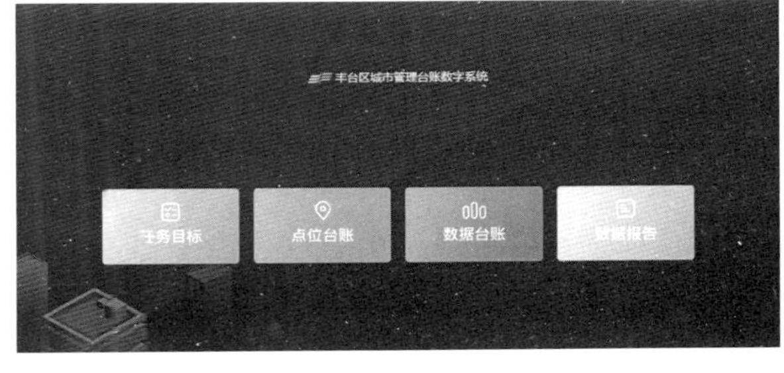

（马颖超）

【空巢独居老人“连心通”项目】年内，丰台区继续推进空巢独居老人“连心通”项目，完善以党建服务为引领，居家养老服务为重点，家庭医疗服务为基础，紧急救助服务为保障，信息化技术为支撑的空巢独居老年人综合服务体系。利用信息化手段整合资源，形成“一个平台＋一个腕表＋一个App”养老服务模式，实现地图定位，一键呼救，召唤服务等功能。

全年，服务佩戴腕表老人 13054 位，完成工单 19915 单。

（马颖超）

丰台区信息化工作主管领导

副区长：周新春

区经济信息化委主任：吴神赋

石景山区

【概况】石景山区经济信息化委员会（以下简称区经济信息化委）是全区信息化工作主管部门。年内，大力推进机关办公信息化，逐步规范信息化行政执法，积极探索政务大数据在城市治理、民生服务、经济运行等领域的应用。以大数据基础设施建设为主要任务，搭建汇聚整合全区政务数据资源的重要平台，全面启动大数据工作，扎实落实《石景山区信息化工程建设管理办法》，以信息化项目前置评审、竣工备案为重要抓手，加强全区信息化建设统筹管理，实现信息化主管部门职能转型。

（区经济信息化委）

【信息化执法全面检查】年初，区经济信息化委制定《2018 年度信息化行政执法工作方案》，并于 2 月底对其下属单位信息网络中心进行了信息化执法检查，自此开启 2018 年信息化执法检查工作。通过有效的信息化执法，提升全区相关单位的网络和信息系统安全管理水平，减少网络和信息系统安全事故发生。

（区经济信息化委）

【协同办公系统正式上线】3 月 9 日，区级协同办公系统正式上线运行。该期项目建设主要以政府办业务为核心，围绕全区跨部门协同办公业务开展，包括公文审批、领导日程、会议管理、督查绩效、信息上报、应急管理、建议提案、党组学习、文件共享和资讯信息共 10 个模块，使用终端分为 PC 端和移动端两种形式。使用用户主要覆盖区政府办各科室、区委办办公室、区人大办公室、区政协办公室及各处级单位办公室。该系统在技术上运用了云计算、大数据、移动网络以及数字签名等信息化新技术。该系统的运行标志着石景山区机关信息化水平提高到新的水平，成为全市 16 区中第 2 个实现网上公文审批的区。

（区资源中心）

【开设优化营商环境宣传专栏】4 月 12 日，石景山区在全市率先开设“优化营商环境 石景山在行动”政府门户网站专栏。该专题囊括工作动态、政策文件、图解等内容，将石景山区各部门在优化营商环境方面所做的工作集中整合，并在网站首页显著位置进行展示，为石景山区优化营商环境加油助力。

（区资源中心）

【加强统筹全区信息化项目】区经济信息化委印发《石景山区经信委关于贯彻落实信息化工程建设管理办法的通知》（以下简称《通知》），编制各类模板共 11 个。6 月 15 日，区经济信息化委组织全区信息化培训，对《通知》进行讲解，并就项目管理过程中的政府采购、软件测评、等保测评等重要环节进行技术培训，对各单位的信息化项目建设起到很好的指导作用。全年共完成63个信息化项目前置评审工作。

（区经济信息化委）

【区信息化工作专题会议】7月5日，石景山区信息化工作专题会议召开。会议听取了区经济信息化委关于石景山区信息化工作情况的汇报，并讨论了“智慧石景山”建设的成果及未来的发展规划。针对下一步工作，区领导要求：要对过去石景山的信息化建设做一个全面深入的总结，根据大数据的建设进展，结合“三区”定位、服务冬奥出台石景山区大数据顶层设计方案；加快推进协同办公系统应用，基本实现政府事务全部线上运行，并围绕区领导的需求定制开发；按照北京市相关要求加快“一网通办”工作进展，将计划建设的区级公共服务App与“一网通办”结合起来；加强城管信息化系统的建设。结合城管工委体制改革，依托现有城管指挥平台继续深化，并加强对视频资源的应用；整合楼宇信息、招商、金融等经济大数据，通过企业的个体数据分析区域经济的发展。

（区经济信息化委）

【区领导与华为公司领导座谈】7月16日，石景山区政府与华为集团公司高层领导座谈会在区政府召开。华为技术有限公司首先介绍了公司基本情况、产业方向等内容。区领导简要介绍了石景山区经济社会情况以及产业发展情况。区经济信息化委介绍了石景山区智慧城市建设的情况。经过双方充分交流，就促进战略合作达成初步共识。华为技术有限公司利用技术资源、人才等方面的优势将在石景山区布局创新中心，支撑石景山区智慧城市建设，将在云计算、大数据以及5G产业发展等方面进行深度合作。副区长周西松出席会议，区经济信息化委、区科委园区、区政府办有关人员参加了座谈。

（区经济信息化委）

【视频图像资源辅助夏季防汛应急指挥工作】7月，区经济信息化委根据石景山区图像信息建设规划，负责整合全区视频图像资源，完成2898路视频图像资源（其中，公安2550路、街道328路、经信委20路）。结合夏季防汛工作，通过区级大数据平台向区防汛办、区气象局、市排水集团等多家防汛应急单位提供116路视频图像资源，协助其对积水点进行重点防控，在雨情监测中起到良好的应用效果。

（区资源中心）

【区级大数据管理服务平台项目通过验收】7月，区经济信息化委组织召开“区级大数据管理服务平台”项目终验专家评审会，聘请北京市资源管理中心、国家信息技术安全研究中心及首都师范大学的大数据方面的专家参与评审。专家组听取了项目整体建设情况汇报并观看了系统演示，对区级大数据管理服务平台的整体建设内容及建设成果表示肯定，并为石景山区未来大数据工作的重点方向提出指导意见及建议。区级大数据管理服务平台项目是贯彻落实党中央、国务院决策、北京市重要部署，落实《促进大数据发展行动纲要》《北京市大数据和云计算发展行动计划（2016—2020年）》的要求，推进石景山区大数据发展和应用的重要举措。该项目的验收通过标志着石景山区大数据工作全面启动，为全区大数据的汇聚、共享及应用提供了重要的平台。

（区资源中心）

【协同办公系统应用推广】截至年底，石景山区共103个部门通过协同办公平台展开线上办公，累计登录50173次。部门发文13319条、部门收文6474条，公文批办/处理1645条、政府办发文294条、领导请假238条；信息上报8588条、会议通知信息148条、督查绩效947条，领导日程 407 条。政府办公效率大幅提升，公文流转效率平均提高约 40%，节省纸张 70 万余张，为助推全区“互联网 + 政务”工作迈上新台阶奠定良好基础。

（区资源中心）

【全区大数据建设初见成效】年内，区经济信息化委统筹推进全区政务资源汇聚工作，完成“一个系统平台，两个示范应用，一套管理与服务机制”等基础性工作。截至年底，区级大数据平台实现了资源目录的展示、申请、录入、审核、发布等功能，已汇总 31 个部门的 206 条目录数据。

（区资源中心）

【阿尔西入选市两化融合贯标试点】年内，阿尔西制冷工程技术（北京）有限公司入围北京市两化融合管理体系贯标试点名单。

（区工业和软件信息服务业科）

石景山区信息化工作主管领导

副区长：周西松

区经济信息化委主任：王晓华

门头沟区

【概况】门头沟区经济信息化委员会（以下简称区经济信息化委）内设办公室、产业规划科、煤炭科、信息化工作科 4 个科室。主要职责是贯彻执行国家和本市关于工业、软件和信息服务业信息化方面的法律、法规、规章和政策；研究拟定并组织实施本区工业、软件和信息服务业、信息化发展规划和产业政策，推进产业布局调整和产业结构优化升级等。2018 年，围绕门头沟区年度信息化重点任务，进一步加大信息化建设力度，推进政务服务、便民服务领域应用。深化移动端应用服务，做好“门城通”的运行维护，完善平台内容。依据市级部门文件和技术规范标准，开展区公共资源交易平台建设，完成门户网站、交易场地等软硬件信息化设施的开发部署。加快信用门头沟建设，推动区域信用工作。组织开展门头沟区软件正版化工作培训，推进政府网站集约化建设工作。加强政务网络与信息系统安全保障，做好市级部门联合检查迎检工作等。

（刘　力）

【参加市经济信息化工作会】2 月 1 日，北京市 2018 年经济和信息化工作会在北京会议中心召开。门头沟区领导以“全力培育高精尖产业 精心打造智慧城市”为主题作典型发言。

（刘　力）

【开展节前网络安全检查工作】2 月 13 日，区经济信息化委为保障节假日期间门头沟区重要网络与信息系统安全运行，由主任顾慈阳带队对门头沟区联通分公司、区信息中心开展网络安全专项检查工作。在检查过程中，重点查看了机房运行环境、管理制度和应急预案等情况。同时区经济信息化委对联通营业厅进行了安全生产指导，查看了营业厅的运行情况。

（刘　力）

【延庆、门头沟两区交流智慧城市建设经验】3 月 14 日，延庆区经济信息化委来门头沟区经济信息化委交流智慧城市建设经验，详细了解门头沟区“门城通”建设内容和应用推广过程。交流会上，门头沟区经济信息化委介绍了“门城通”建设内容，现场演示了主要功能和操作流程。

（刘 力）

【助力野外搜救演练】4月20日，在门头沟区突发公共事件应急委员会办公室统一安排下，区经济信息化委参加了年度野外搜救演练。为确保妙峰山涧沟村周边搜救区域的无线通信畅通，满足救援演练工作的需要，区经济信息化委协调电信运营商应急通信车和应急技术人员对演练现场周边移动通信网络质量与容量进行全方位测试与分析，利用应急通信车对通信网络进行优化，提升演练区域的通信质量，确保此次野外搜救演练通信畅通，保障演练顺利进行。

（刘 力）

【智慧照明工作推进会】5月11日，区经济信息化委组织召开门头沟区智慧照明工作推进会。区科委、区城市管理委、区石龙管委、相关公司负责人参加会议。会上，北控智科汇报了门头沟区智慧城市建设方案，其中包括门头沟区智慧城市总体规划、解决方案、投资模式等。参会人员围绕深化应用进行交流并提出相关建议。区领导表示，要进一步制定项目合作协议，加快推进项目落地。保障首批项目实施，深入研究、深入论证，为后续项目做好准备工作。

（梁梦喆）

【区政协听取“门城通”汇报】5月21日，区政协听取区经济信息化委关于“门城通”的汇报，了解“门城通”的运行和推广情况。会上，区经济信息化委详细介绍了“门城通”建设实施过程及建设内容。“门城通”正式上线运行以来，开展持续的运营推广，在政府单位、街道社区开展培训和宣传活动，初步取得应用效果。此次会议的召开，进一步夯实门头沟区智慧城市建设基础，为“门城通”在门头沟区的深入应用和广泛推广打下基础。

（刘 力）

【推进光缆整改】7月，区经济信息化委为美化门头沟区市容环境，按照区政府要求，对门头沟区移动、联通、歌华有线等运营商进行了实地督查，要求各运营商对所属光缆进行全面梳理，对光缆飞线情况立即进行排查和整改。按照区经济信息化委要求，各运营商制订相关工作方案，立即采取行动部署光缆整改工作。对现有光缆进行线路及设备的勘查，制订光缆整改和恢复方案，及时完成冯村西里小区等地区的飞线整改工作。根据门头沟区实际情况，加大对老旧小区等重点地区的排查力度，对重点区域进行自查清查，对门头沟区同类型的基站和光缆飞线情况进行核实，对发现的问题汇总分类，达到处理一个问题解决一类问题的效果。加大现场巡检力度，对巡查过程中发现的疑难问题，组织专门队伍、专项资金重点解决，确保线缆的敷设不影响门头沟区市容环境。

（刘 力）

【区域信用工作】7月，区经济信息化委为完成门头沟区“双公示”上报管理系统的建设和推送工作，大力推进门头沟区诚信建设制度化、规范化、长效化，形成良好的社会诚信环境，加大对信用信息基础设施的建设，将“双公示”栏目改版升级为“信用门头沟”专栏，丰富栏目内容，及时发布相关社会信用方面的信息，规范“双公示”报送的数据格式。通过门头沟区信用信息归集系统，完成“双公示”信息及时归集和报送，并将区级采集的数据及时推送至“信用北京”网站，完善门头沟区政务信息资源共享交换机制，推动行政许可和行政处罚公示、信用信息公示的解决，为社会提供“一站式”查询服务。

（梁梦喆）

【检查网络安全工作】8 月 22 日，北京市关键信息基础设施网络安全检查组到门头沟区进行网络安全实地检查。检查组听取门头沟区关于关键信息基础设施网络安全检查工作情况的汇报，查阅管理制度、技术文档和应急预案等材料，同时对 3 个重要应用系统进行现场检测，检查组对门头沟区网络安全工作予以肯定。

（刘　力）

【软件正版化工作培训】9 月 7 日，区经济信息化委根据 2018 年北京市使用正版软件工作联席会议的工作部署和工作要求，组织开展门头沟区 2018 年软件正版化工作培训，旨在深化全区软件正版化工作，实现日常管理规范化、制度化、常态化、信息化。区级机关单位、事业单位及重点国有企业单位的软件正版化具体工作人员近 90 人参加了培训。会上，首都版权产业联盟的工作人员通过解析北京市相关工作要求，明确市里检查考核标准，讲解 2018 年需要使用的 3 种工具和上报表格的填写规范，并对相关问题进行了解答。金山公司工作人员介绍了 WPS 办公软件，并进行现场答疑。

（梁梦喆）

【政府网站集约化工作研讨会】9 月 29 日，区经济信息化委根据国务院办公厅和市政府办公厅相关工作要求，进一步加快统筹规划门头沟区政府网站集约化建设工作，组织召开政府网站集约化工作研讨会。会上重点讲解了政府网站集约化实施步骤，梳理栏目，将门头沟区政府网站群整合迁移至区政府门户网站，不断提升政府网上履职能力和服务水平，努力将政府网站打造成更加权威的政策发布解读和舆论引导平台、更加及时地回应关切和便民服务平台，努力建设整体联动、高效惠民的网上政府。

（梁梦喆）

【公共资源交易平台初验会】12 月 7 日，区经济信息化委为保障门头沟区公共资源交易平台上线试运行，组织召开公共资源交易平台初验会，区发展改革委、项目监理单位、项目承建方和信息化专家参加了此次验收会。会上，区经济信息化委介绍了门头沟区公共资源交易分平台信息化建设的背景，项目承建单位详细汇报了平台建设情况和建设内容，包括门户网站、场地管理、数据交换等系统，现场演示了各子系统的功能运行情况。各单位及参会专家听取项目建设内容汇报，并到公共资源交易平台场所查看机房和硬件设备建设情况。项目监理方汇报了监理意见，与会专家经过质询与讨论，同意项目通过初验。此次项目初验会保障了区公共资源交易分平台上线试运行，为进一步完善平台功能打下了基础。

（刘　力）

门头沟区信息化工作主管领导

区委常委、副区长：张兴胜

区经济信息化委主任：顾慈阳

房山区

【概况】房山区经济信息化委（以下简称区经济信息化委）信息化管理科负责推进全区信息化工作，协调解决信息化建设中的重大问题。参与研究并组织实施全区信息化建设中长期发展规划，负责房山区信息化基础设施的规划和管理工作；负责推进全区电子政务和信息资源的开发利用与资源共享工作；负责区内国家机关网站管理和电子政务绩效考核，审核房山区信息化项目的新建、升级改造和运行维护工作。协调推进房山区电子商务、企业信息化领域的信息化应用及社会信用体系建设工作，负责协调有关部门组织重大信息化项目的技术论证、评估验收等工作，负责对全区网络及信息安全保障体系建设的指导和监管工作，会同有关部门协调处理网络与信息安全的重大事件，承担房山区通信保障和信息安全应急指挥部办公室工作，承担房山区信息化领域的对外合作与交流，指导软件和信息服务业发展及单位信息化建设等工作。负责房山区无线电管理工作，统筹推进大数据工作。年内，房山区信息化工作在区委、区政府与市经济和信息化局的领导下，在全区各单位的支持下，围绕房山区信息化工作重点任务，按照《房山区"十三五"时期信息化发展规划（2016—2020年）》要求，不断加强信息基础设施建设，强化区政府门户网站管理，统筹协调全区网格化工作和"多网"融合工作，显著提高信用信息公开、网上办事、便民服务能力，进一步推进两化融合和社会信用体系建设工作，大力提升社会信息化应用城市管理能力，全区信息化水平得到显著提高。为贯彻落实国务院《进一步深化"互联网+政务服务"推进政府服务"一网、一门、一次"改革实施方案》等文件精神，优化营商环境、转变政府职能、促进社会管理和服务创新，为广大群众提供"便民、高效、规范、和谐"的政务服务环境，房山区政务服务管理局开展"一网通办"和"综合窗口"信息化建设工作。截至12月，全区政务服务事项已全部实现"一网通办"。

（蔡亚男　张华）

【区网安大队到区财政局检查工作】1月16日上午，市公安局房山分局网安大队到区财政局金财专网机房就英特尔处理器高危漏洞（Meltdown和Spectre）开展现场技术检查工作。作为区等保三级安全建设的带头单位，局信息中心高度重视，全力配合公安分局检查指导。网安技术人员对金财专网机房内服务器及客户终端进行了技术检测，对机房设备进行现场检查。此次处理器漏洞定性为高危，影响范围广泛。网安大队给予区财政局信息中心安全工作高度评价和肯定，同时也对今后的安全工作提出了意见和建议。

（区财政局信息中心）

【全面推广电子卷宗】1月25日，北京市公安局房山分局确立良乡派出所、阎村派出所为电子卷宗试点单位，7月26日增设3个试点单位张坊派出所、大石窝派出所、向阳派出所，经过一段时间的运行，5个试点单位各项指标完成情况排名市局前列。11月5日，房山分局开始在5个试点单位实行电子卷宗单轨制，即行政案件网上送审。11 月 26 日，房山分局在 25 个派出所全面推广电子卷宗。通过实行电子卷宗，进一步契合以审判为中心的诉讼制度改革的要求，为推进以证据为核心的执法要素全流程管理奠定了基础。

（郭卫华）

【房山交通支队改善交通科技设施】 1 月，房山交通支队配合阎村公交车站改造项目，组织为改善公交车站交通秩序的交通科技设施建设，安装了 2 套对违法挤占公交车站的车辆进行抓拍执法的摄录设备，该设备采集的数据图像信息直联交通支队指挥中心，具备自动抓拍、人工抓拍和交通场景巡检等 3 个应用功能，自应用以来，基本杜绝社会车辆违法挤占公交车站的现象。

（梁乙朝）

【两化融合工作】 2 月 9 日，区经济信息化委再次下发通知公开征集 2018 年市级两化融合管理体系贯标试点企业。为进一步做好相关征集工作，3 月 7 日，区经济信息化委与窦店镇联合在窦店镇下坡店村二职高西校区开展“2018 年房山区两化融合管理体系贯标培训会”。16 个乡镇街道及企业相关负责人共计百余人参加了培训。6 月 15 日，根据市经济信息化委的评估结果，北京浩鸿达科技发展股份公司、京源中科科技股份有限公司、北京九州一轨隔振技术有限公司、燕开电气股份有限公司 4 家企业申报成功，成为北京市两化融合贯标试点企业。7 月 17 日，中国石油化工股份有限公司北京燕山分公司（2014 年北京市国家级试点企业）获得两化融合管理体系评定证书，并获得市里的资金奖励。年内，信息化管理科先后 3 次在全区公开征集 2018 年北京市市级两化融合管理体系贯标试点企业，共收到 7 家企业的申报书。

（蔡亚男）

【公务员平时考核信息管理系统】 2 月 12 日，“房山公安分局公务员平时考评信息管理系统”测试运行，经过第 1、第 2 季度公务员平时考核实战检验，日趋完善，实现考核指标动态设置，工作流程全面、严谨、高效、透明，考核结果协同共享，极大地提高了工作效率。7 月该系统正式运行。

（郭卫华）

【构建个体办税专厅】 2 月，房山区税务局聚焦办税服务厅功能布局，协调城关办事处完成个体专厅的基础环境建设，为个体专厅优化布置内网电脑等各类设备，调通网络，升级操作系统和应用程序，该厅成为办理个体工商户涉税业务的专业办税大厅，进一步优化了个体工商户的办税体验。

（李玥玥）

【婚登档案数字化工作】 2 月，区民政局将保管的 2008 年至 2016 年婚姻档案 10964 卷（12.7 万件）完成档案数字化，并移交区档案局保管。

（区民政局）

【乡镇街道图书馆联网建设工作会召开】 3 月 29 日，区文化活动中心召开全区乡镇（街道）图书馆联网建设工作会。会议介绍了乡镇（街道）基层图书馆建设现状、基层图书馆申请加入北京市公共图书馆“一卡通”服务需具备的条件及下一步将要采取的措施。要求基层图书馆建设要严格按照市、区级文件要求开展工作，确保乡镇（街道）图书分馆联网建设工作完成。

（区文化和旅游局）

【完成西潞综合服务中心管理信息平台开发】 3 月，房山区西潞综合服务中心管理信息平台完成五大基础服务模块的开发。这个社区智慧服务线上平台系统，以“智慧服务”手机 App 为核心，拥有基础服务、物业服务、政务服务、文娱服务、生活服务五大功能，最大限度地满足社区居民的需求，并以微网格的形式细化服务。目前，正在以时代家和社区服务中心（原西潞社区综合服务中心）为项目推广试点，进行区域性社区综合服务中心试点建设的实践。

（区民政局）

【完成燕山新型智慧城市顶层设计】 3月至4月，区经济信息化委牵头组织顶层设计单位完成《燕山新型智慧城市建设需求调研分析报告》、《燕山新型智慧城市顶层设计纲要》和《燕山新型智慧城市顶层设计》的编制、论证、结题工作，为燕山智慧城市建设指明方向。

（徐　一）

【科技工作者信息采集工作稳步进行】 3月至12月，区科协运用集中培训、重点走访等方式，通过区内各委办局、乡镇（街道）、园区、企业及高教园区等渠道，采集了理、工、农、医类科技工作者信息共计974例，包含主持项目569个、获奖成果268个、专利282个、著作295个，为房山区科协综合服务平台正式启动提供了数据保障。

（马　昊）

【公共服务事项调研】 4月10日至28日，房山区政务服务管理局根据国务院推进“互联网+政务服务”的总体要求，为做好2018年国务院大督查有关政务服务“一网通办”相关工作，贯彻落实《房山区2018年政务服务管理重点工作分工方案》要求，设立6个调研工作专项小组，启动为期2周的区级公共服务事项摸底和调研，完成全区45家单位政务服务事项要素梳理确认、办事流程和建设需求的调研，完成区级网上政务服务中心建设的基础数据摸底工作。

（张　华）

【指挥中心筹备情况】 4月14日，区长郭延红带队检查区城市管理指挥中心的筹备情况并召开会议，区城市管理委汇报关于区城市管理指挥中心资源整合城乡一体的数据融合指挥系统、场地利旧改造、试点街道乡镇分中心对接、网格划分、网格员队伍组建等筹备情况；平原区、浅山区、深山区的6个试点街道乡镇，以及参会各部门分别汇报了现阶段相关工作开展情况及存在的问题。

（魏　庆）

【全国高校区块链大赛在房山区举办】 4月22日，全国高校区块链大赛启动仪式在北京金融安全产业园内隆重举办，120余人出席，多位专家代表在会议上围绕金融安全底层技术研发、青年人创新创造推动科技、经济发展等相关内容进行主旨发言，全国高校区块链大赛在会议上正式启动。

（北京金融安全产业园）

【教育系统无线网络建设】 4月25日，区教委在房山区教育大厦第一会议室召开幼儿园、成人学校和直属单位无线网络建设启动大会。会上针对35所幼儿园、23所成人学校和6家直属单位无线网络布置建设任务，要求暑期开学后信息化建设工作基本完成，校园网络接入全部联通，有线网络全面覆盖，无线网络运行，网络接入和信息化建设达到预期的效果。通过本期项目建设，房山区教育系统进一步完善了网络基础设施，实现无线网络建设全覆盖。先后投资3000余万元，完成房山区教委机关及中、小、幼、职、成和教辅单位等200多个单位无线网络的建设。

（区教委）

【城市管理指挥中心实体化运行】 5月1日，房山区城市管理指挥中心实体化运行，并于8月1日投入正式运行，标志着房山区城市管理模式进入新的阶段。首批6个试点街乡依托网格化管理体系按照“七步”闭环指挥流程，针对市容、生态、设施等七大类环境问题开展城市管理工作。

（魏 庆）

【完善防汛抗旱指挥管理平台】5月，为实现防汛抗旱指挥管理信息化，同时兼顾系统整合，区水务局将防汛抗旱指挥调度系统、山洪灾害监测预警平台、崇青水库洪水预报调度系统、小清河分洪区信息管理系统整合为防汛抗旱指挥管理平台，实现各系统之间的数据共享。本系统自2014年至2018年建设主要包括以下内容：整合原有防汛抗旱指挥调度系统、山洪灾害监测预警平台、崇青水库洪水预报调度系统、小清河分洪区信息管理系统的数据，实现统一登录，统一数据管理。将各类监测、工情信息与GIS地图结合，主要包括自动雨量站、自动水位站、积水点、排涝站、墒情站、地下水观测井、橡胶坝、桥梁、水库、塘坝、河道清障、雨水泵站等。修改完善值班管理模块。在保持原有值班记录、雨情简报管理、防汛资料等功能的基础上，新增水情简报管理、预警发布、命令通知管理、雨情分析等功能，提高防汛值班工作效率。补充完善原有系统中缺少的基础数据、文字资料等。建设文件共享、数据填报等模块，实现与相关单位及乡镇（街道）的数据交换。建设房山防汛手机App，实现移动端的气象、雨水情等查询功能。系统经过升级完善后，大大提高了防汛抗旱指挥管理的信息化水平，给领导决策提供了可靠的数据支撑。

（李辰鹏）

【自助办税设备进驻“四区”】5月，在北京互联网金融安全示范产业园举办“一网办税”自助设备进“景区、园区、商区、山区”启动仪式。选取纳税人注册较为集中的7个地点，将“一网办税”自助设备投放到“四区”，让全区纳税人足不出户便可办理涉税事项，实现“全程网上办”的全覆盖。

（李玥玥）

【区信访办开通微信公众号】6月19日，房山信访微信公众号开通运行，是房山区信访办拓宽信访渠道，方便信访群众，进一步打造开放、动态、透明、便民“阳光信访”的一个重要举措。信访微信公众号设“信访资讯”“网上信访”和“信访指南”3个子栏目。其中，“信访资讯”栏目含工作动态、工作交流和时政要闻3个版块，是房山信访信息公开的重要平台，重点从权威视角报道信访工作制度改革的最新进展，信访系统的重要会议，各地信访部门的新举措、新经验，详细解读信访工作有关政策法规。“网上信访”栏目主要是为群众提供便捷服务，方便群众通过网络平台进行投诉，并实时查询信访事项办理情况。“信访指南”即告知信访人信访法规、信访注意事项和来信来访办理流程，引导群众依法理性表达诉求。

（赵文琪）

【执法办案场所智能化升级改造】7月3日，房山公安分局按照市财政局关于推进基层所队执法办案场所办案区智能化升级改造的工作要求，组织召开局党委会，研究审议通过房山公安分局关于对基层所队执法办案区智能化改造项目申请立项的有关情况，并制订工作实施方案。

（郭卫华）

【信用“双公示”数据上报系统上线运行】7月13日，房山区社会信用体系建设联席会议办公室为了更好地开展房山区行政许可和行政处罚等信用信息公示工作，决定自第3季度起正式启用“信用中国（北京）双公示数据上报系统”，要求从第3季度开始，各相关单位要严格按照培训要求进行“双公示”数据的填报。同时，各单位也要严格落实行政许可和行政处罚等信息7个工作日内通过本单位网站主动全量公示的工作要求，并实现按周更新。

（蔡亚男）

【国税地税机构改革技术保障】7月，房山区税务局配合征管机构改革整体工作部署，着力于夯实基础工作，在网络、系统、安全策略等方面做好信息化基础保障工作。打通原国地税“网络”，确保互联互通；配置“应用”系统插件，确保业务互访；做好应用系统局名等“变更”，确保业务表证单书项目更新；梳理操作人员“权限”，确保完善核心征管系统及辅助系统权限配置；做好特定征收部门“发行”，确保代开发票业务进行。

（李玥玥）

【中非合作论坛网络安全工作】8月7日，区经济信息化委管理科为确保本单位电子屏系统在中非合作论坛北京峰会期间安全、稳定运行，严防发生电子屏被非法攻击篡改、插播非法内容的事件，通知移动、联通、电信等几家运营商召开了紧急会议。会上，各单位签署了电子屏系统网络安全承诺书，并填写电子屏采集表，保证在论坛活动期间，各单位大屏显示系统（包括大屏及控制设备）与互联网物理断开，并对控制设备开展安全检查，确保控制设备没有木马和漏洞，以确保系统绝对安全。

（蔡亚男）

【政策服务栏目调研启动会召开】8月13日，区政务服务管理局召开房山区服务企业专厅—政策服务栏目调研启动会议，确定政策服务栏目调研目标和工作方案，启动政策服务栏目现状与需求调研，完成区集聚办、区金融办、区经济信息化委、区组织部、区科委政策法规、政策项目及项目要素、项目申办系统现状的调研梳理，为下一步开展服务企业专厅建设奠定坚实的业务基础。

（张　华）

【开展软件正版化工作】8月14日，按照房山区使用正版软件工作联席会议办公室要求，信息化管理科牵头，在区经济信息化委开展软件正版化检查工作。截至8月31日，信息化管理科共为区经济信息化委45台电脑安装了正版软件检测工具，并登记每台电脑的软件安装信息、使用电脑的人数，督查每个人在“使用正版软件承诺书”上签字。9月13日，所有材料已上报至北京市软件正版化信息管理系统。

（蔡亚男）

【信息化工作培训会召开】8月15日，区民政局召开2018年信息化工作培训会。主要对民政系统网络安全管理和各业务信息系统的管理、推广、使用等工作进行培训。区民政局各科室业务信息系统管理员参加会议。

（区民政局）

【网络安全自查情况】8月22日，根据《房山区委网信办房山区公安分局关于进一步做好网络安全自查强化网络安全防护工作的通知》要求，信息化管理科下发相应通知，要求在众创空间内注册并实体办公的互联网企业、信息技术企业、云服务商、人工智能服务商等新型企业认真填写附件相关内容。8月30日，共计收到4家企业报送的附表及承诺书，所有材料均已上报房山区委网信办和房山区公安分局。

（蔡亚男）

【违章停车抓拍系统设备】8月，长阳地区35套违章停车抓拍系统设备接入交管局执法平台，完成以纠正违章停车影响静态交通环境为目标的专项治理科技信息化系统应用并投入使用，随着自动抓拍执法数据增减状况，长阳地区道路拥堵点显著减少，整体交通环境和秩序得到改善。

（梁乙朝）

【城市管理指挥系统方案通过评审】9月19日，

房山区城市管理指挥系统方案专家评审会召开。副区长王喜林出席会议并讲话。根据市区系列文件精神，在深入调研实况并广泛征求意见的基础上，创新城市管理指挥流程，整合城乡管理资源与城乡执法资源，按“横到边、纵到底、无死角、全环节”标准谋划城市管理的房山模式，建设覆盖全区、统筹城乡、调度科学、运行顺畅的城市管理指挥体系，深化完善“街乡吹哨、部门报到”的工作模式，办好人民群众身边的民生实事，制订项目建设方案。专家一致同意方案通过评审。

（魏　庆）

【国内首届 5G 自动驾驶峰会举行】 9 月 19 日，国内首届 5G 自动驾驶峰会在房山区北京高端制造业基地举行。会上发布中国第一条 5G 自动驾驶车辆测试道路、5G 自动驾驶联盟成立及领先计划，标志着 5G 车联网应用的正式启动。基地内已建成中国第一条 5G 自动驾驶车辆开放测试道路，首期车辆测试道路长 2.2 千米，正式对外开放。作为房山区政府与中国移动合作的中国第一条 5G 自动驾驶车辆测试道路，已被国家发展改革委列为 5G 创新应用示范项目。利用 5G 专网及 5G 自动驾驶环境，房山区将成为国内第一个真正具备 5G 自动驾驶研发、开放道路测试能力的示范区。

（北京高端制造业基地）

【市财政局指导网络安全工作】 9 月 21 日，市财政局信息中心到房山区财政局就网络安全工作进行技术检测、工作调研和指导并听取区财政局工作汇报。区财政局信息中心对 2018 年网络安全管理工作进行了汇报，详细介绍了主要开展的工作及针对目前发现的主要问题所提出的解决方案。

（区财政局信息中心）

【智能交通管理控制系统启动】 9 月，《房山区智能交通管理控制系统（一期）管控平台项目》启动，房山交通支队驻地的智能交通管控平台搭建和指挥中心整体进行升级改造。12 月 25 日，指挥中心新址装修和科技信息化综合布线工程完成。

（梁乙朝）

【星城街道无线 Wi-Fi 项目将试运行】 9 月至 11 月，区经济信息化委在星城街道开展无线 Wi-Fi 公共区域全覆盖建设项目试点工作，让居民享受公共区域免费上网的便利，到年底该项目建设已接近尾声，即将投入试运行阶段。

（刘博洋）

【“燕山经济 App”上线】 9 月，区经济信息化委完成“燕山经济 App”手机平台的开发上线工作，通过此平台能够实时掌握燕山地区重点企业的经济运营、科技发展等状况，从而为地区经济形势预判、政策制定等工作提供基础数据支撑。

（刘博洋）

【电子阅览室建设项目推进会】 10 月 16 日，区文化活动中心召开“村级电子阅览室建设项目”推进会。电子阅览室建设项目进一步建立健全了布局合理、功能完善的公共文化服务体系。

（区文化和旅游局）

【移动办公系统部署上线】 10 月 30 日，区财政局移动办公系统正式上线，为领导层分析决策、科学管理提供有力可靠的保障，真正实现无纸化办公，形成一个规范化、透明化、高效化的办公平台。办公系统对公文处理有严格的时限要求、人性化的证据记录，避免了不作为、慢作为、乱作为等行为，促进了工作作风的改进，进而推动财政工作的蓬勃发展。

（区财政局信息中心）

【服务企业专厅建成落地】 10 月 31 日，为向企业提供更加高效、便捷、优质的服务，服务企业专厅主题栏目建成落地，11 月 1 日正式在首都之窗政务服务网房山分厅开放。服务企业专厅围绕房山区的政策服务，重点向企业发布政策资讯和政策申报兑现服务。

（张　华）

【网上政务服务平台竣工运行】11月1日，为优化营商环境，让数据多跑路、群众少跑腿，提高网上政务服务水平，房山区网上政务服务中心平台竣工并投入试运行。平台正式接入首都之窗，实现市区业务协同，全区公共服务事项提供了网上公示、服务办理和进度查询等功能。构建了区级政务服务业务受理审批的支撑平台，汇聚网上申请、受理审批的环节数据，构建房山区的效能监察数据应用系统，支撑政务服务业务运行的数据分析和运行监测。截至12月，全区政务服务事项已全部实现“一网通办”，网办率已达到100%，完成了市区既定的政务服务考核工作。

（张　华）

【信息中心完成机房设施安全隐患排查工作】11月30日，信息中心依据区经济信息化委“关于转发《北京市通信保障和信息安全应急指挥部办公室关于开展全市政务信息化设施安全隐患排查清理整治工作的通知》”，对区财政局“金财专网”机房内的消防设施进行安全隐患大排查。确认温度、湿度、烟感报警器、气体自动消防及灭火器等设施运行情况良好，排除了消防安全隐患，同时对软件技术支持人员进行了消防知识普及及预警演练，确保本财年决算期间全区财政业务系统安全稳定。

（区财政局信息中心）

【OA系统升级改造】11月，区民政局争取区财政资金15.4万元对OA办公系统进行升级改造，使局内部办公方式由传统的工作模式逐渐向更先进、高速、便捷的信息自动化办公方式转变，让文件的传输、存档更加便利、安全。

（区民政局）

【高校区块链总决赛暨颁奖仪式】12月8日，全国高校区块链大赛总决赛暨颁奖仪式在大赛的重要战略合作伙伴——产业园举办。大赛由教育部科技发展中心主管，清华大学、中央财经大学、清华大学—阿尔山区块链联合研究中心等承办，中国电子学会区块链专委会、中国计算机学会区块链专委会等指导。150余人出席活动。经过激烈的角逐，共评出优秀组织奖5名、三等奖9名、二等奖6名、一等奖4名、特等奖1名。

（北京金融安全产业园）

【城乡管理指挥系统】12月12日，房山区召开建立铁路沿线环境“双段长”纳入精细化治理体系工作部署会，副区长于吉顺和中国铁路北京局集团有限公司副总经理杨绪成作为属地、铁路总段长签署了“双段长”制对接单。各街道乡镇以及铁路沿线50余名段长进行了碰头对接。会议的召开标志着以大数据为支撑的城乡管理指挥系统已经在房山区城市管理工作中发挥着重要作用。

（魏　庆）

【科协综合服务平台正式启动】12月19日，房山区科协专门为科技工作者打造的“房山区科协综合服务平台”正式启动，启动仪式在北京工商大学举办。会后，由北京工商大学许继平教授为参会人员进行平台使用培训。平台启动后，区科协将继续大力推进科技工作者信息采集工作，努力实现在册人员覆盖全区科技工作者80%以上，为全区科技工作者提供工作、生活、休闲等全方位一对一精准服务，为党和政府的科学决策提供有力数据支撑。

（马　昊）

【打造全方位立体化自助办税服务区】年内，房山区税务局打造4个自助办税区，创建“网上办税为主，自助办税为辅，实体办税兜底”的纳税服务新格局。合理规划，添置自助办税设备。为 4 个办税区布置安装 28 台自助办税终端，引导纳税人多走网络。便捷外网，打通互联网壁垒。紧急办理一条光纤专线解决 CSD 自助办税区 18 台外网设备的“上网卡顿”问题。升级系统，改善外网软件性能。为外网电脑优化操作系统，并安装纳税人常用的税务相关软件，保障电脑最优的性能状态度。

（李玥玥）

【成立区城市管理指挥中心】年内，房山区按照区委、区政府推进城市服务管理体制改革的要求，批复成立房山区城市管理指挥中心，负责统筹协调全区网格化工作和“多网”融合工作。按照“横到边、纵到底、无死角、全环节”的标准，谋划城市管理的房山模式。运用大数据手段，打造“一张作战图”，开发建设房山区城乡管理指挥系统。初步建立起“一网统筹、两级指挥、三级平台、街乡主体、条块结合、多网融合”的城乡管理指挥体系。将管理内容划分为市容环境、生态环境、设施环境、秩序环境等七大类环境，建立“七步”闭环指挥流程，以城市管理网为依托，实现社会服务网等多网融合。以区城乡管理指挥中心及街乡分中心指挥体系为载体，区级指挥中心统筹大数据指挥平台以及综合执法会商平台，街乡分中心统筹综合处置平台和实体化综合执法平台，并延伸平台到村社区，实现 3 级平台无缝衔接。合理划分 3 级基础网格，区级网格 1 个、乡镇（街道）网格 25 个（含燕山地区）、村（社区）网格 605 个。推动政务资源整合，开展城乡环境问题动态台账库、人地事物组织基础数据库、网格员实时动态监管库、物联感知信息库、城市信息资源库、分中心协同数据库、专项行动研判指挥专题库等七大类数据资源整合。

（魏　庆）

【信息设备运行维护工作】年内，区水务局运维人员日常对核心路由器、防火墙、交换机、入侵防御系统（IPS）、网络管理系统（IMC）、应用控制网关（ACG），及各应用系统服务器、UPS 等设备运行状态进行监控，查看系统日志，及时处理发生的故障。各类设备截至目前均运行正常。汛期重要设备及系统运行保障：在汛期到来之前，对防汛抗旱指挥管理平台、FTP 服务器、TraFax 传真群发等防汛重要信息系统进行了日常检查、调试，形成维护记录。在汛期中，确保防汛抗旱指挥管理平台、FTP 服务器、TraFax 传真群发等信息系统及 UPS 等设备的正常运行。上述系统在 2018 年汛期几次强降雨天气过程中均运行正常，发挥了重要作用。在汛期后，区水务局继续做好应用系统的日常维护工作。整理了汛期中系统生成的各类数据信息，核实数据的准确性。

（李辰鹏）

【防汛信息化设备系统运行维护】年内，房山区向区经济信息化委、区财政局申请防汛信息化设备系统运行维护费 220.72 万元。主要完成如下维护内容：遥测雨量站数据库整理，通信铁塔维护，800M、400M、150M 固定电台、车载电台及手持电台维护，雨水情遥测系统维护（包括遥测雨量站及防汛指挥管理平台），简易雨量站维护，乡镇、村级无线预警广播维护，防汛应急指挥中心、智能传真系统维护，应急卫星通信监测系统维护，图像监测站维护，中心机房网络设备维护。

（李辰鹏）

【公路分局路网设施建设】年内，房山公路分局更新高清视频监控设备 5 套、可变情报板设备 4 套、车载视频设备 3 套、单兵移动视频设备 1 套。新建高清视频监控设备 6 套、非现场执法轴载监控设备 3 套、重载路段轴载检测设备1套。截至年底，房山公路分局共有路网设施323套，包括视频监控设备96套、可变情报板设备72套、交通量调查设备126套、气象监测设备5套、水位监测设备12套、会车提示设备4套、车牌抓拍设备4套、车载视频设备3套、单兵移动视频设备1套。交通量调查设备已达到全路网覆盖，视频监控设备和可变情报板设备已达到重点路线、重要节点覆盖。

（王晓飞）

【山区学校信息化发展力提升工程】年内，房山区开展山区学校信息化发展力提升工程，为山区学校免费定制了信息化应用项目。4月至6月，为山区学校指导免费建设的信息化项目，如攀登阅读、备课平台、PAD互动教学等，着力解决山区学校信息化发展中存在的一些实际问题，提升干部教师的信息化素养。为深入推进“山区学校信息化发展力提升工程”工作，推进PAD信息化教学项目落地实施，为南窖中心校指导PAD移动终端课堂教学活动；霞云岭中心校和大安山中心校开展校园阅读平台项目；听取史家营中心校学校备课中心的硬件建设和培训应用等情况的介绍，结合备课中心的应用推进，开展课题研究，吸纳外部资源和自建内部资源，恰当整合名师课堂等优质视频资源助力课堂教学。房山区山区学校信息化发展力提升工程，免费为学校建设的项目，进一步让信息技术与山区学校手拉手，发挥信息技术与学科整合教研优势，推动学校信息化的建设与应用，促进学校教育教学能力的提升，提高山区和边远地区的教育教学水平。

（区教委）

【安全生产综合监管信息平台】年内，区应急管理局（区安全生产监督管理局）委托北京安宏睿业科技有限公司开发房山区安全生产综合监管信息平台，共9个系统、25个模块。截至11月20日，所有研究工作已完成并应用于房山区隐患排查治理体系，项目绩效目标按原计划完成。房山区安全生产综合监管信息平台取得了成效：建立管理体系和标准体系，为房山区安全生产差异化监管运行提供技术保障；建立生产经营单位动态评级体系，提交动态评级指标，实现对生产经营单位现实风险的客观评价，为差异化效能监管提供了技术手段；开发生产安全事故隐患数据挖掘算法模型，分析分类模式数据和预测知识数据，查找事故和隐患发生的季节性、周期性、关联性规律特征，深度挖掘事故根源，完成生产安全事故隐患排查治理绩效评估模型，建立典型行业企业生产安全事故隐患排查清单优化方法；将研究成果应用于房山区隐患排查治理体系，实现信息系统优化提升。

（区应急管理局）

【信用信息发布机制】年内，房山区按照市、区相关文件要求，认真督促区内各行政许可和行政处罚相关单位将本部门产生的信息及时通过“信用中国（北京）双公示数据上报系统”上报，实现行政许可和行政处罚等信息7个工作日内通过政府网站全量公示，全面建成行政许可和行政处罚等信息专栏专区和信息发布机制建设。全区已有34家单位按时通过“信用中国（北京）双公示数据上报系统”报送行政许可和行政处罚公示信息。同时区经信委信息化管理科安排专人将各部门报送的信息，及时公示在《房山信息网》上的“信用房山”专栏中。1月至10月，共计公示的行政许可信息3426条、行政处罚信息3823条、政策法规专栏更新14条。

（蔡亚男）

【新型智慧城市基础建设项目】年内，区经济信息化委启动“政务信息共享支撑平台”“应用集成平台”“地理信息共享支撑平台”“燕山大数据中心”“公益银行”等项目的建设工作。

（徐　一）

【全面启用 OA 办公平台】年内，按照市规划国土委统一部署，市规土委房山分局作为试点分局第一批接入内网办公平台，通过对内部网络、设备终端调整，分局全部公文、会议系统全面使用委统一办公平台流转。年内，使用办公平台流转公文 1682 件，大幅提升了公文流转效率。

（市规土委房山分局）

【增设自助终端设备】年内，房山区不动产登记事务中心为落实“放管服”改革重点任务，营造良好营商环境，优化不动产登记相关政务服务水平，让办事群众和企业获得更优质的服务体验，启动“优化营商环境不动产登记服务”项目，采购 4 台自助查询机、2 台自助打证机、2 台自助取证机，有效降低了不动产登记大厅人员密集程度，减少了办事群众及企业等待时间，提升了办事时效性和便捷性。

（市规土委房山分局）

【大数据模拟研究成果通过验收】年内，市规土委房山分局与北京城市象限科技有限公司合作的《大数据模拟房山区人口、通勤与城市政策研究》研究成果通过专家组验收。此项研究，从大数据角度摸清了城市发展的基本情况，支持分区规划的开展，利用城市模型对城市发展进行情景模拟，为规划政策的制定提供预测性依据。

（市规土委房山分局）

【规范外网上网行为】年内，房山工商分局根据相关部门规定，安装上网行为管理设备，对非法网址访问、上班期间访问与工作无关的网站、上网审计、带宽使用、非法接入等行为进行有效管控，有效提升了信息化管理水平和网络资源的合理使用，保障了网络的有效使用，提高了工作效率。

（区工商分局）

房山区信息化工作主管领导

副区长：刘 兵

区经济信息化委主任：高武军

通州区

【概况】年内，通州区经济信息化委员会（以下简称区经济信息化委）认真贯彻落实中央和市委、市政府建设北京城市副中心决策部署和整体工作要求，全面推进通州区智慧城市建设，在做好政务网络及信息系统日常运维保障的基础上，开展区级政务外网提升、政府网站集约化平台建设和政务办公系统升级等工作，为城市副中心“智慧城市”建设夯实基础，提升通州区政务信息化水平，为城市副中心建设“保驾护航”。

（魏永刚）

【智慧城市建设】年内，通州区加快信息化建设，打造智慧通州品牌。加强顶层设计，实现多规协同推进。起草编制《北京城市副中心数字生态城市建设行动计划》《通州区电子政务云总体建设方案》《通州区政务大数据平台建设方案》；编制《北京城市副中心数字生态城市实施方案》，按照“1+N+X”（1 个区级综合大数据平台、N 个行业大数据应用平台、X 个大数据应用场景）的总体架构，建设通州区政务大数据平台。夯实基础保障，强化设施要素支撑。对现有资源整合增强、升级优化，建成高速、智能化、安全可控的一体化网络传输平台，完成政务外网网络安全等保 3 级评测工作和核心网络、传输网络的升级改造工作。同时开展区政府门户网站群集约化、区级生态环境综合治理平台建设和政府投资信息化项目全流程管理等工作，促进智慧城市建设。打造示范工程，探索智慧社区建设。编制完成《通州区智慧社区实施方案》，搭建一个面向居民、企业、物业和政府的统一的资源服务管理平台，整合社区“服务 + 管理”的相关业务应用，并依托“互联网 +”引入社会化运营资源，实现政府监管下的平台运营。

（魏　锐）

【社会信用体系建设】年内，通州区推动政务诚信建设，展现信用通州形象。事前纠偏，构建政府机构失信事件的沟通机制。建立政府机构失信惩戒前信息沟通机制，采取措施及时纠正、修补、消除失信行为，使全区 26 起政府机构失信案件得到及时处理，打造通州区与北京城市副中心地位相称的营商环境和信用环境。事后惩戒，开展政府机构信用修复。依据年内发布的第 5 期、第 6 期通州区诚信“红黑名单”，加大失信行为惩戒力度，共产生 257 起联合惩戒案例，有力促进了联合奖惩落地。组织了第 1 期信用修复培训，79 家失信主体签订信用承诺书。积极推进北京城市副中心诚信文化建设。做好“双公示”，推进公共信用信息公开。制发《通州区社会信用体系建设联席会议办公室关于推进行政许可和行政处罚信息归集共享工作的通知》，实现行政许可和行政处罚等信息 7 个工作日内通过区政府网站“双公示”专栏全量公示，全年“双公示”数量达 11728 条，其中，行政许可信息 7178 条、行政处罚信息 4649 条。

（魏永刚）

【区级政务外网提升】年内，通州区按照《政务信息系统整合共享实施方案》和《关于加强区级政务外网建设和管理的通知》文件要求，开展区政务外网提升工作，通过对现有资源的整合、升级优化，建成以光纤为主干，传输为基础，路由交换网为拓展和延伸，高速、智能、安全可控的一体化网络传输平台，加强了区政务外网的网络服务保障能力，满足各类政务信息系统网络传输需求，更好地支撑副中心“智慧城市”建设。

（刘　佳）

【政务专网运维管理】年内，全区政务外网和政务数据中心机房运行稳定，未发生重大网络与信息安全事件。办理政务专网新接入业务 14 件、迁移业务 9 件、撤销业务 1 件；新增业务系统接入政务外网业务 5 件，新增 IP 地址业务 7 件，开通网络端口业务 6 件。共解决网络故障 541 次，数据中心机房用电、空调、消防日常巡检 304 次，排除隐患 7 次，应急视频会议保障 30 次，有效支撑了市级、区级各项政务信息系统安全稳定运行。

（刘　佳）

【区政府网站集约化平台建设】年内，通州区根据《国务院办公厅关于印发政府网站发展指引的通知》文件要求，开展区政府网站集约化平台建设，12 月集约化平台通过终验收并正式上线运行。区政府网站集约化平台实现“全区一网”和政府网站的“减量、提质、增效”；实现政府网站“统一标准体系、统一技术平台、统一安全防护、统一运维监管”的建设和管理模式；增强了政府网站政务公开水平、公共服务能力、信息共享能力、技术支撑能力和安全保障能力，全面提升了政府网站管理水平。

（刘　佳）

【区政府网站运维管理】年内，通州区持续做好政府网站栏目调整、网站内容加工处理、网站专题建设、网站系统维护及网站安全保障等日常维护工作，在网站资源丰富度、网站功能全面性、网站服务便捷性等方面都有很大的提升。网站全年浏览量为430万次，信息更新1.6万条。按照网站普查要求，不断加强对网站信息准确性、网站互动回应情况、网站服务使用情况等的日常检测，发现问题及时整改。在全市政府网站普查中，通州区等5个区连续8个季度普查合格率100%。在市政府对区级政府网站建设管理的绩效考核中，综合成绩满分。

（刘　佳）

【优化区政务办公系统运维】年内，通州区继续优化完善全区政务办公系统，保障各子系统正常、稳定、安全地运行。全年区政务办公系统共办理公文20万件，其中移动端总办文1.5万件。定期对区政务办公系统进行安全检查和扫描，发现漏洞及时组织技术力量进行整改修复。定期开展应急演练，提高突发事件应急处置能力，全年区政务协同办公系统运行状况良好。

（刘　佳）

【网络信息安全及应急保障】年内，通州区对全区电子政务网络与政务信息系统进行执法检查，共开展执法检查120次，其中，联合区委网信办对4家单位进行了现场检查，对21家单位的86个信息系统进行了远程技术检测。完成全区162名网络信息管理员、网络信息安全员培训工作。按照区应急委统一部署和工作要求，开展区政务专网传输线路保障应急演练，区政务数据中心机房柴油发电机测试供电模拟演练，区政府门户网站群应急演练，区政务协同办公系统应急演练；组建通信保障和信息安全应急专家队伍；圆满完成全国“两会”和中非合作论坛北京峰会期间的政务网络安全保障工作，全年未发生重大网络安全事件。

（刘　佳）

通州区信息化工作主管领导

副区长：洪家志（1月任职，6月离任）
　　　　阳波（6月任职，10月离任）
　　　　苏国斌（10月任职）
区经济信息化委主任：杜伟

顺义区

【概况】顺义区经济信息化委员会（以下简称区经济信息化委）主要负责本区贯彻执行国家及北京市关于软件和信息服务业、信息化的法律、法规、规章和政策；研究拟订并组织实施顺义区软件和信息服务业、信息化发展规划和产业政策，推进产业布局调整和产业结构优化升级；监测分析顺义区软件和信息服务业、信息化的运行态势，统计并发布相关信息；按照规定权限，核准、备案和上报顺义区规划内和年度计划内信息化固定资产投资项目；会同有关部门研究提出软件和信息服务业、信息化方面利用外资和境外投资的重点领域与促进政策；指导顺义区软件和信息服务业、信息化技术创新和技术进步，推进企业技术改造；组织实施国家与北京市软件和信息服务业、信息化科技重大专项，推进相关科研成果产业化；指导相关行业质量管理工作；拟订顺义区软件和信息服务业、信息化和新兴产业中重点领域的发展规划、实施方案、配套政策及行业标准，并组织实施；指导软件和信息服务业、信息化领域文化创意产业的发展；拟订并组织实施顺义区软件和信息服务业、信息化领域的能源节约和资源综合利用、清洁生产促进政策；统筹推进本区信息化工作；组织制定相关政策并协调信息化建设中的重大问题；统筹协调电子商务、公共服务信息化和经济领域信息化的发展；推动跨行业、跨部门的互联互通和重要信息资源的开发利用、共享；统筹协调社会信用体系建设。统筹协调顺义区信息化基础设施的规划和管理；促进电信网络、广播电视网络和计算机网络融合；参与统筹规划公用通信网、互联网、广播电视网和部门专用通信网；负责与国家通信主干网、军工部门及其他部门专用通信网方面的协调工作；承担顺义区网络管理责任；协助做好顺义区信息安全管理工作；负责协调维护信息安全和信息安全保障体系建设；指导监督重点行业的重要信息系统与基础信息系统的安全保障工作；协调处理网络重大事件、协助处理信息安全重大事件；负责顺义区无线电管理工作；负责对顺义区无线电频率资源和无线电台（网）进行统一管理；协调处理电磁干扰事宜，维护空中电波秩序；开展顺义区软件和信息服务业、信息化领域对外合作与交流；负责顺义区软件和信息服务业、信息化领域人力资源的合理配置，会同有关部门拟订人才队伍建设规划和有关政策措施，组织相关人才培训。年内，顺义区经济信息化委围绕北京“四个中心”建设，促进“两化”深度融合，实现无线网络全覆盖试运行，积极争办第10届中国卫星导航年会和工业互联网标识解析国家顶级节点(北京)项目，持续推进顺义经济高质量发展。

（杨　帆）

【工业互联网标识解析国家顶级节点签约】11月21日，工业互联网标识解析国家顶级节点(北京）签约仪式暨启动会在顺义区中国航信产业园召开。会上，市经济和信息化局、市交通管理局、顺义区政府、中国信通院四方领导共同签署《工业互联网标识解析国家顶级节点(北京)四方合作协议》，标志着国家级工业互联网基础设施——“标识解析国家顶级节点”在北京正式启动建设，将为北京乃至全国工业互联网提供高效、稳定的标识编码注册和标识解析服务。

（杨　帆）

【两化融合稳步推进】年内，区经济和信息化局牵头开展两化融合贯标工作，组织区内企业申报，共有24家企业通过市级贯标试点，数量居全市第一。

（杨　帆）

【“智慧顺义”无线网络全覆盖项目】年内，区经济和信息化局牵头构建“随时随地随需”“集约高效绿色”的泛在网络，加快推进无线网络全覆盖项目建设。截至12月，完成政府办事大厅、医疗机构、文化广场、村委会居委会、公交车等场景共4129个AP点位建设。

（杨　帆）

【成功争办两项国家级会议】年内，顺义区先后成功争办第10届中国卫星导航年会和工业互联网标识解析国家顶级节点（北京）项目，为区域产业发展奠定坚实基础。

（杨　帆）

顺义区信息化工作主管领导

副区长：初军威（6月离任）

支现伟（6月任职）

区经济信息化委主任：胡小兵

大兴区

【概况】 年内，大兴区信息化工作以《大兴区新型智慧城市总体规划（2018—2020）》为统领和指导，着力推进新型智慧城市“一云两平台”和重点领域项目建设，进一步提升信息基础设施水平，大力开展社会信用体系建设，努力推动两化融合、软件和信息服务业发展，规范强化信息化行政执法工作和网络安全工作，信息化发展进入新时代。

（任娟娟）

【软件和信息服务业】 年内，大兴区开展软件和信息服务业调研，摸清大兴区软件和信息服务业企业底数和基本情况，了解企业发展和需求，为企业提供政策解答等服务。加强软件和信息服务业运行监测，与区统计局、企业进行沟通，及时了解企业运营情况。大兴区共有4家软件和信息服务业企业，总营业收入为10.8亿元，同比增长2.9%，超额完成北京市下达的指标。

（任娟娟）

【电子政务网络安全工作】 年内，大兴区强化各单位网络责任，要求各单位严格落实网络安全责任和制度，通过行政执法检查、漏洞扫描技术等手段对各单位进行网络安全检查，及时发现问题并整改，确保不发生网络安全事件。大兴区开展信息化执法检查6次，漏洞扫描20次。

（王　东）

【政务信息系统整合共享工作】 年内，大兴区向全区123家单位印发《关于推进大兴区政务信息系统整合共享工作的通知》，摸清全区信息系统基本情况，制订大兴区政务信息系统自查报告和政务信息系统清理整合方案，并督促相关部门开展政务信息系统清理整合工作。

（王　颖）

【政务外网视频图像资源共享平台】 年内，大兴区按照北京市图像办《北京市公共安全视频监控建设联网总体技术规划》和《北京市公共安全视频图像信息应用系统建设指导意见》要求，结合大兴区新型智慧城市建设总体规划，建设大兴区政务外网视频图像资源共享平台，实现区级视频图像资源的全面整合，以满足区政府各部门视频应用和图像共享的需求。

（董子文）

【社会信用体系建设工作】 年内，大兴区研究编制《大兴区进一步加快社会信用体系建设工作实施方案》，印发《2018年大兴区社会信用体系建设工作方案》，组织召开大兴区社会信用体系工作调度会，推动大兴区社会信用体系建设。

（高　凯）

【信息化基础设施建设】 年内，大兴区统筹协调运营商开展信息基础设施改造提升工作。结合老旧小区改造、街道综合整治工作，组织召开工作调度会，协调运营商积极参与观音寺街道综合整治和老旧小区改造、兴丰街道老旧小区工作，制订工作方案和工程设计方案，全面配合街道改造工作，切实履行“街道吹哨、部门报到”。

（王　东）

【新机场信息基础设施建设】年内，大兴区为推进新机场军航西侧路信息基础设施移改和新航城回迁房信息基础设施建设，印发《关于推进新机场信息基础设施建设工作的通知》，召开军航西侧路信息基础设施移改工作现场会，完成信息基础设施移改工作，保障了通信畅通。

（王　东）

【新型智慧城市建设】年内，大兴区加快推进新型智慧城市建设。编制发布《大兴区新型智慧城市总体规划》《大兴区推进新型智慧城市建设行动计划（2018—2020）》，提出大兴区新型智慧城市建设的总体目标、总体框架、主要任务和切实可行的实施路径，指导大兴区各部门、企业等开展新型智慧城市建设。建立完善工作机制，成立大兴区新型智慧城市建设领导小组，召开大兴区新型智慧城市建设工作启动会。重点推进大兴区“一云两平台”建设项目，统筹推动智慧医疗、智慧交通等领域重点项目建设。

（王　东）

【美丽乡村建设】年内，大兴区为推进美丽乡村建设，发布《北京市大兴区农村工作委员会关于推进大兴区美丽乡村弱电入地工作的指导意见》，指导各属地政府推进美丽乡村弱电入地工作，助力美丽乡村建设。

（王　东）

【信息化项目审查工作】年内，大兴区加强信息化项目管理，完善信息化项目审查工作，梳理审查流程，更新项目模板，强化项目建设过程管理和验收，全区信息化统筹集约发展能力进一步提高。

（王　颖）

【政府投资项目技术审查】年内，大兴区共审查政府投资信息化技术项目51个，涉及资金3.7亿元。

（李淑敏　刘莉）

【两化融合贯标试点工作】年内，大兴区向各镇、街道、基地管委会印发《关于进一步做好两化融合管理体系贯标试点企业推荐工作的通知》，鼓励企业申报两化融合贯标试点。大兴区共组织推荐13家企业申报两化融合贯标试点。经过市级评选，3家企业获得国家级贯标试点资格，6家企业获得北京市级贯标试点资格。经过开展贯标工作，评估了企业的两化融合水平，找到不足，明确了企业信息化发展方向和重点。

（高　凯）

【“双公示”工作】年内，大兴区大力开展“双公示”数据归集，印发《关于进一步做好大兴区行政许可和行政处罚等信用信息公示工作的通知》，要求各单位明确责任科室和专人，做到“双公示”结果信息实时、全量公示。完成“双公示”信息数据归集工作，全区已公示行政许可事项215项，公示行政处罚事项为4222项。

（高　凯）

【信息化执法检查工作】年内，大兴区加强行政执法专业学习，完善行政执法信息更新，开展行政执法检查工作，先后于6月、12月开展6次信息化执法检查工作，对大兴区核心机房、区政府办公区、清城办公区、桐城办公区、工商税务分中心和亦庄镇综治网格指挥中心等单位的网络安全管理、制度规范和责任落实情况进行了检查。

（高　凯）

【各项通信保障应急工作】年内，大兴区开展汛期风险排查工作，要求各运营商做好各应急保障队伍、物资等保障，排查隐患，确保我区汛期的通信网络安全。完成中非合作论坛北京峰会、设计节、樱花节等重大活动通信保障，处理应急突发事件 6 起。

（王　东）

大兴区信息化工作主管领导

副区长：杨蓓蓓

区经信委主任：胡宝琛

昌平区

【概况】 昌平区经济信息化委员会（以下简称区经济信息化委）负责全区信息化建设工作，落实全区信息化基础设施的规划和管理。参与统筹规划公用通信网、互联网、广播电视网和部门专用通信网。参与协调市级通信主干网等专用通信网。促进电信网络、广播电视网络和计算机网络融合。年内，昌平区信息化工作依托华为云计算中心，采取“总体规划、分段建设”的原则，建成“1 体系、1 平台、2 中心、3 服务”的政务云服务项目，即构建 1 套总集标准规范体系，搭建 1 个昌平大数据平台，汇集共享交换、数据开放、组件支撑、资源目录、应用集成等支撑系统，建设大数据存储、大数据可视化展示 2 个中心，构筑基础数据库、专题库、商用数据库 3 类服务能力；密切结合北京市大数据要求，制定适合昌平区的数据资源、社会数据采购等管理办法，核心技术与制度规范协同，稳定推进项目建设与完善，逐步提升政府精细化管理水平和信息惠民服务能力。

（魏　梓）

【无线政务网沉默用户清理】 2 月，区经济信息化委组织召开 2018 年度 800 兆无线政务网沉默用户管理工作部署会。会上强调，各部门要结合已下发的沉默用户台账进行重点排查，尽快做出处置，在确保正常使用的同时加强日常管理，提高使用效率。同月，区经济信息化委对全区 7 家使用单位的设备进行统计，对已丢失、损坏的设备进行清理，共计销户 33 台。

（魏　梓）

【智慧昌平推介会召开】 5 月 15 日，昌平区“智慧昌平推介会”召开。推介会本着“发挥优势、相互促进、长期合作、共赢发展”的原则，交流探讨地区信息化建设发展，为打造智慧昌平群策群力。出席会议的有 60 家单位的 90 余人。北京铁塔公司业务拓展部负责人进行了“塔连天下数据昌平”主题演讲。华为公司、升哲公司作为铁塔公司合作伙伴，对 5G 及物联网技术发展、物联网消防预警服务内容做了详细解说。

（魏　梓）

【信息化建设项目申报】 5 月，昌平区举办信息化建设项目申报培训会。6 月，信息化领导小组办发布信息化建设项目申报通知。7 月 1 日至 8 月 20 日，各单位通过线上线下方式进行申报，经形式审查后共征集项目 121 个，合计申请费用 3.56 亿元。9 月，按照统筹规划、集约建设、协同共享、强化应用效果导向等原则，对申报的 121 个项目进行可行性及专家评审，最终确定纳入 2019 年度区信息化建设项目 88 个，合计申请费用 1.41 亿元。

（魏　梓）

【昌平区与铁塔公司签约】6月1日，昌平区政府与中国铁塔股份有限公司北京市分公司签署战略合作框架协议。铁塔公司作为通信基础设施服务提供商，始终按照区政府要求提供需求解决方案，大力推动将信息基础设施建设纳入经济社会发展规划、城乡规划、土地利用总规划，并将在政府部门协调、发展环境营造、电磁辐射宣传、办公用房等方面提供相应支持。

（魏　梓）

【非密视频会议培训会召开】6月20日，区经济信息化委组织召开昌平区非密视频会议使用培训会。全区91个单位的信息化管理人员接受培训。昌平视频会议云部署在区政务外网，现部署高清视频会议会场91个，区政府205会议室纳入视频会议云，具备使用条件，可同时并发百组会议召开，支持一体机、电脑和手机终端等多种参会方式，丰富昌平区会议沟通模式。本次培训会充分讲解了视频会议终端的使用方式，为便捷视频会议的使用普及奠定了一定基础。

（魏　梓）

【政府投资信息化建设项目培训会】6月20日，昌平区就2019年度政府投资信息化建设项目进行培训，60家委办局、镇街参加培训会。会议就项目申报须知、评审原则、注意事项、申报模板及合理申请云资源等事项进行讲解。

（于凌燕　赵星）

【电视云服务平台上线】7月，昌平区“文化共享电视云服务平台”上线，项目由北京歌华有线电视网络股份有限公司与昌平区文委联合打造，包括“特色分馆”“电子图书”“电子期刊”“精彩活动”“非遗文创”等功能版块，覆盖昌平区40万高清交互电视用户，为用户提供图书借阅、电子图书阅览、海量影视作品等文化教育及公共文化信息资源共享服务。

（市经济和信息化局）

【平安昌平云建设】10月，昌平区搭建完成“平安昌平云”平台。平台支持1000路高清视频图像接入共享及90天存储；支持异构接入，包括海康、大华、宇视等主流监控厂家的监控系统可通过国标“28181”协议对接平台；平台支持智能分析功能，可对接入图像进行人脸识别、车辆分析、行为分析、人像对比等多项智能分析功能，并可将智能分析功能通过接口的方式开放调用。十三陵特区、乐多港假日广场、未来科学城等地区高清视频图像已初步完成与平台对接及图像智能分析。平安昌平云平台的建设将有效改善昌平区视频监控系统存在的“建而不联，联而不用，用而不深”现象。

（魏　梓）

【社会信用体系平台培训】12月29日，区工商分局为贯彻落实昌平区关于社会信用体系建设的工作要求，加强事中事后监管，完善市场主体信用监管和约束模式，召开昌平区市场主体信用监管平台培训会。全区各委办局、各镇街相关负责人参会。会上，工作人员首先对昌平区信用监管平台功能进行了介绍，重点对信用信息归集、信用信息公示、部门协同监管版块进行操作演示。昌平区市场主体信用监管平台上线，实现部门之间信息共享，为协同监管打下基础，提升了全区信息透明化，促进企业诚信自律。

（魏　梓）

【智慧昌平建设】年内，昌平区推动云计算服务平台建设，实现信息化基础架构、基础平台、基础应用的集约化建设和管理。政务办公云完成了原政务中心机房物理集中，全区共有16个部门的126个业务系统已迁移入云。视频会议云已完成平台搭建及测试，将全区应急视频会议系统整合纳入云平台，软硬件平台都已具备使用条件。平安昌平云平台已具备使用条件，完成了长陵、定陵、居庸关、神路共129路高清摄像头的接入。全域旅游云作为大数据的典型应用，整合旅游的相关应用数据，在“十一”黄金周前进行了应用展示。做好区政府投资信息化建设项目审核工作，纳入年度项目库共 105 个，总投资额 2.96 亿元。举办昌平区 2019 年度政府投资信息化建设项目培训会。组织召开了 2018 年度 800 兆无线政务网沉默用户管理工作部署会。推动回天有数项目开展，启动回天地区 70 千米街景数据采集。完成 10 家两化融合试点申报工作。完成正版软件检查工作。做好全区网络执法工作。完成第六届北京农业嘉年华应急通信保障工作。

（于凌燕　赵星）

【整合全区政务网站】年内，区政务服务办对全区政府部门政务网站的信息公开、互动交流、办事服务等必要功能进行了迁移整合。60 家政务子站的相关内容整合至昌平区政府门户网站。开发新版的信息公开、政民互动、办事服务和委办局镇街综合页面，统一开展政务公开、政务服务、政务宣传，构建开放式网站系统框架，实现页面栏目以及功能应用的平滑扩充和灵活扩展，并在迁移过程中确保内容不少、数据不丢、保障不减。原网站的页面、域名和标识在申报后统一进行了下线和注销。整合后，子站管理员以后将专注于信息的发布，不必再负责网站的域名、页面样式以及网站职能弱相关的工作。平台上各政府网站的信息资源统一管理，实现信息单点发布、多点推送、属性归类、分类统计等功能，推动了网站正规化、标准化。

（魏　梓）

【拓展政务信息资源平台数据共享】年内，区经济信息化委推进地理信息数据共享对接，将北京市政务电子地图服务对接到区级平台进行共享发布，面向区属部门提供市级地图服务共享调用；对接区商务委“便民地图”13 个服务行业热点，共 2836 条数据资源，实现数据服务共享、查询、展示。区法人基础数据库字段数由 13 个字段扩展到 37 个。法人数据每天自动更新，共存储区级法人数据 119643 条。

（魏　梓）

【社会信用体系建设联席会议召开】年内，区政府建立由区长为总召集人，主管副区长为召集人，区政府办、政府法制办、区发展改革委、区经济和信息化局等 42 家为成员单位的昌平区社会信用体系建设联席会议。区社会信用联席会议办公室设在区经济和信息化局，区社会信用联席会议办公室主任由区经济和信息化局主任担任，区社会信用联席会议办公室副主任由区经济和信息化局主管副主任担任。办公室职责包括：负责联席会议的组织、联络和协调工作；根据总召集人、召集人的提议或成员的建议，研究提出联席会议议题；汇总并通报成员单位有关工作情况；协调、督促成员单位履职情况；承办联席会议交办的其他事项。

（魏　梓）

【社会信用体系平台建设】年内，工商局昌平分局牵头建设完成昌平区市场主体信用监管平台，平台主要包括信息归集、信息公示和协同监管三大部分，按照以归集共享为基础、以信息公示为手段、以信用监管为核心、以联合惩戒为措施的思路，整合各部门市场主体监管信息，破除信息孤岛，实现市场主体信用信息共建、共享、共用，使市场主体“一处失信，处处受限”。同时，按照昌平区关于信息化建设项目的管理要求，昌平区市场主体信用监管平台部署在“华为云”上，依托政务专网，为全区各委办局和镇街用户提供数据归集、共享和应用服务，通过互联网对社会公众用户提供信息查询服务和公示公告。截至年底，平台已上线运行，共归集全区市场主体信用信息 316776 条，其中基础数据147242条、许可资质信息92055条、提示信息10486条、警示信息66944条、良好信息49条，社会公众用户访问量达41440人次。

（魏　梓）

【华为云计算服务平台建设】年内，华为云计算服务平台建设进展顺利。以区信息化工作领导小组为主体，稳步推进全区信息化业务上云，解决迁移过程中出现的难题；出台《昌平区政府投资信息化项目使用云计算服务管理办法（试行）》，推动全区信息化建设向云服务模式转变；以区经济信息化委为统筹主体，建立《华为云计算服务平台管理制度》。在华为云基础设施即服务（IaaS层）基础上，统筹搭建平台即服务（PaaS层）；梳理明确信息资源标准规范；优化政府投资信息化建设项目申报系统，将华为云资源申请纳入其中，形成管理链条；发布模板化项目建设方案并组织培训，提高方案申报质量。通过政府投资信息化建设项目评审机制，督促各部门使用华为云资源，加速迁移。同时，充分发挥专家引导作用，为华为云建设工作保驾护航。全年现场指导20余人次，函审30余人次。

（魏　梓）

昌平区信息化工作主管领导

副区长：周金星

区经济信息化委主任：王志刚

平谷区

【概况】年内，平谷区信息化建设工作在区委、区政府与市经济和信息化局的领导下，在全区各单位的大力支持下，以科学发展观为指导，适应信息化要求，顺应信息化趋势，把信息社会建设作为平谷区城市化和农业现代化发展的战略任务，全面推进经济和社会的信息化发展，不断深化信息技术在各领域的应用，促进平谷区经济和社会的全面和谐发展。

（区科信局）

【保障国际流行音乐节】5月，平谷区在北京国际流行音乐节期间，提前半个月部署活动保障方案。网络保障共架设应急车通信车4辆，完成2G、3G组网，有效应用FDD和搭建TDD的D、F、E频段的4G多模式多频段组网，确保现场用户无线上网和通话需求。在恶劣天气下确保网络正常运转，为活动现场指挥部提供应急通信保障。同时向现场媒体提供200兆带宽的有线互联网通信服务，全方位保障音乐节活动现场用户的通信需求。

（区科信局）

【社会信用体系建设】6月，平谷区社会信用体系联席会议召开，针对信用建设薄弱领域做了下一时期的工作部署。副区长杨东起做了总结发言，他肯定了以往的信用建设成果并强调：各部门各领域要联合落实，抓住突出问题制订工作方案。注重奖惩措施的可操作性，加强对失信主体的惩罚，逐步做到“一处失信，处处受限”。

（区科信局）

【6个网络安全等级保护系统备案】9月，区融媒体中心网络安全等级保护系统通过专家评审，在公安部正式备案，中心确定6个网络安全等

级保护系统。通过该项目的建设形成广电网络安全工作的有效性、规范性、专业性、持续性，支撑广播电视数字化安全运行保障体系的正常工作，实现融媒体中心安全体系规范化、安全防御主动化、安全态势可视化、安全事件可溯化、安全运营科学化，从而达到国家新闻出版广电总局和北京市新闻出版广电局提出的安全播出工作目标。

（区融媒体中心）

【782 辆公交车实现微信扫码乘坐】9 月至 11 月，平谷区完成“北京一卡通”微信程序安装测试工作，782 辆公交车实现微信扫码乘坐，并享受与一卡通普通卡相同的 5 折乘车优惠。

（区交通局）

【电子政务网络与信息系统安全检查】9 月至 11 月，平谷区组织开展电子政务网络与信息系统安全检查工作。为强化电子政务信息安全保障工作，提高电子政务网络与信息系统安全防护水平，依据相关文件要求，认真组织实施检查工作。通过检查进一步增强全区党政机关信息安全意识、落实信息安全制度和技术防范措施，切实提高安全防护水平，确保全区电子政务网络与信息系统的安全稳定运行。

（区科信局）

【信用修复培训活动】12 月，区经济信息化委根据《国家发展改革委办公厅关于对列入失信联合惩戒对象名单和信用状况重点关注对象的市场主体、法定代表人及涉嫌严重失信个人开展专题教育培训工作的通知》文件要求，与市经济和信息化局、市市场监督管理局共同组织开展 2018 年首期北京市平谷区信用修复培训活动。此次活动共有 60 余家企业参加，系统学习了习近平总书记关于诚信建设的重要讲话精神，宣传北京市信用领域政策法规性文件和已出台的重点领域联合奖惩备忘录及配套措施，学习市场监管相关规范与措施，学习信用修复知识，鼓励和引导企业修复失信行为，提升全社会诚信意识。

（区科信局）

【推进软件正版化工作】年内，平谷区高度重视软件正版化工作，平谷区使用正版软件工作联系会议办公室组成检查组，对全区 100 家机关单位（含政府机关、政府机关以外的其他国家机关、直属事业单位、人民团体和免予登记的社会团体）的软件正版化工作进行检查，此次检查采取听取汇报、查阅文件、核对采购合同及软件授权许可协议等资料、现场随机抽查计算机软件安装情况等方式。从检查情况看，各机关单位认真贯彻国务院和市、区有关软件正版化工作的部署要求，采取有力措施推进相关工作，取得良好成效。

（区科信局）

【“智慧平谷”建设】年内，整合“多网融合平台”“综合执法平台”等资源，依靠“街乡吹哨、部门报到”工作机制，形成1套网格、2级指挥中心、3级工作平台、4支工作力量、5项运行机制构成的平谷区网格化综合服务管理体系。推进治理重心下移和工作力量下沉，解决基层治理中问题发现机制不够健全，问题处置机制不够系统、完善以及各方面数据整合、应用欠缺等问题。

（区科信局）

【美丽乡村宽带网络建设】年内，按照平谷区《“实施乡村振兴战略 扎实推进美丽乡村建设”专项行动计划（2018—2020年）》的规划，稳步推进155个村的信息化基础设施升级，开展宽带网络接入工作，接入带宽达到100兆；高清交互式数字机顶盒推广9.55万户，新建铁塔40个，新装4G基站40个，移动通信网络覆盖率基本达到98%，为美丽乡村信息化建设奠定重要发展基础。

（区科信局）

【促进“互联网+”向工业延伸发展】年内，为加快落实《信息化和工业化融合发展规划（2016—2020年）》，鼓励企业转型升级、创新发展。切实做好制造业与互联网融合发展试点示范。区科信局组织重点企业进行两化融合相关学习培训等活动，并推荐区内优秀企业积极申报，目前平谷区已有18家企业入选市级贯标试点企业。

（区科信局）

【公交一卡通实现京津冀互联互通】年内，区交通局完成全区532辆新增公交车京津冀交通一卡通升级改造工程，总投资约181万元。京津冀交通一卡通覆盖全区782辆公交车，覆盖率98.99%，基本实现京津冀交通领域互联互通，有效助力推动京津冀交通一体化的进程。

（区交通局）

【“两客一危”车辆动态监管】年内，区交通局组织完成辖区注册的3055辆“两客一危”、重型货车、牵引车卫星定位系统安装工作，接入公交车辆北斗定位系统、全国道路货运车辆公共监管与服务等平台，实时动态监控，建立监管台账。

（区交通局）

【教育城域网安全项目建设】年内，区教育信息中心在学校网络出口和教育城域网网络出口部署下一代防火墙，在城域网中心机房部署网络安全监控分析综合平台，并为城域网内的计算机或服务器安装正版的网络版杀毒软件。保证教育城域网网络和学校数字校园系统的安全，抵抗外网主机对内网服务器进行的大流量攻击，在内外网之间进行流量控制，保证重大应用项目的正常运行，避免网络拥塞，保证网络业务的正常开展，提高了教育系统网络信息安全保障。

（区教委）

【建设学校网络视频监控系统】年内，教育系统完成全区42个公立幼儿园网络视频监控建设，共安装新摄像机3873台；完成民办幼儿园网络视频监控联网联调工作，并按上级“雪亮工程”的要求，积极向区公安分局平台推送数据，达到上级全域全覆盖要求。

（区教委）

【完善区域卫生信息平台】年内，区卫生健康委结合平谷区实际，通过分期分步的建设步骤，建成服务大众、便于管理决策的城市级的区域卫生信息平台。本着“统一标准，完善功能，互联互通，资源共享”的基本原则，在此基础上按照国家对于区域卫生信息平台要求进行扩充完善。在确保患者信息安全的前提下，提高医疗资源利用率，使百姓就医更方便，医疗服务更有效，医疗管理更加精准，管理决策更加科学。

（区卫生健康委）

【建立区域互联互通】年内，区卫生健康委结合《关于区域内卫生信息数据互联互通工作的通知》要求，整合卫生信息与纵向业务数据资源，充分利用现有资源，增加信息接入与共享点，加强数据质量控制。以居民电子健康档案、电子病历、临床路径、远程医疗为切入点，通过平谷区卫生信息平台，形成3级联网，数据互联互通，实现区域统一医疗。通过统一信息化，实现医疗卫生资源共享，降低医疗成本，方便群众就医，提高医疗服务工作效率，保证医疗质量，规范诊疗行为，实现科学化管理。

（区卫生健康委）

【建立西药配送系统】年内，为方便百姓就医用药，区卫生健康委建立西药配送系统，开展西药配送服务。西药配送系统为病人提供西药配送服务，使患者在各医疗机构均能享受到区属三级医疗机构的西药服务，节约患者时间，方便患者取药用药。全区18家社区医疗服务中心均已上线西药配送系统并进行使用。

（区卫生健康委）

【初步建立智能诊疗系统】年内，为提高医生工作效率，减少患者就诊时间，区卫生健康委建立智能诊疗辅助系统。智能诊疗辅助是根据患者所述的症状、病史等门诊信息，对照医学知识库，通过综合分析和推理判断，为医生全流程智能推送问、检、诊、治策略，帮助医生快速、准确、规范地完成诊疗工作。18家社区卫生服务中心均已上线。社区卫生服务中心使用社区版智能辅助诊疗系统既提高了社区服务能力，也提高了医生工作效率。医院版和社会版智能辅助诊疗系统正在部署中。

（区卫生健康委）

平谷区信息化工作主管领导

副区长：吴小杰

区信息办主任：胡东升

怀柔区

【概况】怀柔区经济信息化委员会（以下简称区经济信息化委）贯彻执行国家、北京市关于工业、软件和信息服务业、信息化方面的法律、法规、规章和政策；拟定促进怀柔区工业、软件和信息服务业、信息化发展的相关政策和措施，并组织实施；研究拟定并组织实施怀柔区工业、软件和信息服务业发展规划和产业政策，推进产业布局调整和产业结构优化升级；监测分析怀柔区工业、软件和信息服务业、信息化的运行态势，统计并发布相关信息；协调解决产业运行和发展中的有关问题，并提出政策建议；指导怀柔区工业、软件和信息服务业、信息化技术创新和技术进步，推进企业技术改造；组织实施国家、北京市以及怀柔区工业、软件和信息服务业、信息化科技重大专项，推进相关科研成果产业化。2018年，怀柔区按《怀柔区“十三五”信息化发展规划》要求，大力推进区域信息化建设，不断提升基础设施能级，拓展基础资源共享应用，突出抓好重点应用体系建设和智慧产业集群发展。区经济信息化委牵头构建集政务服务、公共服务、社会服务于一窗的怀柔通及便民服务应用项目；推进建设智慧怀柔“一图一库一平台”的基础性支撑平台——怀柔区地理空间信息系统；持续完善具有信用信息归集、共享和管理等功能的社会信用信息服务平台。区卫计委打造以北京怀柔医院为中心的医联体远程会诊医用显示系统，助推实现多个院区、多个科室间学科促进、精准帮扶与协同发展；区政务服务办打造线下线上功能互补、窗口服务与自助服务相辅相成的“智能化”政务服务。全区围绕各重点工作，不断深化信息技术在各领域的应用，致力于提升民众在享受政务服务和社会公共服务的幸福感和获得感。

（杨竣妃）

【社会信用体系建设】1月17日，怀柔区社会信用体系建设工作，通过市社会信用体系建设办对落实市政府《关于加快社会信用体系建设的实施意见》专项督察任务，获北京市社会信用体系建设工作创新示范典型。

（杨竣妃）

【两化融合工作推进会】1月18日，区经济信息化委召开两化融合工作推进会，北京红螺食品股份有限公司、华北触控电子科技有限公司等14家企业参加会议。会上，北京两化融合服务联盟秘书长周振飞从两化融合的概念、两化融合管理体系、两化融合工作对于企业发展的作用价值和意义、企业的项目申报流程等具体方面进行讲解。

（杨竣妃）

【智慧怀柔建设工作】1月26日，围绕国家发展改革委等8个部门联合印发的《关于促进智慧城市健康发展的指导意见》及北京市发布的《智慧北京行动纲要》要求，怀柔区全面开展智慧怀柔建设工作，全力推进顶层设计规划，其所包含的地理空间信息系统、怀柔通、智慧交通、雪亮工程4个子项目建设进展有序。年内，平台建设方面，空间地理信息平台一期项目启动，正在建立怀柔区空间地理信息数据库；数据共享方面，地理空间平台与怀柔区商务委便民网点实现数据共享，与食药监局13类企业共6000多家企业信息实现数据共享；工业企业疏解整治方面，为怀柔区散乱污企业治理提供全过程管控服务，助力怀柔区工业大院拆除，为全区工业大院拆除提供前期辅助决策支持。

（杨竣妃）

【打造优良行政审批平台】1月，为进一步推进政务服务“一网通办”“一门一窗一次”相关改革工作，区政务服务推出3项措施打造优良行政审批平台。确保软件正版化普及率达到100%。将区政务服务办现有的72台电脑，2台服务器，全部使用正版化操作系统、办公软件、杀毒软件，同时全员签订《使用正版软件承诺书》。打造全区统一行政审批平台。系统功能已符合政务服务事项审批要求，实现区级27家政务服务单位、471个服务事项均可网上办理。与统一审批平台软件开发商积极沟通。区政务服务办与统一审批平台软件开发商，从“公共服务、企业设立、企业变更、工程投资”软件整体框架联合研究开发统一审批平台“一窗受理”软件事宜，确保“一窗”式综合窗口网上正常运行，实现微信预约、事项指南、办理进度查询等更多事项联动。

（张国芳）

【怀柔智慧景区建设】2月20日，雁栖湖智慧景区全面开启，票务系统、娱乐系统、收银系统、电子导览系统、点餐系统、智慧停车场等更多智能化功能已开始使用，方便游客游览观光。年内，区文化和旅游局指挥中心建设已验收完成。20家旅游景区智慧景区建设已经全部完工。

（刘江华）

【两化融合管理体系贯标试点】4月8日，区经济信息化委以贯彻标准化实施为切入点，在全区工业企业范围内开展2018年北京市级两化融合管理体系贯标试点企业征集工作，北京中辉腾龙、第一生物等6家工业企业完成申报。

（杨竣妃）

【社会信用体系建设】5月15日，区经济信息化委召开怀柔区社会信用体系建设联席会，副区长李志遂出席，区委组织部、区委宣传部、区法院、区检察院等43个委办局及16个镇街相关领导参加。会上，区经济信息化委通报了北京市信用月报分析，介绍了《北京市公共信用信息管理办法》，并布置了年度怀柔区社会信用体系建设工作方案。

（杨竣妃）

【智慧旅游项目建设】5月底，怀柔全域智慧旅游项目通过区经济信息化委技术评审。项目建设预算总投资1867.58万元，项目建设内容主要包含区旅游委的指挥中心平台建设、智慧景区建设、星级宾馆的数据对接、智慧乡村游建设，6月启动项目招标工作，8月底完成招标，并组织开工建设。通过项目建设，实现与25家旅游景区进行视频会议、监控集联，实时查看19家景区旅游接待数据和全区游客人数，查看12家星级宾馆和1659家民俗旅游接待点的游客入住登记和旅游消费等数据信息，为行业管理提供更高效、智能化的信息平台，充分利用现代信息技术促进旅游资源深度开发，创新旅游行业管理和旅游公共服务模式，并在19家景区内实现电子购票、语音导游、电子地图、手机支付等，为游客提供了更便捷、智能的旅游体验，为国内外游客提供全方位、高质量的便利旅游服务。

（赫文娟）

【区内各单位政务网建设】5月，怀柔区政务服务办完成怀柔科学城综合服务行政大厅、怀柔区委党校实训中心、怀柔区人力资源公共服务中心的政务网接入工作；完成区文委、区体育局的政务网迁移工作；完成龙山街道下元村和东大街村、泉河街道南大街村、北房镇韦里村、九渡河镇东宫村和黄坎村、宝山镇养鱼池村、庙城镇小杜两河村、怀北镇新峰村和龙各庄村、雁栖镇永乐庄村和北台下村、喇叭沟门大甸子村的“村村通”网络迁移工作。

（武　岩）

【政府网站清理整合】6月，怀柔区在全市率先完成政府网站规范整合工作，得到市政府办公厅政务信息公开三处的肯定。本次怀柔区对25家政府网站进行清理整合规范工作。怀柔区政府门户网站对“怀柔旅游”“投资怀柔”“百姓生活”等频道进行全面改版，新开设栏目21个。总整合规范后怀柔区政府网站只保留“怀柔区人民政府”门户网站，其他政府网站通过将信息发布、解读回应、办事服务、互动交流等功能上移到怀柔区门户网站，各单位在怀柔区门户网站开展政务公开、政务服务、政务宣传等；开展重大活动或专项工作时，可在政府门户网站临时开设专题专栏。年内，为发挥怀柔区人民政府门户网站作用，建立规范的信息采集、审核、发布、更新机制，保证发布信息的安全、准确、及时和有效，怀柔区制定下发《怀柔区人民政府网站信息发布管理办法（试行）》。与16家在怀柔区政府门户网站保留栏目的单位签订《怀柔区政府网站安全管理责任书》，并组织相关单位进行《怀柔区政府门户网站自管栏目信息发布内容要求》和《怀柔区政府网站内容管理平台使用指南》培训。

（吕　华）

【怀柔通项目建设工作】6月28日，区政府为推进智慧怀柔子项目怀柔通建设工作，召开专题会，研究推进怀柔通项目建设进程。区政府领导及区经济信息化委、区财政局、区交通局等10个部门主管领导参会。会上，北京思源公司负责人汇报了怀柔通项目建设进展和未来目标，并针对数据共享、基础维护、应用运营等重点领域进行了详细解读。各部门领导听取汇报后，结合自身职能了解相关问题，并进行了深入讨论研究。

（杨竣妃）

【大数据平台建设】7月4日，怀柔区召开推进大数据平台建设专题会。会上，浪潮集团汇报了大数据平台以数据共享、数据开放、数据应用为基础构建数据生态的规划路线，以及将个人、组织、企业、政府四大主体利用数据生态进行串联的未来目标。

（杨竣妃）

【区社会信用体系工作培训会召开】7月9日，区经济信息化委为推进全区信用体系建设工作，组织区卫计委、区科委、区发展改革委等20余家机关单位召开怀柔区社会信用体系工作培训会。会上，第三方公司技术负责人介绍了社会信用体系工作的考核标准、信息公示上传标准、后台管理系统的基本操作方法。同时，针对各部门提出的上传方式等问题进行沟通和讲解。9月3日，区经济信息化委组织区卫计委、区科委、区发展改革委等30余家机关单位召开社会信用信息服务平台培训会。会上，区经济信息化委介绍了社会信用信息服务平台的建设进展、二期工程所更新的功能，以及后台管理系统的基本操作方法。

（杨竣妃）

【上线电视云服务平台】7月，怀柔区“财务公开电视云服务平台”正式上线，该服务平台由北京歌华有线电视网络股份有限公司为怀柔区委组织部开发，覆盖怀柔区14个镇乡、2个街道下属的284个行政村，提供分区域、定制化的村级财务公示服务。

（市经济和信息化局）

【信息化项目建设】8月14日，为推进区空间地理信息系统、怀柔通、社会信用平台3个信息化项目工作进展，副区长李志遂主持召开信息化项目工作调度会，区经济信息化委及承建方参会。会上，承建方汇报空间地理信息系统、怀柔通、社会信用平台的建设进展、现阶段的实际应用、未来规划。

（杨竣妃）

【社会信用平台二期项目】9月3日，区经济信息化委组织召开社会信用平台二期项目专家验收评审会。经过现场质询答辩和充分讨论后，专家认为该项目在信用数据归集共享、联合惩戒、专项信用信息应用等方面达到国内领先水平，建设成果显著，一致同意通过验收。

（杨竣妃）

【政务服务现场会召开】9月17日，怀柔区区长卢宇国召开政务服务“一网通办”及“一门、一窗、一次”现场会。常务副区长朱家亮，副区长李志遂及区发展改革委、区审改办、区经济信息化委等19个部门参会。会上，区审改办、区政务服务办分别汇报了“一网通办”及“一门、一窗、一次”改革工作实施方案。与会人员共同研讨如何解决办事群众在办事过程中遇到的实际问题。

（杨竣妃）

【怀柔通项目研讨会】10月23日，召开怀柔通项目研讨会，区经济信息化委、区财政局、区发展改革委、区公安局等7家单位领导参会。会上，思源公司技术负责人从政务办公、绩效、督查、民生服务等方面详细介绍了项目建设情况和未来规划。

（杨竣妃）

【污染源信息采集】10月25日，泉河街道、龙山街道、雁栖示范区、怀柔镇4个乡镇利用空间地理云服务平台信息采集模块对所有类别污染源信息完成采集，并在空间地理信息平台进行可视化展示。

（杨竣妃）

【一窗式综合受理系统】 11月5日，怀柔区在全市率先开发区级一窗式综合受理系统，42个区级部门的1483事项全部在平台办理，并同步上线综合窗口取号、业务流转，实现“前台统一受理、后台分类审批、统一窗口出件”的审批服务模式。

（杨竣妃）

【建设高清电视电话会议系统】 11月，高清电视电话会议系统完成竣工验收。该项目解决市公安局怀柔分局现有视频会议系统模糊不清、无法双向交流等问题，在分局、各派出所及局属单位之间将搭建一个简单、易用、高清晰度的视频会议平台，应用集语音、图像、数据等多媒体手段的视音频通信进行高效交流，提高沟通、交流效率，提高工作效率，进一步强化怀柔分局公安信息化建设。

（宋浩鹏）

【信息系统建设项目竣工】 12月12日，怀柔区公共资源交易中心组织专家召开“怀柔区公共资源交易平台信息系统建设项目”竣工验收会。项目通过了第三方软件及安全测试，同意该项目通过验收。

（杨竣妃）

【信息化工作研讨会召开】 12月13日，怀柔区政务服务办召开信息化工作研讨会。会上对区级审批平台与市级审批平台系统数据对接，打通数据回流问题、拓展一窗综合受理平台服务功能，建立考评管理系统，对综合窗口人员业务进行量化评比、研发审批平台统计、分析功能，统计网上办件量，分析办件高频事项等信息，为领导决策提供信息支撑等相关问题进行探讨。

（杨竣妃）

【社会信用信息服务平台】 年底，怀柔区社会信息服务平台已正式建成并运行，区平台已完成同北京市信用信息平台的数据对接，市区两级信用信息能够实时互联互通共享，并作为区内唯一同国家发展改革委实现互联互通的信用信息查询公示渠道，为推进信用体系建设提供基础数据和信息支撑。区平台共归集各部门信息5000余万条，可以通过信用怀柔网站，为政府各单位和社会公众提供信用信息免费查询服务。

（杨竣妃）

【全面推进“智慧怀柔”建设】 由区经济信息化委负责的信用平台、地理空间系统、怀柔通等区级共享服务平台均进展顺利。信用平台已完成一、二期建设，正式上线运营，作为全区唯一同国家发展改革委实现互联互通的信用信息查询公示渠道，为政府各单位和社会公众提供信用信息查询服务，归集信息2000余万条，正在同区内各单位进行嵌入式对接；地理空间信息系统项目已完成一期建设，实现了全区676家工业企业的挂图上墙，在污染企业治理方面的应用已正式接入，逐步实现对环境的“客厅式”管护；怀柔通及便民服务应用项目已完成便民服务平台和政务服务平台的搭建工作，实现公积金查询、社保查询、水电燃气网上缴费、减税政策一点通等政务及便民服务，整体项目正按计划推进。

（杨竣妃）

【信息化基础设施建设】 年内，怀柔区互联网出口总带宽155G，累计建设各类信息管道663.8沟千米，新建各类信息管道43.98沟千米。全区累计实际光纤接入家庭住户总数220372户，其中年内新增宽带接入家庭住户30402户。

全区光纤接入网覆盖家庭住户数覆盖率达到100%，光纤入户率98%。无线通信网络覆盖地区面积为2100平方千米，无线通信网络覆盖率为100%。全区固定电话累计109000部。2G基站数量累计951个，年内完成15个；3G基站数量累计732个；4G基站数量累计2113个，全年完成179个；WLAN累计建设AP 1595个，全年完成建设173个。怀柔区投入49余万元，打造完成升级和优化指挥应急系统。配备6台无线AP、1台AC控制器、1台彩色激光一体机，用以提高日常办公效率及兼容市园林绿化局应急指挥图像接入，为指挥中心机房、桥梓镇机房、雁栖机房、政务中心机房、渤海机房和九渡河机房各设置一套监测系统，检测消防、漏水、市电掉电、温湿度、红外入侵等信息，所有信息集成到指挥中心，一旦有异常情况发生，会在指挥中心发出声光报警，提醒值班人员及时响应，为各机房设备提供一个安全的运行环境。

（杨竑妃　隆亮华）

【电子政务网络建设】年内，区政务互联网出口带宽达2.7G；区政务宽带网络平台在网单位数总共475个（行政事业单位155个、行政村284个、社区居委会36个）；政务网络机房设备228台；完成各单位电话技术支持和现场故障排除3800余次。

（武　岩）

【市区两级政务网络建设】年内，怀柔区根据北京市政务信息安全应急处置中心下发“关于Cisco Smart Install远程命令执行漏洞的情况通报”，及时通知区内各单位，并对发现的问题做了妥善处理；协助区发展改革委做好国家发展改革委市场价格监管系统上线试运行工作；协助区投促局完成集中办公区信息化管理服务平台搭建工作；协助区司法局完成《司法部办公厅加快全国司法行政指挥中心建设确保视频点名常态化的通知》的调试工作；协助区政法委开通中央政法委“新媒通”软件调试工作；完成“2018年市电子政务网络安全现场检查”“2018年电子政务网络与信息安全自查”工作；完成中非合作论坛北京峰会期间的网络安全保障工作，活动期间未发生网络安全事故。

（武　岩）

【政务信息公开建设】年内，怀柔区政府门户网站总访问量45861264次，发布各类政务信息总计26581条，其中概况类信息更新量9848条、政务动态信息更新量7025条、信息公开目录信息更新量9708条。专栏专题维护数量30个，结合重点工作新建21个专题，开设改革开放40年历程图片展、怀柔区优化营商环境、怀柔区第四次全国经济普查、生态环境部蓝天保卫战强化督查公开工作、“绿盾2018”自然保护区监督检查专项行动、2018年怀柔区区级部门预算信息公开、相绘怀柔、第二届全民诗词诵读网络大赛、为你而歌、饮用水水源地环境保护专项行动、泉河街道第13届邻里节、“七五”普法、政府网站工作年度报表等专题和专栏，让百姓对怀柔区的重点工作有更详实的了解。

（吕　华）

【政务服务信息化建设】年内，区政务服务办建设完成怀柔政务服务微信公众号和怀柔区综合窗口统一受理平台。截至年底，区政府连续3年投入338万元开发6个政务服务信息化应用系统，为企业群众提供便捷、高效的政务服务。企业、群众到怀柔区政务服务中心办事，既可直接到大厅综合窗口现场办理，也可进行线上网厅申办、移动端微信预约、24小时自助办理。

（崔　峥）

【政民网上互动交流活跃】年内，怀柔区政务服务办通过网络渠道广泛征集民意，倾听民声。征集调查各类问卷 20 期，收到意见回复 171 条。区长信箱每天专人负责收信件，将网民关心的问题及时转到相关部门，第一时间进行回复。区长信箱栏目共收到网民来信 2504 件、整理上报来信 2406 件、回复信件 2013 件，其中督查室返回的领导批办信件 1959 件。怀柔信息网开设的政策解读栏目，全年发布 111 条解读信息，其中解读材料数量 66 条、解读产品数量 45 条，第一时间对与人民群众生产生活密切相关的政策做了详细解读，如医疗、教育、投资、养老、就业等方面，使网民对出台的政策有一个清晰的认识，利于政策的落实。

（吕　华）

【有线电视与高清数字电视建设】年内，怀柔区累计有线电视注册用户 112809 户，其中高清数字电视用户为 90756 户，高清电视业务比率达到 80%。新增有线电视注册用户 2620 户、高清数字电视用户 6742 户。

（杨竣妃）

【视频会议建设和应用】年内，怀柔区网络视频会议系统覆盖全区各委办局、镇乡、街道、行政村、社区、重点企业等单位，区卫计委、区社会办、区水务局、区司法局、区园林绿化局、区安监局、怀柔镇在区网络视频会议系统平台上建立本单位的视频会议系统。市委、市政府高清视频会议系统会议室 3 个，市应急高清加密视频会议系统会议室 2 个，市应急标清视频会议系统会议室 2 个。各个视频会议系统互联互通，组会灵活，可在任何地点召开各种视频会议。全年，区政府召集参加全国和北京市电视电话会议 174 次、区网络视频会议 69 次、应急会议调度 23 次。

（友　成）

【助力科学城发展】年内，两台智能政务引导机器人“小蓝”在怀柔科学城承接了厅内的 828 项政务服务事项的咨询、窗口办事引导、服务满意度评价、怀柔科学城讲解等多种工作；政务服务中心综合窗口按照“一号统一申请、一窗综合接件、后台分类审批、统一窗口出件”工作流程，实现线上线下高效联动。2 台税务终端、1 台工商自助终端、2 台智慧政务自助服务查询机，24 小时提供自助服务；综合服务窗口开通微信预约功能和短信提醒服务功能，900 项政务服务事项能够“掌上办”。

（崔　峥）

【怀柔信息网宣传工作】年内，怀柔区政务服务办在做好日常信息发布的同时，明确重点，加大区内重大活动报道的覆盖面和力度。通过解读、访谈等多种形式，将区委、区政府确定的工作思想、目标、措施等内容及时发布。在怀柔信息网开设学习宣传中共十九大精神、创建文明城区、优化营商环境、北京国际电影节、疏解政治促提升等专题和专栏，让百姓对怀柔的重点工作了解得更详实。将怀柔举办的各大活动和赛事第一时间发布到怀柔信息网，从文明、外事、区内重大活动等多角度宣传怀柔。为丰富怀柔信息网图片发布内容，展现怀柔良好的生态环境、人文底蕴，组织成立怀柔信息网特约摄影师队伍，由摄影师队伍定期提供片源，丰富怀柔信息网图片库内容。截至年底，怀柔信息网发布信息 16284 条，其中热点关注、怀柔快讯、镇乡动态等 7500 余条，自采信息 317 条，发布图片 304 组，视频 45 个。“在线访谈”栏目录制 14 期节目，针对百姓关注的问题进行采访，内容涵盖民俗、改革开放、医疗、环保、旅游、政务服务等方面。

（司　维）

【怀柔通及便民服务应用项目】年内，怀柔通及便民服务应用项目着力构建集政务服务、公共服务、社会服务于一窗的一站式服务App，通过汇聚政府和社会服务资源，打通信息孤岛，实现数据与信息资源的互联互通，从而提升城市治理效率，同时满足居民生活的便捷化需要。怀柔通便民服务平台和政务服务平台的搭建工作已完成，具备政务服务及便民服务的接入能力，实现公众版、公务版、领导版3个不同用户群体不同版本的切换，已接入便民查询与缴费、科学城政务大厅网上预约、移动OA办公、空气质量、气象怀柔、信用怀柔、百姓网格等结合怀柔区本地特色的功能模块。

（杨竑妃）

【在线办事服务建设】年内，怀柔区政府网站设置统一的办事服务入口，发布本地区政务服务事项目录，集中提供在线服务。联合区政务服务办对全区办事流程进行认真梳理，实现网上公开事项1552项，公开事项包括12个内容，可全程在线办理政务服务事项数量110项。实现网上办事系统的在线申报与预受理、服务事项审批状态查询、应用系统资源整合等功能。联合区编办对全区27家单位权力清单予以分类，进行梳理公示。联合区经济信息化委对区行政许可结果和行政处罚结果进行公示，2018年度公示739条。

（吕　华）

【网格化多网融合建设】年内，怀柔区网格化服务管理系统自2012年建设至2018年，已相继融合社会服务管理网、城市管理网、社会治安网、“12345市非紧急救助热线”等多方面工作。按照市城管执法局《北京市城市管理综合执法系统网格化服务管理体系规范性标准》和《关于开展北京市城市管理综合执法网格化服务管理体系建设的工作方案》要求，配合区城管执法局，开展怀柔区城管执法网格化建设，持续推进网格化多网融合建设工作。

（刘　伟）

【公共资源交易平台】年内，怀柔区公共资源交易中心打通服务企业“最后一公里”，全力打造“全程留痕、公开透明”的公共资源交易平台。1月至11月，为503个项目抽取评审专家2405位，为304个项目提供交易服务，累计完成政府采购项目的公共资源交易项目9个，执行采购预算2333万元，实际采购金额1747.3万元，节约财政资金585.5万元。另外，从4月执行免费招投标服务以来，公共资源交易中心为相关企业节约资金达200余万元。

（徐剑辉）

【地理空间信息系统建设】年内，怀柔地理空间信息系统项目已完成二期建设，实现全区731家工业企业的挂图上墙，在污染企业治理方面的应用已正式接入，通过平台可对企业进行清晰三维漫游浏览并从多视角查看该企业真实三维场景与周边情况，对腾退、注销、在产企业的分布与企业厂房目前状况进行全方位把握以便下一步决策，实现对企业的可视化管理。区地理空间信息系统是智慧怀柔建设“一图一库一平台”的基础性支撑平台，建立怀柔区基础地理数据资源库，实现地理空间数据资源归集、共享与应用，形成怀柔地理空间框架大数据资源池，为怀柔区城市规划（包括科学城）、土地利用、市政设施、城市和社会的应急处突、交通、灾害预警模拟以及疏解整治促提升等工作提供基础应用支撑。

（杨竑妃）

【视频监控“天网”全面升级】年内，区公安分局结合怀柔区公共安全视频监控建设联网应用项目的全面建设，加快推进对社会单位视频监控的联网整合，扩大视频监控领域，已提供视频监控平台访问终端，可随时调用视频监控资源。分局高清二级平台自建及整合5472路高清探头，其中高点监控探头133个，并陆续建设460路高清视频监控摄像机。通过调用全区视频监控资源，对重点区域、部位、场所、要害单位、主要道路等试行全天巡视，快速发现并协助处置各类可疑和突发情况，与实兵巡控力量紧密结合，辅助开展实体工作，从而整体性提升对社会面的掌控能力，夯实“以面保点”的工作基础。全年80%以上的案件侦办工作都运用了视频侦查手段，利用视频系统发现或协助处置治安、交通、火险、非正常访问等千余次。

（宋浩鹏）

【中国移动洞察报告】年内，区旅游委与中国移动通信集团北京有限公司合作，对进入怀柔区境内的重点景区及镇乡游客数据进行处理和分析，全年形成4份旅游大数据报告。与乐生活（北京）文化传媒有限公司合作进行“互联网＋旅游”营销项目，做好全区旅游资源宣传推广工作。

（马俊慧　杨欢）

【完善养老服务信息综合平台】年内，区民政局持续发挥怀柔区养老服务指导综合信息平台作用，不断完善怀柔区养老官网、怀柔区养老商城、怀柔区微信公众号、怀柔养老服务社会管理平台等九大系统的各项功能。怀柔区养老官网新增加服务商信息100余家、驿站信息40余家、机构信息18余家。微信公众号推送文章300余篇。养老服务呼叫中心的养老热线呼叫总量达9237次，其中解决老人生活服务需求有效派单739次、服务咨询1690次、回访工作2234次。

（杨竣妃）

【构建信用社会环境】年内，区经济信息化委注重以用促建，构建守信激励和失信惩戒的社会环境，推动各行业主管单位制定本领域的红黑名单制度，积极开展守信激励、失信惩戒工作，实现信用信息在食品药品安全领域、工程招投标、政府采购和政府奖励等方面探索应用，提高社会信用在社会治理方面的使用率和应用范围。

（杨竣妃）

【医疗卫生信息化建设】年内，医联体远程会诊医用显示系统建设，以怀柔医院为中心的远程医疗平台，依托怀柔医院设立的远程医疗中心，连接首都医科大学附属北京朝阳医院，覆盖怀柔区内的医院或者基层医疗单位，实现医院与医院、多个院区、多个科室间学科促进、无缝衔接、精准帮扶与协同发展，有力助推怀柔医院品牌建设。

（于东悦）

【交通信息化建设】年内，区交通局通过运营车辆GPS监管平台反映相关数据，更好地掌握运营车辆违法违规情况，对易发生违法违规现象的地点和车辆加大执法力度。全年怀柔区运营车辆加装卫星定位装置情况：公路营运的载客汽车合计1069辆，其中公交车548辆、旅游车辆47辆、汽油出租车24辆、电动出租车450辆；化学危险品运输109辆，重型载货汽车2501辆。

（杨竣妃）

【建成智能交通系统】年内，怀柔公安分局以科技服务重大安保、服务保障民生的思路，打造智能交通路况感知网络，提升辖区路网运行能力，在进出怀柔中心城区的22条道路安装微波交通流量检测设备，实现重点道路交通流量智能分析和信号机联网控制应用通过配时优化，使日常道路通行率提升20%，特别是在国庆黄金周期间，日均通过车辆达到9.24万辆，同比增加17.5%，未发生严重拥堵问题。同时，通过平台与交通诱导大屏进行对接，实现路况实时推送及交通信息发布等功能，切实提升群众满意度。

（宋浩鹏）

【旅游信息化建设】年内，怀柔区旅游信息化取得扎实成效。利用政府信息网刊发布旅游信息资讯129条(含文字信息79条、网络图片50条)。依托新媒体技术营销，推进官方微博、微信等新媒体建设管理和运用。截至年底，官方微博定期更新推送信息618条；官方微信发布信息315条。

（马俊慧　杨欢）

【文化领域信息化建设】年内，依托怀柔区图书馆，区文化旅游局完成对全区14个镇乡、2个街道下辖的284个行政村和33个社区基层图书室、数字文化社区和共享工程基层服务点设备巡检和年底检查考核工作。在馆内原有数字资源基础上，对网上报告厅、儿童数字图书馆等数字资源进行补充更新；新购置绘声绘色课堂、改革开放40年等专题数据库；新增数字资源6.52TB，丰富读者阅读资源。争取市级资金，解决了由于信号传输与设备巡检费用拨付不到位导致的300个共享工程基层服务点和11家数字文化社区信号传输不畅的问题，为基层配备盲人智能听书机700台。

（孟红柳）

【教育信息化建设】年内，区教委完成怀柔区教育云基础平台建设，搭建教师研修平台、中高考成绩分析系统、综合素质评价系统、学情分析系统、资源云盘等多级应用系统。逐步完善教育城域网主干网升级和学校网络建设，教育城域网安全等级保护二级等保升级，全区教育系统63个单位总带宽2.36G。中小学、幼儿园全部实现无线网络覆盖，有线网接入比例已完成100%。各学校出口带宽达到了千兆。各学校接入国家和北京市资源云平台，实现教育优质资源共享。数字教室已投入使用，推进现代信息技术与课堂教学的融合。推进北京数字学校平台应用，教师和学生能在平台进行教学和在线学习。部分学校已经建设微课录制系统，能自主录制微课并分享。

（王志刚）

【林业有害生物监测】年内，怀柔区设置林业有害生物监测测报点500个，测报有害生物种类56种，监测测报点覆盖14个镇（乡）、11个有林单位，监测面积16.02万公顷，监测覆盖率100%。全年共收集监测报表2572份、测报数据56739个，对测报数据进行整理分析，发布中短期预报及防治信息18篇，科学指导林果生产。

（李　杰）

【IP广播系统建设】年内，怀柔区投资47万元建设IP广播系统，在雁栖镇山吧路口、神堂峪停车场和长圆村南沟等处设立22个；渤海镇三岔村口、铁矿峪村大门和辛营村村南路口等处设立30个；九渡河镇四渡河村北路口、黄坎峪村北检查站和花木城村南等18个；桥梓镇苏峪口村口、北宅村小松坟路口和圣泉寺圣泉山庙等9个，发挥这原有的79个治安监控设备宣传作用。此播音器不定期更新宣传内容、分时段进行森林防火宣传教育，有效弥补宣传盲区和死角。

（隆亮华）

怀柔区信息化工作主管领导

副区长：李志遂

区经济信息化委主任：周怀明（3月离任）

马天彪（3月任职）

密云区

【概况】密云区经济信息化委员会（以下简称区经济信息化委）是密云区政府的组成部门，承担工业产业促进、中小企业发展促进、信息化及信息资源管理推进等职能。内设办公室、组织人事科、法规信息科、企业服务管理科、财务科、经济运行科、产业促进科、信息化管理科，产业园区管理服务中心、机关综合事务管理中心、节能与环保促进中心、信息中心、采购中心等行政科室及所属事业单位。2018 年，区经济信息化委坚持以科学发展为主题、以加快转变经济发展方式为主线，统筹规划、重点突出，以信息化带动工业化，以工业化促进信息化，稳步推进信息化建设。区信息化工作以稳步推进全区社会信用体系建设为重点，以保障网络和信息安全工作为核心，持续推进软件正版化和两化融合管理体系贯标工作，按计划落实智慧城市建设工作、按要求推进信息资源整合共享工作，同时协调推进信息化基础设施建设，积极开展无线电管理宣传，各项工作均按计划圆满完成，较好地适应了信息化工作任务增加、要求更高、标准更细的新形势，为密云区信息化建设发展贡献了力量。

（王效辉）

【提前实现“一区一网”整合工作】7 月 27 日，区信息中心开始对全区 50 家政府网站启动整合工作。截至 10 月 8 日，提前完成“一区一网”整合工作，整合比例 100%。20 家镇街网站、30 家部门网站已全部整合，并将数据迁移至区政府门户网站。

（何晓梅）

【网络安全工作】8 月 15 日，密云区通过市委网信办对密云区电子政务网络与信息系统安全的现场检查。10 月 17 日，区信息中心开始实施密云区政务外网安全升级改造，完成安全设备部署，双机房双链路改造、安全加固及等保三级测评等工作，并于 12 月 26 日取得国家安全生产监督管理总局通信信息中心出具的信息系统安全等级测评报告，测评结论为基本符合安全保护等级第三级。区信息中心开展电子政务网络与信息系统安全检查，重点检查在用电子政务网络和重要电子政务信息系统，包括安全管理制度落实、信息安全等级保护开展、门户网站整合与安全防护、信息技术服务外包和应急管理工作等情况。

（何晓梅）

【政府机构失信专项治理】9 月 13 日，区经济信息化委召开密云区政府机构失信专项治理工作协调会，对政府机构失信问题进行专题研究。9 月 17 日，区经济信息化委制发《关于开展政府机构失信专项治理工作的通知》，要求各镇政府督促辖区内各失信村民委员会于 10 月 20 日前全面履行法定义务或与申请执行人达成和解议并履行完毕。截至 10 月 30 日，涉及密云区的 3 件基层村民委员会失信问题全部整改完成。

（齐　城）

【社会信用体系建设】9 月，区经济信息化委依据《北京市社会信用体系建设三年重点工作任务（2018—2020）》《2018 年北京市社会信用体系建设重点工作任务》等文件精神，结合实际，以区政府名义印发《北京市密云区社会信用体系建设三年重点工作任务（2018—2020年）》和《北京市密云区2018年社会信用体系建设工作方案》。

（印明星）

【举办企业信用修复培训班】 12月25日，区经济信息化委举办密云区首期信用修复企业法人代表培训班，区域内近80家重点失信企业参加。对失信企业法人代表进行诚信教育，就国家及北京市信用修复政策文件、企业信用修复流程、信用承诺及信用培训学习工具等进行专题培训，引导失信企业主动整改、重建信用并进一步树立信用意识，培养信用行为，开展诚信经营。

（齐　城）

【智慧城市建设】 年内，区经济信息化委组织专家对区政务服务办的公共资源交易平台建设项目、区监察委的纪检监察业务系统安全建设项目和区工商分局的市场主体信用监管平台项目进行评审。对"智慧密云"建设落实情况进行评估检查，检查结果："智慧密云"建设工作有序推进，全区信息化基础设施建设水平显著提升，在社会管理、产业发展、民生服务三大领域率先形成一批智慧应用，信息化基础及应用支撑环境较好。

（王效辉）

【信息化基础设施建设】 年内，区经济信息化委积极协调十里堡镇政府和果园街道办事处共同解决河槽村、中加荣园基站建设问题，并面对面向居民解释；组织中国电信、中国联通、中国移动三大电信基础运营商对鼓楼街道上营东区16号楼网线集中整治，认真预研人大代表提交的《关于密云城市老旧小区"飞线"整治的建议》，并将有关情况及时上报区政府督查室；组织中国铁塔密云分公司、中国联通密云分公司和中国移动密云分公司在大城子镇庄头行政村新开峪自然村建设简易信号塔并安装通信信号覆盖设备，提高信号覆盖质量，确保通信畅通。

（王效辉）

【大数据平台建设】 年内，区经济信息化委积极参加大数据和政务云业务培训，提高对大数据业务的认识；与北京思源政务通科技有限公司、太极计算机股份有限公司、阿里云等专业公司对接交流，积极探索大数据平台建设。

（王效辉）

【完成软件正版化检查验收】 年内，密云区完成2017年度全区国家机关软件正版化检查验收，密云区2017年度软件正版化工作得分105分，列全市第1位。区经济信息化委制发工作方案，明确目标任务，加强宣传培训，强化组织领导，严格实地检查，收集整理资料，完成2018年度全区软件正版化市级迎检考核工作。

（张　鹏）

【网络运行状态监控】 年内，区信息中心查找感染病毒的计算机，排查私接路由等影响上网的行为，保障网络畅通、优化网络运行环境；协助区纪检委排查非工作上网行为的单位及计算机，并对部分单位申请做上网行为限制策略，使网络工作环境更加安全、积极向上。

（何晓梅）

【监管政府网站】 年内，区信息中心监管51家区政府网站，同时监管网站的临时性加急工作。排查敏感信息3次，均未发现敏感信息存在。处理北京市政务信息安全应急处置中心安全监控预警邮件18件。

（何晓梅）

【两化融合管理体系贯标】 年内，区经济信息化委通过贯标宣贯会、重点企业跟踪服务等方式，积极组织企业申报两化融合管理体系贯标试点企业，全区共有10家两化融合管理体系贯标试点企业，其中国家级试点1家，为宝沃汽车有限公司；市级试点9家，为京海换热设备制造有限公司、北京龙鼎源科技股份有限公司、北京奥金达农业科技发展有限公司、雅派朗迪（北京）科技发展股份有限公司、北京倍舒特妇幼用品有限公司、北京汇源生物科技有限公司、北京美中双合医疗器械股份有限公司、北京亨通斯博通讯科技有限公司和北京富特盘式电机有限公司。

（张　鹏）

【信息化领域行政执法】年内，区经济信息化委执法人员积极参加市经济信息化委7月组织的依法行政的培训，认真学习行政执法流程和典型经验，切实提高行政执法工作能力。针对承担的9项行政处罚职权，组织开展信息化行政执法检查工作，全年共检查164次，检查结果全部录入北京市行政执法信息服务平台。

（齐　城）

【信用信息“双公示”工作】年内，区经济信息化委梳理汇总行政许可和行政处罚信用信息“双公示”目录。全区2017年度254项行政许可和5118项行政处罚事项已及时在区政府门户网站公开。修改完善专栏，增加了“双公示”目录页面和公示内容数据项；添加全数据导出和单位台账添加新任务导出功能；完善浏览器兼容和必填项空白等问题。对公开数据进行整改。召开《行政许可和行政处罚信用信息公示》工作部署会，督促各部门将本单位所做出的行政许可和行政处罚等信用信息通过“区双公示专栏”全量公示。建立长效机制。规范“双公示”数据格式，及时准确将相关信息录入“双公示信息栏”。全区通过行政许可和行政处罚“双公示”信息栏共计公示行政许可信息14304项、行政处罚信息7229项。6月，通过市经济信息化委向“信用中国”归集第二季度行政许可信息1589条、行政处罚信息482条；9月，通过报送市经济信息化委向“信用中国”归集第三季度行政许可信息583条、行政处罚信息472条。

（印明星）

【失信联合惩戒】年内，区经济信息化委加大失信联合惩戒力度，构建“一处失信、处处受限”的信用惩戒大格局，进一步推进密云区社会信用体系建设，制发《关于对失信被执行人开展联合惩戒的通知》，将经法定程序认定的第一、二、三期失信被执行人（法人）名单予以公布，要求各单位在日常监管和公共服务中对失信被执行人（法人）依法依规采取适当限制措施。通过实施联合惩戒，努力营造密云区不愿失信、不敢失信、不能失信的良好氛围。全年完成联合惩戒典型案例上报任务8个。

（印明星）

【“阿里钉钉”中小企业信息化服务】年内，密云区利用“阿里钉钉”软件平台集中整合相关企业信息，发布中小企业相关政策、推广银行融资信息及中小企业培训通知。自9月系统平台建成以后，该平台已发布相关信息10余条，密云区企业管理人员注册人数已达124人。

（密云区）

【手机微信“帮帮”】年内，密云区以“帮融资、帮宣传、帮创业、帮提升”为服务理念，不断完善服务功能，全年通过手机微信“帮帮”发布各类服务信息20期200条。

（密云区）

密云区信息化工作主管领导

副区长：范永红

区经济信息化委主任：王建国

延庆区

【概况】延庆区经济信息化委员会（以下简称区经济信息化委）设立信息化科，负责全区信息化工作。依法对全区软件实行行业管理；负责全区政务网络与信息安全管理，统筹协调推进全区城乡一体化中的信息化建设；协调推进有关信息化建设试点示范工作；组织拟订信息化领域的发展规划、年度计划和相关政策；按照规定权限，核准、备案和上报规划内和年度计划内信息化产业固定资产投资项目，并组织实施；配合社会信用体系建设；组织执行软件和信息服务业技术规范和标准；指导和监督政府部门、重点行业的重要信息系统与基础信息的安全保障；负责各乡镇电子政务绩效考核；负责全区无线电管理，开展信息化领域对外合作与交流。

（郑　鑫）

【出台智慧延庆建设指导意见】1月3日，区经济信息化委以区政府名义印发《关于推动智慧延庆建设和“互联网+”行动的指导意见》，明确智慧延庆实施路径及建设模式，加快推进延庆新型智慧城市建设。

（郑　鑫）

【大数据建设工作前期对接会】6月22日，市经济信息化委智慧城市处（大数据应用处）有关领导代表市大数据推进小组办公室来区经济信息化委进行大数据建设工作前期对接。区经济信息化委、区应急办、区城市管理指挥中心、区旅游委、延庆公安分局参加对接。区经济信息化委介绍了延庆区大数据工作基础情况和建议。区应急办、区城市管理指挥中心、区旅游委、延庆公安分局分别介绍了本单位主要应用系统建设情况及大数据建设的需求。市大数据推进办建议市区两级充分对接，开展摸底调查情况，并建立市区两级工作推进机制，成立由各单位具体人、项目单位组成的专班，共同努力争取经费及相关保障。

（郑　鑫）

【“双公示”评估准备培训会召开】7月5日，区经济信息化委组织开展了延庆区“双公示”评估准备工作培训会。邀请市经济信息化委社会信用处、市经济信息化委资源中心，以及参与过“双公示”评估工作的中青信用管理有限公司有关人员为“双公示”评估工作进行培训。

（郑　鑫）

【5G业务知识普及培训会召开】7月13日，区经济信息化委召开5G业务知识普及培训会，延庆区5G和大数据工作专班人员，以及区经济信息化委工作人员共70余人参加。

（郑　鑫）

【世园会通信基站建设】8月9日，区经济信息化委及铁塔公司相关人员到世园会建设工地实地督导基站建设进度和施工情况，要求铁塔公司加强施工安全管理，确保按期完成工程建设。区经济信息化委加强台账跟踪，每周了解记录基站建设进展，加强对接协调及现场督导。

（郑　鑫）

【开展机房巡检活动】8月20日至22日，区信息中心牵头，有关电信运营商与运维服务商参与，分两组对全区机房进行巡检。此次巡检活动，对有关设备进行了例行检查和维护保养，排除各项安全隐患，提升机房安全水平和可靠性，达到既定的巡检目的。

（郑　鑫）

【政务云平台建设】 8月，区经济信息化委采用“合资建设、租用云资源”模式完成延庆区政务云平台，满足安全等级保护第三级要求。以租用云资源模式承载延庆区所有政务信息系统，并建立健全配套制度和技术标准。延庆区政务云平台已入云系统6个。

（郑　鑫）

【世园会通信应急演练】 9月11日，区经济信息化委、区应急办、北京电信延庆分公司联合开展第一轮世园会通信应急演练活动。北京电信延庆分公司、北京市电信公司网络运行维护部机动应急通信中心主持演练活动。演练内容是：通过卫星电话指挥通信、“处置突发事件”、C网通信保障以及大型应急通信车车载基站开通3个科目，系统检验电信公司应急指挥能力、现场快速处置能力以及协调作战能力。演练活动出动应急工作人员11人、应急通信车3辆。

（郑　鑫）

【突发事故应急演练】 9月25日，区信息中心进行突发事故应急演练。演练活动从上午9点开始，模拟在无预警停电情况下，启动应急预案，根据事件进展，启动UPS、数据应急备份、关闭服务器等系统。演练活动有助于提升中心应急反应能力，提高安全保障水平。

（郑　鑫）

【国庆假期网络保障】 10月1日至7日，区信息中心成立安全工作领导小组，保证双人双岗进行7×24小时实时监控，重点巡查政府网站、内网办公等重要信息系统和政务外网、图像网运行情况。紧急恢复3起故障，第一起为八达岭镇图像传输服务器频繁瘫痪事件，第二起为政府主楼机房断电导致一个猫框损坏，第三起为八达岭镇政务外网光缆被车辆挂断。中心领导和运维人员及时排除故障，保障系统、网络安全平稳运行。

（郑　鑫）

【开展井盖巡检活动】 10月25日至29日，由区信息中心牵头，歌华公司参与，对全区通信有关的井盖和地下管线进行巡检。此次巡检活动，排除了安全隐患，提升了通信保障水平，达到了既定的目的。

（郑　鑫）

【启动5G试点建设工作】 10月，区经济信息化委确定智慧灯杆建设为延庆区5G试点工作内容，在世园周边及城区重点道路，各电信运营商重点实现4G网络深度覆盖，支撑路侧停车实施，并根据未来5G部署、组网预留位置，并为城市管理、环保、水务、气象等提供可选基础设施。

（郑　鑫）

【优化营商环境】 11月29日，由市经济和信息化局、市市场监督管理局、区政府共同组织的北京市延庆区信用修复培训会圆满完成。延庆区社会信用体系建设联席会成员单位、区级70余家重点企业参加了培训。

（郑　鑫）

【调研北京世园会园区建设】 11月29日，市经济和信息化局及延庆区领导，以及市5G专班及支撑团队赴北京世园会园区，现场察看世园会5G通信基础设施建设及示范应用规划情况，调研北京世园会筹备最新进展并召开座谈会。

（郑　鑫）

【智慧灯杆落地延庆】 11月，区经济信息化委、区城管委、区交通局、铁塔公司共同协作，32根智慧灯杆亮相延庆世园路、圣百街、湖南路。这些路灯杆不仅能实现照明功能，电信运营商还可部署4G基站，实现区域4G网络深度覆盖，预留5G位置，并为其他信息采集和物联设施提供可选基础设施。智慧灯杆集各项功能于一杆，充分实现资源共享，减少重复施工，节约土地资源，美化城市环境，为延庆区城市智能化基础设施建设工作探索出一条新途径。

（郑　鑫）

【刘干路干沟区域信号实现全覆盖】12月13日，区经济信息化委牵头，铁塔公司会同3家运营商对刘干路干沟区域采用交流电力、直流远供、太阳能光伏3种供电方式，解决了刘干路长期无信号的问题，为当地村民和游客提供了方便。规划建设的13个基站已经全部完成，移动、电信、联通3家运营商的网络覆盖都已安装到位，信号实现全部覆盖。

（郑　鑫）

【通信基础设施建设】年内，延庆区完成宽带光纤覆盖城区及所有376个行政村，并具备100兆带宽接入能力；完成新建63个基站的工作任务，实现4G村村通；完成刘干路试点基站建设12个，解决刘干路干沟区域多年没有手机信号覆盖的问题；完成北京世界园艺博览会全部12个宏站的建设，中国馆、国际馆、生活体验馆室均已完成80%；2022年北京冬奥会临时和外围保障工程进展顺利；建设完成2个核心赛区临时保障基站和松闫路5个基站建设，满足应急通信及施工通信的需求；完成冬奥外部通信管道工程4条市政道路段管道。4条公路路段管道正在施工。

（郑　鑫）

【社会信用体系建设】年内，区经济信息化委以联席会议办公室名义印发《延庆区社会信用体系建设三年行动计划（2018—2020）》和2018年重点工作任务，完善“信用延庆”信息公示平台，督促各部门归集信用数据，平台共归集信用信息14000余条。在北京市区域信用环境状况监测月报第22期、第23期中，延庆区综合指数排名分别是第13名、第10名，排名稳步提升，第23期综合得分88.95，为历次最高得分，“双公示”工作在16个区中排列第1名。

（郑　鑫）

【大数据平台建设】年内，延庆区完成区级13个部门35类数据目录梳理工作；完成市城管委、市公安局、市规土委、市交通委、市经济和信息化局、市文化和旅游局、市气象局、市商务委、市水务局、市卫健委10部门457类数据落地对接；完成支撑世园专项应用，即市公安局、市生态环境局、市卫生健康委、市文化和旅游局、市信访办、市应急管理局、市政务服务管理局7个部门共34类数据落地对接。

（郑　鑫）

【政务云平台建设】年内，区旅游委、区交通局、区信息中心等6家单位的信息系统完成政务云迁移部署工作。推进区级大数据工作，完成第1批、第2批政务数据汇聚需求对接工作，以及1+9+X+Y数据目录梳理工作。

（郑　鑫）

【智能城市运行管理平台】年内，延庆智能城市运行管理平台二期项目统筹推进。完成74个教育机构重点场所高清监控共2306个点位，完成重点区域的140个点位和城区高点监控21个点位建设工作。

（郑　鑫）

【政务外网升级改造及运维】年内，政务外网升级改造项目申报前期工作全面启动，完成项目的初步设计并通过专家评审、前置审批和财政资金评审。政府网站系统运行维护及安全保障工作持续推进，完成32个部门子站和4个独立建设子站的关停和整合，在全市优先实现“一区一网”；接听报修及技术支持电话850多个，外出排障170次，主动发现处理410次，主机房巡检 365 次，分机房巡检 12 次。

（郑　鑫）

【电子政务外网网络安全检查】 年内，区经济信息化委、区信息中心、延庆公安分局网安大队、区政务公开办联合开展政务外网安全检查。通过实地走访，区农业局、区园林绿化局、区卫生计生委、区财政局、区旅游委等 7 个部门，听取工作汇报、查阅资料，检查各部门政务网络安全工作落实情况。

（郑　鑫）

【信息化行政执法检查】 年内，区经济信息化委共开展信息化行政执法检查 21 次，在依法开展行政执法过程中未发现违反信息化相关法律法规的现象；完成各类投诉及反应问题回复 48 件，其中非紧急救助中心派单 38 件、每日舆情派单 4 件、网格化工单 6 件。

（郑　鑫）

【5G 业务知识普及培训会召开】 年内，区经济信息化委召开 5G 业务知识普及培训会。延庆区 5G 和大数据工作专班人员以及区经济信息化委工作人员 70 余人参加培训。

（郑　鑫）

【推进 5G 试点工作】 年内，北京世界园艺博览会周边及城区主干道路启动智慧灯杆建设，在世园路、湖南路等路段完成智慧灯杆安装 36 根，部署 4G 基站、路侧停车设施、监控等设施，预留 5G 位置，并为城市管理、环保监测等提供可选基础设施。智慧延庆建设取得阶段成果。

（郑　鑫）

【两化融合管理体系贯标工作培训会召开】 年内，区经济信息化委召开两化融合管理体系贯标工作培训会，邀请北京专家讲解《两化融合管理体系贯标试点申报流程》，并对两化融合管理体系标准进行解读。全区 20 余家规模以上工业企业及重点企业 30 余人参加培训。

（郑　鑫）

延庆区信息化工作主管领导

副区长：罗　瀛

区经济信息化委主任：徐自成

社会信用

本栏目刊载2018年北京市信用体系建设、信用平台建设以及社会应用情况。

概　述

2018 年，《北京市进一步优化营商环境行动计划（2018—2020 年）》出台，北京诚信列为四大工程之一。北京市社会信用体系建设总体水平处于全国前列，信用状况监测连续 15 个月排名第一，政务诚信建设取得显著成效。年内，市经济和信息化局制定相关政策，开展政务诚信建设创新示范，加强政府采购、政府与社会资本合作、招标投标、招商引资等领域政务诚信建设。加大政务公开、加强政府采购诚信建设等政务诚信建设任务、责任分工。明确全市各部门、各区政务诚信建设的工作重点和责任分工；明确北京市政务、商务、社会、司法四大领域诚信建设顶层设计。按照“一网四库一平台”的总体框架，在企业、个人、社团、事业单位信用信息系统的基础上，建设完成全市统一的公共信用信息服务平台，与市行政审批服务大厅和国家信用信息共享平台完成系统对接，实现公共平台与全市各个审批系统的对接。北京市信用平台及网站在 2018 年全国信用平台及网站观摩会中获得一等奖。

（市经济和信息化局）

信用体系建设

【推动全市社会信用建设】3 月 16 日，市经济信息化委为贯彻落实《北京市人民政府关于建立完善信用联合奖惩制度，加快推进诚信建设的实施意见》文件精神，推动《2018 年北京市社会信用体系建设重点工作任务》有效开展，组织召开信用联合奖惩系统“嵌入式服务”工作专题会议。市发展改革委、市科委、市教委等 26 家市属机构 50 余人出席会议。会议就落实国家、北京市组织签署的联合奖惩备忘录，有效利用市公共信用信息平台开展跨部门联合奖惩，形成事中监管、事后联动的工作模式，切实做到“当奖则奖，该惩必惩”提出建议。

（市经济和信息化局）

【建立多层次政务诚信监督体系】7 月至 10 月，市经济信息化委对市级部门《北京市人民政府关于建立完善信用联合奖惩制度，加快推进诚信建设的实施意见》落实情况进行督察，并将督察结果上报至市政府。自 2016 年以来，北京市持续对 16 个区和 12 个行业进行月度信用状况监测排名，及时发现问题并督促整改，在信用北京网站进行公示。年内，各区信用状况监测结果纳入营商环境考核，与各区政府绩效考核挂钩。信用服务机构、高校及科研院所等第三方机构对各区、各部门开展政务诚信评价评级并及时公布结果，加强社会监督。自 2017 年以来，每年委托第三方机构汇总分析各部门、各区信用工作总结材料，评估各单位年度重点工作完成情况，编制全市年度市级部门、各区社会信用体系建设分析报告。

（市经济和信息化局）

【加速推进养老服务机构诚信体系建设】11月20日，为规范北京市养老服务机构信用信息归集和使用管理工作，加快推进养老服务业诚信体系建设，市民政局、市经济和信息化局等8个部门联合印发《北京市养老服务机构信用信息管理使用办法》。市民政局搭建养老服务机构信用信息归集系统，并通过与市公共信用信息服务平台的信息共享，初步实现北京市养老服务机构信用信息的归集、公示与使用，提升北京市养老服务质量和效益，整顿和规范市场秩序，为促进养老服务市场健康发展提供有力支撑。

（李慧燕）

信用平台建设

【公共信用信息服务平台】年内，市经济和信息化局按照“一网四库一平台”的总体框架，建设完成全市统一的公共信用信息服务平台和“信用北京”网站。截至年底，平台共归集来自国家和北京市的280个目录、4余亿条数据，包括2100万自然人，490万企业、社会组织、事业单位、个体工商户法人。平台完成对接单位97个，开通632个注册用户，与全市11个信用信息系统进行嵌入式对接，累计提供信用数据1.05亿条。向“信用中国”网站报送196万条“双公示”信息，完成190余万个市场主体统一社会信用代码的转换工作。信用联合奖惩机制基本建立。9月，在国家发展改革委举办的全国公共信用信息共享平台和网站建设观摩评比中，北京市获得一等奖。

（市经济和信息化局）

【推进行业信用体系建设】年内，市住房城乡建设委根据加快社会信用体系建设、推进政府信息共享要求，升级建筑市场监管平台，完善行业监管功能，加强建筑市场的监督管理；建立建筑行业黑名单管理系统，预测建筑市场健康指数，支撑预警预报机制；根据全国信用信息公示要求，加强信用信息资源整合，完善行政许可、行政处罚信息公示机制，做好行政许可和行政处罚等信用信息公示。

（市住房城乡建设委）

社会应用

【银行及电信运营商入驻反诈中心】1月12日，工商银行、农业银行、中国银行、建设银行、交通银行、邮储银行北京分行、北京银行、北京农村商业银行8家银行正式入驻市公安局反诈中心，合署办公。1月23日，移动通信三大运营商正式入驻市公安局反诈中心，合署办公。

（武海涛）

【反电诈专项工作入围公安部重点项目】6月1日，市公安局打击防范电信网络诈骗犯罪、畅通大数据服务基层渠道专项工作电信网络诈骗案件预警系统入围公安部畅通大数据服务基层100个重点项目。

（武海涛）

【北大软件获得AAA级信用等级】6月15日，北京北大软件工程股份有限公司通过中国软件行业协会信用评价，获得AAA级信用等级。

（宋慧宇）

【“校园安全宣传月”防范网络诈骗宣讲活动举办】9月19日，市公安局在北京青年政治学院为1000余名在校师生进行了防范网络诈骗宣讲活动。该活动通过案件实例剖析、现场互动问答等形式，对网络兼职、网络购物、网络贷款等针对学生群体易发的网络诈骗手段、危害以及识别防范方法进行了宣讲，并逐一解答师生提出的问题，提升师生们的自我防范意识和识骗防骗能力。

（张　颖）

【打击防范电信网络诈骗犯罪成效显著】年内，市公安局以“四专两合力”为引领，全力依托公安部打击治理电信网络新型违法犯罪查控中心与北京市反电信网络诈骗中心，坚持“智慧刑侦”工作思路，运用大数据、人工智能等先进技术开展科技信息化建设。通过科技手段预警劝阻事主近8万人次，为群众止损资金约6亿元，打击防范电信网络诈骗犯罪成效显著。

（武海涛）

信息安全

本栏目刊载2018年北京市信息安全管理规范和信息安全服务情况。

概　述

2018年，市经济和信息化局围绕信息安全监管和应急通信保障重点任务，结合通信保障和信息安全应急工作实际，研究制定《北京市通信保障和信息安全应急指挥部办公室值守应急工作规范》等制度规定；加强云计算、大数据等安全研究，编制《大数据安全及北京市政务大数据平台安全问题研究报告》和《大数据时代北京市政务信息安全保障策略》；加强测评业务指导，拓展商用密码应用安全性评估业务；进一步规范业务秩序开展工控安全监测探索，完成调研立项；推动网络安全产业高端发展，推进国家网络安全产业园区进入建设阶段。

（市经济和信息化局）

信息安全管理规范

【市委常委会传达全国网信工作会精神】 4月23日，市委常委会召开扩大会议，传达全国网络安全和信息化工作会议精神。会议强调，要进一步提高北京作为互联网高速发展超大城市的政治地位，突出问题导向，坚持改革创新，全面提高首都网络安全和信息化工作水平。抓好网络安全风险防范，牢固树立总体国家安全观，强化网络安全意识，抓好全市关键信息基础设施网络安全检查。贯彻落实网络意识形态工作责任制，筑牢首都网络安全的“防波堤”。构建良好网络生态，坚持党管新媒体，推动媒体融合，打造新型主流媒体，加强社会主义核心价值观网络传播，唱响网上主旋律。压实互联网企业主体责任，加强互联网行业自律，依法震慑和打击网上各类违法犯罪活动，营造清朗有序的网络空间，努力形成网上网下同心圆。提升全市信息化水平，发挥北京科技创新优势，加强互联网核心技术攻关，推动全市信息网络基础设施普及升级。支持企业加强自主创新，解决好关键技术难题。加强“智慧北京”建设。加强网信军民融合发展。主动服务推进全球网络治理体系变革，抓住参与“一带一路”建设、筹办2022年北京冬奥会和冬残奥会等有利契机，支持在京互联网企业走出国门，不断提高参与全球网络治理的话语权和影响力。

（市经济和信息化局）

【市网信工作会召开】 5月25日，北京市召开网络安全和信息化工作会议，贯彻全国网信工作会议精神，部署推动全市网信工作。市委书记蔡奇强调，要加强关键信息基础设施防护，加强网络安全技术手段建设，大力培养网络安全人才。层层落实网络安全责任，行业、企业要承担主体防护责任。充分发挥全国科技创新中心优势，推动信息领域核心技术率先突破。

加强自主创新，抓好国家网络安全产业园建设，加大关键领域技术研发支持力度。加强联合攻关，依托“三城一区”主平台建设，不断提升核心技术研究、成果转化及产业化能力，营造良好的创新氛围。坚持以信息化培育新动能推动新发展，使信息化成为首都发展的新动能、城市治理的新手段、公共服务的新方式，切实增强人民群众的获得感、幸福感、安全感。大力发展数字经济，深入实施大数据和云计算发展行动计划，深入研究区块链技术及应用，打造产业集群。

（市经济和信息化局）

【国家网安产业园专家咨询委成立】6 月 15 日，市经济信息化委与工信部网安局共同组织召开国家网络安全产业园专家咨询委员会成立大会暨第一次会议。工信部网安局局长赵志国主持成立大会，会议宣读了专家名单并颁发专家委成员聘书，市经济信息化委副主任李瑞涛和工信部网安局局长赵志国分别讲话。第一次会议审议了园区产业规划和园区选址方案。专家委一致认为，建设国家网络安全产业园意义重大，要充分发挥北京市政策、资源、要素集聚的优势，推动规划、选址、建设、政策、人才、投融资等各项工作，真正把国家网络安全产业园区打造成国内领先、世界一流的网络安全高端、高新、高价值产业集聚发展地。

（市经济和信息化局）

信息安全服务

【360 回归 A 股助推国内安全生态】2 月 28 日，360 安全科技股份有限公司（以下简称 360）在上交所上市，标志着历时近 3 年的运作，360 重组尘埃落定，回归国内 A 股。作为网络安全行业领头羊，360 回归国内上市后，将参与到国家安全建设中来，带动中国网络安全技术体系自主可控，夯实中国网络强国的坚实技术基础，为本土企业发挥资本市场功能、践行网络强国战略树立典范，带动网络安全产业链共同应对日益复杂多变的网络安全形势。

（市经济和信息化局）

【绿盟科技微软大奖】4 月 28 日，微软公布最新一期 MBB 缓解绕过奖励名单，绿盟科技的发现绕过了 Windows 所有最新的防御措施。绿盟科技成为第一家连续 6 年获得微软缓解措施绕过技术悬赏项目奖金的安全公司。截至 2017 年底，绿盟科技共发布安全漏洞研究公告 98 个，协助 Microsoft、Adobe、Google、Cisco 等公司，发现并解决 120 多个安全漏洞问题，成为国家漏洞库的重要贡献者。

（市经济和信息化局）

【电力行业大数据安全研究中心成立】8 月 23 日，国网信通产业集团联合大数据协同安全技术国家工程实验室成立电力行业大数据安全研究中心，成为中国电力行业唯一一家专门从事大数据安全研究的机构。该中心基于大数据技术支撑，借助大数据协同安全技术国家工程实验室这一国家级实验室平台，开展电力行业网络安全技术攻关，推动电力行业数据安全标准制定。

（市经济和信息化局）

【政务网络安全应急演练】9 月 18 日至 19 日，

市经济信息化委组织北京市政务信息安全应急处置中心联合市属政务部门开展网页篡改事件应急演练，进行网络安全知识培训，有效提升了政务部门网络安全防范意识，提高了政务网络安全应急处置能力。

（市经济和信息化局）

【网络安全宣传进校园活动】9 月 18 日至 19 日，市经济信息化委与石景山区教育信息中心为了给学生树立良好的网络安全观、提高网络安全认识，联合举办 2018 年国家网络安全宣传周宣讲活动，为石景山区两所中学的高中学生讲授网络安全知识及防范办法。学生们学习了网络安全知识和技能，提升了网络安全责任意识，提高了防范方法，有助于学生牢固树立“没有网络安全就没有国家安全”的国家网络安全观。

（市经济和信息化局）

协会与联盟

本栏目刊载2018年北京市科学技术协会、北京信息化协会、北京电子商会、北京软件和信息服务业协会、北京市闪联信息产业协会的发展运行情况。

概　述

2018 年，北京信息化领域协会与联盟在门户网站建设、信息化项目建设、信用体系建设、标准研制、产业及人才政策宣贯等方面取得进展。9 月，市科协微信公众号开通试运行，设有“微科协”“微专题”“微科普”三大版块、12 个栏目；10 月，北京信息化协会协办“2018 中国（日照）软件和信息服务业领袖年会暨 2018（第六届）中国智慧城市推进大会”并获得“纪念改革开放 40 周年 · 中国软件和信息服务业发展推动奖”；11 月，北京电子商会与相关部门组织开展多场知识产权相关培训；北京软件和信息服务业协会下基层、对标学习，举办多场培训会；由闪联产业联盟承担的电子设备互联标准化服务试点项目作为全国 56 个项目之一获批。

（市经济和信息化局）

北京市科学技术协会

【概况】北京市科学技术协会（以下简称市科协）成立于 1963 年，由市学会、基金会、区科协及基层组织组成，是北京地区科技工作者的群众组织、市政协组成单位、中国科协的地方组织，接受中国科协的业务指导。年内，市科协开展信息化工作，着眼于服务科协系统深化改革大局，围绕落实《市科协“十三五”信息化建设发展规划》，切实加强网络安全工作，着力提升门户网站内容建设质量，全力做好“蝌蚪五线谱”网站运营工作，规范信息化项目管理工作，为科协事业发展提供信息化保障。

（市科协）

【开展网络安全工作】年内，市科协网络安全和信息化工作领导小组成立，制定《北京市科协网络安全和信息化工作领导小组工作规定》。健全工作机制，制订信息网络安全技术防护方案，综合运用管理和技术措施保障邮件安全，升级科协 VPN 系统，提高网站防篡改、防病毒、防攻击、防瘫痪能力。组织做好中非合作论坛北京峰会期间和全国“两会”期间市科协网络安全保障。制定《中共北京市科协党组网络意识形态工作责任制实施细则》，组织“宣传思想工作与网络意识形态建设”专题讲座，加强网络意识形态安全教育。

（市科协）

【信息内容平台及信息质量提升建设】年内，市科协严格发布流程，做好政务信息的审核和发布工作，进一步提升动态信息的质量和水平。北京市科协官网、北京科普之窗、学生科技网发布动态信息 1 万余篇。设计并制作“第 38 届北京青少年科技创新大赛”“第八届北京科学嘉年华”“第 21 届北京科技交流学术月”“2018

北京国际科普资源博览会”等专题栏目。加强门户网站协同联动和信息共享工作，及时转载党中央、国务院，北京市委、市政府和中国科协重要政策信息700余条。加强新闻策划，组织采写重要信息，向“首都之窗”报送稿件60余篇，超过半数被采用。

（市科协）

【门户网站及网站群建设】年内，根据门户网站的功能定位，市科协分析存在的问题和不足，吸收和借鉴同类门户网站的设计理念，研究制订市科协门户网站改版方案并组织实施。以门户网站改版为契机，全面梳理科协所属网站群落和信息平台资源情况，加强统筹规划和顶层设计，进行规范整合。更新和调整页面内容，协调站内资源互通共享，优化技术、资金等要素配置，集中提供内容服务，实现网站资源优化融合，纳入统一的信息资源库共享管理。加强市科协“网站群”信息发布和内容更新日常监测，对检查中发现的问题及时督促整改。

（市科协）

【开通微信公众号】年内，市科协制订《北京科协微信公众号建设方案》，按照“加强顶层设计、推动资源整合、促进协同共享、创新服务模式、普惠社会大众”的原则，建设北京科协微信公众号，打造北京市科协政务传播和科学传播的综合新媒体平台。9月，平台开通试运行，开设“微科协”“微专题”“微科普”三大版块、12个栏目，先后制作页面链接107条，版面美化元素超过500个，总共发布文章120余篇。

（市科协）

【蝌蚪五线谱网站建设】年内，“蝌蚪五线谱”网站“科技热闻”“科幻世界”“百科探索”“科知故事”频道全年发布文章7000余篇，建设系列专题150个。“蝌蚪找真相”频道全年共发布辟谣文章250多篇，共同发布“每月科学流言榜”12期，用科学的武器力斩谣言。继续推进“和院士一起做科普创客大赛”“光年奖原创科幻大赛”“蝌蚪之夜”线下三大品牌活动，其中“创客大赛”2018年开设青少年组，投稿量突破1000篇，获奖作品首次公开展览并集结出版。继续拓展专家委员会与签约作者队伍，其中专家委员会成员扩展到100人、签约作者20人。

年内，市科协落实科协系统深化改革实施方案，推进“科普理论与实践双升级”，研究制定《蝌蚪五线谱“科普双升级”频道建设策划方案》，创建“科普双升级”频道，开辟“科学方法论”“理论研究室”“科学家精神”“专家大讲堂”“实践新升级”“环球大视野”等专栏，累计集中发布文章500多篇，弘扬科学精神、普及科学知识、传播科学思想、倡导科学方法。

（市科协）

【拓展科普传播形式】年内，市科协加强新媒体平台建设和推广，新媒体平台全年发稿量达1万余篇，单篇文章阅读量屡次突破100万，获得今日头条“青云计划”优质图文奖等媒体的原创奖励超过40个，被今日头条评为“2018年度十大科学头条号”。

（市科协）

【信息化项目建设】年内，市科协按照信息系统建设标准，将市财政、市科协各类信息化专项资金支持的项目纳入年度计划，统筹信息化资源，组织实施信息化项目建设。根据信息系统新建和升级改造需求，开展北京市基层科普行动计划申报评审系统、北京市科协枢纽型组织信息化平台升级改造等项目的申报工作。推进市科协绩效考核评价系统，实现公务员及事业单位人员绩效考核评价信息化。

（市科协）

北京信息化协会

【概况】北京信息化协会于2003年10月16日成立，是经北京市社会团体管理办公室核准登记的非营利性社会团体法人，为AAAA级协会，业务主管部门是北京市经济和信息化委员会。北京信息化协会由从事计算机信息系统集成、运行维护、互联网、信息安全、云计算、物联网、人工智能、共享经济和大数据等业务的企业、投资机构及应用信息化的单位组成。为了向北京信息化企业提供信息技术支撑和服务，自2009年开始，协会开展信息技术服务标准（ITSS）标准验证与应用试点工作。自2012年开始，协会作为北京市ITSS地方评估机构，在ITSS方面进行宣传推广、标准评估、人员培训等工作；每年由北京市经济和信息化委员会主办的“信息技术服务标准宣贯培训会”，向信息化企业和单位推广和讲解信息技术服务标准；每年举办的“北京市京台科技论坛”分论坛，以当时热点话题为核心，组织北京和台湾信息化企业与机构进行交流，历年主题包括智慧城市、5G、信息消费等。自2010年开始，协会每年承办一次由工信部和北京市政府主办的软件产业国际博览会分论坛——信息化创新论坛，已连续举办九届。2018年，北京信息化协会会员总数累计1092家，年内新增会员45家。

（北京信息化协会）

【开展2018年度北京信用A级企业评价】3月，为加快推进北京市社会信用体系建设，增强企业诚信意识，根据《北京市人民政府关于加快社会信用体系建设的实施意见》和《北京市人民政府关于建立完善信用联合奖惩制度加快推进诚信建设的实施意见》精神，北京信息化协会、北京企业评价协会组织开展北京市信息化领域企业信用评价工作。通过宣传动员、会员企业自愿申报、会员企业信用信息采集、协会联合第三方机构征信、协会初审、秘书处评审、协会网站及微信公众号向社会公示等系列遴选程序，14家企业获得2018年信息化领域“信用AAA级企业”。

（北京信息化协会）

【参与承办2018年信息化创新论坛】6月28日，由工信部、北京市人民政府主办，北京信息化协会、北京软件和信息服务业协会、北京通信信息协会与北京软件和信息服务交易所联合承办，天津市计算机信息系统集成行业协会和河北省信息协会协办的“2018年信息化创新论坛暨创新企业30新推介活动”在北京举办。信息化创新论坛是软博会的平行论坛之一，来自各单位的代表120余人出席了本次活动。论坛上，国家信息化专家咨询委员会委员杜链、未铭资本创始合伙人陈立辉、IBOK创新发展促进联盟执行主席宋跃武发表了主题演讲。

（北京信息化协会）

【开展2018诚信企业创建活动】7月19日，北京信息化协会在中关村国家自主创新示范区会议中心组织召开2018年北京市软件和信息化领域企业诚信创建活动及企业信用评级宣贯会，共70余家企业参加宣贯会。通过宣传动员、会员企业自愿申报、会员企业信用信息采集、协会联合第三方机构征信、协会初审、专家组综合评审、协会把通过终审企业名单以协会网站及微信公众号的方式向社会公示等系列创建程序，24家企业获得2018年信息化领域“北京市诚信创建企业”。

（北京信息化协会）

【协会成为云计算服务能力性评估机构】 7月23日，北京信息化协会被中国电子工业标准化技术协会信息技术服务分会评为北京地区云计算服务能力符合性评估机构。

（北京信息化协会）

【电力营销信息技术研讨会召开】 7月26日，由北京信息化协会主办，北京爱朗格瑞科技有限公司承办的电力营销信息技术研讨会在北京召开。会议探讨了国家电网信息化建设的总体架构及未来规划，用户单位讨论了未来整体的信息化建设和电力营销的经验及工作设想，同时针对电力营销信息化建设常见问题、新技术应用、业务创新等议题进行讨论和分析，助力电力系统“大营销、大市场、大服务”体系建设。

（北京信息化协会）

【5G+智慧未来城市论坛在北京举办】 8月24日，由北京市经济和信息化委员会、北京市科学技术委员会、北京市信息化专家咨询委员会指导，北京信息化协会、北京软件和信息服务业协会、台湾物联网产业技术协会、台湾地区电机电子工业同业公会等8家单位联合主办的“第二十一届京台科技论坛——5G+智慧未来城市论坛”在北京举办。论坛围绕以5G为重要标志的智慧城市相关话题，集中探讨智慧城市的无限可能，聚焦高新产业、融入创新思维，促进海峡两岸科技、经济、社会等相关领域的深入交流与合作，为两岸和平发展共创双赢。

（北京信息化协会）

【协会被评为信用评级五星级】 9月18日，基于组织自身建设规范性、专职人员情况、服务活跃度、社会影响力方面综合分析，北京信息化协会在2018年中关村社会组织联合会信用评价中被认定为五星等级。

（北京信息化协会）

【协会获软件和信息服务业发展推动奖】 10月12日，北京信息化协会协办2018中国（日照）软件和信息服务业领袖年会暨2018（第6届）中国智慧城市推进大会召开。工信部、地方政府、行业协会、著名企业代表和城市信息化主管部门领导等260余人参加会议。会上，中国软件和信息服务业网发布纪念改革开放40周年中国软件和信息服务业系列人物和单位评选入选名单，智慧城市评价网发布第6届中国城市信息化 50 强城市及智慧城市有关贡献企业和人物。北京信息化协会获纪念改革开放 40 周年 · 中国软件和信息服务业发展推动奖。

（北京信息化协会）

【人工智能与大数据应用技术交流会举办】 10 月 30 日，北京信息化协会和信息技术服务分会联合举办人工智能与大数据在广电行业应用技术交流会，北京电视台及企业代表 20 多人参加。会上，业内专家和北京电视台领导探讨传媒行业发展之“道”，探寻大数据实际应用之“术”，为传媒数据产业快速发展建言献策。

（北京信息化协会）

【完成 ITSS 评估工作】 年内，北京信息化协会作为北京地区唯一的地方 ITSS（信息技术服务标准）评估机构，共评估企业 56 家，其中运行维护三、四级企业 32 家，含新评估 29 家，换证 3 家，占北京市三、四级评估总量 68 家的 46%；监督评估 23 家，咨询设计 1 家。

（北京信息化协会）

【参与 ITSS 标准研制】 年内，北京信息化协会向北京企业提供运行维护服务能力成熟度符合性评估工作，共参加 10 次 ITSS 标准研制和推广应用工作，包括封闭会 1 次、专家评审会 5 次、评估机构工作会 1 次、人员培训 2 次、经验分享会 1 次。

（北京信息化协会）

【宣传推广 ITSS 标准】 年内，北京信息化协会以加大 ITSS 宣传力度、提升协会影响力为目标，推广 ITSS 标准为着力点，共举办 2 场大型宣贯会；配合市经济和信息化局举办“2018 年信息技术服务标准（ITSS）北京市宣贯培训会”；为帮助会员企业更好地理解标准应用，主办“运行维护和咨询设计标准宣贯培训会”。

（北京信息化协会）

北京电子商会

【概况】北京电子商会（英文全称为：Beijing Electronic Chamber of Commerce，缩写为：BECC）成立于1993年2月20日，是经北京市民政局核准、登记注册，由北京地区工商企业经营电子产品的单位及团体自愿组成的，跨地区、跨部门、跨所有制的，不以盈利为目的的社团组织。2018年，北京电子商会在电子信息制造业经济运行统计与检测、行业发展大会、智能制造新技术高峰论坛、京津冀深产业对接等方面工作取得进展。

（编辑部）

【上报北京电子信息制造业经济运行项目】年内，受市经济和信息化局委托，北京电子商会行业发展部负责北京电子信息制造业经济运行数据的统计、汇总、监测及分析工作，为政府的决策提供参考意见。建立行业统计网络，对电子信息制造业105家重点企业进行统计、监测，向市经济信息化委电子处报送经济运行数据。按月上报经济指标表，并制作经济运行简报，编写月、季、年中、年末分析报告。按月向市经济信息化委运行处填报25个重点企业产值。参加工信部组织的年报汇审，汇总全系统全年的经济运行数据。组织北京地区每年一次的中国电子信息百强申报工作。根据工信部申报百强企业要求，对符合要求的企业数据进行审核、沟通及指导，按时报送工信部相关部门，参加工信部组织的百强企业发布会。召开1～2次《北京电子信息制造业统计工作会》，布置工信部的年报工作，进行政策及业务培训。协助完成工信部布置的年鉴编写任务。配合市经济和信息化局电子处对北京市电子信息制造业企业进行调查，摸清企业的具体场所、占地面积、周边环境、主要产品、财务数据等基本情况，为疏解整治提供基础信息。

11月30日，召开2018年北京电子信息制造业年报统计工作会议

（北京电子商会）

【2018第3届中国电子信息行业发展大会召开】1月26日，中国电子信息行业联合会、中国电子商会主办的《2018第三届中国电子信息行业发展大会》在北京召开。会议以“加快构建新时代产业发展新体系”为主题，重点总结全行业运行情况、展望未来走势、解读相关行业政策和国家重点工作，大会设立企业家高峰论坛、

1月26日，北京电子商会组织企业参加2018第3届中国电子信息行业发展大会

产融合作发展论坛、国家数据与治理论坛。电子行业重点企业，相关行业协会、院所，金融机构和新闻媒体约400人参会。北京电子商会推荐的航天信息股份有限公司、京东方科技集团股份有限公司、紫光股份有限公司、利亚德光电股份有限公司、北京集创北方科技股份有限公司参与企业社会贡献评选及优秀企业评选。

（北京电子商会）

【北京电子商会组织会员参加2018年经贸形势报告会】 4月22日，北京电子商会组织会员企业新华三集团、北京九纯健科技发展有限公司、北京旅之星科技有限公司等企业40余人参加了由中国工业经济联合会召开的2018年经贸形势报告会。会议就当前宏观经济形势及下一步推动经济高质量发展的思路、财政支持实体经济发展新举措、工业经济发展态势研判及新形势下推动制造业高质量发展的重点工作、科技创新与科技强国建设，以及大家普遍关心的中美贸易摩擦、新旧动能转换、减税降费、创新驱动与科技成果转化等内容做了专题报告。

（北京电子商会）

【"移动互联网、智能终端安全使用教育"公益活动举办】 4月10日、18日，北京电子商会分别在中关村街道知西社区和朝阳区西坝河东里社区举办了两场"移动互联网、智能终端安全使用教育——科技服务进社区"公益活动。主要内容是为社区居民讲解移动互联网知识、安全使用手机、网络防骗妙招、预防支付风险等相关知识。

4月18日，西坝河东里社区居民在活动中填写问卷

（北京电子商会）

【举办2018智能制造新技术发展高峰论坛】 7月8日，2018智能制造新技术高峰论坛于3E北京消费电子展期间举办。论坛由北京电子商会主办，元器件交易网承办，邀请传感器、安防、AI和产业园等行业的企业参与，聚焦智能制造产业，集中展现高端设备及行业应用解决方案，分享调研大数据以及各大高校最新科研成果，共同探讨中国智能制造的未来市场技术应用以及产业升级的需求。论坛汇集智能制造产业链上下游信息，致力于打通制造企业的上下游资讯和协作瓶颈，助力制造企业实现提质增效的目标。

7月8日　2018智能制造新技术发展高峰论坛现场

（北京电子商会）

【北京电子商会组织会员参加京台科技论坛第十二届汽车电子论坛】 8月24日，北京电子商会组织部分会员参加京台科技论坛第十二届汽车电子论坛。论坛由北京汽车行业协会、台湾区电机电子工业同业公会共同主办，北京电子商会、北京新能源汽车产业协会、北京服务外包企业协会协办。论坛聚焦智能汽车与新能源汽车新技术与新产品的发展，推动两岸汽车技

术及关键部件在创新方面的深入合作，来自京台两地的六位专家做了精彩的主题报告。

（北京电子商会）

【2018 京津冀深电子信息产业对接会举办】 9 月 11 日，由北京电子商会与河北省信息产业与信息化协会、天津市电子工业协会联合元器件交易网联合在河北省涞水新城举办“2018 京津冀携手深圳企业供需见面会”。会议依托于涞水新城的产业优势，将活动分为参观雄安新区及中电科涞水未来电子科技园和举办京津冀深电子信息产业对接会两个部分。会议针对双方企业日常生产制造过程中出现的难点、痛点进行共同探讨，为企业寻求有价值的产业合作。会议重点就对接企业的需求进行细分，介绍了涞水新城电子信息产业园项目、元器件交易网项目、天津中环系统电子工程股份有限公司项目、广东华冠半导体有限公司项目、天津朗誉科技发展有限公司项目、深圳市科特翎科技有限公司项目、深圳市金航标电子有限公司项目，在符合本地发展需求的大环境下进行精准对接。

（北京电子商会）

【京深企业聚焦天津助推京津冀协同发展企业对接会举办】 9 月 12 日，由北京电子商会、天津市电子工业协会、电子城（天津）投资开发有限公司联合元器件交易网联合举办的“京深企业聚焦天津助推京津冀协同发展企业对接会”在天津魔方电子城举办。会上，对接企业就自身项目进行自由洽谈，针对电子产业结构特点，重点对南北两地电子行业企业日常生产制造过程中出现的采购难点、技术痛点进行共同探讨。京津冀深电子产业供需见面会活动促进了南北企业的业务交流，促成多家企业业务对接。在京津冀一体化国家战略背景下，凭借电子城自身产业聚集优势，倾力打造大数据中心及互联网金融中心，推动区域型数据研发中心、数据应用中心、数据交易中心和数据安全中心以及移动互联、电子商务、互联网金融、呼叫中心发展。

（北京电子商会）

【举行北京高科技企业数字化创新论坛】 9 月 20 日，由北京电子商会和紫光旗下新华三集团（以下简称新华三）联合主办的“北京高科技企业数字化创新论坛”在北京召开，来自集成电路、光电、新能源以及大数据、云计算、人工智能等领域的百余家高科技企业参会。与会嘉宾就如何推动北京高精尖产业数字化创新，助力首都建设全国科技创新中心等议题展开深入探讨。会上，中科院半导体研究所、紫光云引擎、东软慧聚、商汤科技等高科技产业各领域的技术专家围绕高科技企业数字化创新话题进行了分享。参会嘉宾前往新华三公司进行参观访问，共同体验了新华三领先的数字化产品和解决方案，以及新华三赋能高科技行业及百行百业数字化转型的最佳实践成果。

（北京电子商会）

【“海外知识产权纠纷应对及风险防范”沙龙讲座】 11 月 9 日，由中关村社会组织联合会指导，北京电子商会和中关村京企云梯科技创新联盟联合主办，在北京牡丹电子集团公司数字电视国家工程实验室举办“海外知识产权纠纷应对及风险防范”沙龙讲座。讲座得到北京市保护知识产权投诉服务中心的大力支持，电子信息

制造业重点企业及其他行业的大型国企知识产权工作负责人 30 余人参加讲座。讲座主要内容是海外知识产权概况以及中国企业如何应对海外的知识产权纠纷及案例；国内企业如何着手部署国外的知识产权布局。讲座参加者结合单位实际情况和老师进行交流互动。

（北京电子商会）

【“企业知识产权过程管理与风险控制”培训会】 12 月 5 日，由中关村社会组织联合会指导，北京电子商会和北京牡丹科技孵化器有限公司联合主办，在北京牡丹电子集团公司数字电视国家工程实验室召开“企业知识产权过程管理与风险控制”培训会。培训会得到北京市保护知识产权投诉服务中心的大力支持。电子信息制造业重点企业及其他行业的大型国企知识产权工作负责人 40 余人参加讲座。培训主要内容为企业知识产权管理流程、企业知识产权预警机制；企业知识产权诉讼应对；企业知识产权风险合规管理。重点讲解了提高专利申请的认知和质量，包括企业所处的经济环境；中国企业为什么要申请专利；专利的重要性、作用及专利预警。

（北京电子商会）

【组织旁听北京知识产权法院庭审活动】 12 月 7 日，北京电子商会组织部分会员企业负责知识产权管理工作人员到北京知识产权法院旁听庭审。此次庭审在知产法院第二中法庭，参加

庭审活动，现场观摩。旁听专业性强、和电子信息行业联系紧密的专利案件，感受专业法院的审判水平，以及国内知识产权工作的不断完善与发展。

（北京电子商会）

【加强商会会刊和商会网站建设】 年内，由北京电子商会主办的双月刊《信息科技与文化》内容更加丰富，发行量有所扩大。商会网站页面进行了调整，开发新栏目，丰富内容，企业可以在网站上填报商会需要的内容。

（北京电子商会）

北京软件和信息服务业协会

【概况】 北京软件和信息服务业协会（以下简称北京软协）成立于 1986 年 10 月 21 日，主要由北京市从事软件和信息服务行业领域的若干核心企业和高校发起组成，是有着 30 多年历史影响和广泛会员基础的软件和信息服务业社会团体。30 多年来，协会一直秉承促进北京软件和信息服务业健康快速发展的理念，为政府、企业、社会提供有价值的专业服务为目标，运用市场机制集聚创新资源，促进企业、大学和科研机构、孵化器、投融资机构、第三方服务机构等多方合作，致力构建一个开放、透明、和谐、充满活力的产业创新共赢平台。北京软协收费会员企业超过 2000 家，吸纳了北京市 2/3 规模以上软件企业，包括全国软件收入前百家企业、互联网百强、国家安全可靠计算机信息系统集成重点企业、计算机信息系统集成资质企业、上市公司、十百千工程企业、中关村瞪羚企业等优质企业。协会会员从芯片、服务器、中间件、数据库到操作系统，覆盖软件与信息服务产业链各个环节，并面向智慧城市建设的重点行业领域提供应用产品和解决方案。2018 年，北京软协在对标学习、高新认证培训、研发技术沙龙、知识产权保护专题培训、诚信企业创建、“5G+智慧未来城市论坛”等方面的工作取得进展。

（刘　莉）

【对标学习走进超图】 1 月 16 日，北京软协对标学习的第 1 站来到超图股份，共有 20 多家会员企业的主要负责人走进超图。走进标杆企业、对标学习是北京软协及人才分会融合软件信息行业中多年行业管理经验后重点打造的系列活动。组织专家团队，深入分析考察行业内标杆企业的发展历程，精心挑选软件行业标杆企业作为学习标杆，并在总结各企业经营特点的基础上，组织大家走进标杆企业的经营环境、企业环境、人文环境，亲身与标杆企业管理层接触、交流、分享，学习标杆企业成功的精髓，包括优秀管理理念、杰出的经营方法及科学的业务流程。

（刘　莉）

【第 1 期软件产品和企业评估培训会举办】 3 月 2 日，北京软协在清华同方科技广场举办 2018 年第 1 期软件企业评估培训，200 余家会员企业的 280 名资质、财务及其他相关人员参加培训会。双软评估工作作为软件行业的一项团体标准，自试行以来得到企业的支持，为企业在资质和投标等环节中提供帮助。培训会讲解了企业评估的意义，并对企业在评估方面及企业税收优惠方面的疑问进行了解答。

（刘　莉）

【第 1 期高新认定培训】 3 月 16 日，北京软协第 1 期高新认定及加计扣除专题培训会在海淀科技大厦举办。150 多家会员企业总共 189 人现场参会。协会资深高新申报专家整合了高新申报的全流程、全角度的知识模块，结合 2016 年发布的《高新技术企业认定管理办法》和《高新技术企业认定管理工作指引》两个政策文件，对企业申报规划、实务操作、资格维护、研发体系搭建等方面进行了讲解，让现场参会的企业对新高新政策有了进一步的了解。高新资格认定工作是北京软协会员服务的一项重要内容，通过专题培训，为会员企业提供最新申报政策的解读，帮助企业建立一套完整的认定及维护体系。同时，协会为企业提供申报代理业务，帮助企业高效率地申请高新企业资格。

（刘　莉）

【第 1 期研发技术沙龙举办】 3 月 29 日，由北京软协和协会下属分支机构智能分会联合举办的 2018 年北京软协第 1 期研发技术沙龙在天使实战学院举办。首钢自动化、东软望海等会员企业的 80 多位质量相关人员参加沙龙分享。协会邀请到京东自身质量专家和 Testin 质量创新实验室负责人作为嘉宾，向大家分享了快速迭代下的轻量级流程系统化、大数据技术在接口自动化测试中的应用，以及团队持续集成实践落地、“移动应用在不同阶段的测试方法”的技术干货，介绍了移动应用的测试现状、测试体系以及测试方法等方面内容。

（刘　莉）

【研发费用加计扣除专题培训会举办】 4 月 12 日，北京软协在柏彦大厦举办企业研发投入加计扣除政策培训会。协会 100 多家企业的 120 名企业财务相关人员参加培训会。会上邀请了常务理事单位德钧咨询老师娄文静就企业研发投入加计扣除备案工作、加计扣除重要政策要点进行了解读，介绍了中关村管委会近期发布的小微企业研发投入补贴政策。培训使企业人员对加计扣除政策有较为全面的了解和掌握，帮助企业解决政策享受过程中的实际问题，有力保障了税收政策的贯彻落实。

（刘　莉）

【软件企业商业秘密保护实务培训举办】 4 月 23 日，由北京软件和信息服务业协会主办、北京市东友律师事务所协办的软件企业商业秘密保护实务培训在海淀科技大厦举办。70 多名来自企业知识产权管理部门及法务部门的工作人员参加培训。商业秘密作为知识产权的重要组成部分，是企业重要的无形资产。加强商业秘密保护力度，有助于企业保持市场竞争。北京软协作为知识产权纠纷人民调解委员会将继续积极引导会员企业增强商业秘密保护意识，制定商业秘密保护措施，运用法律、经济和技术等手段保护商业秘密安全，促进提升企业知识产权保护水平。

（刘　莉）

【知识产权保护专题培训举办】 4 月 26 日，协会举办软件企业知识产权保护专题培训。协会专家黄东峰应邀授课。会员企业相关负责人 60 余人参训。培训内容包括专利及专利制度简介、知识产权侵权法律后果、企业专利保护和应对知识产权侵权纠纷方法、知识产权保护策略等。黄东峰结合国内外知识产权申请和保护实例，为企业知识产权创造、运用和保护等方面工作问诊把脉并提出切实有效的建议。

（刘　莉）

【国家部委产业及人才政策宣贯会】 5 月 22 日，由北京软协举办的国家部委产业及人才政策宣贯会在中小企业服务平台举办。80多家企业报名参加培训。培训邀请合作伙伴德钧咨询老师罗一飞主讲。罗一飞通过企业所处的初创型、成长型、成熟型、转型期4个阶段，结合中关村管委会、工信部、科技部、发展改革委等重点部委项目要求，向大家详细说明了不同项目的关注要点。通过系统梳理，会员基本了解了国家层面政府项目的规划和申报要点。

（刘　莉）

【软件企业增值税优惠政策培训】5月24日，由北京软协组织的软件企业增值税优惠政策专题培训在海淀科技中心举办，180多家会员企业参与培训。培训邀请海淀国税和海淀科委的两位税务专家为企业做解读。通过两位老师的讲解，大家对于软件企业如何享受即征即退和技术合同登记两项增值税优惠政策有了深刻的认识。

（刘　莉）

【打造京沪双城联动助力区域协同新发展】6月5日，北京软协联合北科建集团在北科建招商中心共同举办“京沪协同 产业联动”的主题沙龙活动，太极计算机、瑞友科技、百融金服、二六三通信等30多家协会会员企业参与。活动由协会秘书长龙飞主持。会上，京津冀开发区创新发展联盟主任卫东进行了高科技企业选址的主题分享；上海虹桥临空经济园区办公室招商中心主任陆黎韧进行了区域产业布局及扶持政策的讲解；爱奇艺公司代表分享了企业入驻虹桥创新中心企业发展情况；园区负责人为参会企业做了上海虹桥创新中心项目的详细介绍。沙龙包括精彩的演讲环节、轻松有趣的互动环节，会员企业纷纷就企业本身遇到的问题提问发言，对高科技选址方面表达了浓厚的兴趣。

（刘　莉）

【对标学习走进新浪】6月8日，协会对标学习的第2站来到新浪集团，30多家会员企业的主要负责人走进新浪。企业家们首先参观新浪大厦的演播室、智能会议区、新浪之眼、员工之家，感受新浪的媒体氛围、开放的办公环境。感受新浪的开放创新空间，体验式访学中感受独有的文化魅力。新浪首席信息官王巍介绍了新浪集团的发展历程，分享了新浪在媒体方面的应用和经验及大数据在媒体中的应用，新浪在移动媒体的实践等管理知识。协会专家团就软件行业战略运营体系如何落地和企业家们进行了面对面的思想碰撞。

（刘　莉）

【2018软件名人论坛举办】6月28日，由工信部、北京市政府主办，北京软协承办的2018软件名人论坛在北京举办。论坛上，市经济信息化委发布《2018北京软件和信息服务业发展报告》，详述2017年度北京软件和信息服务业产业全景、人才、资本及产业协同等各面发展状况，成为业界观察、研究北京软件和信息服务业发展的权威窗口。

（刘　莉）

【门头沟开展科技精准扶贫】7月6日，协会携手华胜天成、汽车之家、金山办公软件、百分点集团、中科汇联、旷视科技、商汤科技、九次方集团等8家人工智能和大数据代表企业走进门头沟石龙开发区，开展扶贫调研和座谈，探索产业导入和帮扶低收入村相结合的新模式。

（刘　莉）

【对标学习走进58同城】7月18日，协会对标学习的第3站来到58同城集团，共有30多家会员企业的主要负责人参加。此次走进58同城是由协会主办，协会人才服务与培训分会和中关村创业生态促进会联合承办，主要帮助企业家们近距离了解知名互联网企业58同城的文化建设、学习58文化落地实践中的管理经验等，促进行业交流与合作。走进标杆企业、对标学习是北京软协及人才分会融合软件信息行业中多年行业管理经验后重点打造的系列活动。

（刘　莉）

【诚信企业创建活动宣贯会召开】 7月19日，2018北京市软件领域诚信企业创建活动宣贯会在中关村国家自主创新示范区会议中心召开，亚信科技、惠与中国、中科创达等70余家企业参加。加快信用体系建设，是中国完善社会主义市场经济体制、加强和创新社会治理的重要手段。行业协会充分发挥自律作用，从行业规范等角度来规范企业诚信行为，有利于促进行业的健康发展。

（刘　莉）

【赴张家口市对接产业扶贫和协同发展】 7月26日至27日，北京市经济和信息化委员会党组书记、主任王刚带领22家北京企业、软件和信息服务业协会等赴河北省张家口市调研，对接产业扶贫协作和协同发展工作。北京市西城区科信委、北京市门头沟区经信委以及企业、协会负责人60余人参加了相关环节的考察交流活动。

（刘　莉）

【5G+智慧未来城市论坛举办】 8月24日，由北京市经济和信息化委员会、北京市科学技术委员会、北京市信息化专家咨询委员会指导，北京信息化协会、北京软件和信息服务业协会、台湾物联网产业技术协会、台湾区电机电子工业同业公会等8家单位联合主办的“第二十一届京台科技论坛——5G+智慧未来城市论坛”在北京举办。本次论坛围绕5G赋能为重要标志的智慧未来城市相关话题，集中探讨智慧城市的无限可能，聚集高新产业、融入创新思维，推动高质量发展，实现两岸共同繁荣，深化两岸融合发展。

（刘　莉）

【赴承德开展调研推动产业扶贫和协同发展】 9月3日至4日，市经济信息化委组织密云、顺义等区经信部门和金隅集团、住总集团、金山软件、北京软协等30余家单位赴承德市开展调研，对接产业扶贫协作和协同发展工作。在京承产业对接活动中，北京软协与承德市工信局签署软件和信息服务业对口合作协议，在开展软件和信息服务产业协作项目合作、人才交流培养等方面达成共识。协会副会长单位金山软件向承德市丰宁县、滦平县、承德县3个贫困县政府各捐赠WPS Office 2016专业版办公软件100套；同时向3个县工业园区内的各20家中小企业提供“WPS+办公套件”（可服务1200名员工），并配套提供产品升级保障及培训服务。

（刘　莉）

【京港携手打造高精尖产业发展新高地】 10月25日，第22届北京香港经济合作研讨洽谈会“京港携手打造高精尖产业新高地”专题活动在北京国际饭店举行。专题活动由北京市经济和信息化委员会主办，香港特别行政区政府资讯科技办公室协办，北京软件和信息服务业协会、香港软件行业协会联合承办。活动以“京港携手打造高精尖产业新高地”为主题，旨在通过主题演讲、见证签约、洽谈对接等活动，助力京港两地把握新商机、创造新需求、开拓新市场。

（刘　莉）

【综合实力百强报告评测体系专家研讨会举办】 11月15日，北京软协举办北京软件和信息服务业综合实力百强报告、北京软件高成长企业报告评测体系专家研讨会。北京市长城企业战略研究所、中关村大数据产业联盟、工信部电子第五研究所软件中心参加研讨会。研讨会上，专家们围绕评测体系的搭建、评测指标的设立、百强与高成长特质以及指标测算流程的规范等方面进行了深入的探讨和交流，并给出中肯的意见和宝贵的建议。

（刘　莉）

【“自动驾驶汽车VS法律”决策咨询沙龙】11月22日，“自动驾驶汽车VS法律”决策咨询沙龙在中关村国家自主创新示范区会议中心举办。活动由北京市科学技术协会主办，北京市科技咨询中心、北京软件和信息服务业协会、北京市中小企业公共服务平台联合承办。国家发展改革委城市交通运输研究中心、中国政法大学知识产权研究中心、北京伯彦律师事务所、德国华人汽车工程师协会、北京百度网讯科技有限公司、北京小马智行科技有限公司、驭势科技、北汽福田工程研究总院电子电控中心等单位的10余位专家和学者，为自动驾驶汽车如何驶过法律这道坎建言献策。

（刘　莉）

【2018北京软件廊坊产业对接会召开】11月23日，由北京软协和廊坊开发区管委会联合组织的2018北京软件廊坊产业对接会在廊坊开发区召开。此次活动旨在促进京津冀区域高新技术产业和现代服务业协同发展，深化廊坊开发区与北京软件和信息服务行业的合作交流，推动廊坊加速承接北京软件和信息服务业产业链延伸和转移。廊坊开发区管委会领导、北京软协领导及软件行业专家，以及近百名北京软件和信息服务行业企业家代表参加活动，共话软件和信息服务业发展的新趋势、新特点，共探廊坊科技谷园区的发展前景。

（刘　莉）

【北京软件和信息服务业综合实力百强报告发布】11月28日，北京软件和信息服务业协会第九届会员代表大会第二次会议在北京新世纪日航饭店举行。活动现场，北京软协发布2018北京软件和信息服务业综合实力百强报告，是协会组织的第3次软件百强报告发布。百强报告聚焦北京市行业内业务规模大、效益好、自主创新能力强的优秀企业，旨在通过此次活动培育出北京软件信息服务业的优秀品牌，并借助“百强企业”的行业示范效应，引导企业不断规范、优化发展模式，以推动北京市软件和信息服务产业做大做强。

（刘　莉）

【高精尖产业系列政策宣讲会举办】12月12日，在中关村管委会的指导下，由中关村社会组织联合会主办，北京软件和信息服务业协会承办的“高精尖产业系列政策培训会”举办。活动得到北京市中小企业公共服务平台、北京市科学技术协会、北京技术市场协会、北京信息化协会、北京中关村高新技术企业协会、北京信息化和工业化融合服务联盟等多家单位的支持，300余人参加了此次政策宣讲会。

（刘　莉）

【金融科技专业委员会正式成立】12月18日，在改革开放40周年之际，由北京软件和信息业服务业协会联合北京京北所网络信息技术有限公司在天使实战学院举办“北京软协金融科技专委会成立大会暨科技服务金融·绿色健康发展论坛”。北京软协金融科技专委会的成立，将促进产业与金融、科技与金融的融合，发挥北京优势的软件和信息服务业、金融业的最大力量，让科技更好地服务金融，助力金融更好地服务产业。

（刘　莉）

【信息安全等级保护宣贯会举办】12月20日，由北京软件和信息服务业协会举办的第1期信息安全等级保护宣贯会在中关村自主国家创新示范区会议中心举办。培训吸引50多家企业70余人参会。培训的目的是为落实国家网络安全等级保护相关法律法规、政策标准体系要求，进一步提高协会各成员单位准确把握《网络安全法》精神内涵，深刻理解精髓要义，熟知法律赋予的各项职责，提高网络安全意识，防范网络安全风险，做好网络安全工作。

（刘　莉）

北京市闪联信息产业协会

【概况】北京市闪联信息产业协会于 2005 年 5 月 17 日在闪联标准工作组基础上成立（以下简称闪联），是由中关村科技园区第一家高新技术企业自主发起，联合大学、科研院所开展技术创新、标准制定和产业推进的创新型协会组织，是北京市民政局核准登记的非营利性社会团体法人。2018 年，闪联协会在标准化建设、创新战略联盟等方面工作取得进展。

（编辑部）

【闪联众成员闪耀 2018CES 展会】1 月 10 日，2018 美国 CES 展在拉斯维加斯开幕。CES 展是全球消费电子行业最具代表性和影响力的展会，闪联技术联盟成员企业纷纷携最新科技智能电子产品参展亮相。联想此次带来的是其 VR 新品“Lenovo Mirage Solo with Daydream”，支持蓝牙 5.0 并配备谷歌 Daydream 平台控制器，无需借助 PC 等外部设备实现无线化。华为则带来了其新旗舰 Mate10 系列，与美国最大的运营商 AT&T 和 Verizon 展开合作。TCL 的 X6 XESS 私人影院在此届 CES 展中大放异彩，AI 技术参展前已经获得 CES 创新奖的殊荣，其搭载的量子点显示技术更是未来显示技术发展的重要方向。除了联盟成员各自的黑科技产品在此届 CES 展会上同台竞艳，闪联带来了其最新自主研发推出的智能硬件应用——蓝牙标签。此款产品是闪联基于 iBeacon 技术所开发，采用蓝牙低功耗芯片 CC2541 核心处理器，具有快速连接，超低功耗等特点，可广泛应用于多种室内外定位场景。闪联的 Linxee 领视展出了 K 歌宝 UC20 PRO 系列和其辅助产品 K 歌伴侣 UC10，UC20 PRO 的兼容性和无驱动打破传统麦克风壁垒，采用 DSPP 音频音效处理芯片完美呈现专业音效，其精致时尚的外观配置吸引了众多参展人员驻足。

（孙志勇）

【闪联获批国家标准化服务业试点项目】2 月，国家标准委印发《关于下达第二批标准化服务业试点项目的通知》，由闪联产业联盟承担的“电子设备互联标准化服务试点”，作为全国 56 个项目之一获批。开展标准化服务业试点，夯实标准化技术基础，凸显标准化效益，是落实《深化标准化工作改革方案》和《国家标准化体系建设发展规划（2016—2020 年）》的重要举措。试点重点支持从事标准化服务或正在培育标准化服务业务的各类企事业单位、社团以及有关区域，利用标准化的理念、原理和方法，为各类市场需要提供标准化解决方案的产业。标准化服务业作为新兴的高技术服务业，被列入国家重点支持的高新技术领域，可获国家高新技术企业认定。

（孙志勇）

【闪联成员亮相 AWE2018】3 月 11 日，以“智慧生活 全球平台”为主题的 2018 年中国家电及消费电子博览会（AWE2018）在上海新国际博览中心闭幕。联想推出的全球首款沉浸式AR游戏设备——Mirage，让AR这种黑科技真正走进居民生活。海信展出的300英寸8K激光影院，其规格达到6.6米宽、3.7米高，超高清分辨率达到8K，显示像素数量达到3200万，是4K分辨率的4倍、2K分辨率的16倍。该产品的推出使激光影院的使用场景从家庭延伸到商用领域。鸿雁&阿里云Link全屋智能家居主要围绕安防监控、健康环境、影音娱乐、能源管理等现代家庭痛点打造，基于鸿雁智能面板的操控体验和阿里云Link物联网平台的数据服务，使整个方案使用起来更加方便简单，更能保障用户的数据安全。致力于打造“新食器时代”的老板电器，推出多款新品，包括新品类农残净化水槽D102、全新升级的第四代大吸力2倍风压油烟机8231S，以及竹笼蒸鲜蒸箱S228等。

（孙志勇）

【闪联国家标准正式实施】5月1日，由闪联主导制定的“信息设备资源共享协同服务”系列8项国家标准正式实施。至此，闪联标准构建了比较完善的技术体系，将广泛应用在智能家居、智慧教育、智能家电等众多领域，为多种环境下的通信设备的智能组网、资源共享和协同服务提供完整的技术解决方案。由闪联产业联盟牵头，中国著名音频设计师曾德钧先生主导，并组织音响行业专家共同参与起草的《信息技术 信息设备资源共享协同服务 第407部分：音频互连协议》是此次正式实施的8项标准之一。该标准是全球音响产业、智能化音响领域内的首个国家级技术标准，从技术、设备、服务等多个维度对行业进行引导和规范，为运营企业提供有效的技术和服务支撑，大力推动智能音箱行业往规范、良性的方向发展。

（孙志勇）

【产业技术创新战略联盟协同创新交流会在京召开】6月5日，中国产业技术创新战略联盟协同发展网组织的产业技术创新战略联盟（以下简称联盟）协同创新交流会在中国纺织科学研究院召开。闪联产业联盟代表出席并做主题发言，来自TD联盟和化纤联盟等25家产业技术创新战略联盟共计50余名代表参加交流会。通过闪联国家工程实验室搭建模组应用整套服务平台，围绕技术标准和服务体系，构建感知、互联和智能的万物互联的产业生态。通过感知，将世界数据化；通过互联，将物联网与互联网深度结合；通过智能，将发掘海量数据价值，形成万物互联的智慧应用方案。

（孙志勇）

【智能物联闪联会员亮相CES Asia 2018】6月13日，CES Asia 2018亚洲消费电子展在上海新国际博览中心开幕。此届展会以“智造，悦享生活”为主题，汇聚来自全球500家顶尖科技巨头，向大众展示人工智能、汽车技术、AR/VR、移动互联网等领域的突破性创新成果，闪联会员联想、华为、海信、TCL和长虹等悉数亮相。联想Lecoo“三宝”、智能音箱、粒子矿云、智能门锁等产品集体亮相，全明星阵容为用户智能家居保驾护航。

（孙志勇）

【闪联助力能源革命】9月26日，闪联在深圳举行第6届国际低碳城论坛。论坛以“坚持可持续创新之路，追求高质量绿色发展”为主题，积极响应国家能源“十三五”规划中关于发展新能源及能源互联网方面的精神与发展目标。闪联国家工程实验室特别邀请斯坦福大学教授朱棣文先生等参与论坛。论坛就深圳市高速可持续发展、产业推动学术学术促生产业等问题进行积极对话并深入交换了意见。

（孙志勇）

【闪联联想共建智能新生活】 9月26日，闪联在北京雁栖湖国际会展中心举行第4届联想创新科技大会。创新大会以“智能变革 开放赋能”为主题，从商用技术及解决方案和个人SIoT技术产品两个维度展现智能化变革。闪联作为联想的战略合作伙伴，通过软硬一体化的解决方案，聚焦在物联网设备连接的硬件层、底层协议层及设备管理服务层，就提高模组整合性、强化安全加密、建立互联互通标准方面进行强强联合，优势互补，推出新一代高安全性、超低功耗、高性能模组产品。

（孙志勇）

【闪联参展义乌博览会】 10月21日，“中国义乌国际小商品（标准）博览会”在浙江义乌举行。义博会突出中国制造、中国品牌、中国标准。会上，闪联产业联盟向来自全球的厂商、客户介绍并推广闪联（IGRS）标准。闪联IGRS标准涵盖智能家居、电力线通信接口、下一代互联网、服务质量、媒体交互设备等领域的核心技术标准，有助于推动国内信息设备协同互联标准的统一。闪联IGRS标准的发布，能使国内品牌的黑白家电及智能产品在接口和互联标准达到统一，成为3C领域的第一个国家标准，用3年时间成为国际标准，填补了中国在信息技术标准领域的空白，对物联网家电的普及有着重要的意义。

（孙志勇）

【USB PD & Type-C亚洲大会圆满举行】 12月，USB PD & Type-C亚洲大会在深圳举行。主办方邀请了包括芯片原厂、原厂代理、方案商、电容电阻、Type-C连接器厂商、产品工厂等在内的30多家供应链相关企业展示相关产品。大会举办多场围绕USB PD和Type-C的论坛，国内外知名专家深入探讨技术发展和行业前景，剖析市场需求。并通过多种形式由浅入深地解读了USB PD和Type-C的功能、作用及为现代生活带来的便捷，面向大众普及USB PD和Type-C的概念、实际应用场景和行业愿景。

（孙志勇）

【闪联智慧教室助力海淀网络安全】 12月，闪联推出智慧教室方案助力海淀网络安全，教室后墙“信息化”树的背景纹路与前墙不规则模块相互呼应，塑造了未来科技感。教室内具有护眼照明灯、射灯和氛围灯，3种灯光的有机搭配，可用作不同的场景模式——既能开启传统培训模式，保护师生视力，舒缓眼部疲劳；又能玩转前沿互动，进入沉浸感强的观影教学模式或体验网络攻防模拟。两侧墙壁用于展示，添以开合结构的展示板，外层用作内容呈现，内层作内容升华，内外辅助能凸显展示重点。定制桌椅为梯形结构，下配以滑轮，可轻松移动。根据不同需求，能拼合成不同形状。在不需要的时候，桌椅则可贴放于墙壁，成为展示台。

（孙志勇）

信息化环境

本栏目刊载2018年北京市政策发布、人才建设、宣传与会展情况。

概　述

2018 年，北京市政府、市经济和信息化局等相关部门围绕政务信息公开、加强网站规范管理、推进两化融合等重点工作，出台一系列政策和规范性文件，并组织落实。产业创新体系建设，高精尖产业发展基金、中小企业发展基金，标准制定，人才培养等宣贯会、培训会相继举办；国际软博会、世界机器人大会、智能物联网大会，以及“中国数坝”峰会等会议相继召开，全方位、多角度推动信息化工作进展。

（市经济和信息化局）

政策文件发布

【中关村国际人才 20 条政策发布】 2 月 27 日，在市政府新闻办召开的新闻发布会上，由中央组织部、科技部、公安部、人力资源社会保障部、中国科协 5 家中央和国家有关部门会同市委、市政府联合印发的《关于深化中关村人才管理改革构建具有国际竞争力的引才用才机制的若干措施》（以下简称《措施》）发布。《措施》共提出 20 条政策，主要包括 4 个方面：在便利国际人才出入境方面，提出重点解决人才“进得来”的问题，涉及外籍人才申请永久居留、便捷出入境以及长期居留许可等 5 条政策；在开放国际人才引进使用方面，提出重点解决人才“留得下”的问题，涉及外籍人才担任法人、承担科技项目以及提名政府奖项资格等 6 条政策，同时在“海聚工程”、海外人才聘任、企业博士后培养等方面开展试点探索；在支持国际人才兴业发展方面，提出重点解决人才“干得好”的问题，涉及通过营造更加开放高效的引才用才环境，加强中关村示范区国际人才的交流合作等 4 条政策；在加强国际人才服务保障方面，提出解决人才“融得进”的问题，涉及外籍人才住宿简化登记、便利体检、保险保障、子女教育和设立一站式服务平台等 5 条政策。

（中关村管委会）

【工业互联网平台两文件发布】 7 月 31 日，中国信通院和工业互联网产业联盟在工信部信软司支持下，举办《工业互联网平台建设及推广指南》《工业互联网平台评价方法》文件发布及宣贯会议。工信部信软司司长谢少锋要求各地经信部门要认真组织文件宣贯工作，做好工业互联网平台的遴选，并通过企业上云、设备上云，建好、用好平台，构建工业互联网生态。工信部信软司和中国信通院分别解读了《工业互联网平台建设及推广指南》《工业互联网平台评价方法》。

（市经济和信息化局）

【创新型产业集群和制造业发展暂行办法发布】 8 月 14 日，市经济信息化委为贯彻落实市委、市政府决策部署，认真执行好《北京加强全国科技创新中心建设重点任务2018年工作方案》，推动创新型产业集群和制造业高质量发展创新引领示范区专项办工作顺利开展，组织召开示范区专项办上半年工作总结和第3季度调度会。市经济信息化委、经济技术开发区、顺义区、房山区、大兴区及各成员单位负责人参加会议。会上传达了市科创中心建设领导小组办公室关于督查、审计工作的相关要求，讨论通过专项办项目调整方案并下发《创新型产业集群和制造业高质量发展创新引领示范区任务和项目管理暂行办法》；各成员单位汇报了项目任务进展情况，提出相关意见建议。

（市经济和信息化局）

【2018版新增产业禁止和限制目录发布】9月26日，市政府公布《北京市新增产业的禁止和限制目录（2018年版）》。新闻发布会上，市发展改革委、市经济信息化委、市商务委、市工商局对禁限目录的最新修订内容进行解读。市经济信息化委主要负责禁限目录中制造业、软件与信息服务业部分的修订工作，对本次禁限目录修订内容进行主动解读。制造业部分的修订，主要体现在充分做好与高精尖产业发展系列政策的衔接，充分保障群众生活需要、城市基本运行和服务国家战略，注意区分制造业与制造环节，对不同区域采取差异化管理措施。新闻发布会后，各委办局回答了媒体记者的提问。

（市经济和信息化局）

【国内首个鼓励颠覆性技术创新文件发布】11月12日，中关村管委会印发《中关村国家自主创新示范区关于支持颠覆性技术创新的指导意见》（中科园发〔2018〕45号，以下简称《指导意见》）。《指导意见》是国内首个公开发布的鼓励颠覆性技术创新的专项政策文件，包括充分认识发展颠覆性技术创新的重要意义、支持颠覆性技术创新的基本原则、支持颠覆性技术创新的任务目标、建立颠覆性技术创新项目管理机制、加强颠覆性技术创新的组织实施5个方面内容，将围绕原始创新、前沿引领等方面的项目展开支持。《指导意见》有四大创新点，即建立广泛的项目征集渠道、探索非共识性项目评审方式、实施分阶段逐步加大力度的支持方式、建立基于项目专员制的新监管机制。

（中关村管委会）

【北京工业互联网发展计划发布】11月29日，北京市为加快推动北京市工业互联网发展，构建高精尖产业体系，《北京工业互联网发展行动计划（2018—2020年）》（以下简称《行动计划》）正式印发。《行动计划》以习近平总书记两次视察北京重要讲话精神为根本遵循，立足首都城市战略定位和京津冀协同发展布局，以打造工业互联网可控核心技术为突破，激发北京市高精尖产业创新活力、转型动力和发展潜力为主线，促进行业应用，强化安全保障，完善标准体系，加快人才培养，引领工业互联网持续快速发展，促进本市经济新旧动能转换，有力推动制造企业的智能化转型升级，加快推动从“在北京制造”向“由北京创造”的转变，使北京成为引领中国制造向中国创造转变的先行区域和战略高地。《行动计划》提出，到2020年，北京市推进工业互联网创新发展实现“535”总体部署。实现5个目标：推动规模以上工业企业产线和业务系统上云上平台；建成工业互联网标识解析国家顶级（北京）节点和20个以上行业标识解析二级节点；重点工业骨干企业创新应用工业技术软件化率达到50%；创建具有国际竞争力的跨行业跨领域工业互联网平台；打造以北京为中心，辐射津冀两地、服务全国的工业互联网创新应用示范基地。开展3个行动：推进基础设施与公共服务体系建设，内容包括企业内外网络升级改造，标识解析服务体系构建，公共服务支撑体系建设；推进高端供给能力建设，内容包括平台体系建设，关键技术突破，解决方案供给；推进应用创新生态建设，内容包括工业互联网应用体系，产业生态与业务模式创新，工业互联网技术创新与产业发展联盟建设。实施五大工程：网络建设工程、平台发展工程、应用创新工程、安全提升工程及生态培育工程。行动计划部署实施了三大建设行动。通过加强基础设施与公共服务体系建设，发挥北京市科技创新资源集中，以及在工业互联网网络体系建设中的区位优势，推进工业互联网公共基础设施升级和重点行业企业内网络适应性改造，推进工业互联网标识解析国家顶级（北京）节点和面向行业的二级节点建设，构建高效稳定的标识注册和解析服务能力，加快跨环节、跨系统、跨企业的信息关联共享及互联互通，建成系统性工业互联网基础公共服务体系。通过加强高端供给能力建设，立足北京市软件及信息服务产业高地和科研院所、科创人才等高端智力资源聚集的双高优势，有效整合高校、科研院所、工业企业、软件企业、互联网企业等创新资源，围绕重大共性需求和重点行业需要，开展工业互联网产学研用协同创新，促进技术创新成果产业化，推动从“在北京制造”向“由北京创造”的转变，提升整体工业互联网高端供给能力。通过加强应用创新生态建设，鼓励工业龙头企业建设面向区域、行业的工业互联网平台与应用体系，建立以北京为中心，辐射津冀两地、服务全国的工业互联网产业生态，为中小企业提供全面的服务，汇聚各方力量共同探索工业互联网的业务模式创新。为推动上述目标实现，配套三大建设行动，行动计划提出网络建设、平台发展、应用创新、安全提升、生态培育五大工程，推进行动内容全面落地。为确保计划顺利实施，推进北京“互联网＋制造”创新发展，提出要强化组织保障、加大财政支持、强化产业协同、注重人才培养、推进国际合作等一系列保障措施。

（市经济和信息化局）

【企业技术中心建设评价规范发布】12月18日，北京企业技术中心创新服务联盟揭牌仪式暨服务平台与联盟标准发布活动在中关村国家自主创新示范区展示中心召开。会上，北京企业技术中心创新服务联盟正式亮相，并发布“北京市企业技术中心服务平台”和《北京市企业技术中心建设评价规范》。北京市经济和信息化局解读了新发布实施的《北京市企业技术中心建设管理办法》和《北京市企业技术中心建设管理告知承诺制实施细则（试行）》等相关政策文件。北京市企业技术中心的600多家企业代表参加活动。市经济和信息化局、市发展改革委、市科委、市财政局、中关村管委会、市税务局、北京海关、市知识产权局以及各区经信部门出席活动。北京市的企业技术中心共计756家，其中国家级企业技术中心84家、市级企业技术中心672家。北京企业技术中心创新服务联盟是以创新驱动发展为指导，以推动企业技术中心建设为目标，以“创新、协调、绿色、开放、共享”为发展理念的非营利性社会团体，是支撑企业技术中心发展的重要力量。“北京市企业技术中心服务平台”由北京软件和信息服务交易所、北京东御乾元科技有限公司共同建设，共分产业地图、自评估系统、政策速递和需求对接等4个服务版块。会上发布新版《北京市企业技术中心建设评价规范》（以下简称《规范》）。《规范》聚焦研发投入强度、研究与试验发展经费、有效知识产权数、研究与试验发展人员数、技术开发仪器设备原值等创新能力关键指标，引导企业提高自主创新能力、进行机制创新、积极发挥引领示范作用。北京市经济和信息化局科技标准处解读了《北京市地方标准管理办法》《北京市专业标准化技术委员会管理办法》《关于发展壮大团体标准的指导意见》等政策文件，北京企业技术中心创新服务联盟对《企业技术中心建设评价规范》团体标准进行了解读。

（市经济和信息化局）

人才建设

【人机CP助推行业发展】据京东6月20日消息，“618”时，京东物流创造出了一个“新工种”：人机CP。更快的送货服务背后，是京东物流对亚洲一号、无人仓、无人车等新技术、新设备的大规模应用。京东物流CEO王振辉表示，智慧物流的投入和建设逐渐改变着未来物流行业的人才需求结构，也为物流人的转型、成长提供更大的发展空间。新技术的应用需要高学历的技术人员迅速提升多方面能力，走向管理岗位以培养和带动更多的人员成长，京东物流于2016年推出云梯计划，专注于培养这类人才；大量的产业工人需要逐步转型为掌握新技能的产业工人。京东物流在关注核心科技的同时，也在关注着从业人员的成长，在共同作业共同发展的过程中，人与机器的奇妙组合演变成为一种新的工种，被称为人机CP，人机CP将成为行业健康发展的重要助推力量。

（市经济和信息化局）

【创新创业导师培训班举办】7月11日至13日，市经济信息化委组织各区中小企业主管部门、小企业创业基地、中小企业公共服务平台的有关人员40余人，参加创新创业导师培训班。经考试合格人员，获得由人社部颁发的《全国专业技术人员岗位能力（创新创业导师）证书》，实现小微企业创业管理服务工作的持证上岗。

（市经济和信息化局）

【职业技能提升成效显著】年内，市经济和信息化局进一步加强职业技能鉴定考评员、督导员队伍建设、技能鉴定基地建设及职业技能能力提升工作，全年累计完成职业技能能力提升5400人，合格率92.7%；完成等级职业技能鉴定5245人，合格率92.5%。

（市经济和信息化局）

【促进就业和精准帮扶有机结合】年内，全市完成怀柔北房地区、顺义南彩地区、平谷东高村地区3场精准帮扶专场招聘会和朝阳王四营地区农民就业专场招聘会。3场精准帮扶招聘会共提供工作岗位4000余个，现场达成就业意向1100余人，签约成功率大于40%，有力促进了京郊经济薄弱地区农村劳动力转移就业。电视台北京新闻栏目、京郊日报、北京参考网等媒体专题报道了怀柔区、平谷区的精准帮扶专场招聘会活动。

（市经济和信息化局）

【6名青年企业家获评中国科技创新青年】年内，6名北京软件领域杰出青年企业家上榜《麻省理工科技评论》中国科技创新青年。他们是小

马智行联合创始人兼CTO楼天城、深鉴科技创始人兼CEO姚颂、商汤科技联合创始人兼副总裁徐冰、旷视科技创始人兼CEO印奇、第四范式创始人兼CEO戴文渊、快手创始人兼CEO宿华。上榜的科技创新青年致力于自动驾驶、自然语言处理、人脸识别、AI芯片研发等领域。《麻省理工科技评论》自1999年发布全球35位35岁以下科技创新青年榜单，旨在评选出全球最有才华、最具创新精神，以及最有可能改变世界的35位年轻技术创新者或企业家，并分为发明家、创业家、远见者、人文关怀者及先锋者五大类。该榜单是全球最权威的青年科技创新人才榜单之一。2017年首次推出中国区评选，北京共有16位杰出青年上榜，其中软件和信息服务业领域杰出青年企业家占6人。

（市经济和信息化局）

宣传与会展

【宣贯信息技术服务标准（ITSS）】5月3日，市经济信息化委贯彻落实工信部信息化和软件服务业司《关于做好2018年信息技术服务标准宣贯培训和应用推广工作的通知》精神，组织召开2018年信息技术服务标准（ITSS）北京市宣贯培训会。市经济信息化委副主任李瑞涛指出，市经济信息化委一直以来推进ITSS相关工作，切实落实工信部在ITSS标准服务验证与应用试点方面的相关要求，通过向企业宣贯相关政策、讲解标准发展状态，帮助企业了解ITSS标准，为企业培养人才千余人次。200家IT企业参加培训。会议邀请中国电子技术标准化研究院软件工程与评估中心IT服务研究室主任郭鑫伟等嘉宾为企业做ITSS标准解读。

（市经济和信息化局）

【北京高精尖产业创新成果展举办】5月17日至20日，第21届科博会北京高精尖产业创新成果展在中国国际会展中心举办。这次北京高精尖产业创新成果展作为相关主题在科博会上首次亮相，共有68家北京市高精尖企业参展，在宣传产业政策、提振行业信心、凝聚发展共识、打造交流平台等方面取得成效。北京高精尖产业创新成果展累计接待观众及客商6.4万余人次，线上数字展馆访问量接近50万次，中央电视台等多家媒体到展馆进行现场采访，人民日报对北京高精尖产业创新成果展展览情况进行专题报道，本展区成为整个科博会最受关注的展区之一。

（市经济和信息化局）

【第20批企业技术中心工作会召开】6月14日，市经济信息化委在中关村军民融合产业园组织召开第20批企业技术中心工作会。市经济信息化委科技标准处、海淀区经信办、北京市技术创新服务中心、企业技术中心创新服务联盟、第20批企业技术中心的相关人员参会。会上，科技标准处介绍了经信委企业技术中心建设管理和高精尖资金支持政策情况，对企业技术中心创新能力提升工作提出要求，并解读了市政府出台的加快科技创新构建高精尖经济结构系列政策，同时宣讲了国家强制性标准《电动自行车安全技术规范》，为第20批74家企业技术中心进行了授牌。

（市经济和信息化局）

【北京市科技创新基金启动大会举办】6月24日，北京市科技创新基金启动大会举行。大会以“科创北京智领未来”为主题，来自政府部门、投资界、产业界和学术界等方面的代表围绕政府资金引导原始创新、成果转化以及高精尖产业投资等议题建言献策，探寻资本引导科技创新发展、赋能社会的新思路。副市长阴和俊出席大会并讲话。科创母基金规模300亿元，通过放大预期实现1000亿元总规模，基金专注于科技创新领域投资，力争实现“三个引导”，即引导投向高端“硬技术”创新、引导投向前端原始创新、引导符合首都战略定位的高端科研成果落地孵化转化，培育“高精尖”产业。

（市经济和信息化局）

【第22届中国国际软件博览会召开】6月29日至7月2日，由工信部、北京市政府共同主办的第22届中国国际软件博览会（以下简称2018软博会）在北京展览馆举行。中国工程院院士、清华大学副校长尤政做题为《软件定义世界 科技创造未来》主旨报告。高峰论坛上，华为轮值董事长徐直军、中欧数字协会主席鲁乙己、百度高级副总裁王海峰、IBM大中华区董事长陈黎明、用友网络董事长兼CEO王文京、字节跳动创始人兼CEO张一鸣，围绕中国软件产业发展、新时代下中欧软件合作新未来、软件智能开发、数字化商业下的企业服务等热点话题做专题演讲。2018软博会以“新时代 新理念 新软件”为主题，80家企业独立参展，河北、陕西、四川等18个展团共343家企业以团队形式参展。2018软博会设置七展区、五峰会、一大赛、21场平行论坛以及软件之夜等系列活动。总体呈现八大特色。展览展示紧扣时代主旋律，设置七大主题展区；全球软件产业发展高峰论坛主题鲜明、大咖云集、国际化程度高；首次举办工业互联网安全精英邀请赛；举办内容丰富的专题平行论坛；平行论坛共举办21场，论坛内容围绕软件百强发布、区块链、云服务、人工智能、“一带一路”和知识产权保护等话题展开，并以主题演讲、圆桌论坛等多种形式呈现；升级打造软博会logo和吉祥物；软博会多项推选结果在“软件之夜”盛典公布；升级改版“在线软博会”交易服务平台；成果发布丰硕，行业影响显著。

（市经济和信息化局）

【首次通过会议招商推介】8月2日，市经济信息化委组织市发展改革委、市科委、市财政局、市人力社保局、市规划国土委、中关村管委会、海淀区政府、顺义区政府、大兴区政府、昌平区政府、北京经济技术开发区管委会、北京科技创新投资管理有限公司等12个部门召开2018世界机器人大会期间产业合作对接工作协调会。市经济信息化委副主任毛东军指出，此次专项对接会是北京市首次借助大型会议进行

招商推介，要向企业、媒体生动全面地解读北京市招商政策和营商环境，让国内外优秀企业了解北京市鼓励发展先进制造业的政策，让与会媒体报道科创中心建设和高精尖产业发展支持举措。

（市经济和信息化局）

【产业创新体系建设工作会召开】8月14日，市经济信息化委组织召开产业创新体系建设工作会。市经济信息化委科技标准处、各区经济信息化部门相关负责人参加会议。会议就建设创新型产业集群和制造业高质量发展创新引领示范区、落实10个高精尖产业指导意见、构建以企业为主体的新型产业创新体系、营造产业创新良好环境、推动重大创新成果转化落地等5个方面的重点任务进展情况及下一步工作安排进行了通报。各成员单位就相关工作进行充分讨论，并提出意见建议。

（市经济和信息化局）

【2018世界机器人大会举办】8月15日至19日，2018世界机器人大会在北京亦创国际会展中心举办。大会以“共创智慧新动能，共享开放新时代”为主题，设置论坛、博览会、大赛、地面无人系统活动四大版块，集学术、博览、竞技、科普和交易等功能于一体。大会展出160余家企业的500余件展品，参会观展人数累计达28.2万人次。

（市经济和信息化局）

【2018世界机器人大会落幕】8月19日，2018世界机器人大会在北京亦创国际会展中心落幕。大会得到联合国工业发展组织、世界工程组织联合会等21家国际组织的支持。为期3天的主论坛和20多场专题论坛共邀请到国内外300多位业界顶尖专家和企业精英演讲，共同分享前沿科技成果，促进全球机器人产业的交流与合作。博览会四大展区九大主题，吸引超过15个国家166家企业的500多个展品参展，涵盖传统的工业机器人、服务机器人和特种机器人，展示了一批先进的基础零部件。五大类赛事30余个赛项，吸引10多个国家的1万余支队伍、5万多名选手参赛，会聚美国、德国、日本等近20个国家和地区的数百名顶尖专家。大会受到CCTV、人民日报、新华社、光明日报、经济日报、日本东京电台、俄罗斯全国广播电视公司、彭博社、路透社、美联社等355家国内外媒体的广泛报道；现场参会参展人数28.2万人次，在线观看直播人数1470余万人次。大会期间签约合作意向总金额89亿元，创下历届大会之最。此届大会发布《中国机器人产业发展报告2018》《新一代人工智能领域十大最具成长性技术展望2018—2019年》《机器人十大新兴应用领域2018—2019》等一系列重要的研究成果。闭幕式上正式发布《机器人十大新兴应用领域（2018—2019年）》。世界机器人专家委员会遴选出物流仓储、消费品加工制造、外科手术及医疗康复、楼宇及室内配送、智能陪护与情感交互、复杂环境与特殊对象的专业清洁、城市应急安防、影视娱乐拍摄与制作、能源与矿产采集、国防与军事共10个未来机器人最具潜力的应用领域，成为此届大会的标志性成果之一。闭幕式上举行2018世界机器人大会“最具创新产品奖”“最具人气展品奖”和2018世界机器人大赛颁奖仪式。

（市经济和信息化局）

【第10届中国卫星导航年会落户北京】9月26日，第9届中国卫星导航学术年会总结会暨第10届中国卫星导航年会启动会召开。年会组委会汇报了第10届中国卫星导航年会总体策划方案，会议原则同意第10届年会落户北京。市经济信息化委主任王刚指出，第10届年会落户北京，是国家北斗办赋予北京市的一项光荣使命，是构建北斗产业圈、展示北斗领域优质成果、推动区域经济发展的重要机遇，更是国家对北京市北斗产业创新发展水平的一次检验。北京市将紧紧围绕“融合”主题，统筹考虑“会议＋展览＋产业＋大奖”的举办模式，加速促进产业链上下游企业形成集聚效应，力保年会有创新、有亮点，推动北斗成为自主可控、安全可靠、万物互联、万物智能的时空标签。

（市经济和信息化局）

【世界智能网联汽车大会举办】 10月18日至21日，世界智能网联汽车大会在北京国家会议中心举办，是中国政府首次批准举办智能网联汽车类别的世界性大会，也是全球最大规模以智能网联汽车为主题的国际会议。会议以“开启汽车新时代”为主题，设有开幕式、主论坛、未来之夜、专业论坛、国际合作圆桌会议、院士大讲堂、未来汽车开发者大会、展览和自动驾驶试乘体验等14场活动，得到全球多个国家和地区的16个行业组织、高校和科研院所的支持，6100多名专业人士参加会议，180余家国际知名企业携带最新技术成果参加展览，累计参观人数超过8万人次。

（市经济和信息化局）

【第3届“中国数坝”峰会在北京召开】 12月28日，由北京市经济和信息化局、河北省工业和信息化厅、河北省通信管理局、河北省互联网信息办公室等单位指导，北京市西城区人民政府、张家口市人民政府等单位主办的第3届“中国数坝”峰会在北京召开。市经济和信息化局副巡视员姜广智在致辞中表示，京张两地地缘关系深厚，产业关联度大，资源优势互补。北京作为国家科技创新中心，在信息技术和大数据产业领域的创新优势明显，1月至11月，北京市软件和信息服务业实现收入为8300亿元，同比增长18.6%。北京市企业创新能力显著提升，企业集群快速成长，产业布局日趋优化，高精尖经济结构构建成效显著，在大数据关键技术、核心产品与服务等方面都与国际水平保持同步，正在向具有全球影响力的科技创新中心不断迈进。京张高铁开通后张家口将进入北京1小时经济圈，除了区位优势外，张家口市四季凉爽、新能源资源丰富，是中国适合部署数据中心的一类地区。2012年10月，北京市与张家口市签署《京张共建战略性新兴产业体系合作协议》，张北云计算产业基地被北京市列入京张合作建设项目。2014年，市经济信息化委与河北省工信厅引导北京新增扩建的数据中心优先在张北布局，确定将张北云基地打造为“中国数坝”的定位。在国家发展改革委、工信部、国家网信办批复下，京津冀三地共同筹划、建立京津冀大数据综合试验区，提出要把张北建设成为京津冀云存储基地、国家绿色数据中心示范基地、全国数据灾备中心、河北省主数据中心。京津冀大数据综合试验区正逐步以张家口、承德、廊坊为核心建设“张承廊”环京大数据基础设施支撑带。下一步将围绕京津冀大数据综合试验区建设继续推动京张大数据产业合作，实现同频共振，持续引导新增扩建的大数据中心向张北转移，在大数据中心建设期、运营期和应用期不断提供智力支持，引领京津冀大数据跨区域发展。

（市经济和信息化局）

北京信息化年鉴

政策法规文件

本栏目刊载2018年北京市政务公开要点、投资项目在线审批监管平台、推进政务服务“一网通版”、全面推进“证照分离”改革、跨境电商综合试验区方面的相关政策法规文件。

北京市人民政府办公厅关于印发《北京市 2018 年政务公开工作要点》的通知

京政办发〔2018〕19 号

各区人民政府，市政府各委、办、局，各市属机构：

《北京市 2018 年政务公开工作要点》已经市政府同意，现印发给你们，请结合实际认真贯彻落实。

北京市人民政府办公厅

2018 年 5 月 11 日

北京市 2018 年政务公开工作要点

2018 年全市政务公开工作的总体要求是：全面贯彻落实党的十九大和十九届二中、三中全会精神，以习近平新时代中国特色社会主义思想为指导，坚持以人民为中心，深入落实党中央、国务院关于全面推进政务公开工作的系列部署，大力推进决策、执行、管理、服务、结果公开，加强政策解读，扩大公众参与，提升公开实效，凝聚发展共识，充分发挥公开促落实、促规范、促服务的作用，进一步提升政府的执行力和公信力。

一、加强政府重点工作信息公开

（一）围绕抓好“三件大事”、打赢“三大攻坚战”做好信息公开。制定发布城市设计导则以及核心区控制性详细规划、城市副中心规划、新城控制性详细规划等规划信息。（市规划国土委负责落实）推进支持雄安新区建设、加强京津冀产业对接协作、区域污染联防联控和教育、医疗、社保等基本公共服务合作等信息公开。（市发展改革委、市经济信息化委、市环保局、市教委、市卫生计生委、市人力社保局分别负责落实）及时公开延崇高速、兴延高速、首都地区环线通州至大兴段建设情况。（市交通委负责落实）推进 2022 年北京冬奥会、冬残奥会竞赛场馆新建、改造以及群众冰雪运动普及情况等信息公开。（市重大项目办、市体育局、市教委分别负责落实）协调发布金融、房地产等领域政策措施，及时公开政府债务限额和余额情况，加大履行金融监管职责、打击违法违规金融活动信息公开力度，适时公开融资担保监管行政许可、备案信息以及本市小额贷款公司名录。（市金融局、市财政局、市住房城乡建设委分别负责落实）推进扶贫协作、支援合作以及各区结对帮扶信息公开。（市支援合作办牵头落实）做好低收入农户增收帮扶措施、项目资金安排、帮扶成效等信息公开。（市农委负责落实）发布新一轮大气污染防治行动计划，及时公开重特大或突发环境事件应对和调查信息，持续公开高排放车治理、扬尘污染管控、黑臭水体治理、农村煤改清洁能源等工作情况。（市环保局、市水务局、市农委分别负责落实）

（二）围绕有序推进疏解整治促提升专项

行动做好信息公开。修订发布新增产业禁止和限制目录。（市发展改革委牵头落实）发布疏解退出一般制造业企业、中心城区市属国有企业疏解退出进展情况。持续推进医疗卫生资源疏解，按季度公开重点项目建设进展情况。（市经济信息化委、市国资委、市卫生计生委分别负责落实）做好违法建设拆除、老旧小区综合整治、“开墙打洞”治理、占道经营整治、架空线入地、“厕所革命”、生活性服务业品质提升、“留白增绿”等信息公开。（市规划国土委、市住房城乡建设委、市工商局、市城管执法局、市城市管理委、市商务委、市园林绿化局分别负责落实）推进北京城市副中心建设信息公开，重点做好交通基础设施、教育医疗、生态环境等重点建设项目信息公开。（市规划国土委、市发展改革委、市住房城乡建设委、市交通委、市教委、市卫生计生委、市园林绿化局等相关部门、通州区政府分别负责落实）编制发布实施乡村振兴战略的措施，动态发布美丽乡村建设情况，推进承包地“三权分置”、集体经营性建设用地入市和征地制度改革信息公开。（市发展改革委、市农委、市规划国土委分别负责落实）制订发布新的城市南部地区发展三年行动计划。（市发展改革委负责落实）

（三）围绕全力推进科技创新做好信息公开。推进重大科技任务和项目信息公开，及时公开财政科研项目征集、立项等信息，做好重点领域科研进展、成果转化等信息公开。（市科委负责落实）做好支持在京高校建设世界一流大学和一流学科、加快国家技术标准创新基地建设等信息公开。（市教委、市质监局分别负责落实）推进“三城一区”和中关村示范区建设信息公开，重点做好产业布局、科技成果转化和基础设施建设等信息公开，发布科技型小微企业研发费用支持资金管理、吸引海外优秀杰出人才等先行先试创新政策。（市科委、市发展改革委、市经济信息化委、中关村管委会、北京经济技术开发区管委会、相关区政府分别负责落实）公开高精尖产业发展政策落实情况，制订发布创新型企业培育壮大三年行动计划。（市经济信息化委、市科委、中关村管委会分别负责落实）

（四）围绕加强城市精细化管理做好信息公开。发布街巷长制、小巷管家等工作指导意见，推进北京大数据行动计划、城市网格化管理、智慧城市建设等工作进展情况信息公开。（市城市管理委、市经济信息化委分别负责落实）发布城市安全隐患治理三年行动方案；完善安全生产应急处置信息公开机制，及时发布突发事故应急处置情况。（市安全监管局负责落实）推进交通拥堵治理信息公开，重点公开新开和优化公交线路、自行车道和步道整治、轨道交通换乘通道改造、共享单车规范管理等信息。（市交通委负责落实）进一步做好新一轮百万亩造林绿化工程、节水型社会建设、河长制、生活垃圾分类示范片区创建等工作情况公开。（市园林绿化局、市水务局、市城市管理委分别负责落实）

（五）围绕建设好发展好全国文化中心做好信息公开。制定发布推进老城整体保护实施方案，公开大运河文化带、长城文化带、西山永定河文化带保护建设规划情况，发布第一批市级传统村落名录。（市规划国土委、市发展改革委、市文物局、市园林绿化局、市农委分别负责落实）做好公共文化服务体系示范区建设、文化惠民工程建设、“1+3”公共文化政策落实情况等方面的信息公开工作。（市文化局负责落实）及时公开深化文化体制改革、设立文化创新发展基金、建设文化创意产业发展引领区相关政策措施。推进全民阅读活动信息公开，拓宽公众参与渠道，发布全民阅读指数调查结果。

（市文化局、市文资办、市新闻出版广电局分别负责落实）

（六）围绕持续保障和改善民生做好信息公开。及时公开深化教育综合改革、促进义务教育“增量、提质、均衡、公平”发展等方面内容。各区要及时发布学前教育和义务教育阶段入学政策、义务教育阶段每所公办学校就近接收学生范围和人数、随迁子女入学条件和流程等信息。（市教委牵头落实）推进分级诊疗、医联体建设、家庭医生签约服务信息公开，坚持并完善法定传染病疫情信息周发布、突发公共卫生事件总体情况季度发布机制。（市卫生计生委负责落实）加大食品、药品、医疗器械、化妆品监管信息公开力度。加强产品质量监督抽查信息公开，完善工作计划、抽查方案、招标检验机构、抽查结果“四公开”机制。（市食品药品监管局、市质监局分别负责落实）做好保障性住房政策措施信息公开，及时公开保障性住房年度建设计划、完成情况、分配对象、分配房源、分配程序、分配过程、分配结果和退出信息。（市住房城乡建设委、各区政府分别负责落实）加大对城乡低保、特困人员提供救助供养、医疗救助、教育救助、临时救助信息公开力度，全面公开救助对象认定、救助标准、福利补贴申领程序，定期发布救助情况和资金支出情况。及时公开社区养老服务驿站、农村幸福晚年驿站、邻里互助点建设运营信息。（市民政局负责落实）多渠道发布就业服务信息，为重点群体提供精准就业帮扶。（市人力社保局负责落实）推进“社区之家”示范点建设、“一刻钟社区服务圈”建设信息公开。（市社会办负责落实）持续深化社会公益事业建设领域信息公开，运用技术手段实现公开的信息可检索、可核查、可利用。（市农委、市民政局、市教委、市卫生计生委、市环保局、市安全监管局、市文化局、市体育局等分别负责落实）加强分类指导，组织编制完善公共企事业单位信息公开事项目录，建立完善公开考核、评议、责任追究和监督检查制度，切实推进公共企事业单位信息公开。（市教委、市环保局、市文化局、市卫生计生委、市交通委、市住房城乡建设委、市民政局等相关部门、各区政府分别负责落实）

（七）围绕优化营商环境做好信息公开。及时发布优化营商环境政策措施及实施效果。（市发展改革委、市规划国土委、市住房城乡建设委、市商务委、市工商局、市地税局等相关部门、各区政府分别负责落实）推行权责清单动态管理。结合深化“放管服”改革，根据国务院行政许可事项清理情况，公布本市取消的行政许可事项。公开第三批清理规范的行政审批中介服务事项和取消涉及企业、群众办事创业证明的目录。（市编办牵头落实）及时公布企业投资项目审批和备案事项，公开工商登记前置审批事项目录、后置审批事项目录，加大“多证合一”“证照分离”改革信息公开力度。（市发展改革委、市工商局分别负责落实）深入推进企业信用信息公开，加强数据共享，加大企业惩戒信息公示力度；推动全面实施“双随机、一公开”，及时公开综合监管和检查执法信息，持续深化行政许可、行政处罚“双公示”。（市工商局、市经济信息化委分别牵头落实）持续深化政府与社会资本合作（PPP）项目信息公开，重点公开项目实施方案、物有所值评价报告、财政承受能力论证报告等信息。公布清理涉企收费和税收优惠政策情况。（市财政局、市地税局分别负责落实）大力推进重大建设项目和公共资源配置领域的信息公开，加强公共资源交易平台建设，推动实现公共资源配置全流程透明化。（市发展改革委、市财政局、市住房城乡建设委、市重大项目办、市规划国土委、市国资委、市经济信息化委、市交通委、市水务局、市园林绿化局、市政务服务办等分别负责落实）

（八）围绕全面加强政府自身建设做好信息公开。坚持以公开为常态、不公开为例外，政府全体会议和常务会议讨论决定的事项、政府及其部门制定的政策，除依法需要保密的外都要及时公开。制定出台涉及公共利益、公众权益的政策文件时，要对公开相关信息作出明确规定。（市政府办公厅牵头，各区政府、市政府各部门负责落实）加强财政预决算信息公开，扩大市级部门预决算公开范围，除涉及国家秘密外，所有使用财政资金的市级部门都要公开本部门预决算。推进部门收支总体情况、财政拨款收支情况和重点支出信息公开。（市财政局牵头，市政府各部门负责落实）开展公共信息资源开放试点工作，推进政府数据集中统一开放利用。（市经济信息化委牵头落实）认真做好人大代表建议和政协委员提案办理结果公开工作，对于涉及公共利益、公众权益、社会关切及需要社会广泛知晓的建议和提案，原则上要公开答复全文。（市政府办公厅牵头，各区政府、市政府相关部门负责落实）

二、加强解读回应

（一）突出重点，做好预期引导。围绕2018年市政府重点工作，进一步加大解读力度，坚持重要文件、重大决策、重点工作与政策解读同步研究、同步部署、同步推进，合理引导社会预期。围绕实施《北京城市总体规划（2016年－2035年）》、疏解整治促提升、加快建设全国科技创新中心、推进供给侧结构性改革、优化营商环境、推进服务业扩大开放等重点工作加强政策解读，及时准确传递政策意图，激发市场活力。就提升生活性服务业品质、保护历史文化风貌、创新超大城市治理体系、持续改善生态环境等，解读好相关政策措施、执行情况和工作成效，讲清困难和问题，赢得人民群众的理解和支持。（各区政府、市政府各部门负责落实）

（二）强化解读全链条管理，提升解读的传播力公信力。建立健全解读全链条管理机制，把握好政策解读的节奏和力度，为推动政策落实营造良好环境。政策发布前要加强分析研判，特别是对重要民生政策要及时梳理工作重点、难点、风险点，密切关注收集苗头性、倾向性意见，有针对性地做好政策吹风。政策发布后要做好政策精准解读和深度阐释，科学解读政策背景、主要内容、执行标准、惠民利民举措、新旧政策差异以及后续工作考虑等，主动解疑释惑，避免误读误判，并持续做好政策落地跟踪报道和后续解读，对社会关切做好回应。（各区政府、市政府各部门负责落实）

（三）丰富解读形式，让群众“听得懂、信得过”。充分利用新闻发布、政策吹风、集体采访、媒体专访、座谈访谈、撰写文章等手段，运用图表图解、音频视频等方式，用群众耳熟能详的文字、通俗易懂的语言，生动直观解读政策。强化案例解读，加大优化营商环境系列政策落地实施等案例解读力度，增强解读效果。做好专家解读，对专业性较强的政策，组织邀请相关领域专家学者和业内人士进行专业解读。加强“一把手”解读，部门主要负责人要履行好“第一解读人”职责，与宏观经济和民生关系密切的部门主要负责人，每年解读重要政策措施不少于1次。完善政府新闻发言人制度，以主动做好重要政策法规解读、妥善回应公众质疑、及时澄清不实传言、权威发布重大突发事件信息为重点，提升新闻发言人的履职能力；建立健全网络新闻发言人机制。（各区政府、市政府各部门负责落实）

（四）利用多种媒体进行精准解读。善于运用中央和市属媒体及所属新媒体解读政策，主动为其提供线索和素材、推荐专家学者，安排记者列席会议，畅通采访渠道，扩大政策知晓率和影响力。充分发挥政府网站、政务微博微信、政务移动客户端等作用，注重利用商业网站以及都市类、专业类媒体，精准推送政策信息，切实增强政策解读的针对性和有效性。（各区政府、市政府各部门负责落实）

（五）提升回应主动性、及时性。健全政务舆情回应机制，强化监测收集、分析研判、处置回应、督办协调全流程管理。加强监测预警和风险评估，特别是对涉及经济社会重大政策、涉及公众切身利益、引发媒体和社会关注、影响党和政府形象和公信力、严重冲击社会道德底线、危害社会秩序等方面的政务舆情，要做到早预判、早评估、早准备、早应对。加强突发事件信息发布，及时准确发布权威信息。建立完善与宣传、网信、公安、通信管理等部门的协调联动机制，提升政务舆情回应的主动性、针对性、有效性。建立政务舆情应对效果评估和问责制度，加强对政务舆情管理应对工作的综合评价，对处置不得力、回应不妥当、报告不及时的涉事责任部门及相关责任人员，要予以通报批评或约谈整改。（市网信办、市政府办公厅、市政府新闻办牵头，各区政府、市政府各部门负责落实）

三、加强公众参与和政民互动

（一）扩大公众参与。出台本市行政机关加强公众参与和政民互动工作办法，完善工作流程，保障公众有效参与政府政策制定、公共管理、执行监督。积极扩大公众参与范围，让公众更大程度参与规划计划编制、重要政策措施制定等工作中。创新公众参与方式，积极探索网络参与形式，进一步提升公众参与实效。办好“市民对话一把手”，精心设置议题，通过线上线下联动，畅通市民反映诉求的渠道，提升互动效果。建立健全政府开放日常态化机制，聚焦重要民生事项，推动政府开放日向基层延伸。完善政务公开惠民便民地图，改善用户体验，进一步丰富地图内容和服务功能，推进地图在微博、微信、手机客户端融合应用，让信息多跑路，群众少跑腿。（市政府办公厅牵头，各区政府、市政府各部门负责落实）

（二）推行重大行政决策公开。建立健全重大决策预公开制度，对涉及公众切身利益、需要社会广泛知晓的重大决策，各级行政机关在决策前向社会公布决策草案、决策依据，广泛听取公众意见，征求意见时间一般不得少于5个工作日。征求意见后，要及时公开意见采纳情况；对相对集中的意见建议不予采纳的，要说明理由。（各区政府、市政府相关部门负责落实）

（三）推行政府会议公开。对涉及重大民生事项的会议议题，制定会议方案时，应提出是否邀请有关方面人员列席会议、是否公开以及公开方式的意见，随会议方案一同报批。建立健全人大代表、政协委员、专家学者、市民和新闻媒体代表列席政府有关会议制度，增强决策透明度。对涉及公众利益、需要社会广泛知晓的电视电话会议，采取广播电视、网络和新媒体直播等多种形式向社会公开。（各区政府、市政府相关部门负责落实）

（四）推行政策执行公开。推进重要政策措施、重点工作任务执行情况公开，全面公开实施步骤、具体措施、责任分工、工作进展、工作成效、监督方式等信息。建立健全政策落实跟踪反馈和评估制度，发挥好人大代表、政协委员、社会公众、新闻媒体的监督作用，运

用好第三方评估、民意调查等形式，科学评价政策效果，推进评估结果公开。（各区政府、市政府相关部门负责落实）

四、着力推进“一窗受理、一网通办”，提升政务服务优化营商环境工作实效

（一）深入推进政务服务网上办事。加快推进“互联网＋政务服务”，依托网上政务服务大厅，推动与企业生产经营、群众生产生活密切相关的政务服务事项“应上尽上”，不断创新服务方式，优化营商环境，为市场主体添活力。（市政务服务办、市政府审改办、市经济信息化委牵头，各区政府、市政府相关部门负责落实）完善网上政务服务大厅功能，公开网上办事服务事项清单，拓宽网上服务渠道，提升政务服务便利度。（市政务服务办、市政府审改办牵头，各区政府、市政府相关部门负责落实）推进统一身份认证和电子证照库建设，完成各区各部门互联网办事系统与市网上政务服务大厅的对接，实现“单点登录、一网通办”，逐步实现证明材料后台核验。（市政务服务办、市经济信息化委牵头，各区政府、市政府相关部门负责落实）完善政务服务主题信息资源目录，建设全市政务服务资源共享平台，推进跨层级、跨部门信息汇聚共享。（市政务服务办、市经济信息化委牵头，各区政府、市政府相关部门负责落实）

（二）规范政务服务大厅建设管理。加强实体政务服务大厅建设管理，推动线上线下融合。（市政务服务办牵头，各区政府、市政府相关部门负责落实）推动服务事项进驻本级政务服务中心，实现群众办事“只进一扇门”。（市政府审改办、市政务服务办牵头，各区政府、市政府相关部门负责落实）审批部门要加大对进驻窗口的审批授权，持续推动进驻事项在大厅内“一站式”办理，力争让群众“最多跑一次”。（各区政府、市政府相关部门负责落实）结合群众办事需求灵活设立综合窗口，推行“一窗受理、集成服务”。（市政务服务办、市政府审改办牵头，各区政府、市政府相关部门负责落实）做好各级政务大厅人员、设施、经费保障，建立完善激励约束制度，加强工作人员管理，严肃纪律作风，规范服务行为，切实提高服务效率和质量。（市政务服务办牵头，各区政府、市政府相关部门负责落实）

（三）优化办事服务。发布市、区两级政务服务事项目录。大力推行政务服务事项标准化，实现办事材料目录化、精准化、电子化。进一步规范和完善办事指南，办事指南之外不得增加其他要求；办事条件发生变化的事项，应在1个工作日内公开变更后的相关信息。公布全市各级政府“一次办”事项清单和办事指南。除涉密证明事项外，清理并公开群众和企业办事需要提供的各类证照、证明材料，没有法律法规依据的一律取消。在已经减少企业开办时间、建筑施工许可审批时间的基础上，及时公开进一步压缩时间的相关举措、工作进展、改革成效等情况。加强办事服务信息监督检查，对办事服务信息不准确不规范、与实际工作不一致的，及时督促整改。建立全市政务服务资源库和问答知识库，实现线上线下办事服务信息同源管理。（市政务服务办、市政府审改办分别牵头，各区政府、市政府相关部门负责落实）

五、加强政务公开制度机制建设

（一）贯彻落实政府信息公开条例。根据《政府信息公开条例》修订情况，开展本市相关制度规范的清理和修订工作，完善配套措施。对照修订后的条例要求，稳妥做好衔接过渡工作。进一步规范依申请公开工作，健全工作流程，明确答复标准，加强解释说明，建立健全申请与咨询、信访、举报等分类处理机制，依法保障公民、法人和其他社会组织获取政府信息。拟制公文时，明确主动公开、依申请公开、不予公开等属性；拟不公开的，依法依规说明理由。做好公开属性定期审查，健全依申请公开向主动公开转化机制，强化依申请公开促进依法行政作用。在政府信息公开工作年度报告中公布重点领域信息公开情况，接受社会监督。（市政府办公厅牵头，各区政府、市政府各部门负责落实）

（二）严格履行政府信息公开审查程序。政府信息公开前要依法依规严格审查，妥善处理好政务公开与保守国家秘密的关系。加强对内容表述、公开时机、公开方式的分析研判，避免发生信息发布失信、引发不当炒作、损害政府公信力、影响社会稳定等问题。对涉及个人隐私的政府信息，除惩戒性公示公告、强制性信息披露外，公开时做好去标识化处理，依法保护好相关人员个人信息。（市政府办公厅牵头，各区政府、市政府各部门负责落实）

（三）全面完成基层政务公开标准化规范化试点工作。各试点区按照确定的试点任务，进一步加大工作力度，有序推进政务公开事项标准、工作流程标准梳理编制工作，建立健全标准制定、运用、监督等工作机制，确保完成全部试点任务，并在决策公开、政策解读、公众参与、公文发布等方面实现创新突破。市政府相关部门要积极主动做好业务指导，标准化主管部门要发挥专业优势，积极参与指导标准规范编制有关工作。市政府办公厅会同有关部门加强督查考核，按规定总结验收，并在全市推广成功试点经验。（市政府办公厅牵头，各试点区政府、市政府相关部门负责落实）

（四）持续深化政务公开清单管理。全面推行主动公开基本目录制度，更新发布市、区、街道（乡镇）三级政务公开清单，完善政务公开清单动态管理。持续拓展清单覆盖领域，市政府各部门要全面梳理履职过程中的政府信息，摸清底数，逐项明确信息的公开属性及依据，探索编制政务公开全清单。（市政府办公厅牵头，各区政府、市政府各部门负责落实）

六、加强政务公开平台建设

（一）推动政府网站减量增效。坚持分级分类、利企便民、集约节约原则，切实推动政府网站集约、规范、创新发展，将政府网站打造成更加全面的政务公开平台、更加权威的政策发布解读平台、更加及时的回应关切和便民服务平台，不断提升政府网上履职能力和服务水平。规范政府网站名称、域名，推进政府网站整合和资源共享，加快市、区两级政府网站集约化平台建设，按照“一区一网、一部门一网”的要求，精简政府网站数量。推进政府网站部署互联网协议第六版（IPv6），市政府门户网站年内完成相关改造工作，新建的政府网站要全面支持互联网协议第六版。完善网络信息发布、解读回应、办事服务、互动交流等功能，建立完善网民留言受理、转办和反馈机制。每季度对网站信息内容开展巡查抽检并通报结果，督促整改提升。推进网站创新发展，搭建统一的互动交流平台，以用户为中心提供个性化、智能化服务。建立健全用户信息保护制度，确保收集的个人信息安全。完善网站安全保障机制，建立安全监测预警和应急处置机制，做好防攻击、防篡改、防病毒等工作。优化考核评估指标，完善奖惩问责机制，加大问题网站曝光力度，对相关单位通报问责。（市政府办公厅牵头，各区政府、市政府各部门负责落实）

（二）用好“两微一端”新平台。充分发挥政务微博微信、政务移动客户端在信息发布、政策解读、回应关切、在线服务方面的积极作用。加强政务“两微一端”维护管理，按照“谁开设、谁管理”的原则，落实主体责任，明确工作程序，指定专人专岗负责。建立健全信息发布审核机制，不得发布与政府职能没有直接关联的信息。通过数字化、图表化、可视化等形式，提高信息内容的实用性、可读性。（市政府新闻办、市政府办公厅、市网信办牵头，各区政府、市政府各部门负责落实）

（三）推动政府公报便民化。加强“网上公报、掌上公报”建设，优化检索等服务功能，提升政府公报网上服务能力。加强政府公报数据库建设，逐步实现创刊以来刊登内容全部入库管理，并向公众开放。推行政府文件及所属部门重要规范性文件由本级政府公报统一发布制度。进一步完善部门文件报送制度，建立完善联络员制度和报送刊登情况通报制度。各区要定期对政务公开场所公报上架利用情况开展督促检查。（市政府办公厅牵头，各区政府、市政府各部门负责落实）

（四）推动政务热线电话集约管理。依托12345政府服务热线，清理整合各类政务热线，除紧急类和确需保留的热线外，实行集中管理、统一受理，实现热线电话与网上政务服务大厅系统对接，形成“一号对外、诉求汇总、分类处置、按责转办、协调联动、限时办结、统一督办、统一考核”的工作机制，确保问题及时受理反馈。加强政务热线日常管理，规范工作人员用语，提高热线服务水平。市、区两级政务热线清理整合情况于2018年年底前报市政府办公厅备案。（市信访办牵头，各区政府、市政府相关部门负责落实）

各区政府、市政府各部门要高度重视政务公开工作，加强组织领导，细化工作任务，结合实际提出具体措施。要强化队伍建设，明确专门工作机构，配强专职工作人员；要抓好教育培训，重点做好贯彻落实修订后的条例、依申请公开、解读回应、政府网站管理等业务培训。要加强监督考核，将政务公开工作纳入绩效考核体系，强化对政策解读、回应关切、重点领域公开、主要负责同志研究部署工作和参加新闻发布会等情况的考核评估，发现问题及时整改。市政府办公厅将对政务公开工作落实情况开展专项检查和第三方评估，并公开检查评估结果。

北京市人民政府办公厅关于印发《北京市投资项目在线审批监管平台运行管理实施办法》的通知

京政办发〔2018〕23号

各区人民政府，市政府各委、办、局，各市属机构：

《北京市投资项目在线审批监管平台运行管理实施办法》已经市政府同意，现印发给你们，请认真遵照执行。

北京市人民政府办公厅

2018年6月8日

北京市投资项目在线审批监管平台运行管理实施办法

第一章　总　则

第一条　为加强北京市投资项目在线审批监管平台（以下简称在线平台）建设、应用和管理，根据《全国投资项目在线审批监管平台运行管理暂行办法》（国家发展和改革委员会令第 3 号）等有关法规文件精神，制定本办法。

第二条　在线平台是指依托市政务服务中心在互联网和政务外网上建设的固定资产投资项目（以下简称项目）综合管理服务平台。

市、区政府部门应当通过在线平台实现项目网上申报、并联审批、信息公开、协同监管，不断优化办事流程，提高服务水平，并加强事中事后监管，主动接受社会监督。

第三条　在线平台适用于各类项目建设实施全过程的审批、监管和服务，包括行政许可、政府内部审批、备案、评估评审、技术审查，项目实施情况监测，以及政策法规、规划咨询服务等。涉密项目及信息不得通过在线平台办理和传递。

第四条　在线平台由互联网门户网站和政务外网审批监管系统构成。互联网门户网站是项目单位和社会公众网上申报、查询办理情况的统一窗口，提供办事指南、中介服务、政策信息等服务指引；审批监管系统是连接市、区政府部门相关信息系统开展并联审批、项目监管、数据分析的工作平台。

第二章　体系架构

第五条　在线平台工作体系由综合管理部门、应用管理部门、建设运维部门共同组成。

第六条　北京市政务服务管理办公室是在线平台的市级综合管理部门，负责统筹协调推进在线平台建设、应用、规范运行，研究制定相关管理制度、业务规则和标准规范并督促落实，开展绩效管理，指导协调各区开展在线平台运行管理工作。各区政务服务管理机构是在线平台的区级综合管理部门，负责本区在线平台的政策制定、规范应用、绩效管理和督促检查等工作。

第七条　本市具有项目审批和监管职能的市、区部门是在线平台的应用管理部门，负责通过在线平台履行法律法规规定的相应审批和监管职能，制定内部工作规则，编制和公开办事指南；及时共享相关事项办理信息；为企业提供相关咨询服务；建设完善本部门与审批监管相关的业务系统；督促项目单位通过在线平台及时报送项目开工、建设进度、竣工等信息。市级应用管理部门要统筹本行业业务规则，并指导区级应用管理部门通过在线平台办理业务。

第八条　北京市经济信息中心是在线平台的建设运维部门，负责在线平台建设、运行维护和数据管理，按照应用管理部门有关业务需求完善在线平台功能；制定运行维护细则、安全保障方案和安全防护策略，确保在线平台安全稳定运行；加强数据采集、处理、存储和应用，提高数据质量；对市、区应用管理部门及其技术支持服务单位开展技术指导和培训。

第三章　项目代码

第九条　各类项目实行统一代码制度。本市项目代码和国家编码是项目整个建设周期的身份标识。项目办理信息、监管（处罚）信息，以及工程实施过程中的重要信息，统一关联至本市项目代码和国家编码。

第十条 赋码部门按照本市有关赋码规则对本市项目赋予项目代码。在线平台按照国家有关要求对项目生成一个国家编码。赋码部门要将项目代码与国家编码进行对应关联。

第十一条 项目延期或调整的，项目代码和国家编码保持不变；项目发生重大变化，需要重新审批、核准、备案的，要重新赋码。

第十二条 应用管理部门要强化项目代码和国家编码应用，审批文件、项目招标投标、信息公开等涉及使用项目名称时，应当同时标注项目代码；对尚未取得项目代码的，要标注国家编码。应用管理部门办理项目相关审批服务事项、下达资金等，要首先核验项目代码；对尚未取得项目代码的，要核验国家编码。

第四章 运行流程

第十三条 项目单位在线申报，获取项目国家编码。各应用管理部门依责办理，优化服务。在线平台要强化技术保障，支持有关业务实现全程网上办理。项目单位在审批服务事项办结后，要按有关规定及时报送项目实施情况。

（一）项目申报。项目单位通过在线平台填报项目信息，生成项目单，获取项目国家编码。项目单位根据在线平台所公开的办事指南，真实完整准确填报项目信息，并承诺所填报信息内容真实、合法、有效。项目发生变更、中止时，项目单位通过在线平台提出相应申请。

（二）项目受理。应用管理部门应当依据有关法律法规受理审批服务事项申请，接收申报材料应当核验项目代码；尚未取得项目代码的，应当核验项目单及国家编码。对未通过项目代码或国家编码核验的，应用管理部门不得受理并告知项目单位。应用管理部门受理后，在线平台开始计时。

（三）项目办理。应用管理部门应当依据有关法律法规办理审批服务事项，依托在线平台完成收件、受理、办理、办结等业务操作，并告知项目单位。

（四）事项办结。项目审批服务事项办结后，应用管理部门应当及时将办结意见及相关审批文件的有关信息交换至在线平台。项目审批结果文件上要印制本市项目代码标识；尚未取得项目代码的，要印制国家编码标识。

（五）项目实施情况监测。项目审批服务事项办结后，应用管理部门要定期监测项目实施情况，对发现的问题要及时督促有关单位整改。

第十四条 在线平台根据应用管理部门相关事项办理时限要求进行计时，并根据实际进度进行自动提示。不纳入审批事项办理时限的相关环节，在线平台根据应用管理部门提供的信息调整计时节点。

第十五条 应用管理部门在审批过程中需委托中介服务的，中介服务事项及其委托办理过程要纳入在线平台，接受监督。

第十六条 在线平台支持市、区各部门纵横协同办理项目审批事项。涉及市、区需要交换的项目及审批事项信息，在线平台要保障实时交换。

第十七条 项目审批信息、监管信息、处罚结果等要实时通过在线平台公开。项目单位可凭项目代码或国家编码查询项目办理过程及审批结果。

第十八条 建设在线平台项目电子证照库，应用管理部门完成事项审批工作后，要将审批过程中产生的各类批复、证照等同步生成电子文件并实时传送至在线平台，实现电子文件在审批部门间共享。

第十九条 应用管理部门原则上要全程使用在线平台开展接件、受理、审批、办结、反馈等工作。对存在特殊情况暂时难以全程使用在线平台的，相关应用管理部门要使用在线平台开展接件、受理、办结、反馈工作，并将本部门审批系统与在线平台实现对接。

第二十条 市公共信用信息服务平台、市公共资源交易服务平台、市投资项目动态监测平台、市统一行政审批管理平台、企业经营异常名录系统，以及市、区政府有关部门相关信息系统应当依据法律法规并按照权限与在线平台开展数据共享与交换。

第五章 项目监管

第二十一条 建立项目建设进度信息在线平台备案制度。项目开工前，项目单位登录在线平台，通过项目代码报备项目开工基本信息。项目开工后，项目单位在线报备项目建设动态进度基本信息。项目竣工验收后，项目单位在线报备项目竣工基本信息。

第二十二条 对按照有关规定纳入公共服务类建设项目投资审批改革试点范围的项目(以下简称试点项目)，有关单位要将试点项目相关信息及时录入在线平台。

（一）将试点项目提交集体审议的市级部门、区政府（以下简称牵头部门），在试点项目经集体审议通过并印发会议纪要后 3 个工作日内，要将试点项目集体审议的决策信息录入在线平台。

（二）市、区发展改革、规划国土、施工许可部门要在建设项目前期工作函、建设项目设计方案审查意见、施工登记意见书办理完成后 3 个工作日内，将办理信息录入在线平台。

（三）项目单位在试点项目开工后 5 个工作日内，登录在线平台报送试点项目开工信息；在试点项目建设期间，于每月 5 日前，登录在线平台报送试点项目建设过程信息；在试点项目竣工后 5 个工作日内，登录在线平台报送试点项目竣工信息。

第二十三条 施工许可部门要做好对项目单位向在线平台报送项目建设进度信息的监督检查（试点项目由牵头部门监督检查）。对项目单位不及时报送的，施工许可部门、试点项目牵头部门要及时督促。

第二十四条 应用管理部门依托在线平台强化对项目开工前依法依规取得批准、开工后按照批准内容进行建设以及项目单位承诺履行情况等全过程监管，确保项目依法依规建设实施。

对项目单位提供虚假信息、违反法律法规擅自开工建设、不按照经批准的内容组织实施、未通过竣工验收擅自投入生产运营的，以及其他违法违规行为，要列入在线平台项目异常信用记录。应用管理部门要对发生异常信用记录的项目单位及时予以提醒或警示。

异常信用记录根据违法违规行为的严重程度分为一般异常信用记录和重大异常信用记录。项目单位出现多次一般异常信用记录或一次重大异常信用记录且未按规定整改的，应用管理部门要将项目单位纳入在线平台“黑名单”，并通过在线平台将异常信用记录和“黑名单”信息纳入市公共信用信息服务平台，并向社会公布。

第二十五条 综合管理部门会同相关部门要强化对应用管理部门依法履责、信息共享、限时审批等行为的监督检查。

（一）综合管理部门要加强对市、区应用管理部门应用在线平台的日常监测，对不按规定应用在线平台的，会同相关部门责令整改。

（二）在线平台采取正常绿灯显示、临期黄灯预警、超期红灯警告方式对事项办理进度进行督办，并向相关应用管理部门推送警示信息。市、区应用管理部门要在规定时限内做出审批决定，规定时限内未做出审批决定且无正当理由的，由综合管理部门责令限期整改。

（三）应用管理部门要依托在线平台做好信息共享相关工作，及时公开更新办事条件、办理流程、办理时限、审批信息、监管信息、处罚结果、中介服务事项等。对不按要求及时公开共享信息的，由综合管理部门责令限期整改。

第六章　运行保障

第二十六条　建设运维部门要建立健全在线平台运行维护管理制度，设置专职岗位，配备专职人员，保障在线平台平稳运行。在线平台升级改造及运行维护所需经费，列入市级财政资金保障范围。

第二十七条　在线平台要满足国家信息安全等级保护第三级的有关要求。建设运维部门要实时监控在线平台运行情况，严格实行安全防护策略，制定系统故障应急处理预案，完善数据备份、恢复和容灾机制。

第二十八条　在线平台要按照全国在线平台统一制定的数据接口规范和数据交换频率进行对接和数据交换。当全国在线平台对数据规范进行调整时，本市在线平台按要求及时进行相应调整。建设运维部门会同应用管理部门保证数据质量。

第七章　附则

第二十九条　市政府各部门、各区政府要根据本办法制订完善本部门、本区的配套管理规则，合力加强管理，保证在线平台平稳运行。

第三十条　本办法自印发之日起施行。

北京市人民政府办公厅关于印发《北京市推进政务服务“一网通办”工作实施方案》的通知

京政办发〔2018〕26号

各区人民政府，市政府各委、办、局，各市属机构：

《北京市推进政务服务“一网通办”工作实施方案》已经市政府同意，现印发给你们，请结合实际认真贯彻落实。

北京市人民政府办公厅

2018年7月5日

北京市推进政务服务“一网通办”工作实施方案

为深入贯彻落实党中央、国务院关于推进“互联网＋政务服务”的决策部署，加快推进本市政务服务“一网通办”工作，切实提高政务服务质量与实效，更方便企业群众办事，结合实际，制定本实施方案。

一、总体要求

（一）指导思想

全面深入学习贯彻党的十九大和十九届二中、三中全会精神，以习近平新时代中国特色社会主义思想为指导，认真落实党中央、国务院关于深化“放管服”改革的工作部署，坚持以人民为中心，进一步优化服务流程，创新服务方式，推进数据共享，推行公开透明服务，降低制度性交易成本，持续改善营商环境，为市场主体添活力，为人民群众增便利。

（二）工作目标

2018 年底前，编制完成网上办事清单，并推出一批网上办事事项。推动网上办事标准统一规范，办事要件进一步精简，配套措施不断完善，服务流程改进优化。

2019 年底前，建立网上办事规范化体系，加强制度建设，细化明确相关工作具体要求。市网上政务服务大厅成为全市统一的互联网政务服务总门户，实现企业群众网上办事单点登录。健全完善“北京通”功能，实现全市政务服务在移动终端“一口进”。政务服务资源共享利用水平进一步提升，各级政务服务管理平台功能不断完善。

2020 年底前，推动互联网和政务服务深度融合，建成覆盖全市的整体联动、部门协同的“互联网＋政务服务”体系，大幅提升网上服务效能和智能化水平。

二、主要任务

（一）编制网上办事清单。以政务服务（公共服务）事项目录为基础，全面梳理网上办事事项，编制各相关部门和单位的网上办事事项清单。（市政府审改办、市政务服务办牵头，各区政府、市政府相关部门和单位按职责分工负责；2018 年 7 月底前完成）聚焦企业群众办事的难点、堵点，于 2018 年底前推出一批网上办事事项（具体事项清单由市政府审改办公布）。（市政府审改办、市政务服务办牵头，各区政府、市政府相关部门和单位按职责分工负责；2018 年 12 月底前完成）以企业群众办好“一件事”为目标，编制主题办事事项清单，重点编制生育收养、户籍办理、就业创业、设立变更、准营准办、职业资格、婚姻登记、住房保障、社会保障、证件办理、交通出行、司法公证、文化体育、公用事业、医疗卫生、离职退休、死亡殡葬、商务贸易、环保绿化、科技创新、知识产权、质量技术、检验检疫、安全生产等领域主题办事事项清单。（市政府审改办、市政务服务办牵头，各区政府、市政府相关部门和单位按职责分工负责；2018 年 12 月底前完成）对网上办事事项和主题办事事项，实行“清单式管理、销账式推进”，成熟一项、推进一项，确保 2020 年底前逐步实现清单内事项网上办理。（市政府审改办、市政务服务办牵头，各区政府、市政府相关部门和单位按职责分工负责；2020 年 12 月底前完成）

（二）优化网上办事流程。结合主题办事事项清单，全面梳理各相关部门和单位网上办事流程，着眼于方便企业群众办事，进一步简化办理环节，提高办理效率。（市政府审改办、市政务服务办牵头，各区政府、市政府相关部门和单位按职责分工负责；2019年12月底前完成）加快提升前端服务水平，依托网上政务服务大厅，强化网上咨询能力建设；充分运用服务热线、场景指南及微信公众号等渠道，为企业群众办事提供更加便捷的导引。推行网上预审机制，及时推送预审结果，对需要补正的材料一次性告知。（各区政府、市政府相关部门和单位按职责分工负责；2018年12月底前完成）

（三）规范网上办事标准。制定统一的网上办事规范，明确网上咨询、网上预审、网上申请、网上受理、网上审查，以及决定、决定公开、证件制作与送达、收费等各环节的办理标准和时限。（市政务服务办、市政府审改办牵头，各区政府、市政府相关部门和单位按职责分工负责；2018年7月底前完成）统一全市各级政务服务（公共服务）事项办理要件名称，精简要件数量，能简化的一律简化，能通过信息共享获取的，不再要求企业群众重复提供。不再设置“其他材料”等兜底性条款。（市政务服务办、市政府审改办牵头，各区政府、市政府相关部门和单位按职责分工负责；2018年12月底前完成）制定主题办事事项服务指南统一模板，按照模板编制并公布服务指南。（市政务服务办、市政府审改办牵头，各区政府、市政府相关部门和单位按职责分工负责；2019年6月底前完成）研究建立网上办事规范化体系，加强制度建设，细化明确咨询服务、投诉处理、监督检查等相关工作具体要求，切实提高网上办事规范化、标准化水平。（市政务服务办、市政府审改办牵头，各区政府、市政府相关部门和单位按职责分工负责；2019年12月底前完成）统一政务服务（公共服务）事项线上线下办理标准，推进各级政务服务大厅设立综合窗口，实现一个窗口接件、多个部门联合审查的政务服务模式。（市政务服务办、市政府审改办牵头，各区政府、市政府相关部门和单位按职责分工负责；2020年12月底前完成）

（四）搭建全市统一的互联网政务服务总门户。汇聚整合各区、各相关部门和单位的网上政务服务资源，进一步完善市网上政务服务大厅功能，推动其成为全市统一的互联网政务服务总门户。构建市、区、乡镇（街道）、村（社区）四级贯通的政务服务“一张网”。（市政务服务办、市经济信息化委、市政府审改办牵头，各区政府、市政府相关部门和单位按职责分工负责；2019年7月底前完成）健全完善“北京通”功能，将各相关部门和单位的移动终端服务资源整合至“北京通”，使其成为与市网上政务服务大厅相匹配的移动终端APP，实现全市政务服务在移动终端“一口进”。（市经济信息化委牵头，各区政府、市政府相关部门和单位按职责分工负责；2019年12月底前完成）完善各级政务服务管理平台网上办事事项管理、运行管理等功能。（市政务服务办牵头，各区政府、市政府相关部门和单位按职责分工负责；2019年12月底前完成）强化集约利用，推动各相关部门和单位政务服务领域业务办理系统对接、整合。（市政务服务办、市经济信息化委牵头，各区政府、市政府相关部门和单位按职责分工负责；2020年12月底前完成）

（五）深化政务服务资源整合共享。全面梳理各相关部门和单位的政务服务资源，编制网上办事政务服务资源需求目录和政务服务资源共享目录，制定目录管理办法，并逐一明确各相关部门和单位政务服务资源共享方式。（市经济信息化委、市政务服务办牵头，各区政府、市政府相关部门和单位按职责分工负责；2018

年 12 月底前完成）依托市大数据管理平台，推进政务服务数据共享利用。按照“谁提供、谁负责，谁管理、谁负责”的原则，建立政务服务数据交换共享责任制，推动政务服务数据交换共享标准化建设。完善政务服务数据汇聚共享长效机制，为实现网上办事提供有效支撑。（市经济信息化委、市政务服务办牵头，各区政府、市政府相关部门和单位按职责分工负责；2019 年 12 月底前完成）

（六）健全完善网上办事配套措施。制定电子文件、电子印章、电子签名、电子档案、电子证照以及二维码扫描、人脸识别的使用和管理办法。（市政府法制办、市政务服务办、市政府审改办、市经济信息化委、市档案局牵头；2018 年 12 月底前完成）加快电子证照库建设，制定电子证照库使用管理办法，确保电子证照采集规范、管理严格、使用便捷。（市经济信息化委、市政务服务办牵头，各区政府、市政府相关部门和单位按职责分工负责；2018 年 12 月底前完成）完善政务服务网上平台移动支付体系，方便企业群众缴费。（市经济信息化委牵头，各区政府、市政府相关部门和单位按职责分工负责；2019 年 12 月底前完成）落实国家信息安全等级保护制度要求，完善访问控制、综合审计、边界防护、主机保护等措施。建设全市统一的综合安全监管平台和风险评估平台，实现对政务服务“一张网”安全风险动态感知、等级评估和监测预警等功能。（市政务服务办、市经济信息化委牵头，各区政府、市政府相关部门和单位按职责分工负责；2019 年 12 月底前完成）研究运用区块链等新技术提升政务服务质量和信息安全水平，在海淀区先行试点相关工作。（海淀区政府牵头；2019 年 6 月底前完成）

三、保障措施

（一）加强组织领导。成立北京市推进政务服务“一网通办”工作小组（以下简称小组），负责统筹规划、研究推进网上办事工作。小组由市长任组长，常务副市长和分管经济信息化工作的副市长任副组长；由分管“放管服”改革工作的市政府副秘书长具体负责。市政府审改办要会同各区政府、各相关部门和单位，进一步细化分解工作任务，明确进度安排。各区政府、各相关部门和单位要高度重视，成立推进网上办事工作专班，健全工作机制，狠抓任务落实；根据本实施方案，研究制定具体工作方案，细化明确工作计划和职责分工，于 2018 年 7 月底前报送市政府审改办备案。

（二）加强指导和培训。牵头部门要加强工作指导和业务培训，对出台的各项具体改革措施进行详细讲解。各区政府、各相关部门和单位要加强对本区、本系统网上办事的指导，加大对窗口工作人员的培训力度，确保其准确掌握政策规定、业务流程和办理方法，为企业群众提供优质服务。

（三）加强考核监督。将推进网上办事工作任务落实情况纳入对各区政府、各相关部门和单位的绩效考核，加强督促检查，推动落实到位。畅通群众投诉举报渠道，充分发挥媒体监督、专家评议、第三方评估等作用，推进政务服务工作不断改进，服务效能持续提升。

北京市人民政府办公厅关于印发《北京市全面推开“证照分离”改革工作方案》的通知

京政办发〔2018〕43号

各区人民政府，市政府各委、办、局，各市属机构：

《北京市全面推开“证照分离”改革工作方案》已经市政府同意，现印发给你们，请认真组织落实。

北京市人民政府办公厅

2018年11月6日

北京市全面推开“证照分离”改革工作方案

为进一步破解“准入不准营”问题，激发市场主体活力，加快推进政府职能深刻转变，全力营造法治化、国际化、便利化的营商环境，按照《国务院关于在全国推开“证照分离”改革的通知》（国发〔2018〕35号）要求，结合本市前期试点工作开展情况，现就全面推开“证照分离”改革提出如下工作方案。

一、总体要求

全面贯彻党的十九大和十九届二中、三中全会精神，以习近平新时代中国特色社会主义思想为指导，按照党中央、国务院决策部署，牢固树立和贯彻落实新发展理念，紧紧围绕简政放权、放管结合、优化服务，落实“证照分离”改革要求，进一步厘清政府与市场关系，全面改革审批方式，精简涉企证照，加强事中事后综合监管，创新政府管理方式，进一步营造稳定、公平、透明、可预期的市场准入环境，充分释放市场活力，推动首都经济高质量发展。

二、工作任务

（一）明确改革方式

自2018年11月10日起，在全市范围内对纳入“证照分离”改革范围的涉企（含个体工商户、农民专业合作社）行政审批事项分别采取以下四种方式进行管理。

1. 直接取消审批。对设定必要性已不存在、市场机制能够有效调节、行业组织或中介机构能够有效实现行业自律管理的行政审批事项，直接取消。市场主体办理营业执照后即可开展相关经营活动。

2. 取消审批，改为备案。对取消审批后有关部门需及时准确获得相关信息，以更好开展行业引导、制定产业政策和维护公共利益的行政审批事项，改为备案。市场主体报送材料后即可开展相关经营活动，有关部门不再进行审批。

3. 简化审批，实行告知承诺。对暂时不能取消审批，但通过事中事后监管能够纠正不符合审批条件行为的行政审批事项，实行告知承诺。由行政审批机关制作告知承诺书，并向申请人提供示范文本，一次性告知申请人审批条件和所需材料，对申请人承诺符合审批条件并提交有关材料的，当场办理审批。市场主体要诚信守诺，达到法定条件后再从事特定经营活动。有关部门实行全覆盖例行检查，发现实际情况与承诺内容不符的，依法撤销审批并予以从重处罚。

4. 完善措施，优化准入服务。对关系国家安全、公共安全、金融安全、生态安全和公众健康等重大公共利益的行政审批事项，保留审批，优化准入服务。要精简审批材料，公示审批事项和程序；压缩审批时限，明确受理条件和办理标准；减少审批环节，科学设计流程；下放审批权限，增强审批透明度和可预期性，提高登记审批效率。

（二）统筹推进“证照分离”和“多证合一”改革

通过“证照分离”改革,有效区分“证”“照”功能，让更多市场主体持照即可经营，着力解决“准入不准营”问题。营业执照是登记主管部门依照法定条件和程序，对市场主体资格和一般营业能力进行确认后，颁发给市场主体的法律文件。“多证合一”改革后，营业执照记载的信息和事项更加丰富，市场主体凭营业执照即可开展一般经营活动。许可证是审批主管部门依法颁发给特定市场主体的凭证，这类市场主体需持营业执照和许可证方可从事特定经营活动。在本市“二十四证合一”的基础上，按照能整合的尽量整合、能简化的尽量简化、该减掉的坚决减掉的原则，全面梳理、分类处理各类涉企证照事项，对于“证照分离”改革后属于信息采集、记载公示、管理备查类的事项，原则上通过“多证合一”改革尽可能整合到营业执照上，真正实现市场主体“一照一码走天下”。

（三）加强事中事后监管

坚持放管结合、宽进严管，加快建立以信息归集共享为基础、以信息公示为手段、以信用监管为核心的新型监管制度。切实贯彻“谁审批、谁监管，谁主管、谁监管”原则，行业主管部门应当切实承担监管责任，针对改革事项分类制定完善监管办法，明确监管标准、监管方式和监管措施，加强公正监管，避免出现监管真空。全面推进“双随机、一公开”监管，构建全市统一的“双随机”抽查工作机制和制度规范，逐步实现跨部门“双随机”联合抽查常态化，推进抽查检查信息统一归集和全面公开，建立完善惩罚性赔偿、“履职照单免责、失职照单问责”等制度，探索建立监管履职标准，使基层监管部门在“双随机”抽查时权责明确、放心履职。健全跨区域、跨层级、跨部门协同监管机制，进一步推进联合执法，建立统一“黑名单”制度，对失信主体在行业准入环节依法实施限制。探索对新技术、新产业、新模式、新产品、新业态采取包容审慎的监管方式，着力为新动能成长营造良好政策环境。强化企业的市场秩序第一责任人意识，建立完善信用修复机制，更好发挥专业服务机构的社会监督作用，引导社会力量共同参与市场秩序治理，逐步构建完善多元共治格局。

（四）加快推进信息归集共享

进一步优化完善本市企业信用信息共享平台、企业信用信息公示系统，在更大范围、更深层次实现市场主体基础信息、相关信用信息、违法违规信息归集共享和业务协同，逐步实现市场监管部门、行政审批部门、行业主管部门之间的信息实时传递、无障碍交换和工作联动，让信息多跑路、群众少跑腿。健全市场监管部门与行政审批部门、行业主管部门之间对备案事项目录和后置审批事项目录的动态维护机制，明确事项表述、审批部门及层级、经营范围表述等内容。市场监管部门按照统一的数据标准将信息及时推送告知行政审批部门、行业主管部门。行政审批部门、行业主管部门应当将备案事项、后置审批事项信息及相关信用信息通过企业信用信息共享平台记录于市场主体名下，并对外公示。

三、工作要求

（一）加强组织领导

各区、各相关部门要加强统筹协调，明确任务分工，层层压实责任，确保改革措施落地见效。市工商局、市政府审改办、市政府法制办要切实发挥牵头作用，会同涉及改革的相关审批部门和行业主管部门共同落实好“证照分离”改革要求，积极稳妥地推进各项改革工作。市相关部门要制定配套管理措施，调整并对外公示服务内容，做好相应改革事项的具体实施工作。各区政府要建立工作机制，制定实施方案，积极稳妥推进本区改革实施工作。

（二）坚持依法推进

按照重大改革于法有据的要求，依照法定程序开展相关工作，确保改革在法治轨道上推进。各相关部门要依法探索创新与“证照分离”改革相配套的事中事后监管措施，结合改革要求和实际情况，按程序及时调整权力清单和服务事项，推动修改完善相关法规规章，做好相关规范性文件的立改废工作。对于本市前期开展试点但未纳入第一批全国推开范围的事项，符合继续试点条件的，相关部门可以自行决定是否继续试点；继续试点的，试点期至2018年12月21日，试点结束后按照国家有关规定执行。

（三）强化宣传培训

各区、各相关部门要运用通俗易懂的宣传方式做好改革政策宣传解读工作，扩大各项改革政策的知晓度，及时回应社会关切，营造全社会关心改革、支持改革、参与改革的良好氛围。要加强学习培训，提升工作人员业务素质和服务意识，确保改革工作顺利推进。

（四）狠抓工作落实

各区、各相关部门要以钉钉子精神全面抓好改革任务落实，健全激励约束机制和容错纠错机制，充分调动推进改革的积极性和主动性，鼓励和支持创新开展工作。要强化督查问责，对抓落实有力有效的，适时予以表彰；对未依法依规履行职责的，严肃问责。

附件：北京市执行第一批全国推开“证照分离”改革事项目录（略）

北京市人民政府办公厅关于印发《中国（北京）跨境电子商务综合试验区实施方案》的通知

京政办发〔2018〕48号

各区人民政府，市政府各委、办、局，各市属机构：

《中国（北京）跨境电子商务综合试验区实施方案》已经市政府同意，现印发给你们，请结合实际认真贯彻执行。

北京市人民政府办公厅

2018年12月18日

中国（北京）跨境电子商务综合试验区实施方案

为深入贯彻落实《国务院关于同意在北京等22个城市设立跨境电子商务综合试验区的批复》(国函〔2018〕93号)精神,全面推进中国(北京)跨境电子商务综合试验区建设，进一步提升首都开放型经济发展水平，制定本实施方案。

一、总体要求

（一）指导思想

全面深入学习贯彻党的十九大精神，以习近平新时代中国特色社会主义思想为指导，认真落实习近平总书记对北京重要讲话精神，牢固树立新发展理念，牢牢把握首都城市战略定位，充分发挥服务业扩大开放综合试点作用，积极探索适应跨境电子商务发展的体制机制，不断完善促进跨境电子商务发展的服务体系，逐步形成一套引领跨境电子商务发展的规则标准，加快跨境电子商务新业态新模式发展，培育经济发展新动能，更好满足人民日益增长的美好生活需要。

（二）基本原则

坚持创新引领。实施创新驱动发展战略，深入推进跨境电子商务制度创新、管理创新、服务创新、技术创新和模式创新，着力在技术标准、业务流程、监管模式和信息化建设等方面先行先试，为推动跨境电子商务健康发展探索新经验、新方法。

坚持开放合作。遵循共商共建共享原则，统筹利用好国际国内两个市场、两种资源，不断拓展跨境电子商务应用广度和深度，积极参与国际经济分工合作，促进生产和创新要素全球流动、高效配置，推动国际贸易自由化、便利化。

坚持协同发展。加强部门协作、政企联动、产业协同，不断完善跨境电子商务产业链、生态链、服务链，促进跨境电子商务线上线下良性互动、内外贸易有机融合、货物贸易和服务贸易协调发展。

坚持优进优出。充分发挥跨境电子商务在线化、数字化和扁平化优势，扩大中高端消费品进口，加快北京产品和服务走出去步伐，大力培育以技术、标准、质量、服务、品牌为核心的对外贸易新优势。

（三）建设目标

力争通过5年左右的实践探索，将中国（北京）跨境电子商务综合试验区建设成为跨境电子商务监管服务高效便利、新技术新模式新业态加速发展、产业链生态链服务链更加完整、消费规模和引领力全球领先，立足京津冀、服务全国、辐射全球的跨境电子商务服务枢纽、创新枢纽、产业枢纽、消费枢纽。累计培育100家跨境电子商务综合服务企业，建设100个跨境电子商务海外仓及保税仓，建成100个跨境电子商务体验店，打造20个跨境电子商务产业园，跨境电子商务进出口额占外贸进出口额比重达20%以上。

（四）总体布局

落实《北京城市总体规划（2016年—2035年)》，坚持科学布局、整体推进，打造“一体两翼多点全平台”的产业布局。

一体：在全市范围内统筹规划和推进中国（北京）跨境电子商务综合试验区建设，突出综合改革试验，加强政策集成创新，促进跨境电子商务行业整体发展。

两翼：发挥北京首都国际机场和北京大兴

国际机场的航空运输优势，加快国际航空枢纽建设，打造便捷高效的跨境电子商务口岸和贸易通道，助力跨境电子商务加速发展。

多点：进一步优化跨境电子商务监管场所和产业园布局及功能，完善跨境电子商务服务支撑体系，为跨境电子商务营造良好发展环境。

全平台：完善跨境电子商务线上线下服务平台，培育壮大跨境电子商务综合服务企业、物流服务企业、金融服务企业等市场主体，为跨境电子商务企业提供一站式服务。

二、主要任务

（一）完善跨境电子商务线上线下服务平台

1. 完善跨境电子商务线上综合服务平台。在跨境电子商务公共信息平台基础上建设线上综合服务平台，为跨境电子商务各类市场主体提供综合服务，并实现监管部门间信息互换、监管互认、执法互助。推动跨境电子商务各类市场主体与线上综合服务平台进行数据对接，推进税务、外汇管理、市场监管、经济和信息化等部门开放数据接口，实现数据互联互通。积极打造基于线上综合服务平台的大数据中枢，在保障数据安全的前提下，开发大数据服务产品，实现数据有序流动和按需共享。（责任单位：市商务局、市发展改革委、北京海关、市税务局、北京外汇管理部、市市场监管局、市经济和信息化局、市邮政局）

2. 完善跨境电子商务线下综合园区平台。培育发展跨境电子商务产业园，形成布局合理、运行高效、要素融合、管理科学的跨境电子商务发展体系。创新园区运营机制，完善园区服务体系，为入园企业提供通关、物流、金融、工商注册、创业孵化等一站式综合服务。加快园区特色化发展，支持口岸功能型园区积极拓展仓储物流、检验检测、国际结算等服务功能，引导创新孵化型园区积极拓展培训、投融资、创新创业等服务功能。加强与津冀联动，促进园区间资源共享、优势互补，共同打造跨境电子商务产业发展集群。（责任单位：市商务局、北京海关、人民银行营业管理部、市金融监管局、市市场监管局、市人力资源社会保障局、市邮政局、北京天竺综合保税区管委会）

（二）强化跨境电子商务技术和服务创新

3. 发展跨境电子商务新技术新模式。加大政策和资金支持力度，鼓励跨境电子商务新技术新模式创新应用。支持运用大数据、物联网、虚拟现实等信息技术，精准分析消费者需求，提升消费体验。鼓励运用人工智能、区块链等信息技术，提升跨境移动支付的便捷性和安全性。探索利用大数据、云计算等信息技术，实现跨境电子商务进出口商品自动归类。支持发展线上线下相结合的跨境体验消费，探索保税免税一体化运营模式。（责任单位：市商务局、市科委、市经济和信息化局、市财政局、北京海关、市税务局、北京天竺综合保税区管委会）

4. 促进跨境电子商务服务升级。积极引进培育跨境电子商务平台、产业链龙头企业，以及数字营销、知识产权、法律、金融、认证咨询等服务机构，为跨境电子商务企业提供综合服务。搭建传统企业与跨境电子商务服务企业合作对接平台，支持传统企业运用信息技术优化整合供应链、贸易链、价值链，加快转型升级。建立跨境电子商务出口品牌培育、发展和保护机制，支持企业创新运用数字营销方式开展品牌海外推广，加强知识产权保护，提升市场竞争力。（责任单位：市商务局、市市场监管局、市税务局、北京海关、北京外汇管理部、市金融监管局、市财政局、市经济和信息化局、市国资委、市知识产权局）

（三）完善跨境电子商务监管机制

5. 探索跨境电子商务监管政策创新。加快推进跨境电子商务网购保税进口业务，允许跨境电子商务企业将网购保税商品凭保出区并在线下体验店展示交易。在海关特殊监管区采用“入区退税、分送集报”方式开展跨境电子商务B2B2C（企业—企业—消费者）保税出口业务。探索将跨境电子商务零售进口超限额商品转为一般贸易进口。探索推进跨境电子商务境内外检验和认证官方机构间及同第三方机构间的标准互认。探索利用跨境电子商务模式进口医药产品。（责任单位：市商务局、北京海关、市税务局、市市场监管局、市发展改革委、北京天竺综合保税区管委会、北京经济技术开发区管委会）

6. 优化跨境电子商务监管流程。优化跨境电子商务网购保税进口业务监管流程，实施“提前申报备案、入区集中检疫、保税仓储分拨、出区分批核销、质量安全追溯”的监管模式。简化跨境电子商务零售出口商品归类，实施“简化申报、清单核放、清单统计”的监管模式。完善跨境电子商务B2C（企业—消费者）交易订单、支付单、物流单“三单”数据格式标准。研究制订跨境电子商务B2B（企业—企业）业务认定标准，完善业务操作和海关申报流程，实现通关作业无纸化。将风险分析应用于跨境电子商务监管，对低风险商品自动放行，并加强海关稽查后续监管。（责任单位：北京海关、市商务局、北京天竺综合保税区管委会、北京经济技术开发区管委会）

（四）完善跨境电子商务税收机制

7. 完善跨境电子商务税收政策。对符合条件的跨境电子商务零售出口实施增值税、消费税“无票免税”政策。对不具备查账征收条件的跨境电子商务企业，按规定以核定征收方式征收企业所得税。对纳入线上综合服务平台、信用良好的跨境电子商务企业，适当调整出口企业分类管理类别，进一步缩短企业退税时间。推行出口退税无纸化管理，实现出口退税申报、审核审批、退库全流程无纸化操作。（责任单位：市税务局、北京海关、市商务局）

（五）完善跨境电子商务金融服务机制

8. 便利跨境电子商务外汇收支。支持支付机构在合规基础上创新跨境支付结算产品，为跨境电子商务企业集中办理跨境外汇收支和结售汇业务。积极争取国家相关部门支持，在综合考虑业务需求、风险控制的基础上，逐步扩大支付机构跨境外汇支付业务范围与交易金额。支持个人对外贸易经营者在线上综合服务平台备案后开立外汇结算账户，允许实现“三单合一”的跨境电子商务真实交易自行收结汇。推动银行机构与线上综合服务平台联网，实现网上结算。积极探索跨境电子商务B2B2C收汇模式，建立通过海外仓出口的跨境电子商务企业便利化收汇通道。（责任单位：北京外汇管理部、市商务局）

9. 推进跨境电子商务金融创新。鼓励跨境电子商务活动中使用人民币计价结算。鼓励银行机构、支付机构、第三方电子商务平台和外贸综合服务企业为跨境电子商务企业提供资金清算、出口信用保险、供应链金融等多种形式的金融服务。支持符合条件的跨境电子商务企业在宏观审慎管理框架下开展人民币境外借款业务。探索引入市场化担保方式，创新跨境电子商务担保融资模式。探索建立跨境电子商务信用保障资金池，提高企业风险防范能力。（责任单位：人民银行营业管理部、市金融监管局、市商务局）

（六）建立跨境电子商务智能物流体系

10. 强化跨境电子商务口岸服务功能。结合北京大兴国际机场建设运营，通过新增航线、新设监管场所等方式，拓展跨境电子商务物流通道。突出北京空港口岸优势，发挥直购与保税备货双通道作用，提高跨境电子商务物流通关服务能力。增强公路口岸服务功能，扩大口岸业务范围，探索开展多式联运业务。完善京津联动工作机制，协调推动天津港全面优化港口作业和通关业务流程，打造北京海运货物进出口快捷通道。（责任单位：市商务局、市发展改革委、北京海关、市邮政局、北京天竺综合保税区管委会、首都机场集团公司）

11. 提升跨境电子商务物流支撑能力。支持物流企业加大信息化改造力度，建设智能物流信息平台，提高物流服务智能化水平。发展专业化、集约化、精益化现代物流，积极培育规模化第三方物流企业，鼓励有条件的企业向提供一体化解决方案和供应链集成服务的第四方物流发展。支持物流企业建设运营海外仓，发展集线上交易、线下仓储、分拨、推广、产品展示与售后服务等功能于一体的跨境电子商务国内直营中心和海外运营中心，提升跨境物流服务水平。完善跨境邮件申报系统，规范邮政渠道跨境电子商务申报。优化国际铁路运邮作业流程，推动国际邮件铁路运输常态化。采取多式联运、直达专线、总包直封等方式，缩短国际邮政业务寄递时限。（责任单位：市商务局、市邮政局、北京海关、中国铁路北京局集团有限公司、北京天竺综合保税区管委会）

（七）建立跨境电子商务信用保障体系

12. 完善跨境电子商务信用体系。完善跨境电子商务信用评价机制，探索对跨境电子商务企业的信用分类监管。将AEO（经认证的经营者）信用等级评价引入跨境电子商务领域，对评级较高的企业实行低查验率、保证金优惠等政策。加快建设跨境电子商务商品追溯系统，实现跨境电子商务全程透明化、商品可追溯，打造可信交易环境。发挥行业组织自律作用，鼓励建立以跨境电子商务平台为中心的行业自律体系。（责任单位：市商务局、市市场监管局、市经济和信息化局、北京海关、市税务局、北京外汇管理部）

13. 完善跨境电子商务纠纷解决机制。充分发挥消费者协会作用，提高跨境电子商务消费争议和解率。依托北京互联网法院，依法审理涉及跨境电子商务交易合同、电子支付、知识产权等案件，加快建立网上投诉、网上协商、网上调解、网上仲裁等纠纷处置模式，推动形成跨境电子商务维权体系。（责任单位：市商务局、市市场监管局、北京互联网法院）

（八）建立跨境电子商务统计监测体系

14. 创新跨境电子商务统计方法。探索建立以跨境电子商务平台交易情况、口岸申报清单等为依据，市场主体全样本调查为基础，跨境电子商务平台数据、监管部门数据和抽样调查数据相互印证，涵盖各类跨境电子商务交易模式的统计机制。建设覆盖全产业链、智能化的跨境电子商务统计数据收集、汇总、分析信息系统。逐步建立一套多层面、多维度反映跨境电子商务运行状况的综合指数体系。（责任单位：市商务局、北京海关、市经济和信息化局）

（九）建立跨境电子商务国际合作体系

15. 加强跨境电子商务国际合作交流。积极研究探索符合现代国际贸易发展特点、适应和引领全球跨境电子商务未来发展的体制机制和规则体系，主动参与制订跨境电子商务国际规则。支持跨境电子商务行业协会、产业联盟等深化与相关国际组织和境外商会、协会合作交流。积极组织跨境电子商务国际峰会、合作论坛，推进跨境电子商务产业国际合作。依托中国（北京）国际服务贸易交易会、中国电子商务大会等平台，进一步扩大跨境电子商务国际影响力。加快布局跨境电子商务境外服务中心，搭建跨境电子商务采购、制造、营销和服务网络。（责任单位：市商务局、北京海关）

（十）建立跨境电子商务人才培养体系

16. 创新跨境电子商务人才培养和引进机制。推动跨境电子商务企业与高等学校、科研机构合作，开展人才联合培养。支持行业龙头企业与本市职业院校共建跨境电子商务工程师学院，建立集人才培育、技术创新、社会服务于一体的产教共同体。积极引进跨境电子商务优秀人才，并落实相关人才政策待遇。充分发挥人才中介机构作用，构建专业化、国际化的跨境电子商务人才服务体系。（责任单位：市商务局、市人力资源社会保障局、市人才工作局、市教委、市科委、市税务局）

三、保障措施

（一）完善工作机制。建立由市商务局牵头，市有关部门和单位参与的中国（北京）跨境电子商务综合试验区建设工作联席会议制度，加强宏观指导、统筹协调和督促推动，及时研究协调解决试验区建设中的重大问题。

（二）抓好组织实施。加强部门协同和市区联动，有力有序有效推进中国（北京）跨境电子商务综合试验区建设发展。对涉及多个部门的工作，牵头部门要加强协调，其他部门要积极支持配合，形成工作合力，确保各项任务落实到位。

（三）加大政策支持。积极争取国家相关部门的支持，推动国家有关改革试验政策在京先行先试。统筹利用商业、外经贸发展资金，加大对跨境电子商务创新发展支持力度。抓紧研究制定本市制度创新清单，加快推进创新举措落地，确保取得实效。

（四）营造良好环境。持续优化营商环境，大力提升跨境贸易便利化水平，为跨境电子商务各类市场主体提供优质便利服务。充分利用报纸、广播、电视、网络、手机客户端等载体，加强政策宣传引导，营造促进跨境电子商务发展的良好氛围。

附　录

本栏目刊载2018年北京市入选两化融合国家级、市级贯标试点企业名单，入选第32届中国电子信息百强企业名单，入选中国互联网企业百强企业名单，入选北京软件和信息服务业综合实力、综合竞争力百强企业名单等。

北京市入选 2018 年两化融合国家级贯标试点企业名单

序号	企业名称	行业
1	安东石油技术（集团）有限公司	采矿
2	安泰环境工程技术有限公司	机械
3	北京 360 企业安全科技有限公司	软件与信息技术服务业
4	北京安泰钢研超硬材料制品有限责任公司	机械
5	北京宝沃汽车有限公司	机械
6	北京本草方源药业集团有限公司	医药
7	北京当当网信息技术有限公司	软件与信息技术服务业
8	北京德威特继保自动化科技股份有限公司	软件与信息技术服务业
9	北京东方国信科技股份有限公司	服务业
10	北京东土科技股份有限公司	电子信息
11	北京格雷时尚科技有限公司	纺织
12	北京韩美药品有限公司	医药
13	北京航星机器制造有限公司	航天
14	北京浩鸿达科技发展股份公司	软件与信息技术服务业
15	北京霍尔茨门业股份有限公司	建材
16	北京京东尚科信息技术有限公司	软件与信息技术服务业
17	北京科锐配电自动化股份有限公司	电力
18	北京控制与电子技术研究所	航天
19	北京黎明文仪家具有限公司	轻工
20	北京普莱德新能源电池科技有限公司	汽车
21	北京青云航空仪表有限公司	机械
22	北京市华都峪口禽业有限责任公司	轻工
23	北京铁科首钢轨道技术股份有限公司	交通设备制造
24	北京无线电测量研究所	轻工
25	北京物华天宝安全玻璃有限公司	建材
26	北京小米移动软件有限公司	软件与信息技术服务业
27	北京遥感设备研究所	轻工
28	北京纵横机电技术开发公司	交通设备制造
29	富泰京精密电子（北京）有限公司	轻工

（续表）

序号	企业名称	行业
30	富智康精密组件（北京）有限公司	电子信息
31	国网信息通信产业集团有限公司	软件与信息技术服务业
32	航天信息股份有限公司	服务业
33	京北方信息技术股份有限公司	服务业
34	京源中科科技股份有限公司	机械
35	美巢集团股份公司	建材
36	同方威视技术股份有限公司	机械
37	新华水力发电有限公司	电力
38	中国航空油料有限责任公司	物流
39	中国石化工程建设有限公司	石化

（市经济和信息化局）

北京市2018年两化融合市级贯标试点企业名单

序号	企业名称	所属区域
第一批		
1	北京360企业安全科技有限公司	西城区
2	北京东方国信科技股份有限公司	朝阳区
3	北京达文物业管理有限公司	朝阳区
4	御香苑控股集团有限公司	朝阳区
5	力鸿智信（北京）科技有限公司	朝阳区
6	北京小米移动软件有限公司	海淀区
7	京北方信息技术股份有限公司	海淀区
8	安泰环境工程技术有限公司	海淀区
9	北京科锐配电自动化股份有限公司	海淀区
10	同方威视技术股份有限公司	海淀区
11	北京爱博精电科技有限公司	海淀区
12	北京西普阳光教育科技股份有限公司	海淀区
13	恒信大友（北京）科技有限公司	海淀区
14	北京越洋新康科技发展有限公司	海淀区
15	阿尔西制冷工程技术（北京）有限公司	石景山区
16	新华水力发电有限公司	门头沟区
17	北京浩鸿达科技发展股份公司	房山区

（续表）

序号	企业名称	所属区域
18	京源中科科技股份有限公司	房山区
19	北京九州一轨隔振技术有限公司	房山区
20	燕开电气股份有限公司	房山区
21	北京霍尔茨门业股份有限公司	通州区
22	北京创导工业陶瓷有限公司	通州区
23	北京东方万隆家俱有限公司	通州区
24	北京非同家具有限公司	通州区
25	北京御香苑畜牧有限公司	通州区
26	北京韩美药品有限公司	顺义区
27	北京北汽大世汽车系统有限公司	顺义区
28	北京德威特继保自动化科技股份有限公司	顺义区
29	蓝星东丽膜科技（北京）有限公司	顺义区
30	北京青云航空仪表有限公司	顺义区
31	北京物华天宝安全玻璃有限公司	顺义区
32	金鹿（北京）公务航空有限公司	顺义区
33	北京诚济制药股份有限公司	顺义区
34	北京建宏印刷有限公司	顺义区
35	北京迪蒙卡特机床有限公司	顺义区
36	北京雅士科莱恩石油化工有限公司	顺义区
37	北京金田麦国际食品有限公司	怀柔区
38	北京罗麦科技有限公司	怀柔区
39	北京富亿农板栗有限公司	怀柔区
40	北京东方红航天生物技术股份有限公司	怀柔区
41	北京威亚高性能纤维有限公司	怀柔区
42	北京中辉腾龙科技有限公司	怀柔区
43	北京第一生物化学药业有限公司	怀柔区
44	北京乾元本堂饮片有限公司	怀柔区
45	北京御食园食品股份有限公司	怀柔区
46	北京达新新创机械有限公司	平谷区
47	北京东升制药有限公司	平谷区
48	北京京港玻璃钢船艇有限公司	平谷区
49	北京汇源生物科技有限公司	密云区
50	北京倍舒特妇幼用品有限公司	密云区
51	雅派朗迪（北京）科技发展股份有限公司	密云区
52	北京美中双和医疗器械股份有限公司	密云区
53	北京市京海换热设备制造有限责任公司	密云区
54	北京龙鼎源科技股份有限公司	密云区

（续表）

序号	企业名称	所属区域
55	北京奥金达农业科技发展有限公司	密云区
56	北京格雷时尚科技有限公司	大兴区
57	美巢集团股份公司	大兴区
58	北京本草方源药业集团有限公司	大兴区
59	北京一轻食品集团有限公司	大兴区
60	北京天罡助剂有限责任公司	大兴区
61	蜀海（北京）食品有限公司	大兴区
62	北京航洋健康科技有限公司	大兴区
63	北京兴安幕墙装饰有限公司	大兴区
64	北京路盛沥青混凝土有限公司	大兴区
65	北京安泰钢研超硬材料制品有限责任公司	昌平区
66	北京振东康远制药有限公司	昌平区
67	北京利尔高温材料股份有限公司	昌平区
68	北京中农华威制药股份有限公司	昌平区
69	富泰京精密电子（北京）有限公司	北京经济技术开发区
70	富智康精密组件（北京）有限公司	北京经济技术开发区
71	北京科宇金鹏自动化设备有限公司	北京经济技术开发区
72	北京集创北方科技股份有限公司	北京经济技术开发区
73	北京新特电气有限公司	北京经济技术开发区
74	普莱克斯（北京）半导体气体有限公司	北京经济技术开发区
第二批		
1	国网新源控股有限公司	西城区
2	北京旋极信息技术股份有限公司	海淀区
3	北京科住物业管理有限公司	海淀区
4	北京北方华德尼奥普兰客车股份有限公司	丰台区
5	特瓦特能源科技有限公司	丰台区
6	北京立思辰计算机技术有限公司	门头沟区
7	北京八亿时空液晶科技股份有限公司	房山区
8	北京环宇京辉京城气体科技有限公司	房山区
9	中煤（北京）印务有限公司	房山区
10	北京万集科技股份有限公司	顺义区
11	安泰科技股份有限公司北京空港新材分公司	顺义区
12	北京新源国能科技集团股份有限公司	顺义区
13	北京飞机维修工程有限公司	顺义区
14	北京嘉诚兴业工贸股份有限公司	顺义区
15	北京华泰诺安探测技术有限公司	顺义区
16	北京三维博艺机械制造有限公司	顺义区

（续表）

序号	企业名称	所属区域
17	鼎点视讯科技有限公司	顺义区
18	北京和田宽食品有限公司	顺义区
19	北京起航骏业科技有限公司	顺义区
20	北京傲威环亚家具有限公司	平谷区
21	北京千喜鹤食品有限公司	平谷区
22	北京味食源食品科技有限责任公司	平谷区
23	北京高中压阀门有限责任公司	平谷区
24	升兴（北京）包装有限公司	平谷区
25	北京广厦大鑫石化设备有限公司	平谷区
26	北京市富乐科技开发有限公司	平谷区
27	北京泰华食品饮料有限公司	平谷区
28	北京海泰食品有限公司	平谷区
29	北京东方淼森生物科技有限公司	平谷区
30	北京亨通斯博通讯科技有限公司	密云区
31	北京富特盘式电机有限公司	密云区
32	北京奇步自动化控制设备有限公司	大兴区
33	北京天途航空技术发展（北京）有限公司	昌平区
34	加美中（北京）科技有限公司	昌平区
35	北京鄂尔多斯科技发展有限公司	昌平区
36	北京盈科瑞创新药物研究有限公司	昌平区
37	金果园老农（北京）食品股份有限公司	延庆区

（市经济和信息化局）

北京入选 2018 年（第 32 届）中国电子信息百强企业名单

序号	企业名称	全国排名
1	联想集团	2
2	北大方正集团有限公司	8
3	京东方科技集团股份有限公司	10
4	小米集团	11
5	紫光集团有限公司	13
6	航天信息股份有限公司	28
7	同方股份有限公司	43

（续表）

序号	企业名称	全国排名
8	电信科学技术研究院有限公司	29
9	利亚德光电股份有限公司	89
10	北京华胜天成科技股份有限公司	98

（北京电子商会）

北京入选2018年中国互联网企业百强企业名单

序号	企业名称	企业简称	品牌与服务	全国排名
1	百度公司	百度	百度、爱奇艺	3
2	京东集团	京东	京东商城、京东金融、京东云	4
3	新浪公司	新浪公司	新浪网、新浪微博	6
4	搜狐公司	搜狐	搜狐、搜狗、畅游	7
5	美团点评集团	美团点评	美团、大众点评、美团外卖、美团打车	8
6	小米集团	小米集团	小米商城、小米手机	10
7	北京字节跳动科技有限公司	今日头条	今日头条、抖音短视频、火山小视频	11
8	58集团	58集团	58同城、赶集网、安居客、转转	13
9	新华网股份有限公司	新华网	新华网	18
10	北京车之家信息技术有限公司	汽车之家	汽车之家、二手车之家	20
11	用友网络科技股份有限公司	用友网络	用友云、U8C、超客营销	21
12	咪咕文化科技有限公司	咪咕	咪咕视讯、咪咕音乐、咪咕动漫	22
13	北京天盈九州网络技术有限公司	凤凰网	凤凰网、凤凰视频、凤凰FM	24
14	北京昆仑万维科技股份有限公司	昆仑万维	昆仑游戏、闲徕互娱、opera浏览器	27
15	易车公司	Bitauto	易车网	29
16	央视国际网络有限公司	央视网	中国IPTV、中国互联网电视、央视网	33
17	北京猎豹移动科技有限公司	猎豹移动	猎豹浏览器、猎豹安全大师	42
18	北京光环新网科技股份有限公司	光环新网	光环云、AWS云计算	48
19	竞技世界（北京）网络技术有限公司	竞技世界	JJ比赛平台、5599游戏平台	49
20	宜人贷公司	宜人贷	宜人财富、宜人贷借款	53
21	北京中钢网信息股份有限公司	中钢网	中钢网	54

（续表）

序号	企业名称	企业简称	品牌与服务	全国排名
22	北京慧聪国际资讯有限公司	慧聪国际	慧聪网 B2B 电子商务平台	56
23	北京密境和风科技有限公司	花椒直播	花椒直播	66
24	好未来教育集团	好未来	学而思在线	67
25	北京六间房科技有限公司	六间房	六间房秀场（石榴直播）	70
26	北京搜房科技发展有限公司	房天下	房天下网	72
27	联动优势科技有限公司	联动优势	联动支付、联动信息、联动数据	76
28	东峡大通（北京）管理咨询有限公司	oFo 小黄车	ofo 小黄车	77
29	北京当当网信息技术有限公司	当当网	当当网	86
30	北京爱酷游科技股份有限公司	爱酷游	爱酷游游戏网、猫尾草电竞平台、乐市场平台	93
31	北京风行在线技术有限公司	风行	风行网	97
32	北京世纪互联宽带数据中心有限公司	世纪互联	世纪互联、蓝云、快网、光载无限	99

（北京软件与信息服务业促进中心）

2018 年北京软件和信息服务业综合实力百强企业名单

序号	企业名称	序号	企业名称
1	北京百度网讯科技有限公司	17	太极计算机股份有限公司
2	京东集团	18	和利时科技集团有限公司
3	腾讯科技（北京）有限公司	19	广联达科技股份有限公司
4	航天信息股份有限公司	20	文思海辉技术有限公司
5	北京小米移动软件有限公司	21	中科软科技股份有限公司
6	北京车之家信息技术有限公司	22	北京华胜天成科技股份有限公司
7	北京搜狗科技发展有限公司	23	北京华宇软件股份有限公司
8	东华软件股份公司	24	宜人恒业科技发展（北京）有限公司
9	亚信科技（中国）有限公司	25	北京东方国信科技股份有限公司
10	用友网络科技股份有限公司	26	北京四方继保自动化股份有限公司
11	北京全路通信信号研究设计院集团有限公司	27	北京猎豹移动科技有限公司
12	软通动力信息技术（集团）有限公司	28	高德信息技术有限公司
13	神州数码信息服务股份有限公司	29	北京闲徕互娱网络科技有限公司
14	利亚德光电集团	30	北京天融信科技有限公司
15	北京三快在线科技有限公司	31	贝壳找房（北京）科技有限公司
16	北京智明星通科技股份有限公司	32	完美世界（北京）软件科技发展有限公司

（续表）

序号	企业名称	序号	企业名称
33	北京四维图新科技股份有限公司	67	首都信息发展股份有限公司
34	网易传媒科技（北京）有限公司	68	北京北信源软件股份有限公司
35	北京中电普华信息技术有限公司	69	北京网御星云信息技术有限公司
36	北京掌趣科技股份有限公司	70	博康智能信息技术有限公司
37	北京旋极信息技术股份有限公司	71	北京创世漫道科技有限公司
38	北京千方科技股份有限公司	72	北京用友政务软件股份有限公司
39	大唐移动通信设备有限公司	73	北京神舟航天软件技术有限公司
40	联通系统集成有限公司	74	恒安嘉新（北京）科技股份公司
41	石化盈科信息技术有限责任公司	75	百融金融信息服务股份有限公司
42	北京金山办公软件股份有限公司	76	北京数字政通科技股份有限公司
43	北京神州泰岳软件股份有限公司	77	博韩伟业（北京）科技有限公司
44	北京超图软件股份有限公司	78	北京立思辰计算机技术有限公司
45	博彦科技股份有限公司	79	金航数码科技有限责任公司
46	北京久其软件股份有限公司	80	联动优势科技有限公司
47	北京比特易湃信息技术有限公司	81	北京银信长远科技股份有限公司
48	北京宇信科技集团股份有限公司	82	苍穹数码技术股份有限公司
49	同方知网（北京）技术有限公司	83	北京致远互联软件股份有限公司
50	北京启明星辰信息安全技术有限公司	84	暴风集团股份有限公司
51	北京拓尔思信息技术股份有限公司	85	北京东方通科技股份有限公司
52	北京易华录信息技术股份有限公司	86	博雅软件股份有限公司
53	长城计算机软件与系统有限公司	87	北京先进数通信息技术股份公司
54	中科创达软件股份有限公司	88	北京国双科技有限公司
55	飞天诚信科技股份有限公司	89	北京直真科技股份有限公司
56	二六三网络通信股份有限公司	90	北京瑞友科技股份有限公司
57	北京海鑫科金高科技股份有限公司	91	北京睿至大数据有限公司
58	北京中科金财科技股份有限公司	92	北京世纪瑞尔技术股份有限公司
59	北京握奇数据股份有限公司	93	中铁信弘远（北京）软件科技有限责任公司
60	北京思特奇信息技术股份有限公司	94	北京浩瀚深度信息技术股份有限公司
61	麒麟合盛网络技术股份有限公司	95	北京淳中科技股份有限公司
62	安世亚太科技股份有限公司	96	京北方信息技术股份有限公司
63	中国航空结算有限责任公司	97	同方鼎欣科技股份有限公司
64	北京恒华伟业科技股份有限公司	98	大唐融合通信股份有限公司
65	北京巴别时代科技股份有限公司	99	北京中亦安图科技股份有限公司
66	九次方大数据信息集团有限公司	100	北京优炫软件股份有限公司

（北京软件与信息服务业促进中心）

北京入选 2018 年中国软件和信息技术服务综合竞争力百强企业名单

序号	企业名称	全国排名	序号	企业名称	全国排名
1	北京百度网讯科技有限公司	3	22	北京华宇软件股份有限公司	50
2	中国通信服务股份有限公司	6	23	太极计算机股份有限公司	53
3	中软国际有限公司	7	24	联通系统集成有限公司	57
4	中国软件与技术服务股份有限公司	9	25	启明星辰信息技术有限公司	64
5	京东集团	10	26	东华软件股份公司	67
6	国网信息通信产业集团	14	27	北京神州泰岳软件股份有限公司	68
7	北京小米移动软件有限公司	18	28	北京华胜天成科技股份有限公司	69
8	软通动力信息技术（集团）有限公司	20	29	石化盈科信息技术有限责任公司	71
9	亚信科技（中国）有限公司	23	30	大唐电信科技股份有限公司	75
10	金山软件有限公司	24	31	北京易华录信息技术股份有限公司	76
11	利亚德光电集团	26	32	北京千方科技股份有限公司	81
12	航天信息股份有限公司	31	33	北京久其软件股份有限公司	82
13	同方股份有限公司	32	34	中国电信集团系统集成有限责任公司	83
14	完美世界股份有限公司	34	35	北京和利时系统工程有限公司	85
15	北京车之家信息技术有限公司	35	36	博彦科技股份有限公司	86
16	文思海辉技术有限公司	36	37	北京中油瑞飞信息技术有限责任公司	89
17	用友网络科技股份有限公司	37	38	长城计算机软件与系统有限公司	90
18	高德信息技术有限公司	38	39	北京超图软件股份有限公司	91
19	北京全路通信信号研究设计院集团有限公司	43	40	苍穹数码技术股份有限公司	92
20	中国民航信息网络股份有限公司	44	41	北京宇信科技集团股份有限公司	93
21	中科软科技股份有限公司	47	42	北京先进数通信息技术股份公司	96

（北京软件和信息服务业协会）

北京入选2018年（第17届）中国软件业务收入前百家企业名单

序号	企业名称	全国排名
1	国网信息通信产业集团有限公司	9
2	航天信息股份有限公司	10
3	北京小米移动软件有限公司	11
4	北京中软国际信息技术有限公司	13
5	软通动力信息技术（集团）有限公司	14
6	东华软件股份公司	17
7	亚信科技（中国）有限公司	18
8	用友网络科技股份有限公司	24
9	文思海辉技术有限公司	26
10	同方股份有限公司	28
11	北京京东尚科信息技术有限公司	31
12	中国软件与技术服务股份有限公司	33
13	北京华胜天成科技股份有限公司	34
14	神州数码信息服务股份有限公司	38
15	北京全路通信信号研究设计院集团有限公司	44
16	中科软科技股份有限公司	45
17	太极计算机股份有限公司	46
18	中国民航信息网络股份有限公司	48
19	石化盈科信息技术有限责任公司	55
20	北京易华录信息技术股份有限公司	56
21	高德信息技术有限公司	67
22	北京华宇软件股份有限公司	72
23	广联达科技股份有限公司	73
24	北京千方科技股份有限公司	74
25	启明星辰信息技术集团股份有限公司	77
26	博彦科技股份有限公司	78
27	北京中油瑞飞信息技术有限责任公司	79
28	北京立思辰科技股份有限公司	80
29	北京四维图新科技股份有限公司	82
30	普天信息技术研究院有限公司	84
31	北京神州泰岳软件股份有限公司	86
32	北京和利时系统工程有限公司	94
33	长城计算机软件与系统有限公司	99
34	北京宇信科技集团股份有限公司	100

（北京软件与信息服务业促进中心）

北京入选 2018 年度信息系统集成及服务行业大型骨干企业名单

序号	企业名称
1	太极计算机股份有限公司
2	中国电信集团系统集成有限责任公司
3	中国软件与技术服务股份有限公司
4	中科软科技股份有限公司
5	石化盈科信息技术有限责任公司
6	东华软件股份公司
7	北京中软国际信息技术有限公司
8	北京华宇信息技术有限公司
9	北京华胜天成科技股份有限公司
10	北京易华录信息技术股份有限公司
11	北京和利时系统工程有限公司
12	用友网络科技股份有限公司
13	亚信科技（中国）有限公司
14	同方股份有限公司
15	同方威视技术股份有限公司
16	软通动力信息技术有限公司
17	神州数码系统集成服务有限公司
18	航天信息股份有限公司
19	联通系统集成有限公司
附注：此表排名以企业名称笔画为序	

（北京软件与信息服务业促进中心）

索　引

说　明

本索引采取主题索引也称内容分析索引法编纂。主题词（标目）主要以《北京信息化年鉴（2019)》正文中出现的专业名词、名词性词组、地名、机构名、人名为主。

特载、专文、大事记、附录等栏目内容不在标引范围内。

本索引基本按汉语拼音音序排列，汉字打头的标目按首字的音序音调依次排序，首字相同时则以第二字排序，依次类推；以阿拉伯数字打头的主题词，排在最前面；以英文字母打头的主题词，列于其后。

本索引的文字部分为标目，标目之后的阿拉伯数字表示该标目所在正文中的页码（地址页），其后的小写英文字母（a、b）表示正文中的栏别（从左至右）。部分标目后面有若干个页码或栏别，则表示该标目均在这些地方出现。

A

B

C

D

F

G

H

J

N

P

Q

R

S

T

W

X

Y

Z